植松 正 画「晩秋の安曇野」(昭和63年)

出張や学会などで地方に行かれるとき、植松先生のカバンの中には、必ず絵の道具が入れてあった。旅先で寸暇を見つけては、詩情あふれる風景画を数多く描かれた。この絵は、82歳の時の作品であるが、なお矍鑠として絵筆を執られている先生の姿が浮かんでくる。風景画を描く楽しみは、自然に溶け込んで豊かな気持ちになることにあるように思われる。この絵は、現在、ご自宅の居間で穏やかな山里の詩情を奏でている。　[日髙義博記]

植松　正著＝日髙義博補訂

新刑法教室

Ⅱ　各論

信山社

新刑法教室Ⅱ　はしがき

日髙義博

刑法各論の場合には、社会的状況の変動とともに新たな犯罪現象が常に問題となり、それに対応する理論を考えなければならない。罪刑法定主義のもとにあって、正義感に裏づけされた当罰性の観点から法解釈の限界を模索し、納得のいく、しかも理論的整合性のある結論を引き出すことは、刑法各論の醍醐味でもある。『刑法教室Ⅱ』は、読み進むにつれ、その醍醐味を味わうことのできる名著であった。本書が出版されたのは昭和三〇年であり、取り上げられた事件や判例の多くは、今では時間の隔たりを感じるが、それでもなお叙述の新鮮さを感じるのは、正義感に裏づけられた当罰性の観点から法解釈に柔軟性をもたしめているからであろう。本書に示された法解釈は、昭和二〇年代後半に執筆されたものであるが、その後、本書で展開された見解の中には、学説として影響力をもち、判例を動かしたものも少くないのである。

補訂に際しては、『新刑法教室Ⅰ』の「はしがき」で述べた指針に従って行った。大きな作業は、平成七年の刑法一部改正に準拠して条文、罪名などの表記を書き改めることであった。そのほか、昭和六二年には、コンピュータ犯罪に対応するために、刑法一部改正が行われ、電磁的記録が犯罪の客体として付加されたり、派生的構成要件が創設されたりしていることから、その部分については補遺を施した。さらに、判例の引用については、出典を付記し、検索の便宜を図った。本書の執筆の後、数多くの重要判例が出されているが、とくに判例変更のなされているものや最近の重要判例などについては、本文の流れを損なわないかぎり、なるべく補足することにした。

三年前に、『刑法教室』の補訂作業にとりかかり、ようやく脱稿するに至った。思えば、自分の仕事との並行作業であったことから、時間がかかってしまい、悔いの残ることが多い。植松先生は、『新刑法教室I総論』を手にすることなく、あの世へ旅立たれてしまった。『新刑法教室I総論』が公刊されたのは、先生が亡くなられてから一週間後のことであった。この遅れは、偏に補訂作業を手間どった私の責任である。植松先生の一回忌を前にここに『新刑法教室II各論』の補訂を終え、ようやく責務を果たすことができた。しかし、今や先生の遺影に献じるしかないのは、寂しさの極みである。本書の補訂作業をしながら改めて感じたことは、植松刑法学の息の長さである。その秘訣は、時代の流れを的確に読みきり、刑法理論の適用結果を自己の正義感に照らして吟味した上で、法解釈を展開するという学問的姿勢にあったように思われる。本書の最後に、雑誌に掲載した拙稿「植松正先生の人と学問」(ジュリスト一一五六号一三〇頁)を収録した。植松刑法学の特徴を理解する一助ともなれば幸いである。

『新刑法教室I総論』、『新刑法教室II各論』が完結する上で、信山社編集部の村岡侖衛さんには、長きにわたり様々な御支援をいただいた。出版状況の厳しい中にあって、名著『刑法教室』の復刻に情熱を注いで下さったことに対し、心からお礼を申し上げる。『新刑法教室』が、今後も長きにわたって学生諸君に読み継がれ、日常生活を律するシャープな刑法理論のおもしろさが平易に伝われば、復刻に託した我々の夢は実現されよう。なお、本書の補訂に際し、判例検索や校正などの作業を熱心に手伝ってくれたのは、専修大学大学院法学研究科に在学している森住信人、岡田好史の両君であり、記して感謝の意を表する。

平成一二年(二〇〇〇年)一月一〇日

合本版の序

「刑法教室」という名をはじめてこの本につけて出したころには、「教室」という名は、いくらか新鮮味があったが、その後、書名ばかりでなく、「何々教室」という名のものが世間に多くなった。みなこの本のまねをしたなどと思うわけではないし、この本が最初にその名を用いたと言いきれるほど、穿鑿してみたわけでもないが、こんなに普及してきたのは、たぶんこの名がいい名だからだろうと思っている。

多くの人が読んでくれたお蔭で、印刷の紙型が少し前から使用に耐えなくなってきていたところへ、「刑法の一部を改正する法律」が施行され、どうしても相当量の増補を必要とすることになったので、この機会に内容に時間的ズレのあるところ、そのほか若干の訂正を施したうえで、従来の四冊本を合本して二冊本に改めることにした。合本するのがよいかどうかは、いろいろ思い迷ったが、合本すれば、「犯罪理論篇」と「刑罰理論篇」との区分を、従来のようにページ数にこだわらず、理論的にやれるので、その長所を尊重することにした。そのかわり、B6判をやめてA5判にし、総論と各論の二冊にまとめるということになって、その点では、きわめて平凡な姿になった。しかし、装釘を国画会の立石鉄臣画伯に託するなどして古い型を破り、それによって読者との親近感を維持したつもりである。

こういう変更を加えるのであるから、ついでに、用語、用字の点でも、いくらか柔らかになるように努めた。その一つとして、かな文字の量を多くするようにしたが、文教当局のきめた方針というのが、理論的にさっぱり首尾一貫しないうえに、法令の用法と義務教育での用法とに統一がとれていないので、この本のような内容のものを書くには、弱りはてるようなことが多かった。いちおう自分流の方針を立ててやったが、なにぶん過渡期のこととて、自分自身でも、つぎの執筆に同じ方針を維持するかは疑問である。旧版の用字を改めるのには、法令普及会の中野芳子さんが非常な努力をしてくだすったが、多少はわたくしとは感じかたの違うところもあって、著者自身でも疑問に思う部分も生じた。もちろん、その疑問というのは、趣味の問題であって、けっして正誤の問題ではないのである。それにしても、国語・国字の改革はもっと簡明な理論的な原理の一貫できるようにやってもらいたいものだと思う。

それから、あらたに索引を付けたが、それは鈴木薫、松永剛の両君の労に負うものである。また、校正には広瀬哲彦君をもわずらわした。おかげで、たいへん整頓されて便利になったと思う。

一九五九年

植松　正

小　引

一九五〇年の秋、法令普及会というものが出来て、その名の如く法令の普及を始めた。その手始めというか中心事業というか、とにかく、法令普及を目標として旬刊雑誌「時の法令」が発行された。いや、「時の法令」ではなくて、正しくは「旬刊時の法令解説」という題名なのだそうだが、これはカミシモを着た感じでもあり、ただの「時の法令」という名のセンスの新鮮さには、とうてい及ばない。やはり、「時の法令」ということにしておいて貰おう。

さて、その「時の法令」が発刊されるとすぐ、これに刑法のわかりやすい連続講座を掲載しようということに編集会議で一決したということで、わたくしにその執筆が託された。一〇日に一回原稿をまとめるということは、相当忙しい仕事なので、大分不安にも思ったが、結局、これを引き受けて、翌一九五一年一月から一年有余の間、思いのほか読者にも歓迎されて、遂にノン・ストップで書き続けること四八回、「刑法の話題」という題で連載して、刑法各論に相当する部分をひとわたり終った。それを整頓し直して、体系的な順序にし、原稿に補正を加えて成ったのが本書である。

学問というものは、多少は深くやらなければ、面白くないものなので、はじめはもっと簡略に書くつもりでいたのを、いつの間にか詳しく書くようになり、意外に長いものとなってしまったが、今は、さらに筆硯をあらたにして総論の部分をそれに連載している。しかし、それが出来上るには、なお、一年以上もかかるだろうと思うので、さしあたり、読者ならびに法令普及会の好意ある鞭撻に応え、この各論の部分に訂正加除を施して取りまとめ、それを世に送ることにした。各論の部分だけを上下二冊に分ち、その一冊を「公益犯罪篇」、他の一冊を「私益犯罪篇」と名づけてみた。

善かれ悪しかれ、第一に、普通の刑法の講話書と異なる特色は、すでに成立の過程が示すように、刑法の輪郭をスケッチするという行き方はせず、ややくどい解りにくい学問上の議論になるところでも、かまわず読者を引き入れて行こうとしたことである。もし、それが読者を迷路に誘いこむ結果となったとしたら、著者の腕が足りないのである。

第二に、普通の刑法の学術書と違う特色は、なるべく具体的な事例をとらえ、それを話題の中心にして理論を展開するという方針を採ったことである。これはわたくしの先の著作「刑法学各論」（昭和二七年勁草書房）とも著しく異なる点である（追記——この各論は後に総論と合わせて「刑法概論」と改題し、一九五六年以後同書房から刊行されている。）。

学問は難解な言葉で高遠なるが如くに偽装すべきものではない。おもしろく、わかりやすく、実用にもなり、しかも学術的たらしめたい、そう希いつつこの仕事をやったが、もちろん、出来上ったものがその理想を去ること程遠いのは、能力の乏しさの致すところで、ぜひもないが、一般の知識水準の向上のために、そういう仕事の必要なことは、いうまでもないことである。

文化国家を標榜するわが国として、国民の一人々々が自己の生活を規律する法律について、相当の理解を持つようになることは非常に望ましいことである。しかし、法律学というものは、かなり技術的な学問なので、丁度わたくしのような専門に属する者が物理化学や工学について驚くほど幼稚な知識しか持ち合せていないのと同じように、法律の専門家でない人々は実にこの方面の知識を持っていないことが多い。たまさか法律に関係した事項を専門外の学者、小説家、評論家などが扱っているのを見ると、奇妙なまちがいを平気でやっていることが珍しくない。これはおたがいさまのことで、こちらも笑えた義理ではないのだが、こちらだけのことをいわせて貰うとすれば、それが法治国の国民であり、しかもそのなかでの知識層に属する人々であるとするならば、もう少し法律のことを知っていてもよさそうなものだといいたくなるのである。

「時の法令」に連載したものは、法律家や若い公務員、法学生などに多く読まれたらしいが、犯罪は新聞の社会欄の花形記事でもあるくらいだから、この出版により、もっと広く一般の知識欲をみたす読物となることができるならば、はなはださいわいである。

この本の校正は、主として栗原真一君および法令普及会の人々の誠実な助力に負うものである。

植松　正

一九五二年晩秋

植松正 著＝日高義博 補訂　新刑法教室II

目　次

目　次

公益犯罪の法理

正義は二面を有す。——冷厳な処刑と慈愛の予防と。

Justitia est duplex; severè puniens et verè praeveniens.

第一部　公益犯罪の法理

第一章　革命と内乱罪
――内乱に関する罪――

第一節　革命家の処罰

革命というものは、いつの時代、どこの国でも、成功すれば罰せられることはないが、失敗すれば、極刑に処せられる。刑法では「内乱に関する罪」（第七七条以下）というのが規定されていて、革命の失敗者はこれで縛られる。その首謀者（旧規定では「首魁《しゅかい》」）は、死刑か無期禁錮かのいずれかに処せられることになっている（第七七条第一項第一号）。外国に意志を通じてわが国に対して事実上の戦争を仕かけさせる罪――外患誘致罪（第八一条）――は、すべて死刑に処せられるから、これに比べれば、内乱罪の首謀者のほうが刑が軽く、強盗殺人（第二四〇条後段）や、尊属殺（第二〇〇条親殺しの類。平成七年の刑法一部改正により削除）とほぼ等しい刑を科せられることになっている。もっと正確にいうと、これらの罪に対する刑は、死刑か無期の「懲役」かということになっているのに、内乱罪の首謀者は死刑か無期の「禁錮」に処せられることになっており、刑法の規定によると、無期の禁錮は無期の懲役よりも軽いことになっている（第一〇条・第九条）から、けっきょく、内乱罪の首謀者は強盗殺人や尊属殺の犯人よりも軽い刑にしかあたらないことになる。「ほぼ等しい刑」だというのは、禁錮にせよ懲役にせよ、監獄に入れられることにかわりはないのだし、どちらもその期間が無期であるうえに、獄内での待遇が両者そう違うわけではなく、懲役では刑務作業（旧規定では「定役《ていえき》」という文言が用いられていた。獄内の作業を意味する）が科せられる（第一二条第二項）のに対して、禁錮ではそれが科せられない（第一三条第二項）という相違はあるが、それは形式上のことで、なんにも仕事をしないで獄内にいるのは、かえってつらいので、禁錮囚もみずから願い出て作業に就かせてもらうのを例とするくらいだから、実際には禁錮も懲役も大差のないことになっており、禁錮だから軽いとばかりはいえないからだ。刑を受ける者の身になれば、まず、どちらも同じようなもので、要するに監獄にはいっている期間が長いほうが「重い」という感じを受ける。かようなわけで、無期禁錮と無期懲役とは、実質的には同じようなものだが、形式上は前者のほうが軽いことになっている。

こう考えてくると、内乱罪の首謀者の刑が、強盗殺人や尊属殺に対する刑と同等以下であるということは、ことがらの重大性からいって、少しバランスがとれないわけである。イギリスをはじめとして、昔は、この罪に対する死刑は、他の罪に対する死刑よりも、特に残忍な方法で執行されたくらいであったのである。

内乱罪が罰せられるのは、現在のこの国の国家組織を前提とするからである。それを前提とするかぎり、暴力によってこれを変革しようとする行為は、最大の犯罪であり、最重の刑罰に値する。しかし、これは同時に、現在の法体系そのものの極限を示すものであって、革命が成功すれば、全然あたらしい原理の支配するところとなり、内乱罪の犯人は罰せられるどころか、時代の権威として君臨することにもなる。その意味において、内乱罪の規定は、現行刑法そのものの運命をもになっているのである。

第二節　内乱罪の構成要件

内乱罪とは「国の統治機構を破壊し、又はその領土において国権を排除して権力を行使し、その他憲法の定める統治の基本秩序を壊乱することを目的として暴動を」することによって成立する犯罪である（第七七条第一項）。暴動をするとは、多数の人が集まって暴行または脅迫をすることであるから、内乱罪と騒乱罪と違うのは、ここに掲げられた憲法の定める統治の基本秩序を壊乱する目的が有るか無いかという一点に帰する。

憲法の定める統治の基本秩序を壊乱する目的とは、法文にその例が示されているように、国の統治機構を破壊したり、領土において国権を排除して権力を行使したりすることを意味する。つまり、国の基本的な政治組織を破壊することをいうのである。したがって、たとえば、「吉田内閣打倒」のスローガンを掲げた大衆運動が暴動化したというだけでは、内乱罪にはならない。時の内閣を転覆しても、内閣制度そのものを破壊する等、国の基本的な政治組織を破壊するというのでない以上、それは内乱罪ではない。また、世間でもこれを「革命」などとはいわないであろう。

破壊活動防止法のうちには内乱罪にあたる行為が盛り込まれているので、国会で審議のさいに、天皇制廃止の目的が憲法の定める統治の基本秩序を壊乱する目的に属するかどうかということが一つの論点になったが、政府答弁のように、肯定すべきものと思う。なぜならば、天皇の地位はもはや昔日のおもかげはないが、とにかく、それは「日本国の象徴」なのであって、天皇制というものは、やはり国の基本制度の一つであるというべきだからである。

「領土において国権を排除して権力を行使」するということも、憲法の定める統治の基本秩序を壊乱することの一種で、これは平将門のやったように、国の一区域を占有して自分がそこの帝王だと僭称するとか、外国の領土としてふるまうような行為がこれにあたる。むずかしくいえば、日本国の領土内に、日本国の主権を排除して、別に主権をうち立てることである。もちろん、その国権を排除する区域がだんだん広くなれば、日本国全部にわたることになるわけで、地域の広狭は問うところでない。

憲法の定める統治の基本秩序を壊乱する目的として、このほかに例を考えてみれば、君主制の廃止や議会制度の否認の目的などは、これにあたる。廃止や否認というほど徹底的なものでなくとも、著しい変更を企てることは、これにあたるであろう。それでは、世上に天皇制廃止などを大っぴらに主張してもかまわないのはなぜかというと、あれは憲法の定める統治の基本秩序を壊乱する目的というのにはあたっても、その目的による行為としての暴動がないからである。あくまで言論の範囲にとどまるかぎりは、内乱罪にはならないのである。

憲法の定める統治の基本秩序を壊乱することとは政治の基本組織を破壊することであるから、私有財産制度の否認、一夫一婦の婚姻制度の破壊など、経済上の組織や風俗上の制度の破壊はこれに含まれない。私有財産制度の否認ということは、いいかえれば、共産主義の唱道ということになり、太平洋戦争終了後に、共産党解放政策が採られるまでは、有名な治安維持法という法律で厳禁されていたが、現在では犯罪視されていない。

こういう目的で、集団的な暴行、または脅迫をすれば、内乱罪は既遂になる。さきにいったように、革命が成功すれば、罰しようもないことになるが、そこまでゆかなくても、法的には既遂に達することは可能なのであるから、内乱の既遂は処罰されることになるわけである。憲法の定める統治の基本秩序を破壊する目的でもって暴動するつもりで、多数の人が動き出せば、まだ暴動にならなくても、内乱罪の着手はあるわけであるから、そうなれば、内乱未遂罪として罰せられる場合もある。罰せられる場合があるというのは、みながみなまで罰せられることにはなっていないからである。既遂については、いやしくも内乱の暴動に参加した者は、まったくヤジンマ的にただくっついて歩いただけの者でも、罰せられるが、未遂の罰せられるのは、いわゆる「首謀者」であるか、謀議に参与したとか、群衆の指揮をしたとか、暴動のために多少積極的になにかの役割を演じたとかの場合にかぎられ、ただ附和随行したにすぎない者は、未遂にとどまるかぎり、罰せられることはない（第七七条第二項）。

第三節　内乱罪に対する刑罰

内乱罪は暴動における犯人の地位・役割の相違するところに従い、その刑を異にし、それに四種の区別がある（第七七条第一項各号）。

（一）　首謀者は、前に述べたように、死刑か無期禁錮に処せられる。

（二）　謀議に参与した者または群衆の指揮をした者は、無期または三年以上一五年以下の禁錮に処せられる。

（三）　その他「諸般の職務」に従事した者は、一年以上一〇年以下の禁錮に処せられる。

（四）　付和随行し、その他、単に暴動に参加した者は、一月以上三年以下の禁錮に処せられる。

この最後のものは、ヤジンマ的行為で、このうちにはただ暴動の群衆の仲間にはいっていっしょに騒いでいるというだけの者もあれば、石ころの一つ二つも投げようという程度の者も含まれる。多少ともなにか特別の任務に従事する者は、付和随行者ではなく、（三）にいれられることになる。たとえば、経理の仕事をするとか、火つけの役をするとか、食糧の炊き出しをするとか、あるいはビラをまくとかいうのは、まさに（三）にいうところの「諸般の職務」に従事することになる。

これら四者はそれぞれ刑に軽重の差があるばかりでなく、（一）から（三）までの行為については、その未遂罪も罰せられるが、（四）の付和随行その他単なる暴動参加者については未遂処罰ということがない。したがって、その予備や陰謀というものの処罰も考えられない。というよりは、かような単純な無計画的な行為については、そういう観念を容れる余地がないのである。

内乱の予備または**陰謀**をした者は、一年以上一〇年以下の禁錮に処せられる（第七八条）。この刑は内乱罪についていわゆる陰謀・指揮以外の諸般の事務に従事した者に対する刑罰とまったく相等しいが、これには首謀者たると、謀議参与者たると、その他の者たるとの区分がないから、もし付和随行者の類にまで適用されるとすれば、予備・陰謀のほうが本来の既遂よりかえって刑が重いという結果となり、奇妙なことになる。しかし、さいわいなことには、すでに述べたように、付和随行等の単純な行為の予備や陰謀などという観念は考えようがないから、はじめからその予備罪・陰謀罪というものはありえない。したがって、付和随行の予備が付和随行そのものより重い刑になるという心配はいらないわけだが、首謀者、謀議参与・群衆指揮者およびその他の職務従事者の三者の間に本来設けられている刑の軽重の差は、予備・陰謀の罪については存在しない。そこで、首謀者は内乱既遂なら死刑か無期禁錮になるべきところを、予備・陰謀にとどまる場合には、一年以上一〇年以下の禁錮になるにすぎないから、その刑が大いに軽減されるのであり、謀議参与・群衆指揮もこれと同様の責任軽減を受けることができるのに対し、その他の職務従事者については、既遂も予備・陰謀も等しく一年以上一〇年以下の法定刑をもって律せられることになっていて、特別に軽減されることはない。ただ、刑罰というものについて、誤解のないように望ましいのは、これはあくまで法律の条文に示された刑についていっていることなのであって、実際上犯人に言い渡される刑がかように両者相等しい必要があるのではないということである。

一年以上一〇年以下という幅のなかで、裁判官は「一年」と言い渡そうと、「二年」、「三年」、あるいは「一〇年」と言い渡そうと、その犯人に適当と思われる任意の刑を選んで言い渡すことができるのであるから、実際問題としては、多くの場合、謀議参与・群衆指揮が内乱既遂罪の一態様として罰せられる場合よりも、内乱の予備・陰謀罪の一態様として罰せられる場合のほうが、軽い刑を選んで適用されることになるのである。けっして予備・陰謀も既遂も同じというわけではない。

同じような意味で、未遂罪についても、その刑は、既遂罪の刑から「減軽することができる」（第四三条本文）という原則になっているが、これを減軽するとしないとは、裁判所の裁量に任せられているばかりでなく、減軽する場合においても、法定刑が減軽されるだけで、現実に言い渡す刑がどうであるかは、別問題なのである。

内乱に関する罪には、このほか、特に**内乱幇助罪**という独立の犯罪がある。第七九条に「兵器、資金若しくは食糧を供給し、又はその他の行為により、前二条の罪を幇助した者は、七年以下の禁錮に処する。」とあるのがそれである。「前二条の罪」というのは、いうまでもなく、第七七条の内乱既遂・同未遂の罪と第七八条の内乱予備・同陰謀の罪であるから、それらの罪の実行を容易にすることがこの内乱幇助罪である。条文の表現はいささか堅いが、さすがに簡潔である。兵器、弾薬、資金、糧食などを供給するとか、その他どんな方法でもいいから、「幇助」といえるようなことをすれば、この犯罪になるというのである。「幇助」とは犯罪の実行を容易にする行為で、ここに例示した各種の行為のように、物質的援助もこれに属するが、激励の辞を与えるなどの精神的援助もまた「幇助」である。要するに、革命軍のシンパが内乱幇助罪ということになるわけである。これは内乱幇助罪といわれているが、実は内乱の実行行為の幇助ばかりを内容とするものではなく、内乱の予備・陰謀を幇助する行為をも含むことは、法文に「前二条の罪を幇助し」云云とある「前二条」のなかに内乱の予備・陰謀が含まれるから当然である。

暴動が開始されれば、それはもう内乱そのものであるから、その後にいたって犯人が名乗り出て、自分が犯した罪を捜査官憲に告知して処分を求めたとしても、一般の自首の場合の一つとして、その刑を減軽されることがある（第四二条第一項）という程度にすぎないが、暴動開始前に自首すれば、犯罪の未然防止上それだけ有意義なので、特にかならず刑を免除すべきこととしている。刑の免除が行われるのは、内乱の予備・陰謀罪（第七八条）についての自首の場合と内乱の幇助罪（第七九条）についての自首の場合とである（第八〇条）。予備・陰謀にとどまるかぎり、むろん、まだ着手はないのだから、暴動の開始もないのは当然であるが、内乱幇助罪については、それが暴動開始後に行われることもあるわけだから、すでに暴動が開始された以上は「その刑を免除する」ということにはなりえない。その場合は、自首の一般原則に従って、「その刑を減軽することができる」という程度のこととなる。

第四節　思想的確信犯と禁錮刑

革命は現存の国家組織において承認されている思想と相反する思想的確信にもとづいて行われるのがつねである。したがって、現存の国家がこれを容認しなくても、革命家は自己の信念の正当なことを信じている。事実問題としては、そんな信念もなく、ただ利己的動機から革命運動に従事する者もあるとしても、革命家の本質は、やはり自己の確信の勇敢な実行者というところにあることは疑いない。そうなければならないものであろう。この意味において、この種の犯罪を**「確信犯」**という。

内乱罪は政治的確信にもとづくところから「政治犯」と称せられ、国事に関するところから「国事犯」とも称せられるが、確信犯のうちには、なお宗教的確信にもとづくものや、学問的確信にもとづくものもある。いずれにしても、確信の敢行であるから、何回獄に投ぜられても思想を変えず、いかに厳重な刑に処せられても、辞することのないのが、その徹底した姿である。まことに敬服すべき一面を持っていることは否めない。すくなくとも、いわゆる破廉恥な犯罪ではない。その確信するところの思想に共鳴する立場から見れば、実に英雄的行為である。

この点が刑罰の面においても考慮されている。それは、内乱に関する罪全体を通じて、それに対する刑に死刑はあるが、他はすべて禁錮刑であって、もっともポピュラーな刑罰であるところの懲役刑が全然ないということである。

禁錮と懲役とは、ともに人を監獄に入れて自由を拘束するから、自由刑の一種とされているが、前者には刑務作業を科せられないのに対し、後者にはそれが科せられるという点で区別されることは、前に述べたとおりである。これは、もと、労働をいやしむ思想から出ている。

思想的確信にもとづく犯罪は、泥棒や人殺しとは違って、恥ずべき動機によるものでなく、ただ、たまたま現存国家の方針がその思想を是認しないから犯罪とされるだけで、もし、その思想を是認する国家が出来れば、その思想の実践者は英雄として祭られることにもなる。そういう意味で、これは、いわゆる破廉恥罪でないからというので、現存国家もその取扱上、多少の敬意を払おうということになり、そこに懲役を科せず、禁錮を科するということになっているのである。懲役でなく禁錮を科することが、なぜ犯人に対し敬意を表することになるのかというと、それは刑務作業を科さないからである。「労働はいやしい。だから、敬意を表すべき犯人には、これをさせない」というのがその根本に横たわる思想である。とすれば、これはあきらかに時代錯誤である。

そもそも、国家がみずから承認しない思想に立脚する犯罪に敬意を表し、破廉恥罪と対立すべき「名誉ある犯罪」などということを考えること自体がひとつの大きな矛盾である。思想を自由であらしめるのはよいとして、その思想にもとづく実行行為を尊重することは、現存の国家組織の否認である。これは制度として自己矛盾であるといわなければならない。現存の国家組織がよいか、それを否定する別個の組織がよいかということは、もとより問題であって、そのおのおのにはそれぞれ相応の主張もあり、賛否さまざまであるが、現在の国家としてはそれを否定しているのである。国家として容認しない行為で、しかも、その国家の存立を危くする重大犯罪であるのに、その罪を犯す者に対して敬意を表しているというのは矛盾している。それを否定する国家としては、それを罰するに遠慮はいらないではないか、といいたい。

そのうえ、時代錯誤の思想に由来しているのだし、行刑の実際上は懲役と区別のつかないような執行状態にもなっているのであるから、特に懲役と区別して、禁錮という刑罰を設けておく必要があるとは思えない。また、日本の現状からいうと、現に監獄に収容されているあらゆる犯罪による禁錮囚は、いつも全懲役囚の何百分の一という程度の人数しかいないのに、そのために監獄に分界を設け、取扱上の区分を行うなど、ずいぶん余計な手数もかけている。禁錮などはやめてしまって、拘留の名称も捨て、みな懲役一本にしたほうがいいと思う。

第五節　「五・一五事件」のことなど

刑罰のことはとにかくとして、内乱罪の具体的内容を、それを構成する個々の行為について見ると、それは暴行、脅迫、殺人、放火、その他、場合によれば掠奪もするから強盗にもなるし、なかにはドサクサまぎれに強姦をする者もあるというわけで、あまりひと聞きのいいことにはならない。したがって、犯人としては、「内乱罪」という罪名をつけられることになれば、かえって肩身のひろい思いをするから、なるべく、殺人や放火のような罪名にしないで、内乱罪にしてもらいたがる傾向がある。それは犯人の性質によることではあるが、内乱もしくはそれに類する犯罪を行う者には、この傾向が見られるのである。

しかし、内乱罪が成立すれば、強盗や強姦の罪が別に成立しないとはいいきれないばかりでなく、裁判所はなかなか内乱罪の成立を認めない。それは内乱罪の構成要件になっている憲法の定める統治の基本秩序を壊乱する目的がそなわっているとは容易に認められないからである。

世上に右翼革命の企図として伝えられる有名な昭和七年の**五・一五事件**でも、日本国憲法施行前におけるわが国最高の裁判所たる大審院の判決により、内乱罪にはならないものとされている。

当時の回顧のためにも、その判決の一部をここに引用しておこう。傍点は筆者が付したもので、その部分が特に重要な判示事項である。

「刑法第七十七条に所謂朝憲を紊乱するとは、国家の政治的基本組織を不法に破壊することを謂ひ、政府の顚覆、邦土の僣窃の如き、其の例示的規定なりと解すべく、従て、政府の顚覆とは、行政組織の中枢たる内閣制度を不法に破壊する如きことを指称するものと解するを相当とす。而して、集団的の暴動行為あるも、之に因り直接に朝憲紊乱の事態を惹起することを目的とするに非ずして、之を縁由として新に発生することあるべき他の暴動に因り、朝憲を紊乱する事態の現出を期するが如きは、之を以て朝憲を紊乱することを目的として集団的暴動を為したるものと称することを得ず。原判示に依れば、海軍中尉古賀清志、同中村義雄等は夙に国家革新の志を抱懐し、我国現下の状勢を目して、政治経済共に行詰り、政党、財閥、特権階級互に相結託し、国勢を紊り、国民を極度に圧迫し、殊に最近に於ける支配階級の堕落は、到底傍観を許さざるものありと為し、非常手段に依りて支配階級に一撃を加へ、其の反省、覚醒を促すと共に、国家革新の機運を醸成せんことを期し、予て同志海軍中尉三上卓、同山岸宏、海軍少尉村上格之、予備海軍少尉黒岩勇と共に同志を糾合して、一斉集団的に爆弾、拳銃等を使用して直接行動に訴へ、以て右素志を貫徹せんことを企図し、橘孝三郎一派の民間側同志、陸軍士官候補生等海軍部外の同志を獲得すると共に、全同志の中心となり、帝都の治安を擾乱する意図の下に、海軍将校、陸軍士官候補生十九名は四組に分れて、首相官邸、内大臣官邸、政友会本部、警視庁、大銀行等を手榴弾及拳銃を以て襲撃し、以て内閣総理大臣犬養毅を殺害し、右襲撃を阻止する者は之を射殺すべく、又民間側同志は右行動と相呼応して、東京市内外所在の変電所数箇所を夫々手榴弾を以て襲撃し、帝都の暗黒化を図るべく、尚、川崎長光は右機会に乗じ、従来古賀清志等の計画遂行を妨害するの疑ある西田税を暗殺すべきことを決定し、因て以て国家革新の為の捨石たらんことを期し、本件犯行を敢行したるものにして、支配階級に一撃を加へ、其の反省、覚醒を促すと共に、国家革新の機運を醸成せんことを期するが如き、国家革新の為め捨石たらんことを期するが如き、本件行為は議会制度の否認、内閣制度の変革、其の他国家の政治的基本組織の破壊を直接企図したるものには非ずして、之を機運として新に発生することあるべき他の暴動に依り、斯る事態の現出を予想したるものに外ならず。要するに、以上の事実に依れば、古賀清志等は本件の集団的暴動行為に際しては、未だ直接に朝憲を紊乱することを目的としたるものと認むることを得ざるものとす。……又、首相を斃すが如きは、場合により、牽いて内閣の瓦解を来す虞れなきには非ざるも、是只内閣閣員の更迭を来すのみにして、内閣制度を根本的に破壊するものに非ざれば、未だ以て刑法第七十七条に所謂政府を顚覆する行為なりと称するを得ず。又、首相の殺害を企図せる本件正犯の目的は、戒厳令宣告の下に内閣を更迭して、所謂軍政府を樹立し、之に依て諸政の刷新を期したりと云ふに在れども、本件正犯は其の暴動行為に因り、直接に此等の状態を惹起することを目的としたるに在らずして、該正犯の集団外の他の勢力に依り斯る状態の発生を見ることあるべしと予想したるに過ぎざること上叙説明の如くなるを以て、正犯等の本件暴動行為は、刑法第七十七条に所謂政府を顚覆するの目的に出でたるものと為すことを得ざるものとす。」（大判昭和一〇年一〇月二四日刑集一四巻一二六七頁）。

この判決に先立ち、この事件の第一審たる東京地方裁判所もこういう法理に立脚して昭和九年二月二日愛郷塾頭橘孝三郎を「爆発物取締罰則違反、殺人及び殺人未遂」の罪名のもとに無期懲役、神武会頭大川周明を「爆発物取締罰則違反及び殺人幇助」の罪名のもとに懲役一五年、天行会長頭山秀三を「爆発物取締罰則違反及び殺人幇助並に恐喝」の罪名のもとに懲役八年、その他一七名の被告人についても大同小異の罪名のもとに、それぞれ懲役刑が科せられたのであったが、その後一部の被告人は控訴・上告によって争ったので、刑名刑期は変更され、大川は禁錮五年、頭山は禁錮三年などに確定するにいたった。

五・一五事件に次いで、その翌昭和八年におこった**神兵隊事件**では、検察官はこれを内乱予備罪として起訴したのであったが、大審院はやはり内乱とは認めず、「殺人予備並に放火予備」の罪名のもとに、全被告人四四名に対し、いずれも刑を免除する旨の言渡（大判昭和一六年三月一五日刑集二〇巻二六三頁）をしたことをここに付け加えておこう。

第二章　戦争と刑法
――国交に関する罪・外患に関する罪――

第一節　戦争放棄の刑法

わが国は戦争放棄の憲法を作った。このごろ再軍備問題にからんで、この憲法のもとにおいても、自衛のための戦争なら、やってもかまわないのか、それとも憲法を改正しなければ、自衛のための戦争すらできないのかということについて、政界の人々や憲法学者の間で議論が戦わされている。この論議はそちらの専門家にやってもらうこととして、とにかく、いわゆる戦争放棄の憲法を作った以上、日本が戦争をしたくないことは、法律のうえにはっきり出ている。もし、憲法が改正されれば、それに応じて一般の法律も変わらなければならなくなるだろうが、憲法を変えなくてもよいことになれば、この点に関しては、刑法なども、だいたい現状のままでさしつかえないわけである。法律上からいえば、変えなくてもかまわないとしても、事実上、変えたほうが都合がよいということにならないともいえないが、憲法改正さえなければ、いちおう、そういう必要はおこらないつもりで刑法の規定は出来ているのである。なにはともあれ、そんなわけで、現在の刑法がどんな戦争対策を立てているかということをここで説明することにしよう。

戦争をしたくない以上、まず、戦争を誘発するような行為を禁止しなければならない。そのために、刑法には「国交に関する罪」という一章が設けられていて、外国の国際感情を刺激し、ひいては外国からわが国に戦争をしかけさせるかも知れないような行為を刑罰の対象として規定しているが、もっと直接的に、外国からわが国に対して武力を行使させる行為や、すでに武力行使のあった場合に、これに味方する行為を処罰するためには、「外患に関する罪」という一章も設けられている。

第二節　国旗侮辱

外国の国際感情を悪化させるような行為は、種々あるであろうが、刑法が国交に関する罪の章のもとにおいて特に取り上げているのは、外国国旗損壊等の罪、私戦予備・陰謀罪および局外中立命令違背罪である。

外国国旗損壊等の罪というのは「外国に対して侮辱を加える目的で、その国の国旗その他の国章を損壊し、除去し、又は汚損した者は、二年以下の懲役又は二〇万円以下の罰金に処する。」（第九二条）と規定されているもので、刑としては、まず、軽いほうの部に属する。この犯罪は、条文上あきらかなように、外国に対して侮辱を加える目的を必要とするもので、学問上、「**目的罪**」と称せられるものの一つである。行為の外形は等しくとも、この目的があるかないかということで犯罪の成否が決する。一般に目的罪について、この目的があるかどうかということは、行為者がそのような結果の生ずるかもしれないということをあらかじめ知っているか否かできまるとされているから、外国国旗損壊等の罪については、「外国を侮辱することになるかも知れないが、そうなってもかまわない」と思って行為すれば、この犯罪に必要な目的はあると見られている。したがって、「侮辱してやろう」と特に希望していなくてもよいというのである。

しかし、こういう解釈は、実は、処罰上の便宜によるもので、「目的」ということについての普通の観念には合わない。ほんとうは、やっぱり、侮辱の結果を発生してやろうとの意図がある場合に、はじめてこの目的があるといえると解すべきで、単に「そうなるかも知れないが、なってもかまわない」と思う程度では、目的があるとはいえないのだと思う。だが、そう解釈すると、ずるい犯人は「そんな目的はありません」といって逃げてしまいそうなので、ふつうには前述のような解釈がとられるようになったに相違ない。だが、その「逃げてしまいそうだ」という心配は、証拠法のほうで解決するのが本筋である。ことに、犯人がなにを聴かれても黙秘権を使って、なんにもいわないとすれば、犯人の心理的事実である「目的」の存在などは、とうてい証明できないというのが、処罰する側の悩みではあろうが、その悩みは、たとえば、「行為者が結果の発生することあるべきことを知っていたならば、目的があったものと推定する」というような証拠法則を刑事訴訟法のなかにでも設ければ、りっぱに解決することだし、また、そうあるべきだと思う。だが、今はまだそういう法則が出来ていないで、「目的」

というものを刑法自体の解釈論のうえで、ここに述べたようにもじって解釈して解決しているのである。

さて、この犯罪が成立するには、外国に対して侮辱を加える目的があることが第一の要件であるが、そういう目的で、外国の国旗その他の国章に対して損壊その他の行為をすることが必要である。「**国章**」とは国を象徴する記章である。たとえば、軍旗などはあきらかにこの種の国章の一である。国旗は国章のうちでもっとも代表的なものである。この種の国旗等を損壊、除去または汚損することがこの犯罪の成立要件であるが、「その国の国旗」とあるのは、駐留軍司令部や大使館、公使館などに掲げられている公用のものに限るか、それとも、一般民家に掲げているものまで含むかということについては、学説上の争いがある。といっても、条文にはこの点はなんとも書いてないので、解決の道はどう解釈したほうが適当かということに求められるだけで、論理的に明快にはきめられない。

わたくしは、条文に公用に限ると書いてあるわけでもないし、刑も軽いから、私用のものも含むと解したほうがいいと思っている。しかし、一〇年ばかり前（昭和一五年）に出来たわが国の改正刑法仮案（第一八八条）によると、その新しい立法で、これを公用のものに限ろうとしていることがわかる。立法としてはこれもよかろうが、そうなれば、当然に刑はもっと重くなるべきだし、現に仮案では重く定められているくらいだから、現在の刑法の解釈としては、私用のものを含むからこそ、相当軽い刑ですむ場合があるようになっているのだということもできる（なお、改正刑法草案第一三四条も、現行法と同様に規定上、公用のものに限る旨の文言を明記してはいない）。

この犯罪を罰すべきかどうかには、害をこうむった国の国民の感情いかんが重要だから、その国の政府からわが国に対し、処罰してくれとの請求があった場合でなければ、罰しないことになっている（第九二条但書）。

第三節　私戦の予備・陰謀

「外国に対して私的に戦闘行為をする目的で、その予備又は陰謀をした者は、三月以上五年以下の禁錮に処する。ただし、自首した者は、その刑を免除する。」（第九三条）というのが私戦予備罪および私戦陰謀罪の規定である。私戦のために兵器を製造したり、輸送船に食糧を積み込んだりするのは、**私戦予備**であり、私戦のため数人相会して作戦を練るのは**私戦陰謀**である。「私的に戦闘行為をする」といっているのは、わが国が公的に宣戦を布告して戦うのではなく、また、憲法第九条にいわゆる「国権の発動たる戦争」ではなくて、私人が勝手に戦闘行為をするということである。だから、たとえ外国の侵略に対して自衛のために抗戦する目的をもってする行為でも禁ぜられる。それも国交に害があることあきらかだからである。おかしいのは、私戦の予備や陰謀を罰する規定がありながら、現実に私戦をする行為を罰する規定がないことである。そこで、もし、そういうことが現実におこれば、殺人、放火などの諸罪として罰するのほかはない。

この罪は犯人が自首すれば、刑の免除が受けられる。自首すれば、どんな犯罪についても、刑を軽くしてもらえる余地はある（第四二条第一項）が、二、三の重大犯罪については、単に「その刑を減軽することができ」るだけでは十分でないとして、この場合のように「その刑を免除する」というような類の規定が置かれているわけである。これは、つまり、国家はなんとかしてこの犯罪を事前に防止しようとして、自首者に大きな恩典を与え、自首を奨励しているのである。「刑を免除する」とは、無罪ということではない。有罪だけれども、刑の宣告をせず、したがって、むろん、監獄に入れるようなこともしないというのである。しかも、規定によれば「免除することができる」ではなく、「免除する」であるから、かならず免除しなければならないのである。自首に関する一般規定が単に「その刑を減軽することができる」（第四二条第一項）であって、絶対に免除できないばかりでなく、刑の減軽についてさえ、裁判所の裁量により、全然減軽されないこともあるようになっているのに対して、これは非常に大きな恩典であるといわなければならない。

第四節　局外中立命令違背

外国と外国とが交戦しているとき、わが国は局外中立の宣言をすることがある。これは戦争に介入しないという宣言であって、戦争放棄の日本としては戦争不介入は当然のことであるが、特に局外中立宣言をすると、中立国としての公正な態度を維持しなければならないことになる。この宣言とともに、厳正中立を維持するに必要な遵守事項を国民に命ずるための命令を発する。これがいわゆる「**局外中立に関する命令**」である。ときどきは外国間に交戦状態の発生することはあるが、わが国にこの中立命令が発せられることは、あまりない。もし将来これが発せられれば、国民はそれを守らなければならなくなるが、命令が出ないうちは、特に守るべきものは何もなく、したがって罰せられるべき場合も存在しない。命令の内容として予想される代表的なものは、交戦国のいずれに対しても、武器や糧食を給することを禁ずることなどであるが、現在その命令が出ていない以上は、刑罰規定の内容は空白である。白紙同様である。そこでこれを「**空白刑法**」とか「**白地刑法**」(Blankettstraf-recht) とかいう。それはとにかく、この局外中立命令違背罪は、三年以下の禁錮または五〇万円以下の罰金に処せられることになっている（第九四条）。中立国の商人の火事泥的な金もうけは、これによって大いに制限されることになる。

第五節　外　患　誘　致

いままで述べてきたのは、国交に関する罪の三態様であるが、行為がさらに一段と戦争に直接するものは、外患に関する罪で、その態様の第一が外患誘致罪、第二が侵略援助罪であり、第三がそれらの予備・陰謀罪である。

外患誘致罪というのは、「外国と通謀して日本国に対し武力を行使させ」ることであって、刑罰は刑法法典のうちでもっとも重く、すべて「死刑」に処せられ、特に減軽すべき理由にでもあたらないかぎり、他の刑ですます余地はまったくない（第八一条）。刑が重いのは、事態の重大性から見て、当然のことである。

わが国は戦争を放棄したのであるから、国際法上の厳格な意味での戦争というものを、国として進んで行うことはもちろん、他からしかけられることも考えられないとの前提に立ち、戦争云々という表現を用いず、「武力を行使させ」と表現したのであるが、これは、事実上は外国からわが国に戦争をしかけさせることを罰するのである。国際法上戦争といえないようなことでも、武力行使であれば、これにあたるから、さきごろ流行した「何々事変」というようなものでも、これを引きおこさせるのは、外患誘致罪となる。しかし、「日本国に対し」武力を行使させるのでなければならないから、日本の土地をただ戦場に使わせたというだけでは、この犯罪になるものではない。

外患誘致の手段としては、外国との通謀を必要とするが、外国と通謀するとは、外国の政府、軍隊など正当に外国を代表すべき機関と通謀することを意味する。意志を通じ、連絡をとることが、「通謀」である。

この犯罪については、「日本国外において……犯したすべての者」をも罰することになっている（第二条第三号）ので、わが国に在留する外国人が犯したとき、これを罰することができるばかりでなく、外国人が日本国外において外国と通謀して犯した場合でも、これを罰することができる。「罰するといったって、外国にいる外国人をつかまえようもないではないか」と思う人もあるだろうが、つかまえることができるできないは別問題で、国際事情のいかんによっては、外国にいる外国人だって、いくらもつかまえることができるだろうし、また、犯した当時は、つかまえる手段も引渡を受ける方法もないとしても、のちにその犯人がわが捜査の実力の及ぶ範囲に立ち入ってきたためにつかまるということも考えられるから、まんざらナンセンスな規定ではないのである。しかし、外国人がその者の自国（日本からいえばやはり「外国」という条件にはあたる）に意を通じて、日本国に対し武力を行使させたとしても、この外国人を罰するわけにはゆかないのではないかとの疑問がある。そこには、ある国の人が自国に意を通じて行う行動は、条理上当然ゆるされるべきことだから、これを罰すべきでないとする説もあるが、自国に意を通ずることは当然ゆるすべきだとしても、平和愛好国たることを中外に宣明し、まったく武力をみずから行使しようとしない無抵抗の日本国に対して武力を行使させ、事実上の戦争をしかけさせる行為は、やはり犯罪だといってよいではないか。第二次世界大戦によって、あらたに「**戦争犯罪**」という観念さえ大きくクローズ・アップしてきて、自国のために忠誠であるつもりで行った行為でも、犯罪とされるようになって来ているのであるから、国内法上もこれを犯罪として処罰することは、なんの矛盾でもない。

こうはいっても、この種の犯罪となれば、侵略国が勝った場合には、事実上実効を期することができなくなるのは当然である。しかし、それは事実上の障害であって、法的にこれを罰することのできないものとして遠慮する必要はあるまい。

この犯罪については、未遂罪を罰し（第八七条）、予備罪・陰謀罪も「一年以上十年以下の懲役」に処せられる（第八八条）。

第六節　侵略の援助

侵略援助罪（外患援助罪）は、もう少しむずかしい字を使って、「侵寇援助罪」ともいわれている。これは、外患誘致罪と異なり、すでに外国からわが国に対する武力行使のあったのちにはじめて行うことのできる犯罪であって、法文によれば「日本国に対して外国から武力の行使があったときに、これに加担して、その軍務に服し、その他これに軍事上の利益を与えた者は、死刑又は無期若しくは二年以上の懲役に処する。」（第八二条）となっている。したがって、侵略軍の道案内をしたり、武器を供し、糧食を給する等のことから、わが国の防禦施設を破壊したり、軍事諜報活動をしたり、あるいは侵略軍の状勢について防衛側に虚偽の報告をもたらす等の行為にいたるまで、すべて侵略援助罪となる。刑罰は外患誘致罪よりはるかに軽い。すでに外国の武力行使開始後のことだから、もとより、外患を誘致することよりも犯情がずっと軽い場合が多いであろうから、刑もかように軽いものまで含んでいるのである。注意すべきは、侵略国に与える利益は軍事上の利益に限るということである。事実上の利益となるかぎりは、間接のものでもよいから、前に示した例のように、直接には財物の交付であってもよいが、単にわが国の経済状態を不良にするような行為は、侵略国に対して軍事上の利益を与えるものとはいえない。

もう一つ、当然のことながら、大いに注意する必要のあるのは、外国の侵略を受けたような場合には、侵略軍の暴行または脅迫による強制下に軍務に服せしめられることが非常に多いに違いないが、強制の度が通常人にとってまぬかれることの困難なものであるときは、もとより、強制下の行為として犯罪とならない。刑法上の理屈としては、それは緊急避難行為になるか、期待可能性のない行為であるという理由で、ゆるされることになる。この場合、緊急避難や期待可能性の法理でゆるされることがあるというのは、侵略軍に強制されて、これに従わなければ自分の命をとられるか、牢屋にぶち込まれるとかの危険が身に迫っている場合には、ある程度その強制命令に服従するよりほかに、自己にふりかかった災難を避ける道がないと見られるから、こんな場合に侵略軍のためにやむを得ずに援助行為をしたのを理由として、それを責めるのは過酷だからである。

侵略援助についても、その未遂が罰せられる（第八七条）し、予備・陰謀罪は外患誘致の予備・陰謀罪と等しく、一年以上一〇年以下の懲役に処せられる。

国外犯処罰についても、外患誘致罪とまったく同様である（第二条第三号）。ただ、外国人がその自国の軍隊が日本に侵攻してくるような場合に、その軍隊のために働いたからといって、犯罪になるのでは、それこそかわいそうである。これは軍の強権下において、国民としての義務により行動せしめられたという場合なら、罪に問うべきではあるまい。

第三章　公務執行の妨害
――公務執行を妨害する罪――

第一節　基本形態

官憲主義といえば、いえないことはないが、一般の業務よりも公務の執行には特別の保護が加えられている。すなわち、公務員の職務行為について刑法には特に公務の執行を妨害する各種の罪が規定されている。

「公務員が職務を執行するに当たり、これに対して暴行又は脅迫を加えた者は、三年以下の懲役又は禁錮に処する。」（第九五条第一項）というのがこの罪の基本形態である。これを公務以外の場合に適用のある規定として、別に第二三四条に「威力を用いて人の業務を妨害した者も、前条の例による。」とあって、その前条の規定によると、刑は「三年以下の懲役又は五〇万円以下の罰金」となっているから、公務執行妨害は威力による業務妨害よりも刑が少し重くなっていることがわかる。だから、官憲主義の規定だといえないこともない。

刑法上、**公務員**というのは、「国又は地方公共団体の職員、その他法令により公務に従事する議員、委員、その他の職員」ということになっている（第七条第一項）が、その詳細は賄賂罪に関する説明にゆずることにする。要するに、職務権限が法令に根拠を有することが必要で、給仕や小使のように機械的な仕事に従う者は、公務員ではないのである。*

＊**［補　遺］**〔郵便集配人は、刑法上の公務員か〕　郵便物を配達に来た郵便局の外務担当者に対して、「郵便物を渡せ」と要求し、暴行を加えた事案について、最高裁昭和三五年判決は、郵便物の集配は単純な肉体的、機械的労働に止まらず、「民訴法、郵便取扱規程等の諸規定にもとづく精神的労務に属する事務をもあわせて担当しているものとみるべき」（最判昭和三五年三月一日刑集一四巻三号二〇九頁）であるとして、郵便集配人も刑法上の公務員であると判示し、公務執行妨害罪の成立を認めた。

この犯罪は、妨害行為が「**職務を執行するに当たり**」なされることを要件とするので、ある具体的な場合がはたして「職務を執行するに当たり」なされたかどうかということが、つねに問題になる点である。職務の「執行」というのをそう厳格に解しなくてもよい。いわゆる強制的職務行為でなくてもかまわないのである。

昭和二二年の夏、中央線の有名な笹子トンネルの近くにある初鹿野駅で、小荷物係駅手が土地の不良青年から、つまらないことで因縁をつけられて、殴られた事件があったが、これは列車発着より一七、八分前だったというので、被告人側では駅手の職務の執行にあたって暴力を加えたことにはならないと弁解したが、そういうことは認められなかった（最判昭和二四年四月二六日刑集三巻五号六三七頁）。「当たり」というのは執行中であることは必要でなく、執行の機会においてすればよいわけだし、ことに小荷物係駅手は列車の発着時ばかりでなく、いつ来るかも知れない小荷物託送の依頼人の求めに応ずるため、つねに待機中であると見るべきだから、こんな場合にも、公務執行妨害罪が成立することは、多言を要しない。この待機という状態にある以上、雑談していても、やはり「執行するに当たり」ということになる。

わたくしは、さらに進んで、待機中であるなら、居眠りしていたってかまわないと思うのだが、大学教授や司法官が集まってやっている或る研究会でそういったら、それにはあまり賛成してくれなかった。そこで、わたくしは「それなら、裁判官が法廷で居眠りしてるとき殴ったら、公務執行妨害罪にはならないのか」と反問したら、大笑になって、やっぱり犯罪になるというわたくしの考えに賛成したも同然になったことがあった。「執行するに当たり」とは、およそそんなところである。

役所へ出勤の途中なども、格別寄り道をするのでなければ、これにはいるといいたいが、退庁しての帰途は、いくらひろく解しようとしても、これには入れられない。便所に行ってる時はどうだろう。昼食を食べている時はどうだろう。休憩時間にテニスでもやっていたらどうなるのだろう。こんなふうに考えてみると、なかなか問題はデリケートになるが、それがハッキリした執務外の時間中のことであるならば、「執行するに当たり」とはいえないと見るべきだろう。

これに対し、執務時間中ただ一時的に、一服すっているとか、用便に立ったとかいうのなら、これはやはり「執行するに当たり」のうちに含まれるといわなければなるまい（最高裁は、長田電報局事件について、職務の執行が一見中断ないし停止されているかのような外観を呈したとしても、職務の性質上一体性ないし継続性が認められる場合には、継続した一連の職務として把握すべきであると判示するに至っている〔最判昭和五三年六月二九日刑集三二巻四号八一六頁〕。なお、最決平成元年三月一〇日刑集四三巻三号一八八頁も参照）。といったからとて、執務時間外でも、現実に執務しており、その執務の機会に行われる行為ならば、「執行するに当たり」なされたものといえることは、疑いない。したがって、公務員が自宅へ仕事を持ち帰って執務しているなら、それも公務の執行といってよい。

自宅でもよいとなると、なにかけじめのつかないような感じもする。そうなると、たとえ、職務になんの関係もないことについても、うっかり役人さんを脅しでもしたら、ただの脅迫罪ではすまないことになりはしないかという懸念もないではない。しかし、その点は、故意論で救われる。おどかすほうが相手の公務執行の機会にあたっていることを認識していることがこの犯罪成立の要件だからである。つまり、自宅で私信でも書いているのだと思って暴行・脅迫をしたところが、たまたまそれが役所の仕事をしている最中であったというような場合なら、公務執行妨害罪の故意としては要件が足りないから、この犯罪にはならない。よくある例で、私服の警官を警官と思わず抵抗したというようなのも、公務執行妨害罪の故意を欠いているのである。

職務執行の機会においてすれば、この犯罪になるのであるが、その行為は、法文上あきらかなように、暴行または脅迫を加えることでなければならない。脅迫は、もちろん、人に対して行われるにきまっているが、暴行は、その性質上、物に対しても行うことができる。ただ、公務執行妨害罪の暴行は、物に対して加えられる場合でも、目標は公務員に置かれていなければならない。たとえば、水夫に舟を漕がせて水上を警戒する警察署長がある場合、非公務員たる水夫に暴行を加えたり、舟の器具を壊したりすれば、けっきょく、暴行をもって公務員たる警察署長の職務の執行を妨害したことになる（大判大正六年一二月二〇日刑録二三輯一五六六頁）。

このように、暴行・脅迫を加えれば、それで犯罪は成立するのであって、それにより、現に公務の執行ができなくなったという事実の発生を必要とするものではない。単に「公務執行妨害罪」という名はついているものの、妨害が犯罪の構成要件になっているのではなく、暴行・脅迫を加えることが構成要件になっているのである。いいかえれば、暴行・脅迫を加えることがすなわち妨害そのものであると見られているのである。

第二節　職務執行の適法性

公務執行妨害罪で理論上いちばんの問題は、職務執行の適法であることを何を標準として判断すべきかということである。職務の執行を妨害することが犯罪だという以上、その職務執行行為が適法のものでなければならないのは当然である。警官が逮捕状も持たず、特別の例外的理由もないのに、人をつかまえようとしたとすれば、これは適法ではない。こんな場合に、相手が警官という公務員ならば、なんでもかんでも、いちおうはおとなしく捕えられなくてはならないものだとしたら、憲法の人権保障も画餅にひとしい。夜おそく帰路を急いでいる女事務員が売春婦と誤認され、性病予防の公務員から無理に腕をつかまれ、検診の場所へ連れて行かれそうになったので、その公務員を突き飛ばして逃げたとしても、強制連行の行為自体が不適法である以上、その女事務員の抵抗は公務員の公務を妨害するものとはいえない。執行行為が違法ならば、これに反抗してもかまわない。暴行・脅迫をもって反抗することが別に暴行罪や脅迫罪その他の罪になる可能性はあるが、それとても、適当の限度を守るかぎり、正当防衛とか緊急避難とかの法理によって犯罪の成立は否定される。

こうなると、**職務執行の適法・違法**ということは、非常に重要なことがわかるが、それならば、公務員の職務執行行為に対し、一般人がいちいち適法だの違法だのといって批判して、容易に応じないとしたら、厄介で困りはしないかという疑問がおこる。もっともなことである。

そこで、一説には、職務執行の適法・違法は、その公務員自身の判断によってきまるのだとする考え（主観説）がある。ほんらい違法なことでも、公務員の主観において適法だと思えば、それは執行行為としてはいちおう適法のものとして扱われ、人民はこれに服従せざるを得ないというのである。これは公務員にとっては便利だけれども、ひどい官憲主義だ。この官憲主義をもう少しゆるめたのは、客観的にもいちおう適法なように見える場合でなければならないとする考えである。これは公務員がただ勝手に適法と思ったというだけでは足りないで、外観上適法らしく見える場合でなければいけないというのである。この外観上適法らしく見えるというのは、社会通念の問題だから、これを一歩前進させると、執行行為が適法かどうかは、その公務員の考えに関係なく、もっぱら社会通念を標準にしてきめるという説になる。この社会通念説が今日わが国での通説になっている。それにはそれ相応もっともな理由があると思うが、わたくしは賛成しない。「猥褻」かどうかということなどは、まさに社会通念の問題だけれども、職務行為が適法か違法かというようなことは、論理的にハッキリきめられることなのに、これを社会通念という常識できめようというのはおかしい。また、たいへん曖昧でもある。

まえに挙げた令状なしの逮捕にしたって、性病の強制検診にしたって、社会通念で簡単にかたのつくことではない。令状なしに逮捕のできないことは、もう常識になっているかも知れないが、他の例の場合については、社会通念では、存外、適法な執行行為だと思われているのかも知れない。いずれにしても、法の内容は制定の初期には普及していないが、のちには普及してくるのが通例であるから、社会通念によって適法・違法をきめるとなると、そういう時期による変化もおこってくるだろう。

執行行為は客観的に適法なものでなければならず、しかも、その客観的ということは、社会通念などではなく、法令自体によっているものでなければならない（客観説）。というと、その法令自体の解釈がいろいろだったら、どうするかという問題がおこる。それは、むろん、最後には裁判所の判断によってきまるわけだが、そんなことは当然で、すべての法令解釈の最後の決定権は、裁判所が握っているからである。

実は、学説としては、裁判所のきめるところに従うというのが特別の一説のようにいわれているが、これは個々の執行行為が適法かどうかをいちいち裁判所に問いあわせなければわからないという意味ではない。適法かどうかは、たとえ、法令解釈上疑義はあっても、裁判以前の客観的事実であるはずである。公務員のほうでは適法なつもりで執行しようとしたところ、その執行によって不利益を受ける者のほうでは、それを違法と思って抵抗したというような場合、抵抗が暴行・脅迫をともなうとすれば、公務員の側では、これを公務執行妨害だというであろう。訴訟事件になれば、当然、いずれの解釈が正当かが問題になる。それに裁決を与えるのが裁判所であるけれども、適法か違法かは裁判所の判決をまつまでもなく、客観的にきまっているのである。ただ、そのすでに客観的にきまっている適法性または違法性をハッキリ見いだしえない場合に、争いになったら、裁判所のきめるところに従うというだけのことである。

執行行為が適法かどうかを裁判所の決するところによるというのは、なにも特別の説ではありえない。要するに、それは執行する公務員自身の主観によるのでもなく、社会通念によるのでもなく、法令解釈上、法理当然の帰結によるべきなのである。そうして、そのことは、最後の争いは裁判所の判断によって決するということとなんの矛盾をも含むものではない。

こういう客観的標準によるとの説を採ると、公務員のやることに私人がいちいち批判して、事態を錯雑させはしないかとの懸念を生ずるであろう。また、それが社会通念説が通説となっている理由でもあろうが、その心配はいらない。訴願や訴訟の道が別に設けられている以上、いかに不適法な執行行為に対してでも、やたらに暴行・脅迫で対抗することが、やむをえないこととして許されるわけではないからである。ただ、いやしくも客観的に不適法な執行行為に対しては、公務執行妨害罪が成立することはないということを指摘したいのである。

まさか誤解はあるまいが、念のために一言すると、違法な執行行為に対して公務執行妨害が成立しないというのは、執行の手続の不適法についていっているのであって、その手続によって究明しようとしている実体関係についていっているのではない。たとえば、自分の嫌疑を受けている犯罪に関して、いかに無実を確信すればとて、適式の逮捕手続をふんでいる公務の執行行為に対して、これを拒むことは許されないのである。

第三節　特殊形態

公務執行妨害罪の特殊のものとして、なお四種の形態が規定されている。

(一)　職務強要

これは「公務員に、ある処分をさせ、若しくはさせないため、又はその職を辞させるために、暴行又は脅迫を加えた」ことである。これに対する刑罰は、やはり三年以下の懲役または禁錮である（第九五条第二項）。いわゆる税金闘争にからんで、こんな例があった。

昭和二三年四月のこと、兵庫県の竜野町という所で、役場の楼上に民主納税同盟員と称する者等一〇〇名ばかりを集め、一定期間、税金の強制徴収をしないことなど九項目から成る決議文を作ったうえ、税務署から署長、直税課長および庶務課長を呼び寄せ、右決議事項の即時承認を強要し、前後八時間にわたって食事もとらせず、用便にも監視を付し、果物の食いかけを投げつけ、「共産党と討死するつもりか。お前等がわれわれの要求を承認したため辞職させられるようなことがあれば、共産党はかならず援助するが、承認しなければ、われわれは二日でも三日でも頑張るぞ」と大声でどなり、危害を加えるような威力を示して脅迫したため、ついに同署長等をしてやむなくこの要求を承認するむねの確認書一通を差し入れさせたという事件があったが（最判昭和二五年三月二八日刑集四巻三号四二五頁）、こういうのが職務強要罪の適例である。

（二）　封印破棄

「公務員が施した封印若しくは差押えの表示を損壊し、又はその他の方法で無効にした者は、二年以下の懲役又は二〇万円以下の罰金に処する。」（第九六条）とあるのが封印破棄罪といわれる犯罪を規定したものである。「封印」といったからとて、ぜひとも印が押してなければならないというわけではないが、任意処分を禁止するための封緘《ふうかん》その他これに類する設備をいう。差押の場合には、実際封緘をすることもあるが、米俵などにただ縄を張って、別に貼紙などして「差押の標示」をしておくこともある（差押の標示の有効性が問題となった事案としては、最決昭和六二年九月三〇日刑集四一巻六号二九七頁がある）。これを破り取ったりするのは、文字どおり「損壊」または「破棄」にあたるが、そういう物質的破壊をともなわなくても、たとえば、米俵に竹筒を差し込んで中味を抜き取ったりすれば、差押の標示を「無効にし」たことになる。仮処分で立入禁止の立札の立っている土地に立ち入って荒起しをしたというのも、この「無効にし」た行為だとされた例（大判昭和七年二月一八日刑集一一巻一号四二頁）がある。

（三）　強制執行妨害

たとえば、金を借りてそれを返さなかったとする。そうすると、貸主は正規の手続をふんで借主の財産につき強制執行をしてくる。執行されると、借主は財産を競売されて、債務の弁済に充当されることになる。借主はそうされたくないので、自分の財産を親族に売ったことにしたり、友人の家へ預けて貸主に見付からないようにしたりする。時には、財産を取られるのがいまいましいというだけで、わざと壊してしまったりする者もある。これでは貸主はやり切れないし、裁判の威信にもかかわる。

借主にはもう一つ別の手がある。それは、強制執行を受けたときに、別に借金でもしてあったことに仮装しておいてうまくごまかせれば、執行を受けた財産のうちそれに相応する割合だけは、その仮装の債務に対するニセの債権者の分けまえとして、ほんとうの債権者に取られずにすむ。そこで、親族とか友人とかから莫大の借金でもしたように仮装しておくということがよく行われる。これも債権者保護のために困ることであるし、裁判の威信をも害する。

これらのいわば強制執行を不正に免脱する行為を処罰する規定として第九六条の二という規定がある。曰く「強制執行を免れる目的で、財産を隠匿し、損壊し、若しくは仮装譲渡し、又は仮装の債務を負担した者は、二年以下の懲役又は五〇万円以下の罰金に処する。」と。この規定は、条文の番号が「第九六条の二」などとなっているのでもわかるように、刑法法典が最初に出来た時からある条文ではなく、あとで、この種の不正行為が多いのに気づき、その対策として、昭和一六年に追加規定したものなのである。この点、次の二つの犯罪も同様の事情にある。

(四)　競売入札妨害

「偽計又は威力を用いて、公の競売又は入札の公正を害すべき行為をした者は、二年以下の懲役又は二五〇万円以下の罰金に処する。」(第九六条の三第一項)とある。競売も入札も公のものに限る点に注意しなければならない。この犯罪が公務の執行を妨害する罪の一つの態様に属する以上、私的の入札や競売を対象としないことは当然である。したがって、骨董市で商人が客に入札させる場合などは、この規定の適用を受けるわけではない。「**偽計**」とは計略の意で、あまねく人の判断を誤らせるような術策をいい、「**威力**」とは人の意志の自由を制圧する力をいう。職権を笠に着た行為なども、威力を用いたというのにあたる。

[補　遺] 本罪は、昭和一六年の刑法一部改正により設けられたものであるが、最近では、バブル経済の崩壊により暴力団等による執行妨害事例が頻発するようになったことから、裁判所の適正な競売手続を確保するために本罪の適用を積極的に認める判例が出されるようになっている。たとえば、偽計による競売入札妨害罪の成立を肯定したものに、最決平成一〇年七月一四日刑集五二巻五号三四三頁があり、威力による競売入札妨害罪の成立を認めたものとしては、最決平成一〇年一一月四日刑集五二巻八号五四二頁がある。

(五)　不正談合

競争入札の場合に、入札者たちがあらかじめ価格を協定することがある。この協定を「**談合**」といっている。これは請負業者などに多いことで、たとえば、官庁の庁舎の建設工事などを請け負うときに、落札を希望する多数の請負人たちが競って安い価格で入札するということになると、ともだおれになるおそれがある。そこで、業者等は入札前に協定して、何円以下の安値には入札しないというようなことをきめておいて、入札を実行する。これとは逆に、物を買うための入札なら、あまり高値には入札しないということが必要なわけである。これは業者等がともだおれを防ぐための自衛策でもある。この自衛策はある程度まで入札者側の当然の権利だといえるが、これも度を越し、ある者の不当の利益になるような落札をもくろんで談合し、他の者は労せずしてその不当利得の分けまえに与るというようなことになると、権利の濫用である。

この濫用行為を罰するため、「公正な価格を害し又は不正な利益を得る目的で、談合した者」を前記競売入札妨害罪と等しい刑罰に処する旨の規定（第九六条の三第二項）が設けられている。これは談合行為をすべて犯罪とするものではなく、法文に掲げてあるような不正目的のあるものだけを犯罪とするものであるが、実際上、この目的の有無を判別することは、ややむずかしい問題である。それに、「公正な価格」とはなにかということが非常な問題である。わたくしは当然の利潤を加算した額ならば、談合してきめた価格であっても、「公正」といえると解するのであるが、裁判の実際では、これに反する解釈が次第に有力になって来て、まったくの自由競争で決すべき価格でなければ、「公正」でないとする方向にある。これでは業者の自衛権を完全に否定し、いっさいの談合を犯罪視するにひとしく、法の趣旨を生かしているとはいえない。

第四章　脱　獄　犯
——逃走の罪——

第一節　逃走する罪

終戦後間もないころは、よく脱獄囚が出た。たいてい集団逃走が多かった。それはおおむね看守たちに暴行または脅迫を加えていた。監房を破壊していることも、おそらくは普通のことであったろう。こういうふうに、二人以上通謀したり、暴行・脅迫を用いたり、または監獄の施設や手錠その他のいわゆる械具を壊したりして逃走するのは、逃走罪のなかでは、犯情の重いものとして、刑罰も単純な場合より重く規定されている。刑法の規定によると、「前条に規定する者又は勾引状の執行を受けた者が拘禁場若しくは拘束のための器具を損壊し、暴行若しくは脅迫をし、又は二人以上通謀して、逃走したときは、三月以上五年以下の懲役に処する。」（第九八条）となっている。

これに対し、こういう特別の手段によるのでなく、たとえば、護送の途中で看守のすきを見て逃げ去るように、単純な方法で逃走するものは、「裁判の執行により拘禁された既決又は未決の者が逃走したときは、一年以下の懲役に処する。」（第九七条）という規定により律せられ、刑はだいぶ軽くなっている。これを講学上**「単純逃走罪」**といい、これに対し、前述の重い刑にあたるものは、刑が加重されているから、**「加重逃走罪」**ともいわれるし、方法が複雑であるところから、**「複雑逃走罪」**とも名づけられる。

単純逃走のほうは、既決または未決の者でなければ罰せられないが、複雑逃走のほうは、そのほかになお「勾引状の執行を受けた者」も罰せられることになっている。

犯罪事件があると、犯人としての嫌疑をかけられた者すなわち被疑者は、身体の自由を拘束されることなく、自宅から警察署や検察庁に呼び出されて取り調べられることもあるが、事情によっては、逮捕され、勾留されるなどして、身体の自由を拘束されたうえで取調を受けることがある。たいてい、逃亡しそうだとか、証拠隠滅を図りそうだとかいう理由で、そうするのである。起訴があってからのちに、被告人を拘束することもある。いよいよ裁判が確定して刑を執行するために拘禁するのは最後のことである。裁判が確定すれば、「既決」であるが、その前段階までは「未決」である。そこで、「既決又は未決の者」という規定が出てくるのである。

「既決」と「未決」の意味は、これでハッキリしているが、「裁判の執行により拘禁された……者」の意味については、解釈上に問題がある。旧規定では「囚人」という文言が用いられていたが、この「囚人」というのが、監獄にはいっている人という意味であることは、周知のとおりであるが、勾留状や収監状によって、身体の拘束を受け、監獄へ連れて行かれる途中の者は、囚人つまり裁判の執行により拘禁された者かどうか、ということになると、疑問がおこってくる。「勾引状の執行を受けた者」というのは、「裁判の執行により拘禁された……者」のほかに別に規定されているから、それが「裁判の執行により拘禁された既決又は未決の者」とは別ものとして扱われていることは、明瞭であるのに、それでさえこの「未決の者」のなかにはいるのだとする説があるくらいだから、勾留状の執行を受けた者や収監状の執行を受けた者については、当然、裁判の執行により拘禁された者の一種だとする考えも出てくるわけである。

勾引状は強制力をもって人を裁判所へ引致するための令状であるが、人を監獄に入れるためのものではないから、その点からいっても、単に勾引状の執行を受けているに過ぎない者を「裁判の執行により拘禁された……者」のうちに含ませるのは無理だし、前示のような規定の形式からいっても、これは「裁判の執行により拘禁された……者」とは別のものとして規定されているものと見なければならない。ところが、勾留状や収監状は、その執行によって人を監獄に収容するための令状であるから、まだ監獄の高塀のなかに収容されるにいたらなくとも、そこへ収容するために、すでに身体の拘束を受けている以上、これを「裁判の執行により拘禁された……者」と解することに、さして不都合はない。どうしてもいったん収容されてからでなくては、「裁判の執行により拘禁された……者」ではないとする説は、たぶん、旧規定の「囚人」という言葉の語感にこだわっているのだと思う。

語感にこだわるのも結構だが、もし、そう解すると、勾留状や収監状を示され、所定の監獄に連行される途中の者は、監獄に拘禁された者でもなければ、勾引状の執行を受けた者でもないことになるから、たとえ複雑逃走をしようとも、罰せられないことになる。これでは、他方において、単に勾引状の執行を受けた者の複雑逃走が罰せられるのと比べて、バランスのとれない結果になる。したがって、勾留状や収監状の執行を受け、監獄へ連行の途中にある者は、この「裁判の執行により拘禁された……者」のうちに含まれるものと解しなければならない。まして、いったん監獄に収容された以上、農耕、建設等の作業に従事するため、一時監獄の施設の構外に出ているような場合でも、裁判の執行により拘禁された者としての身分を失うものではない。しかし、保釈や仮出獄など、正式の釈放手続によって獄外に出ている者は、もちろん、裁判の執行により拘禁された者ではない。

なお、疑問をおこしやすい場合を二、三ひろってみる。

（一）　罰金や科料を完納しないと、労役場に留置されることがある（第一八条）。労役場留置は財産刑が化して自由刑になるわけではないが、やはり自由の拘束を受け、監獄内に拘禁されるのであるから、これも既決の者の一種である。

（二）　勾引や逮捕の効果として、護送の途中かりに監獄に留置することがある（刑事訴訟法第七四条）。泊るところが監獄だから、その時監獄に「拘禁された者」になるのだとの説もあるが、これは、いわば旅行の途中で宿屋に泊るようなものである。極端な争いとなれば、水掛論だが、「裁判の執行により拘禁された既決又は未決の者」という言葉の用語例からいえば、そのなかには含まれないといいたい。だから、こんな場合の単純逃走は罪にならない。複雑逃走だけが犯罪になる。もっとも、逮捕の効果として護送中の者の複雑逃走を犯罪と見るについては、次のような論理にその根拠を求めなければならない。

(三)　逮捕状により逮捕された者（刑事訴訟法第一九九条・第二一〇条）や、現行犯として逮捕された者（同法第二一三条）は、「勾引状の執行を受けた者」に準じて考えてよい。こう考えることに対しては、罪刑法定主義をふりかざして反対する人もあるかもしれないが、わたくしはそう考えてよいものと思う。なぜならば、逃走罪に関する刑法の規定の出来た当時においては、今日、終戦後になってはじめて出来た刑事訴訟法上の観念としての「逮捕」などは予想していなかったから、法文上それが謳ってないだけのことで、実質上は古い刑事訴訟法のもとにおける捜査機関の行う勾引に相当するものだからである。

最後に、「監獄」というのは、何々刑務所と称せられるものの施設に限らず、警察署の留置場も特別の法令により監獄に代用されることになっているから、このいわゆる代用監獄も逃走罪の関係においては、まったく、ふつうの監獄と同様である。したがって、たとえ、軽微な犯罪によってであろうと、拘留刑に処せられたりして、その執行のため警察署の留置場にとめられた場合に、逃げ出せば、ただではすまないことになる。

第二節　逃走させる罪

いままで述べてきた単純逃走や複雑逃走は、身体の自由の拘束を受けている本人がみずから逃走することにより、罰せられるのであるが、このほかに、他人が被拘禁者を逃走させる行為をするのも、一定の条件のもとに処罰の対象とされている。しかも、その場合には、既決、未決の者または勾引状の執行を受けた者以外の者に及び、ひろく「法令により拘禁された者」を逃走させる行為をすれば、犯罪になる。それに三種のものが規定されている。

(一)　「法令により拘禁された者を奪取した者は、三月以上五年以下の懲役に処する。」（第九九条）。これは**被拘禁者奪取罪**と呼ばれる。

(二)　「法令により拘禁された者を逃走させる目的で、器具を提供し、その他逃走を容易にすべき行為をした者は、三年以下の懲役に処する。」（第一〇〇条第一項）。これは、普通、**逃走幇助罪**と名づけられている。けっきょく、逃走を容易にするのだから、その実質はまさに幇助行為にあたるのであるが、この場合には、共犯としての幇助の規定（第六二条・第六三条）の適用はなく、正犯の成立がなければ、成立しないというようなものでもないから、普通の幇助犯とはだいぶ違う。もう少し具体的にいうと、普通の幇助と違い、この場合には、たとえば、脱獄に使えるようにと思って、受刑者にヤスリやノミなどを差し入れてやったところ、受刑者がへまをやったため、発覚して、逃走できなかったとしても、この逃走幇助罪は成立するのである。

（三）　法令により拘禁された者を逃走させる目的で「暴行又は脅迫した者は、三月以上五年以下の懲役に処する。」（第一〇〇条第二項）。これには適切な慣用上の罪名がない。逃走幇助罪と一括して**逃走援助罪**と名づけている学者もある。

（四）　「法令により拘禁された者を看守し又は護送する者がその拘禁された者を逃走させたときは、一年以上一〇年以下の懲役に処する。」（第一〇一条）。これも一般に通用するような格別の名がついていないが、**被拘禁者解放罪**とわたくしは呼ぶことにしている。看守・護送という特別の義務のある者の行為について、刑を加重する趣旨で出来た規定であることは疑いない。この罪は現実に逃走をさせなければ既遂にならない点で、逃走幇助罪などと異なる。

ここに「逃走させる罪」として述べた四種の犯罪形態は、いずれも「法令により拘禁された者」に関する。これは非常に包括的で、単純逃走や複雑逃走の場合よりも範囲がひろいことはいうまでもないが、精神病で病室に錠をおろされている者や少年院に収容されている者がこれに含まれるかということは、一考に値する。通説はいずれも「法令により拘禁された者」に含まれるとするのであるが、わたくしは異説として反対の見解を持っている。

精神病院や少年院では、収容者をかならずしも自由に外出できるようにはしておかない。室に錠をおろしているのもあるし、室は出られるが、棟から外へは出られないようにしているのもある。そうして、すくなくとも、門や塀で囲まれた区画から外へは出られないのが通例である。病状のだいぶよくなった精神障害者や行状のよくなった非行少年は、特に外出も許されるが、これは例外である。こういうふうに、限られた区画から外へ出られないということは、たしかに「拘禁」と同じようではあるけれども、これらの施設への収容は、およそ拘禁とは違う観念によっている。精神障害者に対しては治療・保護を行い、非行少年に対しては教育・保護を行うことを中心思想とし、併せて社会をその侵害から防衛しようとしているのである。これらの者が収容施設から逃げ出したからとて、それを逃走罪に問うのは、保護の精神に反する。

ことに、少年院については、錠を施すこと自体について、わたくしは大いに疑問を持っている。錠をかけなければ、どんな悪いことをするかわからないという当局者の心配はよくわかるが、そういう危険な者ならば、少年院に収容すべきではなく、少年監獄に収容すべきなのである。高塀と鉄条網とをめぐらし、鉄格子のなかにがんじょうな錠を施して、少年を収容している実情を見ては、いかにも「名前負け」の感じがする。あそこの少年たちがああしないでは置けないような者ならば、それを刑事処分に付することなく、保護処分にしているところに制度と運用との矛盾がある。保護処分にすべきものなら保護処分にすべきであり、したがって、保護処分らしく、拘禁的処遇をやめるべきだと思う。この現状批判はさておき、たてまえとしての思想がこういうところにあるのだから、この収容施設からの脱出が逃走罪として処罰されるなどという考えかたには、とうてい賛成できない。

第三節　逃走と奪取

「**逃走**」とは看守者の支配を脱することである。そこで、いつ既遂になるかということが一つの問題になる。受刑者が監獄から逃げる場合を例にとれば、ふつう監獄の塀の外へ出るのが既遂だといえるけれども、いくら塀の外へ脱出しても、それまでに発見され、追跡されているなら、まだ看守者の支配を脱したとはいえないから、逃走は未遂の状態にある。追跡者から姿をくらまし、いちおうその支配から離れて勝手な行動がとれるような状態になれば、既遂に達することは疑いない。

しかし、受刑者が看守者に気づかれずに、塀の外へ出てしまってからあとで、この発見・追跡ということが始まったのなら、その逃走はもう未遂ではすまない。一般の学説はそんな区別はいらないと考えているのかもしれない。とにかく、発見の時期を区別しないで論じているのが通例であるが、これはこう考えないといけない。

外壁を脱しようとした時に見つかったのなら、看守者の支配はやはり追跡の手として延びてくるから、外壁離脱によっては、看守者の支配を脱したとはいえないが、いったん看守者に気づかれることなくしてそれを離脱すれば、その時にすでに一度は支配を離れているから、その後において発見され、追跡を受けたとしても、いったん既遂の状態に達したものが時間の経過を逆行して、未遂の段階に戻るべきいわれはないからである。

それは、ちょうど、他家に忍び入って他人の物を盗み取った窃盗犯人が、物を屋外へ持ち出したところを発見され、盗んだ物を取り返されたとしても、窃盗の既遂が未遂に戻るわけのものでないのと同様である。

逃走の意味がこうだとすれば、**「奪取」**は当然に、看守者の支配を排して自己または第三者の支配を確立することだということになるが、奪取には、なお、特別の問題がある。それは被拘禁者を奪取する罪（第九九条）と逃走させるために暴行・脅迫をする罪（第一〇〇条第二項）との関係にからむ問題である。被拘禁者奪取罪のほうは、暴行・脅迫を用いることは要件になっていないが、暴行・脅迫の手段によって犯すこともできる。そこで、奪取しようと思って、暴行・脅迫をしたが、奪取の目的を達するにいたらなかった場合に、どうなるのかということが問題になる。

逃走罪のすべての態様について、その未遂を罰する旨の規定（第一〇二条）が置かれているが、そのうちで、逃走させる目的で暴行・脅迫をする行為（第一〇〇条第二項）については、未遂というものは考えにくい。そこで、暴行・脅迫を手段として被拘禁者を奪取しようとして仕損じた場合には、けっきょく、被拘禁者奪取未遂罪の要件を具備していると同時に、被拘禁者を逃走させる目的で暴行・脅迫をする罪の既遂の要件をも備えているので、はたしていずれの罰条を適用すべきかということが問題になるのである。

第九九条と第一〇〇条第二項とは、その所定の法定刑はひとしいが、この行為を前者の未遂とするときは、未遂減軽（第四三条本文）の余地があるだけ軽いということになるから、この場合、被拘禁者奪取未遂罪とするのは不当である。

この見解に対する自己批判として考えられることは、「奪取」とは、自己または第三者の実力支配内に移すことであるに対し、「逃走させる」とは、単に看守者の支配を脱せしめるだけであるから、この見解が両者を同視していることが、はたしてさしつかえないものかということである。

しかし、現に看守者の実力支配下にある者をそこから他の支配に移すことは、その支配から脱せしめることの一種にほかならないばかりでなく、もし、これをしいて区別するとなると、ここで問題になっているような場合には、被拘禁者奪取未遂罪として罰すべきだということになり、単に逃走させることよりも奪取することのほうがあきらかに犯情が悪いにもかかわらず、奪取目的をもってする暴行・脅迫のほうが逃走させる目的をもってする暴行・脅迫よりも責任が軽いものとされる結果になるから、はなはだ不合理である。かように、いろいろ考えてみると、やはり、被拘禁者奪取未遂罪とみる説は支持できない。

第五章　犯人蔵匿と犯人隠避

――犯人蔵匿の罪――

第一節　かくまってはならぬ犯人

日本共産党のK中央執行委員がいわゆる地下潜入をした時、これをかくまったという理由で、山口という人が懲役一年の判決言渡を受けたことは、当時世間の注目を浴びたことであったが、これは、犯人蔵匿《ぞうとく》罪に問われたのである。犯人をかくまうと、この犯罪が成立することがある。

犯人蔵匿罪というのは、どんな犯人でも、これをかくまえば成立するというのではない。往来で立小便するのも犯罪だ（軽犯罪法第一条第二六号）から、立小便をした人は、みんないちおう「犯人」なわけだが、それをかくまっても、犯人蔵匿罪になるわけではない。それは刑のきわめて軽い犯罪だからである。実際問題として、「立小便して巡査に追っかけられてるから、助けてくれ」などということをいう者もあるまいから、これが犯罪にならないのは、かくべつ、実生活にひびくことでもあるまい。

満員電車のなかで、押したの、踏んだのといって喧嘩をはじめ、そのあげく、「バカヤロウ」とどなったりすれば、その人は侮辱罪（刑法第二三一条）の犯人ということになるが、これも刑が軽い犯罪だから、その犯人が相手に追っかけられているのをかくまってやったとしても、犯人蔵匿罪にはならない。

犯人蔵匿罪に関する刑法の規定を見ると、「罰金以上の刑に当たる罪を犯した者又は拘禁中に逃走した者を蔵匿し、又は隠避させた者は、二年以下の懲役又は二〇万円以下の罰金に処する。」となっている（第一〇三条）のに、立小便や「バカヤロウ」は、みな拘留または科料にしか処せられることのない軽い犯罪なので、「罰金以上の刑に当たる」ということにならない。だから、この種の犯人をかくまっても、犯人蔵匿罪に問われることはないのである。しかし、まちがえてならないことは、たとえ、こんな軽い罪についてであろうとも、いったん拘留に処せられる等のことがあって、拘禁されたとなれば、その拘禁中逃走した者をかくまうことは、やはり犯人蔵匿罪になるということである。もっと正確にいうと、拘禁中逃走した者である以上、その者が実は真犯人でなくても、これをかくまうことはできないのであって、しいていえば「逃走者蔵匿罪」になるのである。この逃走者を蔵匿する罪は、その者の犯した罪に対する刑の軽重を問わず、いやしくもこれをかくまえば成立することになる。

逃走者蔵匿のことはしばらくおき、とにかく、固有の犯人蔵匿罪が成立するについては、罰金以上の刑にあたる犯罪の犯人に関する行為でなければならない。**「罰金以上の刑に当たる」**とは、その犯罪に対する刑罰を規定した条文に、罰金または罰金よりも重い刑が掲げられているということである。したがって、たとえば、窃盗罪は「一〇年以下の懲役」ということになっている（第二三五条）から、罰金より重い刑にあたる犯罪であるし、賭博罪は「五〇万円以下の罰金又は科料」となっているから、やはり「罰金以上の刑に当たる」ことになる。何々以上とか、何々以下というときはその何々も含むというのが、言葉のうえの約束だから、賭博罪などもこれに該当することになる。

ここまでくると、刑の軽重の順序をあきらかにする必要が生ずる。懲役は罰金より重いというはなしがすでに出たわけだが、これは常識でわかることだから、それでいいとして、科料と罰金とではどちらが重いのか、懲役と禁錮とで、どちらが軽いのか、というようなことになると、かならずしも一般によく知られてはいない。しかし、これは法律でハッキリきまっていて、重いほうからいうと、死刑、懲役、禁錮、罰金、拘留、科料という順序になっている（第一〇条第一項本文・第九条）。刑として拘留か科料かしか科せられないような罪については、その犯人をかくまっても、犯人蔵匿罪にはならないが、罰金以上の刑が科せられる可能性のある犯罪ならば、その犯人をかくまうことは、犯人蔵匿罪になるのである。

第二節　罰金以上の刑に当たる罪

ここで、少しわきにそれるが、もう一つ説明しておきたいのは、「罰金以上の刑に当たる罪」とは、現に或る犯人に対して言い渡される刑が罰金以上であることを要する意味ではなく、法律の条文のうえに罰金以上の刑が規定されている罪という意味であるということである。たとえば、賭博罪の刑は、刑法第一八五条の定めるところによれば、前にも例に引いたように、「五〇万円以下の罰金又は科料」であるから、罰金以上の刑にあたる罪となるのであって、たとえある特定の犯人に言い渡すのを相当とする刑が科料であるとしても、その犯罪が罰金以上の刑にあたる罪であることにかわりはないのである。かように、罪を定めた法律の条文に規定されている刑を「法定刑」といい、ある特定の犯人に言い渡される刑を「言渡刑」とか「宣告刑」とかいう。このほかに「処断刑」というものもあるが、要するに、法定刑に罰金以上のものが掲げられている罪の犯人ならば、これをかくまうことが許されないということになるのである。

そこで、共産党幹部の地下潜入事件に戻って考えてみると、これは、刑法上の犯罪ではないが、米軍占領下に存在した団体等規正令という法令の違反として、一〇年以下の懲役にあたる犯罪なので、山口という人はその犯人をかくまったということで懲役に処せられることになったわけである。

かくまうべき相手の犯人は、法律の規定によると「……罪を犯した者」となっているので、わたくしはこれを文字どおりに受け取って、ほんとうに罪を犯した者でなくてはいけないものと解すべきだと思うのだが、そういう解釈はきわめて少数の説で、普通はそうは解せられていない。この罪がひろい意味での司法に関する作用を害する罪であるという理由から、刑事被告人になっている者であれば、実はそれが真犯人でなかったとしても、これをかくまうことはできないのだとする説が有力である。また、被告人として検察官から裁判所に訴えられるまでにならなくても、捜査機関（検察官または司法警察職員）によって嫌疑をかけられている者すなわち被疑者であれば、たとえ真犯人でないにしても、それをかくまうことはできないとする説もある。

しかし、法文にちゃんと「罪を犯した者」と明言しているのだし、真犯人でない者をかくまってやったとて、犯人でもない者を追跡しているほうが、そもそもまちがっているのだから、その行為を犯人蔵匿罪などとして処罰するのは得手勝手なはなしだ。むしろ、忠実に法文の文句を重視して、まだ捜査の対象にすらなっていない者であっても、それが真犯人である以上は、これをかくまうことは、犯人蔵匿罪になるのに反し、たとえ被疑者や被告人になってしまってからあとのことであろうとも、真犯人でない以上は、これをかくまったとて、この犯罪にならないものと解すべきだと思う。ふたたび地下潜入事件を例にとっていえば、もし、潜入者について団体等規正令違反罪が成立しないことがあきらかになったと仮定すれば、それを犯人だと思ってかくまった者があっても、犯人蔵匿罪になることはない。潜入者が罰せられることは要件でないが、かれが犯人であることは、ぜひとも必要なのである。

わたくしの解釈では、罪を犯したけれども、まだ全然発覚していないうちにこれをかくまう場合でも、犯人蔵匿罪になる。それが裁判事件になっていないものも無論のことだし、まだ捜査すら開始されていない事件でも、その罪を犯したという事実のあることは相違ないとすれば、その犯人をかくまうのは、適正な司法活動の妨害になるから、これを犯罪として取り締まる必要があるものといわなければならない。これに反して、真に罪を犯したのでないとすれば、これをかばってやるのは善行でこそあれ、罰すべき犯罪とすべきいわれはない。この場合でも司法活動を妨げることになるには相違ないが、その司法活動そのものが藪《やぶ》にらみなのであって、「適正な」司法活動でないから、それを妨げる行為を犯罪視するにはあたらない。被疑者または被告人として、捜査・裁判の対象となっている以上、たとえ真犯人でなくとも、これをかくまうことを犯人蔵匿罪になるものとする学説は、この藪にらみの司法活動でも、それはそれとして保護しようとする考えから出ているのである。しかし、この点は、証拠隠滅罪が「刑事事件に関する証拠」について成立する旨規定されている（第一〇四条）のとは、規定の文言も違うし、趣旨も違うと見なければならない。

かくまうことのできないのは、「罰金以上の刑に当たる罪を犯した者」ばかりではなく、「拘禁中に逃走した者」もこれに属する。このほうは、拘禁中に逃走した者であるならば、真犯人であろうとなかろうと、かまわないことは、前にいったとおりである。これは、いったん拘禁という国家の強制権の発動があった以上、その状態を破ることを許すまいとする思想を前提としているのである。その拘禁を脱して逃走すること自体が犯罪（逃走罪）となる場合もある（第九七条から第一〇二条まで）から、その場合には、その逃走者は「罰金以上の刑に当たる罪を犯した者」でもあるわけであるが、逃走自体が犯罪にならない場合でも、拘禁を脱して逃走した者をかくまうことは、犯罪となるのである。拘禁とは、一定の施設に収容して身体の自由を相当時間継続的に拘束することを意味する。単に逮捕されただけの者などは、まだ拘禁されたとはいえないが、懲役や禁錮の受刑者として監獄に入れられた者はもちろん、勾留状の執行を受けて監獄に入れられたり、拘留刑を執行されて警察署に留置されたりしているのは、拘禁中ということになる。このほか、拘禁の意味については、逃走罪についての説明にゆずる。

犯人蔵匿罪が成立するには、まず、かくまわれる犯人がかように「罰金以上の刑に当たる罪を犯した者」たることを要するが、そのうえ、かくまう行為をする者が、その犯人が罰金以上の刑に当たる罪を犯した者であることを知っていなければならない。

しかし、ある犯罪が罰金以上の刑に当たるかどうかを知るということを一般人に期待することは、困難な場合も少なくないから、皮肉ないいかたをすれば、「それでは、法律家でなければ、犯人蔵匿罪を犯すことは、できないじゃないか」という議論も出てきそうである。そこで、異説としては、単になんらかの罪を犯した者であることを知っていさえすれば、その罪が罰金以上の刑に当たるものであるということまで知っている必要はないとの説もないではないが、法文解釈の常道からいうと、そう解することは無理である。その犯人の犯した罪が罰金以下の刑に当たる罪であることまでも知っていながら、それをかくまう場合でなければ、犯人蔵匿罪にならないとしても、だからといって、法律家でなければ犯せないということにはならない。というのは、そこに「未必の故意」という法理があるからである。

第三節　故意と行為

「**未必の故意**」とは「未だ必ずしも結果が発生するとは限らない」という程度に知っているとの意味である。はじめから確定的に結果の発生を予見していなくても、「場合によって結果が発生してもかまわない」と思っていれば、故意が成立するとの理論により、そのような心理的態度も一種の故意とされるから、犯人蔵匿罪についていえば、その犯人の犯した罪が罰金以上の刑にあたるということを確実には知らなくても、「そういう刑にあたる罪であろうとなかろうとかまわない。とにかく、かくまってやろう」と思って、かくまったのならば、いわゆる未必的には、やはり罰金以上の刑にあたる罪の犯人たることを知りつつ、これをかくまったことになり、犯人蔵匿罪は成立する。実際問題として、犯人をかくまう場合には、ひどく重大な犯罪だと思って避ける場合のあるのは別として、その犯罪に対する刑が罰金以上にあたるかどうかというようなことは、あまり考えないのが、むしろ蔵匿者の心理として普通のことだといってよかろうから、犯人蔵匿罪の成立には、その犯人の犯した罪が罰金以上の刑にあたることを知る必要があると解しても、不都合な結果にはならない。けっして法律家でなければ犯せないというナンセンスなことにはならないのである。

一般の蔵匿者は法律家でないから、罰金以上の刑に当たらないということを確実には知っていないのを通例とし、したがって、それを確知しないにかかわらず、あえて犯人をかくまう以上は、むしろ逆に、罰金以上の刑にあたる罪を犯した者であってもかまわないという「未必の故意」があることになるであろう。「未必な故意」は、本来ラテン名が“dolus eventualis”であることにもよく現れているように、「場合（eventus）によっては」そういう結果になってもかまわないという程度の心理的態度なのであって、これがあれば、けっきょく、故意はりっぱに成立するのである。

さて、とにかく、「罰金以上の刑に当たる罪を犯した者」であることを知りつつ、その者をかくまうことが典型的な犯人蔵匿の行為であるが、それ以上に進んで、さらに、その者の犯した罪が窃盗罪であるか殺人罪であるかというようなことを知る必要はない。そこまで知れと法律が要求していないことは、規定の明文上あきらかだからである。地下潜入事件でも、団体等規正令違反などというむずかしい罪名を知らなくても、なにかの犯罪で当局の捜査の手をのがれようとしている者だということを、おぼろげにでも知っていながら、それが何罪の犯人であろうと意に介せず、これをかくまったというのであれば、すでにじゅうぶん犯人蔵匿の故意はあるということになる。判例にあらわれたところでは、窃盗犯人を汚職犯人だと誤信した場合でも、また、犯人の氏名をまちがえたり、人ちがいをしていたとしても、現実にかくまわれる人間が罰金以上の刑に当たる犯人であるに相違なく、かつ、そういう犯人であることを、かくまうほうの者が承知のうえであれば、この罪の故意として十分だとされているが、これは当然のことである。

有名な関根組の親分の恐喝事件にからみ、同人が恐喝の被疑者として逮捕状を発せられて逃走中、昭和二三年七月から九月にかけて約二カ月間親分を高崎市成田町の或る家にかくまったため、犯人蔵匿罪に問われた事件があった。この事件で、蔵匿者は、「親分が果してどのような罪を犯したのかをよく知らなかった」と弁解したが、たとえそうでも、犯人蔵匿罪の成立は否定されないものとして有罪を言い渡されているのも、このよい例である。

第四節　蔵匿と隠避

犯人をかくまう方法としては、法文のうえに蔵匿と隠避の二つがあげられている。実は、今までただ「かくまう」ということで説明してきたのは、はなしをごたごたさせないためのことで、「**蔵匿**」がつまり「かくまう」ことなのであって、「**隠避**」はこれとは別の方法を意味するのであるが、ひろい意味で犯人蔵匿罪といえば、犯人を隠避させる行為をも含めて表現しているのである。犯人蔵匿罪は、ひろい意味では、犯人隠避罪も逃走者蔵匿罪も逃走者隠避罪もみな含むのである。しかし、蔵匿と隠避とを区別して説明すれば、前者は官憲の発見を妨げるべき場所を提供することであり、後者は蔵匿以外の方法でその発見を妨げるいっさいの行為を意味する。したがって、蔵匿は文字どおり、「かくまう」ことであるが、隠避は、たとえば、自己の運転する自動車に乗せて逃がしてやるとか、変装用の衣服を着せてやるとか、犯人を逃がしておいて捜査官に虚偽の逃走経過を報知するとか、みずから身代わりになるとかすることを意味する。

身代わり事件として、おもしろい例がある。ある男が自家用自動車を運転して行くうちに、人をひいて死亡させてしまった事件について、自首しようとしているのを弁護士が阻止し、身代わりの人を立て、その身代わり人がその事件の被告人として裁判を受けることとなった事件に弁護人として立ち会い、その審理を終結するまで運んだという事実につき、大審院はその弁護士を犯人隠避罪に問擬した（大判昭和五年二月七日刑集九巻五一頁）。よくある例として、親分の罪を背負って出る博徒の子分などは、まずもって、犯人隠避罪を構成することになる。*

*［補　遺］　逮捕勾留中の犯人の訴追・処罰を免れさせる目的で身代わり犯人を立てて警察に出頭させる行為について、最決平成元年五月一日（刑集四三巻五号四〇五頁）は、犯人隠避教唆罪の成立を認めている。その理由としては、刑法一〇三条の「罪を犯した者」には犯人として逮捕勾留されている者も含まれ、そのような者の身柄の拘束を免れさせるような性質の行為も「隠避」に当たるという点が挙げられている。

このひろい意味での犯人蔵匿罪は、学問上は証拠隠滅罪（第一〇四条）とともに**犯人庇護罪の一種**とされている。また、いわゆる犯人庇護罪は、犯罪がすでに行われたのちの跡始末にからむ第二の犯罪であるところから、盗品等に関する罪（第二五六条）などとともに、これを「事後従犯」の一種にも数える。

犯人をかくまうという行為は、犯人の近親者によって行われることが多い。これは親族としての情からみて、同情してやってもいいことである。法はそこに一掬《きく》の涙を注ぐことを忘れてはいない。すなわち、「犯人又は逃走した者の親族がこれらの者の利益のために犯したときは、その刑を免除することができる。」（第一〇五条）と規定している。つまり、たとえば、「今、人を殺して来ましたから助けて下さい」というわが子をかくまってやった親は、やはりいちおう犯人蔵匿罪を犯したことになるが、これに刑をきせるのは、かわいそうだから、刑を免除してやることもできるようにしたのである。法は、かくまってやるのが道徳上称揚すべきことだといってはいない。だから、「罰しない」とせずに「その刑を免除することができる」としている。そこにちゃんと道徳のけじめは立っているのである。「父は子のためにかくし、子は父のためにかくす」ということは、国権の作用にとっては妨害となることであっても、他面においては、やはり美しい人情を物語っている。わが国では大宝の古律以来この種の規定があるが、これはなにも東洋に限ったことではない。近代のもっとも発達した法律制度を持つドイツやフランスやイタリアの刑法にも同趣旨の規定があるのである。わが刑法よりも寛大に、かならず刑を免除することにしている立法例もすくなくない。

第六章　証拠隠滅

――証拠隠滅の罪――

第一節　概　要

〔旧規定下での説明―平成七年の刑法一部改正により、「証憑」は証拠に、「湮滅」は隠滅に改められた〕　証憑湮滅罪について、まず「憑」などという字は、とかくの非難の多い当用漢字表ならずとも、漢字追放令にひっかかること受合というところである。「ひょう」と読む。「証憑」とは「証拠」にほかならない。「湮滅」というのも「いんめつ」と読む。「えんめつ」と読めないこともないが、それは「煙」の「えん」という音からの類推めいていて泥くさい。証拠を煙にしてしまうのではなく、証拠を沈め滅ぼす意味で、「湮」の字を使ったものだろう。証憑湮滅罪は、その本質において、刑事上の証拠を本来の役に立たないようにする犯罪である。

証拠という言葉からいえば、刑事事件に関する証拠に限るべき意味はないが、証拠隠滅罪は犯人蔵匿罪とともにいわゆる犯人庇護罪の一種であるから、犯罪人をかばう行為としての証拠隠滅とすれば、刑事事件についてしか考えられない。その沿革どおり、わが刑法の規定も刑事事件についてだけ証拠隠滅罪というものを設けている。曰く「他人の刑事事件に関する証拠を隠滅し、偽造し、若しくは変造し、又は偽造若しくは変造の証拠を使用した者は、二年以下の懲役又は二十万円以下の罰金に処する。」と（第一〇四条）。証拠隠滅罪の構成要件を規定した条文は、この一カ条しかないから、ほかに民事事件の証拠をいかに隠滅したとしても、証拠隠滅罪というものにはならない。民事事件に関しては、相手方の持っている証拠をひったくって破るようなことをすれば、別に毀棄罪などになることはあるが、自分の手中にある自分の物なら、それが相手方に有利な証拠であっても、破いてしまおうと、焼いてしまおうと、証拠隠滅罪になどなりっこないのである。

それから、証拠隠滅罪が犯人蔵匿罪とともに犯人をかばう罪の一種であるという点から考えると、本来なら、犯人をかばうために行う場合だけに成立させればいいわけだが、現在の法律規定としては、その証拠の隠滅が犯人の利益になるか不利益になるかを区別していないから、いずれの場合にも、この犯罪は成立する。しかし、もちろん、実際問題としては、たいてい、やはり犯人をかばうために行われるものである。

行為としては、今までは、ただ「隠滅々々」といってきたが、**偽造**したり、**変造**したりすることも、ひろい意味では一種の隠滅である。偽造とか変造とかの意味については、通貨偽造罪などについて説明するところに譲るが、これらと区別する意味での狭義の隠滅とは、証拠を物質的に滅失させる場合ばかりでなく、血の付いた凶器を洗ったり、殺人現場にある物件の位置を故意に変更したりする場合のように、証拠の効用を減ずることも、隠滅の一種である。この現場の状況を変更することは、証拠を変造したことになりはせぬかと思う人があるかもしれないが、それはやりかたによるのである。現場の状況を変更するのは、ふつう、証拠の効用を減殺するのであるから、隠滅であるが、証拠の意味を変更するようにやれば、変造である。たとえば、故意に殺人現場をメチャメチャにしてしまうような行為は隠滅であるが、放火を失火と見せかけるように、既存の証拠を利用して作為すれば、証拠変造である。

偽造証拠使用罪の例としては、こんなことがあった。籐籠に包んだガラスビン入の石油六升をふとんに注ぎかけ、これに火を点じて自宅に放火したという嫌疑によって起訴された被告人が、裁判進行中、そのガラスビンの所在不明であるのに乗じ、それが放火ではなくて失火であると主張し、放火材料とされている問題の籐籠に包んだガラスビン入りの石油六升は、全然使用せず、現に焼跡裏手の山の上の物置小屋に置いてあると供述したところ、その弁護人は、それが事後の工作によるとの事情を知りながら、これを弁護の資料に供して被告人のために利益な判決を得ようと欲し、主任検事に申し出て現場についてその取調をさせたが、こと発覚し、この弁護人は、偽造証拠使用罪として処罰された（大判大正七年四月二〇日刑録二四輯三五九頁）。この放火被告人のやったことは、あきらかに証拠偽造の行為であり、弁護人は偽造されたその証拠を使用したことになるのであるが、放火被告人については、証拠偽造罪は成立しない。それは、被告人の立場とすれば、自分の事件を有利に導くために証拠を偽造したり、その他の作為を加えることは、人情の自然としてやむをえないことであるから、それをいちいち犯罪とするのは、難きを被告人にしいることになるからである。明文上も「他人の刑事事件」として規定して、この趣旨を明確に示している。

証拠隠滅の方法は、以上のような物的方法に限らない。人的方法によることもできる。証人を脅かしたりなどして、その証言を妨害するのも隠滅だといえる。もちろん、ここに隠滅を例にとっていることは、偽造、変造その他の行為にもあてはまるのである。

ところで、証人については、別に偽証罪（第一六九条）があるし、鑑定人や通訳人についても、虚偽鑑定・虚偽通訳の罪（第一七一条）があるから、これらの犯罪は、その実質が証拠隠滅にあたる場合であっても、証拠隠滅罪にはならず、それより重い偽証罪、虚偽鑑定罪または虚偽通訳罪になることを注意しておかなければならない。

ついでに、刑罰の点では証拠隠滅罪は犯人蔵匿罪と等しい刑になっていて、この点でも犯罪としての姉妹関係を示していることになっているが、親族間の犯罪について、刑の免除が行われることがあるという点でも、この両罪は同様である（第一〇五条）。

この犯罪は「他人の刑事事件」に関する証拠についてでなければ成立しない。たとえば、自分の放火被告事件について、自己に有利な証拠を偽造したり、殺人犯人が凶器を川に投じたり、窃盗犯人が盗んだ品物を通行人に売り飛ばしたりするのは、行為としては偽造・隠滅の行為であっても、他人の事件に関する証拠ではないから、証拠隠滅等の罪にはならない。しかし、もう少しくわしくいうと、この「他人の」ということと「刑事事件」ということとには、そのおのおのの意味について問題があるし、共犯関係を考えると、なお論ずべきことがある。

第二節　刑事被告事件の意味

［補　遺］平成七年の刑法一部改正により、「刑事被告事件」という文言は、「刑事事件」という文言に書き換えられた。これは、刑事被告事件という文言には、公訴提起後の被告事件だけでなく、公訴提起前の被疑事件も含まれるとする通説・判例の主張に従ったものである。本書の以下の説明も同様なものであるが、「刑事事件」と改めた場合、別の意味で曖昧さが残るという指摘は、注目される。事件が少なくとも事後に起訴されて「被告事件」となることを要するとの本書の主張は、現行法の解釈としても十分説得力を有していると思われる。

［旧規定下ので説明］　まず、「刑事被告事件」というのだから、文字どおりいえば、「被告事件」でなければならないわけで、「犯罪事件」というのとは違う。被告事件というのは、検察官（検事、副検事など）から裁判所に対して裁判を求められている事件のことである。犯罪が行われたとなると、通常は、いちばん先に警察官等が取調をはじめ、それから検察官にその事件を送致する。これは俗にいわゆる「送検」であるが、送検されただけでは、まだ被告事件にはならない。ついで、検察官が裁判にかける必要があると認めれば、その事件について公訴を提起する。公訴提起があれば、裁判所の審理・裁判は開始されることになる。この公訴提起のことを略して「起訴」ともいうが、起訴が行われると、ここにはじめて、その事件は「被告事件」と呼ばれることになる。警察の職員や検察官などによって取調を受けているうちは、まだ被告事件ではないので、これと区別する意味で、それを「被疑事件」という。起訴があってはじめて刑事被告事件というものが生ずるのである。刑事被告事件といっても、ただ被告事件といっても、同じことである。民事事件では被告事件とはいわないから、ただ被告事件といえば、刑事被告事件にきまっている。

ここに説明するには、はじめから犯罪があったことにして述べてきたが、犯罪がなくても被告事件というものは生ずることがある。単純な自殺を他殺と見あやまり、犯人でない者を犯人だと思って起訴したような場合には、犯罪ははじめから存在しないのに、被告事件というものはあることになる。また、犯罪そのものはたしかにあったのだが、真犯人でない者があやまって起訴されている場合にも、その被告人は犯人ではないが、その者にとってその事件は自己の刑事被告事件ということになる。

かようなわけで、「刑事被告事件」というのは、犯罪の有無は別問題として、とにかく起訴されている事件ということであるが、さらに進んで、「被告事件」ということをそう文字どおりにとる必要はないものと一般にいわれている。すなわち、通説や大審院の判例では、現に被告事件となっているものばかりでなく、「将来刑事被告事件と為り得べきものをも包含する法意なり」と解せられている（大判大正二年二月七日刑録一九輯一九四頁）。これは刑法の明文には添わない点もあるが、法の真意はそうであるに相違ない。そう解しないと、実際の隠滅行為は起訴前に行われることが多いので、刑法がこの犯罪に関する規定を設けた趣旨が没却されてしまうからである。

しかし、とにかく、規定の明文に「刑事被告事件」としてある以上、わたくしとしては、ただ単に「将来刑事被告事件と為り得べきもの」ということだけでなく、隠滅行為の後においてなりと、これが現実に刑事被告事件になることだけは必要だと解したい。判例のいう「将来刑事被告事件と為り得べきもの」というのでは、じゅうぶんはっきりしない。それには、きわめて軽微な、当然不起訴になりそうな事件は含まれない趣旨かもしれないが、かりにそうだとしても、すくなくとも起訴・不起訴の境目にあるような事件なら、「将来刑事被告事件と為り得べきもの」といえると見ているのだとすると、法文に「被告事件」とある文言をあまり無視することにもなるし、そうなれば、とても起訴されそうもない事件か、あるいは起訴されるかもしれないような事件か、ということを振り分けて、証拠隠滅罪の成否を決しなければならないことにもなる。これははなはだ曖昧でいけない。

「刑事被告事件」とある以上、結局において起訴はなければならないが、まだ証拠隠滅の行為が起訴の前に行われると後に行われるとは、問わないと解すべきだ。そこで、起訴されるかもしれないと思われるような事件について、それを承知のうえで、その証拠を隠滅すれば、すくなくとも、いわゆる未必の故意はあるのだから、のちにその事件が起訴されれば、証拠隠滅罪が成立するが、その事件がついに起訴されずにおわれば、証拠隠滅のほうも犯罪にはならないということになる。

このような異説的解釈には大いに反対もありそうに思う。起訴前の隠滅行為については、事後に検察官が基本たる事件をどう処置するかによって、犯罪の成否がわかれることになり、けっきょく、犯罪の成否が他人の行為にかかっているという非難があるかもしれない。たしかに具合の悪い点もあるけれども、やむをえない。どの学説を採ってみても、なにかしら欠陥がおこってくるのは、法文に「刑事被告事件」などと規定したことに原因があるのである。立法技術上まずいことがあると、後の解釈でとんだ苦労をさせられる。それはこの規定ばかりの問題ではない。

立法のまずい点をなんとか不合理でないようにと解釈に苦労をしていると、解釈法学というものがバカらしく思われてくることがある。読者もそう思うかもしれない。しかし、解釈に苦しんで、立法上の欠陥を見つけて、それをはっきりさせれば、つぎの立法でその欠陥を補正することができる。したがって、解釈は人の糟粕《そうはく》をなめる仕事だとばかりはいえないのである。

それに、もし、こういうこまかい議論を些末だとして嫌い、厳格な解釈をせず、むやみに「法の趣旨だ、精神だ」といって、規定の明文にない行為までを罰するようなことをすれば、国民は安心していられない。法律の末節にこだわらない大岡裁きは名判官にしてはじめて許されることで、裁判がみんな裁判官の自由裁量に多くを頼って行われたのでは、裁かれる者は危険でかなわない。裁判が厳格な法律規定の解釈のうえに行われてこそ、われわれは安心していられるのである。大岡さんはやたらにはいない。ことに、芝居や講談で潤色された越前守様は理想化され、偶像化されているから、なおさら、現実には現れてきそうもない。そんな偶像を標準にして、日本中に二千人もいる裁判官がみんな大岡さんであるかのように、法律の自由な解釈を求めるなどということは、とんでもないことである。解釈はいかにも窮屈で、末節にこだわるようにみえても、厳格にうち立ててゆくことがたいせつである。ことに、刑法は人を罰する法なのだから、よほどの理由がなければ、規定の明文よりひろく、あるいは重く人を罰するように解釈することは、いましめなければならない。

刑法には「罪刑法定主義」という大きな原則があって、どういうことをすれば犯罪になり、その犯罪に対しては、どれだけの重さの刑罰が科せられるかということが、あらかじめ法律できめられていることを、ぜひとも必要としている。その一つの適用として、類推解釈も容易には許されないことになるのである。したがって、解釈は小うるさいようでも、立法に劣らず重要な意味を持ってもいるし、つぎの立法を指導することにもなるのである。

法文に「刑事被告事件」とあるのに、まだ被告事件になっていないものまでこれに含ませて解することは、この点から考えても、よほど慎重にしなければならない。これを犯罪事件ならなんでもかまわないと解するわけにもいかないし、のちに起訴されそうな事件ならみな含まれると解するにも、「被告事件」という規定の文言がさわりになる。そこで、単に起訴されそうな見込の事件ということだけで足りるとする判例の解釈では十分でなく、その事件自体は結局において起訴され、被告事件とならなければならないものではあるが、そういう事件なら、その証拠を隠滅する行為は、たとえ、起訴前に行われたものであっても、証拠隠滅罪になるという解釈が考えられたわけである。

要するに、証拠隠滅の行為は、事件の起訴の有無にかかわらず、よくないこととして、法はそれをさせることを欲しないのである。したがって、その事件が事後において起訴され、いわゆる「刑事被告事件」となったときには、犯罪として処罰するぞということを規定し、警告していると見るならば、事後における起訴の有無によって犯罪の成否が左右されるとしても、解釈上そうおかしな欠点にはならないであろう。その解釈によって、法文に「刑事被告事件」とあることから逸脱しないことになるとすれば、判例や通説の解釈の放漫に流れがちな点を防止できることとなろう。

それはとにかく、前にいったように、現行の法文に「刑事被告事件」とあるのは、これを文字どおりにとると、少し狭すぎて不都合なようだから、将来はもう少し拡げるように改正されるだろう。昭和一五年にいちおう脱稿した改正刑法仮案というものがあるが、これには「刑事被告事件」という表現を避けて、「刑事事件」としてあるのもこのためであろう。しかし、「刑事事件」という表現では、また別の意味で曖昧さが残る。

第三節　「他人の事件」の意味

証拠隠滅罪は「他人の」事件に関する証拠についてでなければ成立しない。ところが、この「他人の事件」ということについて、**共犯者に関する証拠**はどうかという問題がある。共同被告人に関する証拠問題として考えるほうがいっそう正確であろうが、どちらにしても、本質にかわりはない。自己の被告事件の証拠であるとともに、他人の被告事件の証拠となっているものを隠滅する行為は、証拠隠滅罪になるか、というのが正確な問題の出しかたである。こういうふうに他人と自分とに共通の証拠が自己の被告事件の証拠として扱われるとすれば、罪にならないわけだし、これに反して、それが他人の被告事件の証拠として扱われるとすれば、犯罪が成立することになるわけである。

大審院の判例は、あるいは無差別に、「自己が其被告事件の共犯たる事実は、該犯罪の成立を阻却する原由とならざることは、同条文の解釈上疑を容れず」（大判大正七年五月七日刑録二四輯五五五頁）といい、あるいはまた、「共犯人中の一人の為したる証憑湮滅の行為が専ら他の共犯人の為にする……犯意に出で、其之を自己の利益の為にする意思を欠如するに於ては、右犯罪を構成するものと論ぜざるを得ず」（大判大正八年三月三一日刑録二五輯四〇三頁）といっている。これら前後の各判例は矛盾しているように見える。この前のほうの判例では、およそ共犯者のある被告事件の証拠ならば、すべて「他人の刑事事件」たる要件をそなえているから、その証拠を隠滅することは、証拠隠滅罪を構成すると説かれているようである。ところが、この後のほうの判例の趣旨からいくと、多少なりとも、自分の利益のために行う意味を含む場合には、証拠隠滅罪を構成しないが、すべて他人たる共犯者のためにのみ行う場合には、「他人の刑事事件」に関する証拠を隠滅したことになるから、同罪を構成するということになる。

この後の判例のほうが分析的で、芸のこまかいところを見せているためか、学者の賛成する者も多いが、わたくしは、前のほうの判例と同じ結論の考えを持っている。およそ、処分することの許されている部分と許されずに犯罪とされている部分とを併せて処分したとすれば、許されない部分について処分したことは、やはり犯罪であるべきである。もし、自己と他人との共有物を勝手に売却すれば、他人の所有権を侵したという点で、横領罪になる。それと同じように、自己と他人との共同の被告事件の証拠を隠滅したとすれば、自己の被告事件の証拠に関するという点では罰せられるべきでないが、それは同時に、他人の被告事件の証拠を隠滅した行為であり、そのことが消えてしまうわけではないから、その点において罪責を負うべきものとしなければならない。人情論に強くこだわる学説は、これと全然正反対に、いやしくも自己の被告事件の証拠たる意味をも持つものである以上は、すべて罪責を問われるべきでないと主張し、その説もなかなか有力であるけれども、理論的には、他人の被告事件に関する部分についての責任を解除すべき理由を説明しえない。しいて理由はといえば、人情論以外には、なにものもありえない。その人情もさることながら、それは量刑上考慮する程度で十分のことではないか。

もう一つ、「他人の刑事事件」ということについて、証拠隠滅行為の共犯関係に大きな問題がある。いままで述べてきたのは、基本たる被告事件における共同被告人または共犯の問題であるが、もう一つの問題は、**証拠隠滅行為における共犯関係**なのである。すなわち、自己の被告事件に関する証拠の隠滅なら犯罪にならないので、この自己と他人とが協力して証拠を隠滅したような場合、刑事責任はどういう関係になるのかの問題である。これは二つにわかれる。第一には、自己の被告事件に関し他人を教唆して証拠を隠滅させるような場合であり、第二には、他人の教唆にもとづき、自己の被告事件の証拠をみずから隠滅する場合もある。このいずれの場合にも、他人だけが証拠隠滅罪またはその教唆罪の責任を負い、「自己」つまりその証拠によって裏づけられる被告事件の本人は、その責任を問われないと解すべきである。

要するに、その被告事件が他人のか自己のかということによって、この関係はきまるからである。ところが、第一の場合については、古くから大審院の判例があって、たとえ刑事被告人本人であっても、他人を教唆し、その他人に証拠隠滅罪を犯させた場合には、証拠隠滅教唆罪が成立するものと認めているのである（大判明治四五年一月一五日刑録一八輯一頁）。これはどうも、他人を罪に陥れておきながら、みずからは免れて恥なしとするのは、けしからんといったような意味からであるらしい。しかし、けしからんのは、他人の被告事件に関するからなので、自己の被告事件については、やむをえないと認められていることは、法の明文上あきらかなのだから、人を教唆してさせても、証拠隠滅教唆罪に問われるべき理由はない。自分みずから実行正犯として行ってさえ罰せられないのに、それより間接的な関係しかない教唆の場合に、かえって罰せられるというのでは、さっぱりつりあいがとれない。また、第二の場合には、隠滅の実行者は基本たる被告事件の本人だから罰せられなくても、それを教唆する者にとっては、他人の被告事件に関するわけだから、その教唆者たる他人は証拠隠滅教唆罪に問われなければならないのは当然である。

すべてこれらの理論は、ひとり教唆の場合ばかりでなく、幇助その他にもあてはまることは、いうまでもない。また、親族関係による刑の免除に関する規定の適用についても同様である。

第四節　証人威迫

証拠隠滅とは違うけれども、多分にこれと共通の性質を有するものとして、**証人威迫罪**（第一〇五条の二）といわれるものがある。その規定は「自己若しくは他人の刑事事件の捜査若しくは審判に必要な知識を有すると認められる者又はその親族に対し、当該事件に関して、正当な理由がないのに面会を強請し、又は強談威迫の行為をした者は、一年以下の懲役又は二十万円以下の罰金に処する。」となっている。この罪の設けられたのには、二重の意味がある。一つは、刑事司法が適正に行われるようにということであり、二つには、証人その他の者が不当な圧迫を受けないようにということである。もし、後者に重点を置けば、条文の位置も第二二三条の次あたりになるべきところであるが、重点は前者にあるから、証拠隠滅罪の次にこの条文が置かれたのである。

まず、この条文の字の読みかたについて、念のために注意すると、「強請」は「きょうせい」であって「ごうせい」ではないのに、「強談」は「ごうだん」であって「きょうだん」とは読まない。見ようによっては、なかなか楽でないが、いわゆる「読みぐせ」で、どうにもならない。

それはとにかく、罪名が「証人威迫」とつけられたのは、この犯罪の被害者の代表的なものとして予想されるのは証人であるし、これに対する面会強請も強談威迫も、せんじつめれば、結局は一種の威迫にほかならないという考えからであろう。この犯罪の典型的な例を考えてみれば、やくざの一人が恐喝かなにかの事件で検挙されているときに、その仲間の者がその事件の証人として召喚を受けている人のところへ顔を出し、「法廷で不利なことを言われちゃ困るよ」などと言って、威迫を加える場合である。しかし、くわしく検討してみると、「捜査若しくは審判に必要な知識を有すると認められる者」とは何かということは、そう簡単に断定できることではないし、「面会強請」にしても、「強談威迫」にしても、多少は説明を要するものを含んでいる。

そもそも、この条文に規定する罪を「証人威迫罪」と名づけたのは、この法文の立案の衝にあたった法務省当局で、わたくしもその命名に従ったまでのことだが、当局の解釈によると、この条文に**「捜査若しくは審判に必要な知識を有すると認めら**

れる者」というのは、実質上の証人に相当する者だけを考えているようである。つまり、裁判上の証人がそれに該当することは、いうまでもないが、捜査の上で参考人といわれるものでも、裁判上の証人に相当する立場にある者は、これに含まれるというのである。いわゆる参考人は、刑事訴訟法上「証人」とはいえないことになっているけれども、実質上は証人とかわりがないという理由によるものである。このことについては、わたくしにも異論はない。しかし、それよりもっと広く、たとえば、鑑定人やそれに準ずる参考人なども、これに含まれると解すべきである。要するに、政府当局の解釈は狭すぎるというのが、わたくしの主張である。法文には証人またはこれに準ずる参考人に限定するように明言されていないばかりか、世間の実情を見ると、鑑定人が威迫されている例などもときどきはあるからである。「証人威迫」という罪名は、ただ主要なものを表示したにすぎないというべきである。

裁判官や検察官に面会を強請するような行為も、この犯罪になるか。これは否定してよい。法文の文句からいうと、裁判官や検察官も「捜査若しくは審判に必要な知識を有す」る者といえないことはないが、これらの者は権力を持っているのだから、特に本条による保護を必要としないというべきであろう。証人と鑑定人とは似たものだから、後者だけを除外するのはおかしいが、検察官や裁判官は証人・鑑定人の類とはいちじるしく違うから、この間に区別を立てて論じても、なんの不合理もない。通訳人なども理論上は鑑定人と同様に考えるべきであるが、実際上の必要はあまりあるまい。

いわゆる証人威迫罪の行為形態は、**面会強請**と**強談威迫**との二種である。

面会の「強請」というのは、相手に面会する気がないことが明らかであるのに、どうしても面会してくれと要求することである（旧警察犯処罰令に関する大判大正八年七月八日刑録二五輯八四三頁）。強請の程度が暴行または脅迫にまで達すれば、強要罪（第二二三条）が成立する。その場合に強要罪が成立することは、まちがいないが、証人威迫罪のほうは消えてしまうのか、ということについては、問題がある。証人威迫罪というものが、強要罪と同様に単に証人や鑑定人個人の保護を目的とする罪であるならば、重い強要罪が成立するときには、軽い証人威迫罪はそのなかに吸収されてしまうと見るべきだが、証人威迫罪は証人や鑑定人個人の保護ということを第二次的にしか考えていない。その主たる目的は捜査・審判の適正な実現を期することにある。そのことは、この条文の置かれている位置から考えても、わかることである。したがって、強要罪が成立する場合でも、証人威迫罪も成立し、両罪は「一個の行為が二個以上の罪名に触れ」るもの（第五四条第一項前段）として、処理するのが正しい。

さて、それはそれとして、「強談威迫」という言葉についても、少し説明しておこう。「強談」と「威迫」とは別々に分けて考えることもできる。「強談」とは自分の要求に応ぜよということを強く談じ込むことであるし、「威迫」は言語による場合ばかりでなく、動作によってでも態度によってでもよいから、威力を示して、相手に不安・困惑の念を生ぜしめることである。相手になにかを要求する必要のない点では、強請や強談と異なるものがある。面会を強請するのではないが、いわゆる「お礼まいり」的な「いやがらせ」をすることなどは、まさにこれにあたる。威迫の程度がたかまれば、脅迫罪（第二二二条）や強請未遂罪も成立することは、いうまでもない。

第七章　偽　証

――偽証の罪――

第一節　宣誓と偽証

裁判所へ証人として呼び出されると、宣誓ということをさせられる。裁判官はじめ、法廷に居あわせた者はみな起立して、証人自身が紙きれを読まされる。その紙きれには、たいてい、「良心に従って、本当のことを申しあげます。知っていることをかくしたり、ないことを申し上げたりなど決して致しません。右の通り誓います。」と書いてある。証人はこれを読んでから、その紙きれに署名して印を押す。そうすると、裁判長から、「宣誓をした以上、嘘をいうと罪になるから嘘をつかないように。」などと注意がある。この嘘をいうと罪になるというのは、偽証罪になるということである。偽証罪とは、読んで字のごとく、虚偽の証言をする罪であるが、同時に、それは宣誓をしたということが前提条件になっているのであるから、「偽誓罪」ともいわれる。日本では、正式の罪名は、「偽証罪」であるが、外国では、「**偽誓罪**」（Meineid）と呼んでいるところもある。嘘をいわないという誓いを立てておきながら、嘘をいうのだから、誓いにいつわりがあったということになり、したがって、偽誓罪という名にもあたるわけなのである。だから、宣誓しないで述べたことは、たとえ嘘でも、偽証罪にはならない。警察官や検察官の質問に応じて述べることは、それが実質的には事件についての重要な証言であっても、法律上は「証言」ではないから、もちろん、宣誓をさせることもない。したがって、嘘を言っても、偽証罪にはならない。同じように裁判所という役所のなかで述べることでも、すべて証言であるとはかぎらないから、証人として正式に宣誓のうえで述べたことでなければ、たとえ内容が嘘であっても、偽証罪にはならないということになる。要するに、偽証罪とは、宣誓違反の罪にほかならないから、法律に従って宣誓をした場合にかぎって、犯罪成立の可能性があるということになる。

それなら、なんでも宣誓させたうえで、述べさせさえすれば、嘘を言ったやつを罰することができるかというと、そうはいかない。この点、法律の文言にも、「法律により宣誓した証人が虚偽の陳述をしたときは、三月以上十年以下の懲役に処する。」（第一六九条）となっているくらいで、むやみに誓いを立てさせてから言わせてみても、偽証罪になるわけではない。やはり、「法律により」宣誓をさせることに定められている場合でなければ、宣誓をしたうえで嘘をついたところで、偽証罪になるものではない。法律による宣誓のきわめて普通の例としては、裁判所で証言や鑑定、通訳などをする場合がこれに属するが、そのほかにも法律によって宣誓する場合はあるから、これらの場合には、偽証罪に問われることがあるものといわなければならない。

かつて新聞種になった法務総裁の二重煙突事件では、「議院における証人の宣誓及び証言等に関する法律」によって宣誓したうえで、証人が虚偽の陳述をしたということが問題になったのである。社会党N書記長が無罪になった偽証事件というのも、この法律による偽証問題であった。もっとも、これらの場合には、この法律自体に別に特別の偽証罪の規定が設けられている。

それはさておき、たとえば、恐喝罪の被害者が、その事件の証人として裁判所へ出ていって、宣誓をさせられたが、被告人の顔を見て怖気をふるい、いわゆる後難を恐れるのあまり、「被告人は、別段、わたしを脅かすようなことは、言いませんでした」などと虚偽のことを言えば、偽証罪になる。被告人をかばうためでも、また、おとしいれるためでも、嘘をいえば、この罪になる。民事事件でよくある例としては、証人が当事者の一方から頼まれて、そのほうに有利なように、作りごとをいうのがある。やっぱり、偽証罪になるわけだが、民事事件では、あまり検挙が励行されていないから、罰せられないですんでいる例が多いのである。

ひろい意味での偽証罪は、証言にかぎらず、虚偽鑑定および虚偽通訳にも及ぶが、法定刑はいずれも相等しい（第一七一条）。これから先の説明で、証人についていうことは、だいたい鑑定人や通訳人にもあてはまることである。

第二節　証人と本人

証人というのは、だれも知っているように、事件の当事者ではない。第三者である。民事裁判では、原告とか被告とかになっている者は、証人ではない。刑事裁判では、民事裁判の原告にあたる役目をしている検察官と、民事裁判の被告にあたる役目をしている被告人とは、ともに当事者であるから、証人になることはない。そこで、事件の当事者は偽証罪を犯したくとも、犯せないということになる。これは、当事者というものは、自分の利益になるようなことを言いたいのがあたりまえだから、無理に「ほんとうのことを言え」というのも、過酷だというところから、かようなことになっているわけである。憲法も、その第三八条で「何人も、自己に不利益な供述を強要されない」と宣言しているくらいだから、刑法上でも、当事者は嘘を言っても、まあしかたがないということにしているのである。

ところが、この当事者たる刑事被告人が、他人を教唆して偽証をさせたらどうなるかという問題がある。大審院の判例では、この場合には、被告人も偽証教唆罪になるのだとされている。その理由は、だいたい他人を教唆して偽証させてまで、自分の事件を有利に導こうとしておきながら、その他人が偽証罪で罰せられるというのに、それに頼み込んだ当の本人が、罪にもならず、涼しい顔をしているなんてバカなことはあるまいというのである。しかし、学説はむしろこれに賛成しないものが多い。問題は、証拠隠滅罪におけると共通のものを含んでいるが、証拠隠滅罪のほうは、規定の明文上「他人の刑事事件に関する証拠を隠滅し」（第一〇四条）としてあって、自己の刑事事件に関しては、犯罪成立の余地のないことがあきらかになっているのに対し、偽証罪のほうは、その規定に「他人の」ともなんとも明言されていないので、一見、同日の談でないような感じを与えないでもない。しかし、「証人」ということが条文上あきらかにされている以上は、それが他人の事件に関することは、自明のことに属する。あえて証拠隠滅罪におけるように、「他人の」などと規定するまでもなく、当然に、それが他人の事件に関するものであることは明白である。とすれば、両罪は同様に考えられなければなるまい。しかも、偽証という行為自体が、本質からいえば、証拠隠滅の行為の一種にほかならないのであるから、なおさらそうである。

自分の事件について、証拠を隠滅する行為が罪とならないのと同様に、自分の事件について虚偽の陳述をすることも、それ自体としては、罪にならない。民事事件の場合には、裁判所をだますことになるという意味で、詐欺の着手になることのあるのは、別個の罪の問題であって、偽証罪になるのではない。自分が直接実行しても、罪にならないことなのだから、それより間接的な方法によって行った場合には、犯情もやや軽いわけなので、それが罪になるべきでないのは、当然であるという論が成り立つ。


わたくしは、そういう論拠から、判例と反対に、証拠隠滅や偽証について、当事者たる被告人の行う教唆は、犯罪にならないものと解すべきだと主張するのである。なるほど、判例のいうように、被教唆者たる他人が罰せられるのを見て、教唆者たる本人が涼しい顔をしているのを、不都合だという気持はわかるけれども、そこが本人と証人との立場の相違なので、しかたがない。涼しい顔をされたくなければ、やたらに頼まれて偽証などをすべきではないのである。

第三節　虚偽の意義

偽証という行為が、宣誓に反して、**虚偽の供述**をすることであるのは、いうまでもないが、その「虚偽」とは何かということになると、問題がある。証人が自分で真実だと思っていることに反する陳述をすれば、虚偽であると、いちおうはいえるようだが、もし、その陳述が証人の主観的に考えていることに反して、客観的な真実に合致していたとしたら、それでも、「虚偽」といえるかということが問題なのである。これは、けがの功名みたいな場合で、証人は嘘を言ったつもりだったが、それは嘘ではなくて、ほんとうだったというわけである。犯人の心理からいえば、嘘をつこうとしたのだから、むろん、よくないやつだともいえる。しかし、偽証罪という犯罪の設けられた根拠を考えると、司法権の運用を誤らせないようにすることが根本だから、客観的に真実に合致していさえすれば、法の保護しようとする利益は、すこしも害せられていないではないか、ということになり、犯罪の成立を認める価値がないともいえる。ここに二つの学説の争いが生ずる理由がある。

ここまでくると、刑法理論の根本的な立場としての**主観説**と**客観説**という学説の対立が反映してくる。この場合に、前者によれば、行為者の心情を重く見ようとするから、偽証罪の成立を認めるほうがつじつまがあってくるし、後者によれば、行為の結果を重く見るから、偽証罪の成立を認めないほうがよいようになってくる。しかし、実際の学説の帰趨は、かならずしも、主観説の立場の学者がみな偽証罪の成立を肯定し、客観説の立場にある学者がみなこれを否定するというふうに、はっきり色わけされるようになっていない。ただ、理屈としては、そういう傾向にならざるをえないというだけである。

素人は人の心情を憎みやすい。もっとも、原始的な思想では、本来は結果のほうばかり重く見がちなのだが、それは、自然現象と人間の行為との間にも十分区別を認めえないような、きわめて素朴な思想の時代のことであって、やや進んでからは、やはり、行為者の心理を問題にするのがつねである。今日では、ひとり刑法学者の間においてだけでなく、人間の行為を論ずるすべての人々の間において、行為者の心情を重視するか、結果を重視するかは、程度問題となっている。極端なことをいいたがり、したがって、理論だおれになりがちな一部の学者は別として、普通は、両説の間に色合の相違があるにすぎないのである。行為者の心情と行為の結果とを、双方とも考えるのが当然だが、その場合、素人は情におぼれやすいから、行為者の心情如何を見て事を決しようとする。動機が善ければ、無罪だといいたがる。さきごろ、本妻の妾殺しは無罪だと弁論した女流評論家があったが、こういう議論は、そのような素人の思想傾向を代表している。

だが、刑法は社会規範である。行為者個人の心情だけでは、決せられない。行為の社会的意味をも考えなければならない。証人が嘘をつこうとしたとしても、結果的にはそれが客観的真実に合致する供述であって、裁判所その他の機関に事件について正しい判断をさせるのに役立ったとすれば、保護すべき法益は全然害されていない。これを罰する必要はないではないか。わたくしは、刑法の社会規範である点を考えて、この設例の場合には、犯罪の成立を認めるべきでないと思う。行為者の心情が悪いから罰したいというのは、感情論である。

この説明で納得しない人のために、例を他の罪にとってみよう。たとえば、宴会の帰りに、他人の洋傘を失敬するつもりで持ち帰ったところ、あにはからんや、それが自分の物だったという場合にも、これは心情において泥棒だというので、窃盗罪に問擬すべきだろうか。これに窃盗罪の成立を認める刑法学者は、聞かないようだ。もう一つ別の例をとる。「あいつ憎い奴だから呪い殺してやれ」と思って、毎日神様に祈っている者があるとしたら、どうだろう。いわゆる「丑の刻まいり」というのがこれであるが、これで人を殺せるはずはないから、殺人の既遂罪になると考える余地のないのは、自明のことであるが、それにしても、殺人未遂罪になるものとする説すらも、今日では存在しない。刑法学では、こういう議論を**不能犯の理論**といっている。

これと偽証の例とは理屈が全然おなじだといえば、もちろん、異論もあろうが、すくなくとも、洋傘持ち帰りの例と偽証の例とは、けっきょく同じ法理の線に乗っているのであり、それをさらに一転すれば、不能犯論一般にも通ずる面を持っている。この意味においては、「丑の刻まいり」も、これに無縁ではない。一般の人の間には、洋傘持ち帰りや「丑の刻まいり」でも、犯罪になると考えたがる人もないではあるまい。行為者の心情を憎む気持からは、そうなる。偽証の例も同じことで、この気持をどう処理するかで、どちらの学説に賛成するかという態度がわかれてくる。

洋傘問題との連絡を考え、統一的に理論を構成しようとすれば、証人が自己の記憶に反して陳述することでも、それが客観的真実に合致しているかぎりは、偽証罪になるものでないと解するほうが、首尾一貫する。また、それが刑法の社会的機能をよく生かすことにもなるといえる。

されぱといって、陳述したことがちょっとでも真実に反すれば、みな偽証罪で罰せられるというのではない。証人が真実だと信じて述べたことならば、たとえ、それが客観的な真実に反していても、偽証罪にはならない。それは「罪を犯す意思」がないからである。したがって、証人は安心して信ずるところを大いに勇敢に述べてさしつかえない。偽証罪が成立するのは、証人がみずから虚偽と知りつつ、故意に陳述したことが、客観的にも不実であった場合にかぎるからである。

第四節　証言内容の訂正

証言というものは、ある時間のあいだ続いて行われる。口を切ってから、最後に、「尋問終了」になるまでが一つのまとまった証言である。法文上の用語でいえば、これが一つの「陳述」であるといってよかろう。ところが、「虚偽の陳述」は、このひとまとまりの証言がおわらないうちにも、行われることがある。つまり、ひとまとまりの証言をいくつかの部分に区切って、個々の部分をいわゆる「陳述」と見るとすれば、虚偽の陳述はひとまとまりの証言の構成部分ともなる。そこで、たとえ嘘をついても、証言全体として終了にいたるまでは、まだ偽証をしたということにはならず、したがって、もし全体としての証言の終了する前に、嘘を訂正して真実をいえば、偽証罪にはならないですむかという問題がある。

これについても、偽証罪にならないとする説となるとする説とある。いうまでもなく、それは、「虚偽の陳述」というのを、ひとまとまりの証言全体と見るか、それとも、その全証言の構成部分たる個々の供述と見るかにより、わかれるのである。

この問題は、裏返しにしてみれば、けっきょく、偽証罪はいつ既遂になるかということとほぼ同じである。証言全体のおわるまでは、既遂にならないとする説は、尋問終了までは、証人は何時でも内容を訂正することができるからであるなどというが、後で訂正できるということで、犯罪の成立を否定するという議論はおかしい。

「陳述」というのを、ひとまとまりの証言全体と見るか、個々の構成部分と見るかは、単にそれだけの論とすれば、水掛論にすぎないけれども、個々の構成部分の供述があったとき、行為はすでにハッキリ客観的に実現しているのであって、後で訂正したからといって、歴史は逆転しはしない。盗んだ物を後で返したからとて、窃盗罪の成立を否定しえないと同じように、いったん嘘を口外した以上、訂正したとて、嘘を言ったという事実は消えはしない。

訂正すれば実害がないという議論は、この場合に犯罪の成立を否定すべき根拠にはならない。この点は、同じく実害がないとはいっても、さきの嘘をいったつもりでも真実に合っていたから実害がなかったという場合とは、大いに似て非なるものである。

さきの例では、はじめから全然事実が実現されていないのに、虚偽訂正の場合には、すでに事実の実現があったのであるから、これと同日の談ではない。ここでは、実害論でかたをつけるわけにはゆかない。この論理を推していけば、虚偽陳述が行われると同時に、犯罪が成立するのであって、その陳述の結果、裁判官等の判断が誤ってしまったことが、犯罪成立の要件となるものでないことも当然である。虚偽陳述自体の行われることだけで、この犯罪は既遂になるのである。

事後の訂正については、第一七〇条に「前条の罪を犯した者が、その証言をした事件について、その裁判が確定する前又は懲戒処分が行われる前に自白したときは、その刑を減軽し、又は免除することができる。」との規定が置かれているから、裁判所は、実害のないことを考慮して、刑の減軽または免除をしてやることもできるわけで、犯人がこの点で寛大な取扱を受けうる余地は十分残されているのである。

第八章　虚偽告訴

――虚偽告訴の罪――

第一節　特別の目的

虚偽告訴罪は、偽証罪とならんで、ひろい意味での司法権または懲戒処分権の運用を誤らせるおそれのあることをもって、その本質とする犯罪である。「司法権」という言葉は、厳格には、裁判権の意味にしか使わないが、ややひろく、ゆるやかな意味においては、捜査の段階まで含めて使うことがある。ここでは、そういうゆるやかな意味で、司法権という言葉を使っている。

条文によると、「人に刑事又は懲戒の処分を受けさせる目的で、虚偽の告訴、告発その他の申告をした者は、三月以上十年以下の懲役に処する。」（第一七二条）ということになっているので、その刑は、第一六九条すなわち偽証罪の刑に等しいということになる。刑のことはさておき、とにかく、この規定の明文によってあきらかなように、虚偽告訴罪というのは、司法権の運用ばかりのことではなく、懲戒処分権の運用にも関係している。

ここで懲戒処分というのは、たとえば、国家公務員に職務上の義務違反があった場合など一定の場合に、任命権者によって加えられる免職、停職、減給、戒告等の処分をいう（国家公務員法第八二条以下）。しかし、これはなにも国家公務員にかぎるわけではなく、地方公務員についても、あることである。したがって、抽象的に、むずかしくいうと、懲戒処分とは、いわゆる公法上の特別権力関係にもとづくいっさいの制裁を意味する。

ところが、懲戒の意味をもっとひろく解釈して、少年法による少年の保護処分や秩序罰をもこれに含めようとする見解がある。そこまで拡げてよいかということについては、躊躇せざるをえない。ことに、保護処分は、一方において保安処分の一種であるとは説明されるものの、現行法のたてまえでは、あくまで「保護」なのであるから、そうたやすく、これを懲戒処分ときめてしまう気にもなれない。なぜならば、保護処分なるものは、叱責を加える場合にしても、いわゆる懲戒的にやるべきことではなく、あくまで保護的に処置すべきものなのだからである。

ところが、学者によっては、これを懲戒処分と見るどころではなく、「刑事処分」のうちに数えている人もある。これも一種の見方ではあるが、保護処分なるものは、少年法上においても、はっきりと、刑事処分とは章を分けて規定しているくらいで、全然、思想的には、刑事処分的に見られてはいないのであるから、これを虚偽告訴罪の構成要件としての刑事処分と見ることはできない。しかし、刑事上、終局的に有罪判決を受けさせるまでの目的はなくても、たとえば、起訴猶予処分ですましてくれるだろうとの見通しを持っていたような場合でも、やはり、刑事処分を受けさせる目的があったといってよい。

さて、虚偽告訴罪の典型的な例を挙げれば、つぎのようなことになる。すなわち、(一)ある選挙の候補者Aが競争相手の反対党候補者Bをおとしいれるため、事実無根なのに、Bに選挙法違反の事実があるとして、警察署長に投書したとか、(二)官庁の女事務員Cが同僚の女事務員Dを嫉妬するのあまり、これを免職にしてやろうと思って、上官に対し、Dは某男と風紀を乱しているなどと、事を構えて密告したとかいうのが、虚偽告訴罪になる。前の例は刑事処分を受けさせる目的による虚偽告訴だし、後の例は懲戒処分を受けさせる目的による虚偽申告である。

いずれにしても、かような**「目的」**の存在が必要である。この目的があると認めるには、一般の目的罪におけると同様に、相手が刑事処分なり懲戒処分なりを受けるかも知れないとの予想が犯人にありさえすれば、その予想を有しながら、あえてそれを辞せずとしてその挙に出たということだけで、十分であると解せられる。

虚偽告訴・虚偽申告という行為がなぜ犯罪とされているかといえば、それは司法権や公の懲戒権を誤らせるおそれがあるからだといえる。それが本質であるに相違ないが、この行為は、同時に、刑事または懲戒の処分を受ける立場にある個人を害する行為であることも認めなければならない。したがって、この犯罪は、国家または地方公共団体の法益を害する行為であるとともに、個人の法益をも害する行為だといわなければならない。その意味で、かならず、だれか特定の人について虚偽の申告をするのでなければ、虚偽告訴罪にはならない。よくある狂言強盗などというのは、虚偽告訴罪にはならない。これは、強盗にはいられたわけでもないのに、強盗にはいられたなどといって警察署へ訴え出て、自分の使込をごまかそうとする類だが、ただ被害があったというだけで、特定の犯人を指摘して処分してもらおうとするわけではないから、虚偽告訴罪に必要な目的を欠いているのである。狂言強盗の訴えだって、司法権の運用を誤らせるおそれは大いにあるのだが、特定人に処分の及ぶ危険性は、まだないから、この意味で、個人の法益は害せられていない。したがって、虚偽告訴罪にはならないのである。

同様の理により、自分が犯人だといって訴え出たり、虚無の人間を犯人として指摘したりすることは、この犯罪にはならない。これらは、みな、軽犯罪法第一条第一六号の「虚構の犯罪……の事実を公務員に申し出た者」というのにあたるだけだから、刑としては、ずっと軽く、拘留か科料かですむことになる。

第二節　虚偽の申告

虚偽告訴等（旧規定では「誣告《ぶこく》」という文言が用いられていた）の行為は**虚偽の申告**を内容とするが、その「虚偽」の意味については、もちろん、偽証罪におけると同様に、客観的真実に一致しないことだと解するのがよい。おかしな話しだと思うが、通説は、偽証罪については、客観的真実に合致していても、行為者の主観において不実であると思いつつ陳述すれば、犯罪が成立すると見ていながら、虚偽告訴罪については、そうは見ていない。わたくしの考えと同じように、客観的に真実に合致するものは、犯罪にならないとしている。その本質において相等しい両罪について、こんなに考えが区々になっているのは、首尾一貫しないものと評しなければならない。

かように客観的不真実をもって「虚偽」と解するから、たとえば、前の選挙法違反の例で、違反事実があるとは知らずに、虚偽告訴のつもりで訴え出たところ、調べてみたら、ほんとうに違反事実が出てきたとすれば、けがの功名で、虚偽告訴罪にならずにすむことになるのである。

では、その反対に、ほんとうにこれが犯人だと思い込んで、警察に願ったところ、大きに見込違いで、それは犯人でなかったとか、あるいは、すくなくとも、それが犯人だという証拠が十分得られなかったため、その者が処分されなかったというような場合が起きたら、願った人があべこべに虚偽告訴罪に問われるかというと、そうはならないから安心である。「虚偽」というのは、虚偽告訴罪の場合と同様に、客観的に不実であると同時に、不実であることを申告者自身が知っているのでなければならないからである。

この虚偽が「申告」されなくては、虚偽告訴罪にはならないが、それはどこのだれに申告するのか、条文上はいっこう明瞭でない。けれども、それは当然の事理として、処分をする権限のある者に申告するのでなければならない。普通の懲戒処分なら、その処分を行う立場にある上司に対してすべきは明白であるが、刑事処分の場合には、そう簡単にはいかない。刑事処分をする機関は裁判所であるが、裁判所というものは、まれな例外の場合を除き、一般には、自発的に刑事処分を行うことができないものである。すなわち、裁判所が刑事処分を行うには、その前に検察官から公訴の提起が行われることが必要である。検察官から、この事件を裁判してくれという請求がなければ、いくら人を罰したくても、裁判所が勝手に処罰することができない。これが大原則である。そこで、普通は、裁判所に対して虚偽の申告をするというのでは、虚偽告訴罪にはならない。その前段階の任務を担当する捜査機関または公訴機関に申告しなければならない。

捜査機関の主なものは検察官と司法警察職員とであり、そのほかに森林や鉄道のような特殊の部門だけをつかさどるものも含まれる。検察官は捜査機関であるとともに、公訴機関でもある。刑事処分を裁判所がやる前に、かならず公訴提起の段階を通らなければならず、この公訴提起自体がここにいう刑事処分の一つであることは、前述のとおりである。そこで、検察官に申告すること、またはその補助官であるところの検察事務官に申告することも、虚偽告訴罪となる。

公訴を提起すべきか否かを決するには、さらにその前提として、捜査をしなければならない。その意味で、捜査が刑事処分の出発点である。したがって、捜査の機関たる警察に知らせることは、虚偽告訴罪にいわゆる申告となるものといわなければならない。警察の職員のうちでも巡査のようなものは、一般に、捜査の機関ではなくて、その補助機関だともいえるわけだが、補助機関に申告することも、けっきょく、捜査機関への申告にほかならないと見てよい。

また、念のために注意しておくが、捜査機関とかその補助者とかいうのは、なにもいわゆる捜査係とか捜査課員とかの職司に属する者には限らないということである。いいかえれば、「刑事」と呼ばれる職務に従事していない巡査なども、いうまでもなく、捜査の補助機関たることにおいて、かわりはないのである。しかし、同じく警察の職員でも、警察技官とか警察事務官とかは、ここにいう申告を受理すべき機関にはあたらないと見るべきであろう。

ここまでくれば、当然、「**申告**」とはどういうことか、ということが論ぜられなければならなくなる。「申告をした」とは、相手方にその申告内容が知られうべき状態に置くことである。たとえば警察署長あての告訴状ならば、それが警察署の窓口に提出されれば、申告があったといってよい。窓口に提出されただけでは、相手方たる署長は、まだ申告内容を知らないけれども、読めばただちにそれを知ることができるわけだから、いわゆる「了知し得べき状態」に置かれたことになり、したがって、申告をしたといえる。郵便で送って警察署の受信箱に投げ入れられた場合なども、もう申告があったと見てよい。

それでは、署長が一週間ぐらいの予定で旅行に出たばかりの時に、それが配達されたのだったらどうか、署長が死亡後到着したのだったらどうなるのかなどと考えてみても、そんなことにかまわず、到着すれば申告があったといってよいものと思う。死亡の場合には、臨時代理者や後任者の事務処理ということもありうるし、旅行の場合には、現実に申告内容を知る日時が多少あとになるからとて、申告がそれだけ遅れるものと解する必要はないからである。画一的に、申告の相手方の事務所なり宿舎なりに到達した時をもって既遂に達するものと見るほうが統一がとれていてよい。到達した以上は、相手が全然その内容を見なくても、犯罪はすでに既遂の状態に達していることにおいて変わりはない。たとえ、その告訴状を没書してかえりみなかったとしても、同様である。

申告の方法は、どういう方法でもかまわない。書面にかぎらず、口頭でも、電話によってでもよい。ただ、口頭や電話のときには、ヌーッと顔を出しただけ、あるいは電話機で信号しただけでは、申告にならないのはいうまでもない。書面の場合に到達しさえすればいいからといって、口頭や電話のときには、この程度のことをすればいいのだとはいえない。口頭・電話の性質上、内容が表現されることは、必要である。書面のときは、書面に書いて到達させただけで表現は行われているからこそ、内容を相手が全然見なくても、既遂になるのであって、口頭や電話のときは、相手が聴こうが聴くまいが、聴こうとすれば聞こえる程度に表現されたとき、犯罪が成立すると見れば、その間十分つりあいがとれることになる。

電話をかけて、通じてるつもりで一生懸命しゃべったが、実は、電話機に故障があって、相手方には、聴こうとしても聞こえなかったという場合なら、虚偽告訴は未遂におわったというべく、しかも、虚偽告訴罪については、未遂罪を罰する規定がないから、罰するわけにはいかないことになる。これは郵便で送った申告書が不着におわったのと同じようなことである。

それから、申告は能動的・積極的の行為でなければならない。相手方の問いに対して受動的・消極的に答えるのは、ここにいうところの「申告」ではない。事件関係人として検察庁などに呼び出され、現に収賄罪の嫌疑を受けている人の行動について、「あの男がA商店から小切手を受け取るとき、あなたはその傍に居合わせて見ていたそうですが、それに違いありませんか」などと問われ、これさいわいと、その被疑者をおとしいれてやろうと思い、「そのとおりです」と虚偽を答えたとすれば、卑怯なことには相違ないが、虚偽告訴罪たるに足る能動性・積極性を欠いている。

されぱといって、申告内容については、逐一具体的に事実を摘示する必要があるわけではないから、刑事処分なり懲戒処分なりにいたるべき取調のキッカケを作る程度の申告があれば、虚偽告訴罪は成立する。

特定人の特定の行為について申告しさえすれば、それに応じて取調が誘発され、以後、申告者が受動的・消極的態度を採っていても、いろいろ相手方からきかれるので、しだいに詳細に述べて、ますます被申告者を苦境におとしいれるというようなことになることもあろう。こんな場合は最初のキッカケを作った以上は、以後の供述内容もひっくるめて、虚偽告訴罪を構成する虚偽の申告となるものと解すべきである。

最後に、虚偽告訴罪においても、偽証罪の場合と同様に、虚偽告訴者が「……申告した事件について、裁判が確定する前又は懲戒処分が行われる前に自白したときは、その刑を減軽し、又は免除することができ」る旨の規定（第一七三条）がある。

第九章　職権濫用と人権侵害

——汚職の罪（その一）——

第一節　普通の職権濫用

刑法でいう「**公務員**」には刑法特有の意味のある（第七条第一項）ことは前にもいったとおりであるが、この公務員を、刑法では一般公務員と特別公務員とに分けている。それは国家公務員法などでいう一般職・特別職の区別とはなんの関係もないことであり、また刑法法典上の用語でもないが、普通に「特別公務員」といわれているのは、裁判、検察または警察の職務を行う者またはそれを補助する者と、それから特に被拘禁者に対する関係で看守・護送の任にある者であるに対し、その他の職に従事する公務員を「一般公務員」といっている。特別公務員のほうは、その仕事の性質上、強権力を持っているので、自然、人権を侵害するような越軌行為にも走りかねないので、特に刑罰も重くなる場合が規定されているが、一般公務員については、ただ一般的に職権を濫用する場合について、刑罰規定があるだけである。例の破壊活動防止法による公安調査官は、検察官や警察官などに似ている点もあるけれども、犯罪捜査をやるわけではないので、特別公務員には属しない。一般公務員であるが、その職権濫用行為については、同法に特別の規定（同法第四五条）が設けられている。

もっとも、一般公務員に適用のある「公務員がその職権を濫用して、人に義務のないことを行わせ、又は権利の行使を妨害したときは、二年以下の懲役又は禁錮に処する。」（第一九三条）という規定は、特別公務員にも適用はあるのであって、特別公務員には、このほかに、職権濫用の特別形態について重い刑事責任が規定されている（第一九四条〜第一九六条）のに対し、一般公務員には、そういう特別形態に関する規定がなく、この一カ条ですべてがまかなわれているのである。

公務員のふつうの職権濫用は、その例を想像すれば、きりがないが、たとえば、公立中学校の校長が、校長宿舎の掃除や耕地手入だの家畜の世話などに、あたかもそれを課業のようにして生徒を使役したとすれば、これは「人に義務のないことを行わせ」たことになるし、また、自己の所見に反する研究成果を発表しようとする部下のあることを知った上官が、その監督権を利用し、発表機関を圧迫して論文掲載を中止させるようなことをすれば、「権利の行使を妨害した」ことになる。

職権濫用という以上、基本として一般的権限のある事項に関して行うものでなければ、この犯罪にはならない。したがって、国会議員が自己の経営する事業の使用人に対して、権利妨害をしたり、義務以外の行為をさせたとしても、この犯罪になることはない。

職権濫用が暴行・脅迫をともなって行われるときは、特別公務員につき特別の罪が成立する。この場合には、強要罪（第二二三条）も成立することがある。強要罪は公務員がやっても非公務員がやっても成立するし、結局は、このほうが職権濫用罪より刑が重いから、重いほうの刑に従って罰せられることになる（第五四条第一項前段）。両罪の関係がどうなるかは、学者間で議論してみたら、説もわかれそうなことであるが、強要罪のほうは個人の法益に関する罪であるに対し、職権濫用罪のほうは国家または公共団体の法益に関する罪であるから、罪質を異にするという理由で、一方が他方に吸収されてしまうと考えるのはまちがっていると思う。

第二節　人権侵害

人権侵害というのは、なにも特別公務員でなくたって、やれることだけれども、実際の用語としては、特別公務員の行動について特にしばしば使われている。ことに、検察官か警察官かが人権の侵害者として登場するのを例とする。裁判官のほうは、冷静な第三者としての立場にある仕事の性質上、この種の人権問題をおこすことはあまりないが、検察・警察のほうは捜査機関として、犯罪に対して闘争的な立場に立っているので、自然、いきおいあまって、そんな問題をもおこしやすい。

特別公務員の職権濫用行為については、三つの態様が区別して規定されている。第一は逮捕・監禁、第二は暴行・陵虐、第三はこれらいずれかの行為により死傷の結果を生じた場合である。

戦争中のはなしだが、ある田舎の警察署の建築費の寄附募集にさいし、町会議員をしている一人の材木商が協力的でなかったというので、署長がこれを憎み、材木の闇取引にことよせて材木商を留置した。ところが、材木商はすでにいっさいの取引をやめて居食をしている状況であったので、もとより罪状の出る余地もなかった。こういうのがちょうどこの第一の場合の例にあたる。これは「裁判、検察若しくは警察の職務を行う者又はこれらの職務を補助する者がその職権を濫用して、人を逮捕し、又は監禁したときは、六月以上十年以下の懲役又は禁錮に処する。」（第一九四条）という条文にぴったりあたることになる。

この事件で、もし、ほんとうに闇取引事件があったとしたら、どうだろうか。警察官の行為は動機はすこぶる不純であるけれども、事実上犯罪があったくらいだから、それに嫌疑をかけるにも相当の理由があるだろうし、職権の濫用ということにはならない。もっとも、これは以前のはなしで、いまの問題とすれば、人を留置するには、裁判官の令状をもらうという手続が必要になってくるから、もし、その手続をせずに、あたかも当然留置の権限があるように振る舞ったとすれば、それが職権濫用による監禁行為となるわけである。

巡査とかねがね仲たがいをしていた隣家の男が往来で立小便していたところ、運わるくその巡査に見つかった。巡査は、現行犯だというので、その男に手錠をかけたとする。その男の立小便が軽犯罪法違反になることはいうまでもないが、だからとて、隣家の男なら、その住所はもちろん、氏名もわかっているだろうし、普通の事情として逃亡のおそれもあるまいから、いくら現行犯でも、拘留・科料にしかあたらないこういう軽い犯罪については、ただちに被疑者を逮捕するわけにはいかない（刑事訴訟法第二一七条）。それを承知で手錠をかけるのは、あきらかに職権を濫用して人を逮捕したという罪になる。

それから、ここに挙げたいわゆる特別公務員が「職務を行うに当たり、被告人、被疑者その他の者に対して暴行又は陵辱若しくは加虐の行為をしたときは、七年以下の懲役又は禁錮に処する。」という規定（第一九五条第一項）および「法令により拘禁された者を看守し又は護送する者がその拘禁された者に対して暴行又は陵辱若しくは加虐の行為をしたときも、前項と同様とする。」という規定（同条第二項）があるが、これらが一番おこりやすい人権侵害事件に関するものである。これは基本たる行為が適法の職務行為であって、いわゆる「職務熱心のあまり」行った場合であっても、成立をまぬかれない犯罪である。

これら職権濫用による逮捕・監禁や暴行・陵虐の行為によって、人を死傷に致すの結果となれば、傷害罪および同致死罪には、各種の態様が区別されていて、その間、刑に軽重があったので、大いにこの種の規定の活用価値があったわけであるが、いまではそれほどの意味がなくなった。

「暴行」は暴行罪に関する説明にゆずるが、要するに、暴力の行使であるのに対し、「**陵辱・加虐**」は暴行以外の方法による精神的または肉体的な「辱しめ」または「苦しめ」を意味する。

日本国憲法が施行になってから、拷問は禁ぜられ（憲法第三六条）、自己に不利益な供述を強要されない（憲法第三八条第一項）ことが明瞭に規定されるにいたった。実は、旧憲法下においても、だいだい同様であったはずなのだが、軽い拷問がかくれて行われていたのは事実であったし、時には驚くべき拷問事件が起きたりしたこともある。拷問といえない程度の自白強要にいたっては、日常茶飯のことであった。今日でも、自白はやはりたいせつなので、自白を求めるために手荒なことをしたとか、しないとかの論議は絶えない。

しかし、自白強要が禁ぜられたからといって、自白を促すことがいけないわけでもないから、いわゆる「動かぬ証拠」を突きつけて、「これでもやったとはいえないか」ときめつけるくらいのことをしたとて、かまわない。もっと程度を越して、多少脅迫にわたる言辞を弄したとしても、供述の任意性を害するものとして、その供述の証拠としての価値を害することは別とし、犯罪にはならない。

しかし、それから一歩踏み出すと、暴行・陵辱加虐になることになる。脅迫も程度が強ければ、「虐待」にあたるからである。「自白しなければ、一家の者をみな引っくくってしまうぞ」とか、「自白するまでは一年でも二年でも帰さないぞ」などと脅すのは、たいてい、これにあたると見てよかろう。

殴る蹴るが暴行であることはいうまでもないが、取り調べられる者の疲労・病弱をもかえり見ず、深夜にわたって取調を続行したり、多数の取調官が寄ってたかって責めたてたりするのは、加虐行為である。

婦女を裸体にして起立させておくなどもこれにあたる。まして、実例にあらわれた場合のように、窃盗の嫌疑を受けて取調中の婦女に対し、巡査が猥褻の行為をするなどは、まさに陵辱加虐の所為である（大判大正四年六月一日刑録二一輯七一七頁）。

第一〇章　贈賄と収賄

——汚職の罪（その二）——

第一節　賄賂罪の種類

［補　遺］　平成七年の刑法一部改正により、刑法典第二五章「瀆職ノ罪」は「汚職の罪」に書き改められた。したがって、汚職の罪は、職権濫用罪とともに贈収賄も含む広義の概念である。

［旧規定下での説明］　海上保安庁の汚職事件というのが、ひところだいぶ新聞紙上をにぎわしていた。それよりもっと有名なのは、総理大臣前歴者をはじめとして、大臣級の有名人が多数起訴されて小菅の拘置所に未決勾留になったので、小菅内閣時代を現出したとまでいわれた「昭和電工疑獄事件」というのがある。瀆職《とくしょく》罪として、はるかに大きな事件である。

「汚職」というのは、漢字制限の結果、「瀆」の字が当用漢字外にはみ出してしまったので、新聞人が工夫した新造語らしい。新造語としては、名作のほうだと思うが、法律上の正式の名称は、「汚職」ではなくて「瀆職」である。したがって、裁判所でも検察庁でも、「汚職」では通らない。「瀆職罪」といえば、賄賂をやったり取ったりの罪だということに、いままでは思われてきている。けれども、実は、刑法法典の「瀆職ノ罪」という章には、賄賂に関する罪ばかりでなく、警察官が被疑者を拷問したというような、俗にいう人権侵害の行為もいっしょに規定されているのである。だから、瀆職罪というものには、だいぶ性質の違った二種類の犯罪――賄賂罪と職権濫用罪――が含まれているということになる。

それなら、なぜ、そんなに性質の違った二種の犯罪をひとまとめにしたかというと、いずれも、公務員の職務の廉潔を害する罪という点で、共通の性質を持っていると見られるからである。公僕は、もちろん、職権濫用なんかやってはならない。と同時に、賄賂なんかもらって、公正な立場を失うおそれのあるようなことをしてもいけない。これが両罪を一括して瀆職罪として同じ章下に規定した理由である。

言葉というものは、おもしろいもので、瀆職とか汚職とかいえば、一般には賄賂罪の問題だと思われているように、「疑獄事件」という言葉も、今日では、賄賂罪にかぎって使われる傾向があるが、古くは、そんな限定はなく使われたようだ。

賄賂罪については、賄賂を贈るほうの側に贈賄罪が成立するほかに、受け取るほうの側には、収賄罪が成立する。もっとも、現実に金品を授受しなくても、それを要求したり、贈賄の申込をしたり、相互に約束したりすることによっても、賄賂罪は成立し、それぞれこまかく罪名もわかれてはいるが、なんといっても、代表的なのは、贈賄と収賄ということになるから、便宜上、この言葉で全部を代表させて説明する。

収賄罪の第一種は、ただ単に賄賂をもらうだけの行為で、これが刑も一番軽い（「単純収賄罪」第一九七条第一項）。その第二種は、それより少し犯情の重いもので、請託のついた収賄（「受託収賄罪」同条第二項）である。つまり、「賄賂をさしあげますから、今度の工事はぜひとも手前どもに請け負わせてください」というような依頼事項の付けてある賄賂をもらったりするのがこれである。第三種は、さらに犯情が重く、刑も一番重いもので、ただ贈賄者側の請託が付着しているだけでなく、収賄者側が本来なら職務上当然になすべき行為を賄賂のためにしないとか、あるいはなすべからざる不正のことをするとかいうことになったものである（「加重収賄罪」第一九七条の三）。

このほかにもう二つ、すこし毛色の変わったのがある。その第一として公務員等が形式上は、第三者を経由することによって、実質上は、みずから収賄したのと同じような効果を収めようとする一種の脱法的な行為がある（第一九七条の二）。これを「第三者供賄罪」と呼ぶ人もあり、最高裁判所の取扱例では「第三者収賄罪」と呼んでいるが、いずれも十分に名が体をあらわしているとはいえない。その第二として「あっせん収賄罪」といわれるものもある。これは自己の職務に関しない収賄である。

ひろく「贈賄」といっても、それを厳格に細別すると、**供与**、**申込**、**約束**の三形態となるし、それに対応して、「収賄」のほうが**収受**、**要求**、**約束**の三形態となることは、前に述べたとおりである。賄賂を持って行ったが相手が突っ返したということもあろうが、それでも、申込罪にはなる。しかし、突っ返したほうが収受罪にならないことは、いうまでもない。受け取れば、収受罪も成立するから、犯罪は双方とも成立するが、突っ返した場合には、一方的にしか犯罪が成立しないわけである。贈賄の申込も同様で、一方的のこともある。また、収賄者側からの賄賂の要求についても、要求したが相手が拒絶したというのなら、一方的に要求罪しか成立しない。ところが、賄賂約束罪は、かならず双方的である。一方だけでは、約束ということはあり得ない。供与と収受との関係も同様に双方的に成立するのが原則である。

このように、贈賄と収賄とは、贈る者があるから収める者があるというわけで、元来は双方的なものである。この意味で、こういう犯罪は「**必要的共犯**」と呼ばれる。すくなくとも、この基本形態は、はっきりした必要的共犯である。

第二節　収賄者の資格

贈賄はだれがやっても犯罪である。その資格に特別の要件はない。だが、収賄者となるには資格がいる。刑法では公務員か仲裁人かであることが要件になっている。刑法ではこれだけしか規定してないが、他の法律で、収賄者となることのできる者を定めたものがいろいろあるから、「公務員又は仲裁人」以外の者は、どんなに賄賂をもらおうと、勝手放題というわけにはいかない。収賄者となる資格なんかは、なるべく厳格になっていて、「狭き門」であれかしと思う人もすくなくあるまいが、これがだんだん「広き門」に改築されつつある。

その一つの重要な例をいうと、「経済関係罰則ノ整備ニ関スル法律」というのが戦時中作られ、戦後にもたびたび改正されて現在に及んでいるが、この法律によると、日本銀行などの役員その他の職員は、罰則の適用上、公務員とみなされることになっているから、収賄行為については、すべて刑法が直接適用されることになるし、「特別ノ法令ニ依リ設立セラレタル会社、鉄道事業、電気事業、瓦斯事業其ノ他ノ性質上当然ニ独占ト為ルベキ事業ヲ営ミ若ハ臨時物資需給調整法其ノ他経済ノ統制ヲ目的トスル法令ニ依リ統制ニ関スル業務ヲ為ス会社若ハ組合又ハ此等ニ準ズルモノ」で特に定められているものの一定の役職員は、この法律によって、特別の収賄罪として罰せられるようになっている。そのなかには日本勧業銀行、日本興業銀行、東北興業株式会社などをはじめとし、森林組合、水産組合、貸家組合、農業会、漁業会や地方鉄道事業、電気事業などを営む者が挙げられているから、鼻ぐすりをきかさないと、電力会社の係員が停電を直しに来てくれないなどというような悪風は、許されないはずのものとなっている。

そういうわけで、「公務員又は仲裁人」でなければ、すべて賄賂は取り放題ということになっているのでもないが、ともかくも、賄賂罪の成否には、収賄者側に法定の資格があるかないかが大いに関係することになっている。

私立学校の教員が入学試験に際して、なんとか入学をかなえてもらいたいという志願者の父母などから、金一封もらったとて、収賄罪にはならない。したがって、やったほうも贈賄罪にはならない。また、百貨店に納品したい希望のメーカーが、この仕入部長を宴会に招待したり、高価な製品をただで進呈したりしても、両者はおのおの収賄罪にも贈賄罪にもならない。ただ、もらったほうが、もらったことを義理に思いなどして、あまり出来のよくない品物なのに、高い値で店のために買い取ったとすれば、背任罪ということになるだけのことで、賄賂をもらったこと自体が犯罪になるのではない。このもらった人が、もし、国立学校の教員であったり、市役所の用度課長だったりすれば、収賄罪になるし、相手方は贈賄罪になる。それは、刑法でいう「公務員」にあたるからである。

刑法以外の特別の法律で定められているものは、しばらくおき、刑法所定のものだけについて、もうすこし説明すると、「公務員又は仲裁人」の「仲裁人」というのは、普通世間にある喧嘩の仲裁人なんかをいうのではなく、民事訴訟手続の一種として、法律上認められている仲裁手続（民事訴訟法第七八六条以下）における仲裁人を指しているのである。これはあまり例もないことだから、これからの説明からは省いてしまうことにして、単に公務員だけを例に引いて説明するが、公務員についていうことは、同時に仲裁人にもあてはまることなのである。さて、公務員とは何かというと、前にも引用したように、刑法法典に定義が出ている。「この法律において『公務員』とは、国又は地方公共団体の職員その他法令により公務に従事する議員、委員その他の職員をいう。」（第七条第一項）という規定がそれである。この条文の要点は「法令により公務に従事する職員」というところにある。さらにいえば、第一に、公務に従事することが法令に根拠を有するものでなければならないし、第二には、それが「職員」の名に値するようなものでなければならないということになるのである。しかし、法令に職務権限の規定のあるほどのものなら、たいていは職員という名に値することが多いだろう。

一般的にいって、給仕、小使の類は、法令に職務権限の規定もないし、職員ともいわれないから、公務員にあたらないことは、多言を要しない。ところが、雇員級になると、それほどハッキリしていない。大審院の判例では、法令の根拠の有無によって、公務員と認めたり、認めなかったりしているが、概括的な議論としては、刑法上の意味での公務員と見ることのできない場合が多いとしてよかろう。傭人はほとんどすべて公務員でないと見るべきであろう。もっとも、ここに法令というのは、かなり広く解して、その職務権限が内部的な訓令にしか根拠のないものでも、公務員といってよいと見られている。それでよいと思う。重点は、公務に従事するについて、一定の権限が与えられているということにあるからである。これに反して、特定の職務権限を有することなく、単に機械的な雑事に従事するにすぎない者は、その者について特に職務の廉潔性を保持せしめるというような必要がないから、公務員の観念外にあるものと見るのが至当である。

第三節　職務との関連

収賄行為は、「**職務に関し**」て行われることが要件である。公務員が金品をもらっても、それが職務に関係がないものなら、収賄罪にはならない。たとえば、前の例で、国立学校の教員がその学校の入学試験にからんで、「どうぞ入学させてください」という趣旨で提供された金品を受け取るのは、収賄罪になるが、その教員が他の私立学校へも知合関係があるので、その私立学校へ入学の便宜を得たいという人から、金品の贈与を受けたとしても、それは公務員としての職務に関しないから、収賄罪にはならない。

同様の意味において、税務官吏が納税義務者から、税金を軽くしてもらおうというので提供される酒肴を御馳走になることは、一般には、職務に関するから、収賄罪になると見るべきであるが、たまたまその納税義務者とは年来親しくしている間柄で、税務官吏に就職する前から、ときおりたがいに飲食しあうような交際関係にあったので、就職後においても、同じように御馳走になったという事情であるならば、職務に関するとはいい難いから、収賄罪は成立しない。そういう場合でも、その税務官吏は、人から疑いを受けるような、そういう行為はつつしむべきだったという意味で、批判をまぬかれないこともあるであろうが、収賄罪にはならない。

この「職務に関し」というところが、賄賂罪でいつも問題になるむずかしい点なのである。政界の大物などが、収賄をしたということで起訴されながら、いよいよ裁判してみると、無罪になることの多いのは、たいていこの点が賄賂性の認識を欠くとの点でそうなるのである。昭和電工事件でも、起訴した検察官側では、職務に関していると見ているのに対し、被告人側では、職務に関係のない「友情」だとか「献金」だとかの意味でやったというふうに弁解しているらしい。金品が当事者間に動いているという事実はまちがいないとしても、職務に関しているかどうかということは、なかなか微妙なことである。

金品を供与する側では、職務に関することを承知のうえでやったとしても、受け取る側では、そう思わなかったとすれば、これもまた、賄賂を賄賂とは知らなかったことになるから、すくなくとも、収賄罪のほうは成立しなくなる。そこで、知らなかったという弁解が多い。その弁解が真実と認められるか否かで、有罪・無罪がわかれることになる。事実の認定はなかなかむずかしいが、法律論としては、職務に関すれば犯罪となるし、関しなければ犯罪にならないというだけのことである。そうして、その職務に関するというのも、けっして職務行為自体に属することを要するわけではなく、職務に密接な関係のある行為をも包含する趣旨である。議員が議決に際して賛否の投票をするとか、その得票のため他の議員を説得するとか、官吏が上官の許可を得られるように尽力するとかの行為は、すべてこれに属する。

職務に関する以上、職務の執行を不正にしたか否かを問わず、また賄賂を受けた時が職務執行の前であるか後であるかをも問わない。たいていの賄賂は、すでに行われた職務に関する行為に対して謝意を表するためとか、将来行うべき職務に関する行為について、自己に便宜の取扱を受けたいとか、あるいは、その双方の趣旨を含んでいるものである。素人の考えでは、「もらったって、職務上不正の取扱さえしなければかまわない」などと思う人もありそうだが、そういうものではない。現実に不正の取扱をしなくても、一般には、不正の取扱をするおそれがあると思われるし、その意味で、これも職務の廉潔性を害する行為なのである。

それから、職務上正当の取扱をしてやったところ、相手方が感謝のあまり、いわゆる謝礼の意を表したというような場合は、いちおう清潔な行為に対する美しい人情のあらわれであるともとれるので、これが犯罪になるとは、つゆ思い及ばないということもあると思うが、これも賄賂罪になる。その理由は、けっきょく、前例と同じことで、やはり職務の廉潔性を害するおそれのあることにおいては、かわりがないからである。一歩ひるがえって考えてみれば、すぐわかることで、正当のことをしたのは、公務員として職務上当然の義務を履行しただけのことなのだから、これに対して、特別の謝礼などを受けるべきいわれはないのである。正当な職務行為をしたのに、それが特別に感謝されるなどということは、むしろ周囲があまりにも不当なことばかりしているからだともいえる。いわんや、その謝意が物質的に表現されるにおいては、これを受けることが明らかにまちがっている。

しかし、親切に世話してくれたのだからお礼心をあらわすのが当たりまえだという人情がある。また、知人、友人としてつきあっているのだから、このくらいのものは贈与したって、すこしもさしつかえないはずだという社会の風習がある。これを全然無視するのは、非人情だ。**社交上の儀礼**の範囲でならば、それも許されるべきだということは、たしかにいえる（生徒の親から教員に対してなされた贈答が社交上の儀礼として賄賂罪を構成しないと言えるか否かが問題となった事案としては、最判昭和五〇年四月二四日判時七七四号一一九頁がある。）。それはどの程度ならよいのか。以前はなかなか厳格だったが、世の中が自由になってきたので、その辺はだいぶゆるやかになったようにも見える。ひどく窮屈に考えると、裁判官や検察官のような立場にある者は、世の中の人と交際もできないようになる。学生時代からの友人が、一人は裁判官、一人は弁護士になっていたというような場合に、裁判官は友人から酒の馳走にもなれないというのでは困る。それは、前後の具体的な諸事情を総合し、それこそ健全な常識によって、社交上の儀礼といえる程度なら、贈収賄の問題にはならないというべきである。

ところが、この社交上の儀礼なるものがまた悪用される。名を儀礼に借りて、実は職務の廉潔性を害しているのがある。役人と業者とが知りあって、「お近づきのしるしに」などということで、業者が酒食の饗応をする。いや、時には「酒食」でなくて、「酒色」であることもある。こういうことは、社交上の儀礼ではない。税務官吏が課税額査定のための調査に来宅したというようなとき、その御機嫌を損じると損だと思うのは人情だが、だからといって、一万円御馳走して百万円減税してもらおうなどと工作するのは許されない。お茶にお菓子ぐらいを出して、労をねぎらうというなら、りっぱに社交上の儀礼で通るが、そこは程度問題である。近火であやうく類焼をまぬかれた人たちが、消防官が命を的に働いてくれたのに感謝するのあまり、酒一升を持っていったなどというのは、まずまずいいだろうが、それが習慣になって、消防官のほうで「酒の一升も持ってお礼に来るのがあたりまえだぞ」などと要求したとすれば、あきらかに賄賂要求罪である。

社交上の儀礼には、中元とか歳暮というものがある。おうおう官庁の出入商人などが役人に対してやることだが、これはまったく名をそれに借りているだけで、実質上は賄賂と見るべきものも多い。社交上の儀礼として許されるか否かは、まったく具体的な人的交渉関係によることであるが、単に官庁の出入商人と役人という関係があるだけでは、これが社交上の儀礼として合法化されることはない。それだけの関係でなら、「職務に関し」ていることがあきらかだからである。

こんな例もある。役人と業者とが麻雀会をやり、高価な花瓶などを業者から賞品に出し、業者はわざと負けて、これを役人に取得させるという方法である。方法は職務関係のないように偽装されているが、実質に従って、賄賂罪の成立を認めるべきである。

第四節　賄賂と没収・追徴

これまでの説明で、**賄賂**とはどんなものかということは、見当がついたことと思う。なんでもいい。人の欲望を満足させるものならよいのである。いうまでもなく、現金である必要はない。賄賂の第一は饗応だが、この饗応のなかで、飲食物は一人前いくらで計算がしやすいから、賄賂の額もはっきりする。芸妓などを呼ぶと、これを眺めるうえの美観、その他酒席の斡旋というようなもの一切が賄賂ということになる。これは無形といえるかどうか問題だが、賄賂は無形でもよいのである。貞操の提供という贈賄もある。贈賄者本人が提供するのもあろうし、贈賄者が別の女を使って供与するのもあろう。この場合には、情交が賄賂ということになる（最判昭和三六年一月一三日刑集一五巻一号一一三頁）。ここまでくると、賄賂というものは、経済上の価格を有することは必要でないということがわかる。

金銭、小切手、商品券などはもとより、その他物品類が賄賂となることは、当然である。しかし、こんなこともあった。わたくしが第一線の検事をしているころ、支那事変に召集の令状が来た懲役囚に対し、刑の執行停止処分をして、応召の機会を与えてやったところ、それはその当時としては破格の処置だったし、その者の母親は、「お蔭でせがれも人間になれました」というようなわけで、鶏卵何箇かを持参して礼に来た。もらうわけにはいかないというと、「買って来たものならいけますまいが、これは家の鶏が産んだ卵なんですから、かまわなかろうと思って……」というのがその老農婦の言分だった。この言分は、もちろん、通らない。買ったものでなくたっていけない。職務行為のおわったあとのことであって、それ以上、便宜を与える余地のない状態になっていても、いけないことは、前にもいったとおりである。ただ、この場合には価額がわずかだから、この点で、賄賂だといってしまうのは、社会生活をあまり窮屈にしていけない。収賄罪にならないが、こういう立場にいる公務員としては、もらわないに越したことはない。

なお、賄賂として多少異色のあるものを判例からひろってみるとしよう。

(一)　村長の改選に際し、現村長擁立派の村助役が反対派の議員の一人に対し、もし現村長に投票してくれれば、その議員の息子を自分の後任助役に推薦するという申入をしたが、これは賄賂提供罪（現在なら供与罪というべきところ）を構成するとされた（大判大正一四年六月五日刑集四巻三〇二頁）。つまり、これは地位のようなものも賄賂となる一つの例である。

(二)　他人に選挙の陣中見舞金を出させてやるとの申込などは、みずから実現できるところではなく、結局は、第三者たる他人の意志にかかることではあるが、それでもその実現にむかって尽力するということは、申込の相手方にとっては、利益であるに相違ないから、この期待を生ぜしめることも、やはり賄賂となる（大判昭和八年一一月二日刑集一二巻二一〇九頁）。

(三)　「金銭の消費貸借に於ては、借主は其金銭を消費する権利を得るものなるを以て、縦令無利子、無期限等特別利益の事情存せざるも、金融の利益を得るものと言ふべく、其利益は賄賂の目的たるを得るや勿論」という判旨のものがある（大判大正七年一一月二七日刑録二四輯一四三八頁）。利子も取られるし、期限には返さなければならないというように、世間あたりまえの条件で金を借りるのでも、借りられるというだけで、一つの利益だから、賄賂になるというのである。

今日のような時勢だったら、たしかにそうである。しかし、どこへ行っても同じ条件で容易に借りられるような状態であったとしたら、かならずしも賄賂にはならないはずである。

賄賂とはこういうものだが、それは裁判の結果、かならず**没収**されるし、没収できないときは**追徴**される（第一九七条の五）。かならず没収か追徴かが行われるところに、一般の犯罪に対するのと違う点がある。これらの処分がかならず行われることになっているのは、刑法上のすべての犯罪のうちで、賄賂罪だけである。一般の犯罪については、一定の条件のもとに、単に「没収することができる。」（第一九条第一項）、「追徴することができる。」（第一九条の二）となっているだけで、没収・追徴をするかしないかは、裁判所の裁量にまかせられているが、賄賂だけは、この裁量の余地がないのである。

賄賂の没収は「犯人又は情を知った第三者が収受した賄賂」についてのみ行われ、その追徴金は、賄賂の「全部又は一部を没収することができないとき」に行われることと定められている。没収は刑罰である（第九条）が、追徴は形式上刑罰ではない。没収とは目的物の所有権を国庫に帰属させることであるが、それは賄賂そのものについてだけ行われることである。たとえば、賄賂としてもらった建物一棟を、犯人がすでに善意の第三者に売ってしまったような場合には、売って得た金銭を追徴するということになる。

酒色のごときは、つねに没収不能だから、計算が困難だけれども、その費用相当額を追徴することになる。ほんとうに自分が飲んだだけの酒代や自分といっしょに温泉マークの下に泊った女性のための費用なら、その相当額を追徴されても仕方がないが、宴席でほかのお客たちとともどもに眺めた芸妓の玉代を、みんな自分一人から追徴されたのではかなわない。裁判所もそういう場合には頭わりにして追徴してくれる。それが理屈としても当然である。それでも、ときどき、「わたしは酒を一滴も飲みませんから、酒代まで追徴されるいわれはありません」と抗弁する人がある。しかし、それはとおらない。ふつうの宴会だって、自分は飲まないから、酒の代だけ会費をまけてくれということはいえないのと同じである。

だが、割勘でなく、宴席の主人側つまり贈賄者側の楽しんだ分まで、客人側つまり収賄者側に追徴すべきだとする判例もある。「普通の意義に於て饗応とは、酒食を与へ、他人を優遇歓待する謂なれば、饗応の費用は賓客に供したる酒食の価額のみならず、之が接待の任に当れる主人の採れる酒食の価額をも包含すべく、然して賄賂の目的を以て人を饗応する場合に於て、収賄者の利益は惟り自ら口腹に充てたる酒食に止らず、其歓待に因る精神的満足をも含むべければ、総て其饗応に要したる費用を以て賄賂の価格と認むるを相当とす。」（大判大正元年一二月五日刑録一八輯一四七三頁）というのがその説明である。この説明だけ聴いていると、まことにもっともなようだが、主人側が大勢で客人側がたった一人というような場合に、すべてが客人の収賄額とされてしまったのでは、割にあわない。そんな場合に限って、主人側なるものは、お客を呼ぶのをいいさいわいにして、自分たちが楽しもうという社用族・公用族のたぐいであることが多い。

なるほど、判例のいうように、饗応というのには、なにも腹のなかにはいった食物・飲物ばかりが賄賂の目的物ではなくて、それに随伴するもろもろの接待が含まれることはいうまでもない。けれども、客人が複数のときは、客人間では収賄額が割勘になるが、主人と客人との間では、主人の分もすべて客人が収賄した額として計算されるというのは、合理的でないようだ。とはいえ、それが判例であるし、判例にもいちおうの理由がある以上、たやすく判例の変更は行われないから、うかうか御馳走になると、社用族などの分まで多額に追徴されることになりそうだということを、心しておかなければならない。追徴が言い渡されると、借金を質に置いても、払わなければならない。飲んじまった後で、ないから払わないというわけにはゆかない。追徴額に達するまでは、つぎつぎに国家権力によって執行される。

第五節　収賄罪の諸形態

収賄罪は、現に公務員等の地位にある者が賄賂を単に収受・要求または約束をすることによって成立するが、三年以下の懲役に処せられることになっている（第一九七条第一項前段）。これが収賄罪の基本形態であるが、これに加えるに、なにかの請託があれば、刑が重くなって、五年以下の懲役となる（同条項後段）。「**請託**」とは、請け負わしてくれとか、入学させてくれとか、買い上げてもらいたいとかいう依頼なり希望なりを意味する。これがくっついていれば、もちろん、それだけ犯情が悪いから、刑が重くなるのである。

この請託付の場合には、現に公務員になっていない者についても、収賄罪が成立することがある。それは「公務員又は仲裁人になろうとする者」が請託を受けて賄賂の収受・要求・約束をしてから後に、現実に「公務員又は仲裁人となった場合において」、はじめて犯罪となることが規定されている（同条第二項）からである。刑は現に公務員等として請託付の収賄をした場合よりは軽く、三年以下の懲役である。これは「**事前収賄**」と略称されている。たとえば、衆議院議員候補者に対し、「あなたが当選したら、かならずこの地方に鉄道を敷設する予算案通過のため、国会で尽力してくださいよ」というような請託を付けて調達された選挙費用を、その候補者が受け取ったとすれば、後にその候補者が当選したときに、収賄罪が成立するのである。

この「事前収賄」に対照されるものとして、「**事後収賄**」ともいうべきものもある。「公務員又は仲裁人であった者が、その在職中に請託を受けて職務上不正な行為をしたこと又は相当の行為をしなかったことに関し、賄賂を収受し、又はその要求若しくは約束をしたときは、五年以下の懲役に処す」（第一九七条の三第三項）というのがその規定である。つまり、これには、二つの前提要件があるわけである。（一）この不正の行為をしたとか、なすべき行為をしなかったとかいうことが在職中にあったこと、および（二）請託があったことの二要件がそれである。請託のあったことを要件とすることにおいて、本来の収賄罪より成立が困難であることは、事前収賄と同様である。したがって、公務員が頼まれもしないのに人の利益をはかって不正なことをやっておきながら、後でそれを恩にきせて、退職後に金品を要求したというようなことがあっても、これは、犯罪にはならない。

だが、よくある手で、在職中その官庁の監督下にある営利会社などに、大いに恩を売っておいて、退職のとき天下りでその会社の重役などになるということは、別の犯罪になることがある（国家公務員法第一〇九条第一三号・第一〇三条第二項など）から、やたらなことはできないようになっている。

この事後収賄は、ただ請託付の収賄行為だけでは成立せず、特に「不正な行為をしたこと又は相当の行為をしなかったこと」が要件になっている。この点では、成立する場合が事前収賄よりもさらにすくないことになる。この同じ要件を必要とする事後収賄がもう一つある。それも「事後」の収賄ではあるが、「事後」ということの意味がこれとは違っている。これは、退職後の収賄行為であるに対し、もう一つの事後収賄は、在職中の収賄であって、ただ、すでに過去において不正の行為をしたとか相当の行為をしなかったとかいう点で、「事後」なのである。このほうはまだ在職中であるという点で、犯情がいっそう重いから、請託の有無を問わず、一年以上の有期懲役ということになる（第一九七条の三第二項）。これは不正行為にからんでいるという点で、犯情がもっともわるいから、収賄罪の諸形態のうち、もっとも重い刑をもって臨むことになっているのである。

この最重の刑を科せられるのは、このほかにも賄賂の収受・要求・約束をして、「よって不正な行為をし、又は相当の行為をしなかったとき」で、やはり、一年以上の有期懲役に処せられる（同条第一項）。要するに、不正行為をともなう収賄は最悪のものだから、収賄行為後に不正行為をやった場合でも、不正行為を先にやってから、収賄行為に出ても、一年以上の有期懲役という重い刑に処せられるが、それぱかりにとどまらず、さらに退職後にいたって収賄行為に及んだ場合にも、普通の収賄罪なみの五年以下の懲役に処せられることになっているのである。

つぎに、いわゆる**第三者収賄罪**というのは、「公務員又は仲裁人が、その職務に関し、請託を受けて、第三者に賄賂を供与させ、又はその供与の要求若しくは約束をしたとき」に成立する。刑は五年以下の懲役だから、基本形態のそれと等しい（第一九七条の二）。これは主として、官庁の外郭団体などに寄付するという形式で金品を供与させておいて、そこから公務員がその支給を受けるというような行為をさせないために、公務員等が第三者たるその外郭団体等に収賄の世話をする行為を罰する規定である。

この例でいえば、外郭団体がいわゆる「第三者」である。この第三者は財団法人かなにかだから、公務員ではないので、もし、この規定がなければ、これと一般人との間に行われる金品の授受は、賄賂罪になるはずはない。公務員は金品供与の仲介はするけれども、直接にみずから受け取るわけではないから、収賄ではない。ただ、外郭団体の所有に帰したその金品を、なにかまともな名義をつけてその団体からもらうことにより、実質上収賄と同一の効果を収めようというわけなのである。これはよくない。脱法行為である。そこで、昭和一六年の刑法改正のとき、あらたに、こういう行為を公務員等が行った場合を罰する規定が置かれたのである。このいわば間接の収賄罪も、不正行為にからんでくれば、みずから直接に収賄した場合と同様に、いっそう厳重な処罰を受けることになり、事後の収賄行為にまで及ぶのである（第一九七条の三第二項・第三項）。

最後に、**あっせん収賄罪**（第一九七条の四）というのは、公務員が自分の職務に関して行うものではなく、他の公務員に斡旋して、いわゆる「口きき料」のようなものを取る行為に関するものである。やはり、収受・要求・約束のいずれでもよいが、(一) 請託を受けていること、(二) 他の公務員にその職務に関して不正の行為をさせ、または相当の行為をさせないことの二つが要件になっている。このいわゆるあっせん収賄も収賄の一形態であるから、本来なら、ここに並べて書くべきところなのであるが、新設の規定であるから、少し詳細に説明するため、別項を一つ立てて述べることにする。

第六節　あっせん収賄

あっせん収賄の規定（第一九七条の四）については、まずその保護法益はいったい何かという問題がある。罰せられるのは「あっせん」をする公務員であるが、職務上不正の行為をするのは別の公務員であるから、保護法益の焦点がすこしボケている。

あっせん収賄罪の構成要件をどうきめるかは、永年議論されて来たところで、ようやく刑法のうちに組み入れられるに至った規定は、取締の面から見れば、いくらも穴があいているので、ザル法だという悪口もあるくらいである。要するに、なかなか成立しにくいように、いろいろな条件がついている。法文は「公務員が請託を受け、他の公務員に職務上不正な行為をさせるように、又は相当の行為をさせないようにあっせんすること又はしたことの報酬として、賄賂を収受し、又はその要求若しくは約束をしたときは、五年以下の懲役に処する。」となっている。刑は収賄罪の基本的な形態（第一九七条第一項前段）と全く等しいが、構成要件のほうで、ずっと成立しにくくなっているから、それだけ取締はゆるやかだといってよい。

この規定には二つの大きな問題がある。

まず、行為者たる公務員は、その地位を利用してあっせん行為をしたときにかぎって、この犯罪が成立するのであるか、それとも、まったく私人として「あっせん」するときでも、この罪に問われるのか、という問題がある。具体的にいうと、たとえば、弁護士が刑事訴訟法第二六八条第三項の規定によって公務員とみなされる場合などに、この種の問題がおこる。

ここで刑事訴訟法のこの規定について、少し説明を加える必要がある。なぜ刑事訴訟法ではこの場合に弁護士を公務員とみなすことにしたかというと、この場合には弁護士が検察官の職務を行うからである。警察官等が俗にいう人権蹂躙事件をおこした場合に、普通の事件のように検察官にまかせておいたのでは、同じ捜査官仲間のことだから、なるべく事件をもみ消してしまうような心配もある。そこで、こういう事件については、いろいろ特別の手続が認められている（刑訴第二六二条以下）。その特別手続の一つとして、事件が裁判の段階に入ってからも、本来なら検察官のやるべき仕事を裁判所の指定する弁護士が担当することになり、その弁護士は「法令により公務に従事する職員とみなす」（刑訴第二六八条第三項）ことになっている。

これは刑法の適用上は「公務員」にほかならない（第七条第一項）。したがって、このあっせん収賄罪に関する規定の適用にあたっても、その弁護士は公務員として扱われることになる。

そこで、本題にもどる。いま、その弁護士が知りあいの土木業者に橋の建設工事を請け負わさせてやりたいと思って、大学時代の同級生が建設省の役人をしているのをさいわい、これに口をきいてやったとする。この弁護士は公務員とみなされてはいるが、この口ききは、公務員としての立場には全く関係がない。そういう関係のない場合でも、あっせん収賄罪は成立するものかどうかというのが、この問題である。立案当局は一般的に「成立する」という解釈をとっているのであるが、わたくしは、この例などから考えて、それに反対する。もっとも、成立すると解する説にも相当の理由はあるのである。というのは、あっせん収賄罪が成立するには、ただ口をきいたというだけでよいのではなく、それは「他の公務員に職務上不正な行為をさせるように、又は相当の行為をさせないように」口をきくことなのだし、そのうえ、その口ききに関して賄賂を収受・要求・約束するというような行為も加わっている場合なのであるから、「罰したっていいではないか」という議論にも、もっともなふしがあるからである。「ほんとうは、この種の口ききをして金品をもらうような人間は、公務員でなくとも、みな罰してよいのだが、それを公務員に限定して規定したのだから、いやしくも公務員である以上は、その公務員たる地位や立場において口をきく場合でなくとも、罰してさしつかえない」というのが、成立論の論拠である。また、文字の上からいえば、なによりも、公務員の地位だの立場だのという限定はなにもないというのが、その説の論拠となっている。

これもいちおうの理屈ではあるが、現に法文上は、だれでも罰するということになっているのではなく、それを公務員にかぎっている以上、そのような理屈は通らない。不正行為の誘発はだれがやってもよくないにきまってはいるが、だからといって、不道徳なことを刑法はみな罰するわけのものではない。法律が「公務員」と限定している以上、公務員としての立場における行為を問題にしていると解するのが当然である。参議院の法務委員会でこの法案が審議されたとき、わたくしも学識経験者の資格で意見をきかれたが、そのさい、議員の一人から「法文には『公務員其ノ地位ヲ利用シ』の一句はないが、その一句があるのと同じに解してよいか」との質問を受けた。これに対するわたくしの答えは、「公務員たる地位を『利用する』ことは要件ではないが、その立場においてすることは必要である」というのであった。わたくしが「立場」といった言葉を「地位」と言いかえても同じであろう。要は、「地位を利用する」ほどの積極性はいらないが、「地位において」という程度の関連性が当然に必要だという意味である。

わたくしが質問を受けたとき、とっさに思い浮かべたのは、公務員に対する名誉毀損の規定（第二三〇条の二第三項）の解釈論であった。この規定の解釈上、公務員たる立場になんの関連性もない事項――たとえば、その公務員の身体の一部に隠れた身体障害があるというような事実――は、いかに、「公務員に関する事実」で真実であるからとて、その事実の摘示による名誉毀損行為を不問に付することはできない。その同じ論理があっせん収賄罪の解釈上にも活用されるべきだと思うのである。そう思いついたからこそ、参議院でもそういう答えをしたのであった。

ところが、これに似た考えは存外わたくし以外にもあったのである。その後、国会の速記録を見てみると、衆議院法務委員会における参考人としての小野清一郎先生の陳述は、「『地位ヲ利用シ』というものをちょっとうしろに引っ込めただけであって、内在的には、やはりこの意味を持っている。ですから、この精神で解釈しなければならないと思います。」となっているし、団藤重光教授の参議院法務委員会における陳述は、公務員として斡旋したのではないということが「被告人側によって立証されれば、犯罪を構成しないと思います」ということになっている。わたくしをも含めて、三人の意見は少しずつ違ってはいるが、とにかく公務員の行為を無制限に解しようとするものでないことにおいては、一致しているのである。

ここで自説について我田引水の論を少し展開するとしよう。まず、法文が「地位を利用し」とはなっていないのに、それを「利用し」とまで解するのは、行きすぎの感をまぬかれないばかりか、立法の沿革からいって、「地位を利用し」という表現が曖昧でいけないという理由で削っておきながら、その文句があるのと同じだというのならば、うなずけない。そういう文句があるのと同じような「精神で解釈する」ということならば、まさにそれに近いのであるが、それならば、「利用し」というほどではなく、「地位において」とか「立場において」とかいうことになると考える。また、犯罪の成否を被告人側の証明にかからせるという議論は、訴訟法上の議論によって実体法上の犯罪の成否をきめようとするわけで、正しい筋道を通るものとはいえない。だから、わたくしの説が一番よいということになり、まことに困った「うぬぼれ」とも聞こえようが、これは学問をやっている者のつねで、いたしかたがない。自分の説が一番よいと思えばこそ、自分の主張というものが出てくるのである。それがなければ、学説の新しい展開はありえない。そう思って、おゆるし願いたいのである。

さて、あっせん収賄罪の規定の解釈問題のもう一つの焦点は、「請託を受け」というときの「請託」が不正行為を請託するものであることを要するか、どうかということにある。法文についてもう少し正確に表現すれば、それは「不正な行為をさせるように、又は相当の行為をさせない」ように請託するのでなくてはならないか、どうかということである。この点についても、わたくしは参議院で、法案提出者たる政府の解釈に反する意見を述べた。政府は「請託」には法文上なんの制限も付いていないから、不正行為の請託であることを要しないとの解釈を採っていたのであるが、この法文はむしろ不正行為の請託であることを必要とするように読むのが自然だとわたくしは考える。というのは、つぎのような理由によるのである。

この法文の主要部分の文脈を摘記してみると、「公務員が請託を請け、他の公務員に……不正な行為をさせるように……あっせんをすること……の報酬として、賄賂を収受し」となるから、要するに、請託による不正の行為のあっせんに対する報酬を貰うことを犯罪としているのである。そうならば、請託の内容はおのずから、「他の公務員に口をきいて、不正の行為をさせてくれ」ということにならざるをえない。他の特別法で往々「不正の請託」という表現が使われていることと考え合わせると、あっせん収賄の規定には「不正の」などという限定語が付いていないから、請託の内容が不正であることを要件とするものでないとの解釈が正しいかに見えるけれども、この法文の「請託」は、その下に続く文章から意味が当然に限定され、「不正の行為をさせるように骨を折ってくれ」と頼まれる場合を意味することになる。この点、同じくただ「請託を受け」となっている事前収賄の場合などとは、意味がちがうと解しなければならない。

それればかりではない。あっせん収賄に対応する贈賄の規定（第一九八条）は、「第一九七条の四……に規定する賄賂を供与し、又はその申込み若しくは約束をした者は、三年以下の懲役又は二百五十万円以下の罰金に処する。」となっているので、もし政府のような解釈を採ると、金品の贈り主が「決して不正なことをさせてくれとは希望しません。職務上さしつかえない範囲で、なにぶんの便宜を図ってくれるように斡旋していただきたい」といって頼んだ場合でも、頼まれた公務員が自分の判断で、他の公務員に不正行為をさせるように図らったとすれば、その正しいことを希望した贈り主までも、贈賄罪に問われることになって来そうである。問われたってかまわないではないか、という見方もあろうけれど、それにしても、これではあきらかに贈賄と収賄のバランスがとれなくなるから、不合理である。

わたくしのように解すると、この犯罪ははなはだ成立しにくくなる。そこで、わたくしは「請託を受け」という一句を削除すべきだと主張したのであるが、削除にならなかったので、今はこういう解釈にならざるをえない。

この条文をはじめて見たとき、その文脈から見て、請託の内容が不正であるときに限り、この贈収賄は犯罪になる趣旨だと、わたくしは読みとったのであるが、その後、新聞を見ていると、政府委員はそれと違う説明をしている。国会で自分の反対意見を言ってしまってから、たまたま出あった二、三の人に対し、こちらの意見を言わず、「どう読めるか」と聞いてみると、政府のように読む人もあるし、わたくしのような読みかたをする人もある。意見が五分五分では少し心もとない気もしないではなかった。

そこで、その後、参議院の記録を参照してみると、わたくしの出席した日の午後に、団藤教授はこの点に関する政府側の解釈をだいたい是認する態度を示されたのち、わたくしの説についての議員の質問に答えて、「一つの学説として十分に可能であろう」と述べておられる。また、小野清一郎先生は法務省顧問としてこの条文の立案を指導なすったのであるが、この改正法律が施行されてから雑誌「ジュリスト」（第一五六号、昭和三三年六月一五日号七頁）に、発表された意見によると、立案当時は請託を無制限のものとして解していたが、今は説を改める旨を明言されたのち、「請託そのものにおいて、不正行為をさせ、または相当の行為をさせない意味を含むものと解さなければならないと解するのが正しいと思う」ということを述べておられる。こうなると、表面は断乎として言っておきながら、内心では少々心配していたわたくしの学説にも、どうやら有力な賛成者が出て来たということになる。

思わぬところで手間どったが、あっせん収賄罪が成立するには、実にいろいろの要件を必要とする。(一) 公務員が、(二) 公務員としての立場において、(三) 他の公務員に不正の行為をさせ、または相当の行為をさせないように斡旋してくれとの請託を受け、(四) その請託の趣旨に添うように斡旋行為をし、(五) その行為の報酬として、(六) 賄賂を収受・要求または約束することが必要である。これらの要件全部はなかなかみたされないから、あっせん収賄罪では、なかなか人は罰せられないことになる。まことに世間で骨抜きの立法だと評するゆえんである。

それはさておき、もう少々説明を要する点がある。それは法文に「不正な行為」とあるので、行政上の裁量事項に属する行為などが「不当」であったときは、かならずしもそれを「違法」だとはいえないから、不当な行為をさせようとして斡旋したような場合には、なかなかこの犯罪は成立しないのではないかという点である。これも議論のある問題だが、公務員としての義務違反になるような不当な行為をすれば、やはり「不正」にあたるといってよいであろう。しかし、不当がつねに不正だといえるわけではないから、実際上は、自由裁量に属する事項については、不正ということはそう容易には断定できないであろう。ただ、ハッキリさせておかなければならないのは、ここで「不正」というのは「違法」と同義ではなく、職務違背を含む意味だということである。

それから、もう一つ。「報酬」として貰うことが犯罪になるのであるから、実費や車代は貰ってもかまわない。とはいっても、名義だけを実費とか車代とか付けておけば、どんなに多額を支払ってもかまわないという意味ではない。その実質について見て、真に報酬といえないものならば、貰っても犯罪にはならないのである。

第一一章　騒乱と不解散

――騒乱の罪――

第一節　騒乱と暴力

ときどき各地に多数人の集団暴行の行われたことが伝えられる。新聞によっては、これを「騒乱事件」などと呼んでいる（「騒乱」は、当初、漢字制限の結果、案出された用語であった。平成七年の刑法一部改正によって刑法典上「騒擾《そうじょう》」は、騒乱に書き改められた）。個々の人が乱暴したり、脅迫したりするのは、暴行罪（第二〇八条）、脅迫罪（第二二二条）その他の犯罪になる。それは一人でやっても、数人でやっても、同じ犯罪になる。だが、だんだん数がふえて、数人が数十人あるいは数百人にもなったとすれば、別の罪名が、付けられることがある。それが騒乱罪である。その基本規定には、つぎのように定められている。

「第一〇六条　多衆で集合して暴行又は脅迫をした者は、騒乱の罪とし、次の区別に従って処断する。

一　首謀者は、一年以上十年以下の懲役又は禁錮に処する。

二　他人を指揮し、又は他人に率先して勢いを助けた者は、六月以上七年以下の懲役又は禁錮に処する。

三　付和随行した者は、十万円以下の罰金に処する。」

なん人までが暴行罪や脅迫罪で、なん人からが騒乱罪になるというような、ハッキリした境目はない。ハッキリ数できまっていないのは、曖昧だといえば、たしかに曖昧だが、刑法というものは健全な国民の常識を基礎にして出来ているのだから、そういうことは常識にまかせてある。法律家はこれを「社会通念できまる」という。

俗に「暴動が起きた」などというときの「暴動」という観念がちょうど騒乱罪でいう多数人の集団の行う暴行または脅迫をあらわしているといってよい。暴動罪という罪名がなくて、騒乱罪という罪名があるのだと思えば大過はない。

しかし、刑法第一〇六条を見ても、「多衆で集合して暴行又は脅迫をした者は、騒乱の罪とし」云々と規定されているだけで、どういうのをもって「多衆で集合」というかはあきらかでない。「多衆」とは、二人では足らないが、三人ならあたるという説がある。これは「衆」の字の成因が人の字が三つ集まっているというところから思いついたものらしいが、バカげたはなしで、法律家の無学が人に笑われるだけである。「多衆」の観念はそんなことではきまらない。

騒乱罪は、単純な暴行罪や脅迫罪との区別をするためからいって、「**一地方の静穏を害する程度**」に達しなければ、成立しないと見られる。法文に「多衆で集合」とある以上、かなり多人数であることが成立の要件であることはあきらかであるが、ただ人数だけで暴行罪や脅迫罪と区別されるのではなく、その行為が一地方の静穏を害する程度に達することによって区別されるのである。

そこで、ある行為が騒乱罪になる場合には、暴行罪や脅迫罪は成立しない。それらは騒乱罪のうちに「吸収」されるといわれる。こういえば簡単だが、ひろい意味での暴行・脅迫には、いろいろの種類・程度のあることだから、**どの種類・どの程度まで吸収されるか**ということになると、学者間に議論があって、そう簡単にはきまらない。

脅迫は人に対するものにきまっているが、暴行は人に対するものもあるし、物に対するものもある。どちらでもよい。暴行罪でいう暴行の意味は人に対するものに限られているが、騒乱罪のほうは個人に対する罪ではなく、一地方の静穏の侵害という公共的色彩を持ったものであるから、たとえ、直接には物に対して行われた暴行であっても、公共の静穏を害する性質を有する以上は、このうちに含まれるというべきである。

したがって、何々闘争などといって、官庁におおぜい押し寄せ、役人を取り囲んで小突きまわしたり、「火をつけるぞ」と脅したり、庁舎に石を投げつけたりするのは、もし、それによってその地方の一般民衆に「なにごとが起こるかわからない。自分たちもどんな危害を受けるかも知れぬ」というような不安の念を生じさせる程度であったとすれば、騒乱罪になる。庁舎に石を投げるのは、まさに物に対する暴行の適例なのである。

ところが、暴力の行使も、程度が高まれば、人をけがさせたり、殺したりすることになるし、また、器物を壊したり、建物に火をつけたりすることもある。相手が役人なら、公務の執行を妨害することにもなる。わたくしは、法文に「暴行」とある以上、それは文字どおり暴行で、傷害とか殺人とか、器物損壊、放火などとかいうような刑法上別の概念になっているものまでは、騒乱罪のうちに含まれないと解したいと思うのではあるが、そういう考えだと、すこし困るような気のするのは、器物損壊についてである。

これが騒乱罪のうちに吸収されないとすると、この罪には物に対する暴行が非常にわずかしか含まれないことになり、常識にあわない面を生ずる。暴動とか騒乱とかいう以上、石を投げて窓ガラスを割るとか、椅子やテーブルをひっくり返して壊すとかいうような、本来なら器物損壊罪にあたるような行為の行われることが多く予想される。かように通常ともなうことが予想されるような行為は、そのうちに吸収されるから、騒乱罪が成立する場合には、別に器物損壊罪は成立しないとするのが通説である。ほかに、公務執行妨害（第九五条）も含まれるという説があるし、建造物損壊（第二六〇条）も含まれてしまうとの説もある。

これらのものが騒乱罪のうちに吸収されるというのには、騒乱罪に対する刑罰の重さが標準として考えられているのであって、他罪の吸収ということが成り立つには、吸収されるほうの罪が吸収するほうの罪よりも、法定刑において軽いものでなければならないからである。

ところが、騒乱罪の刑は、騒乱行為のうちでの役割がなんであるかによって著しく軽重の差があるので、めんどうな問題になる。首謀者に対してもっとも重く、指揮者および率先助勢者に対する刑がこれに次ぎ、付和随行者に対してもっとも軽い。

そこで、有力な説は、この中間の指揮者・率先助勢者に対する「六月以上七年以下の懲役又は禁錮」という刑を標準として、ひとしく暴力の行使であり、かつ、通常多人数による暴行・脅迫の行為にともないやすいものであっても、この標準より重い刑にあたる行為は吸収されないが、これより軽い刑にあたる行為は吸収されると説いている。したがって、公務執行妨害罪の刑は「三年以下の懲役又は禁錮」だから、騒乱の率先助勢者に対する刑よりも軽いし、建造物損壊罪も「五年以下の懲役」だから、やはり軽いので、騒乱罪のうちに含まれるというのである。器物損壊罪の刑はこれよりさらに軽く、「三年以下の懲役又は三十万円以下の罰金若しくは科料」であるばかりでなく、前述のように、騒乱行為に通常ともなうことの予想される行為だということによって、これが騒乱罪中に吸収されるというふうに説かれるのは当然である。

しかし、問題は指揮者・率先助勢者の刑を標準にすることが正しいかということにある。それを標準とすることが正しくて、首謀者の刑を標準にしたり、付和随行者の刑を標準にしたりすることがまちがいだという理屈が見付からなければ、このような学説に賛成するわけにはいかない。

ことに、この説をとる学者は、放火罪は騒乱罪のなかに吸収されないといっているが、放火は目的物によりいろいろ種類が区別されていて、騒乱の率先助勢者に対する刑よりも軽い刑にしかあたらない放火罪（たとえば第一一〇条）もあるのだし、そのほかにも考えてみれば、侮辱罪（第二三一条）その他騒乱行為に通常ともなうもので、別の罪名に触れ、しかも刑の軽いものは、いろいろ考えられるのに、この学説では、これをどう扱うのか、かならずしも明瞭でない。

わたくしは、むしろ狭く、傷害や殺人その他、他の罪名に触れない程度の暴行でなくては、騒乱罪のうちに含まれないと解する。換言すれば、騒乱罪が成立するときには、脅迫罪や暴行罪はすべてこれに吸収されて別罪を構成しないが、他の罪名に触れる行為は、すべていちおうの成立あるものと見るべきだと主張する。ここに「いちおうの成立」というのは、成立はするが、これらの罪と騒乱罪との関係は、いわゆる観念的競合として、第五四条第一項前段の規定により、騒乱罪か他の罪かのいずれか重いほうの刑によって処断されることになるからである。

こう考えてくると、この学説の争いというものは、実際に刑を受ける者にとっては、どうでもよいような結果になってくることが多い。たとえば、騒乱さわぎのうちに建造物損壊をしたとして、いちおう両罪が成立することになると考えても、その行為者が指揮者・率先助勢者だったとすれば、結局は刑の重いほうの騒乱罪の刑によって処断されるから、後者は前者に吸収されると見て、騒乱罪だけの成立を認める立場と同じ刑で処断されることになる。しかし、無用のようでも、理論に忠実にやっておけば、疑問になるような微妙な問題を解決する場合や、他の場合との統一的理解をするためには、大いに役立つのである。

「多衆で集合して暴行又は脅迫をした」ならば、騒乱罪は成立するのであるから、それ以上なんら特別の目的を必要としない。共通の目的で集まることも必要でない。

第二節　具体例と刑の適用

ましてや、暴行や脅迫をする目的で集まることは要件でない。偶然に集まった者たちが、激昂のあまり、暴行または脅迫をしても、それが一地方の静穏を害する程度に達すれば、騒乱罪となる。

騒乱行為に特別の目的として、「国の統治機構を破壊し、又はその領土において国権を排除して権力を行使し、その他憲法の定める統治の基本秩序を壊乱すること」があれば、それはもはや騒乱罪ではなくて内乱罪（第七七条）となり、刑罰もずっと重いものとなるのであって、こういう特別の目的を持たないところに、騒乱罪の騒乱罪たる特色があるのである。

過去において、かつて大審院判例にあらわれた有名な事件（大判大正一一年四月七日刑集一巻二一八頁）を一例として挙げると、「大正九年二月のこと、学生連盟の一団数百名の者が反政府熱に乗じ、真鍋儀十代議士に率いられて時の首相原敬の私邸に赴こうと、旗を押し立て芝公園増上寺山門付近まで行ったところ、群衆中の川村という者が駈足の譜でラッパを吹奏したので、さらに気勢を添え、原首相邸に殺到しようとした。巡査数十名が警戒線を張ってこれを阻止しようとすると、千数百名に増加した群衆は喊声を挙げて警察隊に突進し、あるいは旗竿を横たえて警察隊を押しつけ、ついにこの警戒線を突破して原首相邸に迫り、喊声を発し、あるいは同所を警戒中の巡査に対して『突き倒せ』と叫び、旗竿の柄で巡査を突き倒す等の暴行をたくましくした」というような事実が騒乱罪として処理された。まさにこの犯罪の典型的な例ということができよう。

近くは講和条約後、初の騒乱事件として有名な昭和二七年のメーデーに日比谷公園横から皇居前広場にかけて行われた暴動行為は、やや地域的には狭いきらいはあるが、まず騒乱の典型的な例にあたる（最近の事件としては、新宿騒乱事件〔最決昭和五九年一二月二一日刑集三八巻一二号三〇七一頁〕がある）。この大正九年の芝公園の事件でも、警官隊と衝突したことは、公務執行妨害にもなるわけであるが、小規模のもので、まだ一地方の静穏を害したとまでいえないような事件については、単に公務執行妨害罪その他の犯罪として処理されることになる。

さて、騒乱罪は群衆犯罪の一種であるが、群衆中における役割がなんであるかにより、各個人の刑事責任に軽重のあることは、内乱罪におけると同様で、やはり三種の区別がある。

首謀者（旧規定では「首魁」）は、かならずしも群衆中にあって行動をともにするとはかぎらない。背後にあって群衆をあやつっている者でも、首謀者と見るにふさわしい者もある。判例が「多衆ノ騒擾行為ニ参加セスト雖モ、暴動ヲ発企計画シ、其行動ノ方針ヲ指示シテ多衆ノ気焔ヲ煽動シ、其他精神的方面ニ於テ暴動ヲ監督指揮スル如キ……行為ハ所謂首魁タル行為ニ該当スルモノトス」（大判大正八年一二月九日刑録二五輯一三五〇頁。なお、最判昭和二八年五月二一日刑集七巻五号一〇五三頁も同様な立場に依拠し、必ずしも暴行脅迫を共にしたり、現場で総括指揮することを必要としないとしている）といっているのは正しい。

指揮者の意味は、別に説明するまでもあるまい。率先助勢者とは、衆に先んじて暴行または脅迫をするとか、その他の方法で多衆に気勢をあげさせる者を意味する。芝公園事件の例で、ラッパを吹奏したのは率先助勢者にあたる。付和随行者というのは、いわゆるヤジンマのことで、ただ群衆に付いて歩いて、たまには石の一つも投げようという連中がこれにあたることは、内乱罪について説明したとおりである。

現に石を投げるときまっているわけでもないから、刑はきわめて軽いが、ただの見物人ではない。付いて歩くだけでも行動をともにするという点で、やはり騒動を大きくする役割を演じているのだから、捨ててはおけないのである。しかし、見張をして暴行・脅迫をやりやすくするところまで介入すれば、付和随行ではなく率先助勢となる。

第三節　多衆不解散罪

最後に、広義では騒乱罪の一種に属するもので、しかも狭義の騒乱罪とは別の犯罪となっているものに、「多衆不解散罪」と称せられるものがある。その規定によると、「暴行又は脅迫をするため多衆が集合した場合において、権限のある公務員から解散の命令を三回以上受けたにもかかわらず、なお解散しなかったときは、首謀者は三年以下の懲役又は禁錮に処し、その他の者は十万円以下の罰金に処する。」となっている（第一〇七条）。

多衆不解散罪のほうは、暴行または脅迫をする目的で多数の者が集まっているとき、その集合場所の治安を維持する職責のある者から三度解散を命ぜられても解散しないことによって成立する犯罪である。普通は警察署長などがこれを命ずる役目を持っている。形勢が不穏だから解散を命ずるのであるから、この命令を三度も受けながら、解散しないことそれ自体を犯罪として、治安の確保を期したのである。

解散命令は「**三回以上**」あることを要する旨定められているが、正確には「三回」でたくさんなのである。三回でもう犯罪は既遂になるのだから、そのうえに四回、五回と回を重ねても同じことである。だいぶ前のはなしでは、警察署長が群衆にむかって「解散々々々々」と三回連呼して解散を命じ、依然立ち去らない者を縛るというやりかたも行われたようだが、かように連呼したのでは、三回の解散命令を出したことにはならない。実質は一回あったにすぎないのである。三回あったというためには、各回ごとにその多衆が解散するために常識上必要と認められる程度の時間的間隔が置かれていなければならない。

解散しないことが犯罪なのだから、それから進んで、暴行や脅迫をすれば、さらに狭義の騒乱罪（第一〇六条）が成立する。不解散とは、解散という行為をしないことで、かように、すべき行為をしないことによってでなければ成立しない犯罪を**真正不作為犯**という。

要するに、暴行・脅迫の目的で多数人が集まって不穏の形勢が見えれば、警察官や警察吏員が解散命令を出すだろう。この命令が三たび出ても解散しなければ、多衆不解散罪が成立する。さらに進んで暴行・脅迫をすれば、騒乱罪になるが、騒乱罪はなにも多衆不解散罪の成立を前提とするわけではない。

はじめから暴行・脅迫の目的で集まった多数の者が暴行・脅迫をすれば、もちろん騒乱罪となるし、そんな目的もなく、偶然集まった多数人が暴動化したときも、騒乱罪は成立するのである。

第一二章　放火と失火
――放火および失火の罪――

第一節　放火の諸相

自殺の手段でも冬には入水がすくなく、夏にそれが多いのは、たしかに人間心理の機微に触れている。それと同じように冬には火事が多い。失火が冬に多いのは、火を使うことが多いからあたりまえだということで説明がつくが、放火は、わざわざ火をつけるのだから、夏だっていくらもやれるのに、夏はあまりやらないで冬やる。これは、やはり火に親しんでいる時には、放火という手段も思いつきやすいからに相違あるまい。

放火は故意に火をつけるのに対し、失火は不注意による出火であるから、刑罰も比較にならないくらい放火のほうが重い。失火は、五〇万円以下の罰金になるにすぎず（第一一六条）、業務上の過失とか重大な過失とかによるときには、特に刑が重くなるが、それでも三年以下の禁錮または一五〇万円以下の罰金ですむ（第一一七条の二）のに、放火のほうは、どんなに軽くても罰金などではすまない。重ければ、死刑にすることもできるようになっている（第一〇八条）。日本は諸外国に比して割に重いほうだ。木造家屋に住んでいて、たびたびにがい経験をしてきたからかもしれない。八百屋お七の昔には、火つけが火あぶりの刑に処せられたことは、人も知るごとくである。それほど重かったのだから、これでも、このごろはだいぶ軽くなってきたのである。

放火罪は、火をつけて焼く目的物の種類によって、刑に軽重がある。いちばん重いのは、たとえば、人の住居のように、人の生命・身体または生活に非常に関係の深い物を焼く場合で、そのつぎは、空家などのように、人間生活にとってそれほど大きな関係のない物、そうして第三番目には、それよりもさらに関係の薄い机とか椅子とかいうような一般の物を焼く場合である。この三者を専門家は、条文の番号に従って、それぞれ「一〇八条の放火」、「一〇九条の放火」、「一一〇条の放火」などといっている。

第二節　住宅等への放火

まず、**一〇八条の放火**というのを条文について見ると、「放火して、現に人が住居に使用し又は現に人がいる建造物、汽車、電車、艦船又は鉱坑を焼損した者は、死刑又は無期若しくは五年以上の懲役に処する。」となっている。いろいろの物が挙がっているが、ガソリンカーや乗合自動車は書いてない。しかし、東京あたりの街を走っている大型のバスなどになると、田舎の電車の何倍もの人が乗れるのだし、ガソリンカーもむろんそうだ。人の生命・身体などへの危害を考慮して、この条文列挙の物に対する放火が特に重い刑罰の対象となっているのだとすれば、交通機関としては、汽車や電車ばかりでなく、ガソリンカーだって乗合自動車だって、それに加えなければ、つりあいがとれない。これが条文に書いてないのは、なにぶんにも刑法という法律が明治四〇年に出来たものだからだろう。

わたくしは、条文に挙がっていなくても、いわゆる類推解釈をして、ガソリンカーでも乗合自動車でも、汽車・電車なみに考えたほうがいいと思うが、法律家のなかには、罪刑法定主義というものを盾にとって、どういう行為が罪になって、それにはどのくらいの刑が科せられるものかということは、あらかじめ法律で国民に予告しておかなければならないものだから、刑法の条文に書いてないものにまで類推適用するなどということは、絶対に許されないと主張する人もある。その主張にはもっともな点があるけれども、罪刑法定主義といったからとて、そう杓子定規に窮屈に考えなくてもいいと思う。規定の精神から見て、当然と考えられ、だれがみても合理的だと思われることは、類推解釈をしたとて、かくべつ行為者の人権を侵害することにもならないと思う。ここで、学者のなかには言葉の魔術を使って、これは類推解釈ではなくて、拡張解釈というべきものだから、さしつかえないと説く人もある。しかし、拡張解釈とは類似したものにまで拡張して解釈するということなのだから、これは類推解釈を認めることにほかならない。名はいかにもあれ、そういうような解釈をしなければ、法律規定というものは、いつも時代おくれになってしまう。ただ、それはあくまで慎重にやらなければならないというだけのことである。

さて、一〇八条の放火罪の目的物には、いろいろの物があるわけだが、代表的なものとして「建造物」をとらえてみよう。

「建造物」というもののうちで、さらに代表的なものといえば、家屋である。「建造物とは何ぞや」というと、土地に定着して、柱が立ち、その上に屋根があって、その内部に人が出入できるようなものということになるが、そんなめんどうな要件は忘れてもいい。要するに、だいたいは家屋のようなかっこうのもので、人間の出入できる程度の大きさのものでなければならない。だから、普通の小さな移動式の犬小屋などは、いかにも家屋のようなかっこうをしてはいるが、建造物ではない。しかし、犬小屋だろうと鳥小屋だろうと、人がそう苦労しないで出入できる程度の大きさのものなら、たいてい、建造物にあたる。建てかたは掘立小屋だってかまわないのである。

これらの物に対する放火が一〇八条の放火罪になるには、それが「現に人が住居に使用し又は現に人がいる」ものでなければならない。これが一〇九条の放火と区別される要点である。「現に人が住居に使用する」というのは、放火をする時に人がそのなかに現実にいようといまいとかまわず、とにかくつね日ごろ人の住居に使用しているという意味で、普通の住宅がこれにあたることはまちがいない。これに対し、「現に人がいる」というのは、たとえば物置小屋とか貨物車のように、その建造物が普通は住居に使っているものではないが、たまたま放火の時に人がなかにはいっている場合を意味する。

第三節　空家等への放火

そこで、次の**一〇九条の放火**を同じく条文について見ると、

「放火して、現に人が住居に使用せず、かつ、現に人がいない建造物、艦船又は鉱坑を焼損した者は、二年以上の有期懲役に処する。

2　前項の物が自己の所有に係るときは、六月以上七年以下の懲役に処する。ただし、公共の危険を生じなかったときは、罰しない。」

ということになっている。一〇八条の放火と一〇九条の放火とが区別される点は、三つばかりあるが、なかで一番たいせつなのは、前にいった「現に人が住居に使用」しているかどうか、また「現に人がいる」ものであるかどうかという点にある。つまり、一〇八条の放火は、人の住居に使用するものとか人の現在するものを対象としているから刑が重く、一〇九条の放火は、

人が住居に使用してもいなければ、現在してもいないものに放火するのであるから、これに対する刑はそれほど重くないのである。

〔旧規下での説明―平成七年の刑法一部改正により、第一〇九条の文言は「かつ」と書き改められた〕　こう見てくると、実は、第一〇九条第一項の条文の文句はまちがっていることに気づくであろう。それは「現ニ人ノ住居ニ使用セス又ハ人ノ現存セサル」とあるけれども、これは「又ハ」ではなくて、「且ツ」であるべきである。この点第一〇八条のほうは「又ハ」でさしつかえないけれども、第一〇九条のほうは前段と後段との双方を否定するのだから、どうしても「且ツ」であるべきだということになる。人の住居に使用していなくても、もし人が現在すれば、一〇八条の放火になってしまうのであるから、「又ハ」でなくて、「且ツ」であるべきところである。そこで、ほかにこのまちがいを指摘した人があるかどうか知らないが、解釈としては、法文の辞句が「又ハ」とあるにかかわらず、現に「且ツ」とあるのと同じように解せられている。

もう一つ、一〇九条の放火が一〇八条の放火とちがう点は、それには「汽車、電車」が省かれているということである。そこで、現に人の住居に使用せず、かつ、人の現在しない汽車・電車の類は、どうなるのかというと、これは第一〇八条にも第一〇九条にもはいらないから、当然に第三の部類として、一一〇条の放火の対象のうちに組み入れられてしまう。

さらにもう一つ、第一〇八条と第一〇九条との第三の相違点は、さきに引いておいた条文の文句にあきらかなように、第一〇九条には第一項と第二項とあって、特に自己所有の物については刑が軽くしてあるということである。放火罪というものが、もし個人の財産に対する侵害にすぎないものならば、自分で自分の物を焼くのに、なんの干渉を受けるすじあいがあろうかということにもなるのである。それだのに、自己所有の物を焼いても刑罰を科せられるというのは、放火が他人に迷惑をかける罪だからである。いくら自分の物を焼くのだといっても、街なかで家屋などを焼かれては、近所の者がみんなびっくりする。ほかに燃え移りはしないかとの不安にさらされる。こういう気持をおこさせるような場合のことを「公共の危険」があるというのである。

放火罪というものは、失火罪もそうだが、いわゆる公共危険罪であって、それ自体、本質的に公共の危険を生ぜしめる性質のものなのである。放火に個人の財産権を侵害する性質のあることは、いうまでもないが、同時に、それは公共の法益――法の保護する利益――をも害する罪であり、そのほうが重要な意味を持っている。自分の物を焼いても、犯罪になることのあるのは、このためである。しかし、ほんらい自分の物を焼く行為は、他人の物を焼く行為よりも、害悪がすくない。すくなくとも、個人の法益たる財産権の侵害という点では、自己の物を焼くことは自由であるべきだから、その点からいっても、他人の物を焼く行為よりも刑も軽くあるべきだし、そもそも犯罪の成立する場合がもっと限定されるのがあたりまえである。かようなわけで、一〇九条の放火については、放火の対象物が自己所有のものか他人所有のものかによって、刑に軽重の差が置かれたわけである。

それならば、放火罪のうちでもっとも重い一〇八条の放火については、なぜ自己所有と他人所有との区別を設けなかったのか。これは、いうまでもなく、現に人の住居に使用するかまたは人の現在するという状態にある物件についての放火だから、あえて所有者の自他を区別するまでもなく、ひとしく重い刑罰を科することにしたのである。その差別を設けないほどに事は重大なのである。そこで、たとえば、自己所有の家屋だからといって、いやしくも他人が住んでいるものに放火すれば、一〇八条の放火罪になるのであって、その家屋が自己の所有に属するからといって、なんら刑事責任を軽減されることはないが、それが、たとえば、人の現在しない空家であったとすれば、その家屋が他人所有のものであるかないかにより、同じ一〇九条の放火としても、一方は第一項の適用を受けるから、二年以上の有期懲役に処せられるに対し、他方はわずかに六月以上七年以下の懲役に処せられるにすぎず、しかも、自己所有の場合には、特に公共の危険が具体的に発生しなければ、犯罪にはならないという例外がある。

これで、人の住居に使用するとか、人が現在するかという要件は、なかなか重要な要件で、いわばキイ・ポイントをなしていることがわかる。このうち、人の現在するということは、文言自体であきらかであるが、人の住居に使用するということについては、通俗の常識では解釈が十分には行われない。たとえば、大きな庁舎とか校舎とかいうような建物でも、その一部に人が住んでいれば、ここにいう「住居に使用」しているということになる。住居とは、民法上の解釈として「住所」および「居所」の両者を含むものと同じように考えてよい。つまり、多少の期間継続して人の起臥寝食に使う場所のことであるから、常時泊り込んでいる用務員がいる建物などでは、その住居に使っているのはそのうちの一小部分であっても、その建物全体が「現に人が住居に使用する建造物」というのにあたることになる（複合建造物の現在性については、最判平成元年七月一四刑集四三巻七号六四一頁参照［平安神宮事件］）。常住でなく毎日交代する宿直員がいる制度になっていても、やはり「現に住居に使用する」といってよい。民法では、「住所」といえば、「生活の本拠」と解せられているが、ここにいう「住居」とは、「住所」と同一ではない。もっとひろい意味のものなのである。

第四節　その他の放火

放火の罪のうちで一番軽いのは、**一一〇条の放火罪**である。これは、前二条に属しないものを全部集めている。法文によれば、

「放火して、前二条に規定する物以外の物を焼損し、よって公共の危険を生じさせた者は、一年以上十年以下の懲役に処する。

２　前項の物が自己の所有に係るときは、一年以下の懲役又は十万円以下の罰金に処する。」

となっていて、第一〇九条の場合と同様に、放火の目的物が他人所有かどうかによって刑にいちじるしい軽重の差が設けられている。片方は「一年以上十年以下の懲役」という重さなのに、他方は「一年以下の懲役又は十万円以下の罰金」という軽さである。それもそのはず、一一〇条の放火は、前に例に引いたように、椅子や机の類を焼く行為なのであるから、建造物などを焼くのとは、危険性において雲泥の相違がある。いや椅子や机どころか、無用の紙屑を燃すのも、いちおうは一一〇条の放火行為なのだから、そんなに重い罰にする必要はない。むしろ、そうやたらに罰せられては、やりきれないのである。そこで、第一一〇条は他人所有の物を焼く場合でも、そうでない物を焼く場合でも、すべて公共の危険を生ぜしめなければ、犯罪にならないこととしている。つまり、一般の人に、住宅その他に燃え移りはしないかというような、危険不安の念を生ぜしめなければ、放火罪にはならないことと定められている。しかも、火をつければ、公共の危険を生ずるということまで承知のうえでつけたのでなければ、放火罪にはならないのである。もっとも、この「承知のうえで」ということについては、反対説があって、法文に「よって」とあるから、ただ結果的に公共の危険を生じさえすれば、放火罪となるのだと説く見解もある。

一一〇条の放火は、もともとたいした物を燃すわけではないのだから、他人の物に火をつけた行為はいちおう放火行為で

あっても、公共の危険を生じさせさえしなければ、放火罪にはならない。それは、別に毀棄罪（第二五八条以下）になるだけで、刑はずっと軽くてすむ。それが公共の危険を生ぜしめたとなると、急に重い刑罰の対象となるのは、それは単に椅子や机を燃された個人の被害にとどまらないからである。公共の危険を生ぜしめれば、多数の世人が不安におそわれて迷惑するから、刑がずっと重くて当然だということになるのである。しかし、その場合でも、他人所有の物でなく、自分の処分権のある廃物などを燃しただけのことなら、もともとだれの所有権を害するわけでもない。ただ多少景気よくやりすぎて、他人の迷惑をかえりみなかったのが不都合だというだけで、実際に他人の物を焼いてしまったわけでもないのだから、そう重い刑にするにもあたるまい。そういうわけで、「一年以下の懲役又は十万円以下の罰金」という軽い刑ですますことにしたものと思う。実は少し軽過ぎるように思うが、それは立法上の問題だから、はなしは別で、とにかく現在の法律では、そうなっているのである。

少しこまかすぎる議論になってきたから、要約整頓してみると、こうなる。一一〇条の放火は、第一〇八条や第一〇九条に規定されている建造物等の重要な物件以外のいっさいの物に対する放火を規定したもので、極端な場合は、自家の廃物で焚火するのでも、いちおうは「火を放つ」行為であるから、第一一〇条の問題として考えてみる必要がある。焚火でも、あまり景気よくやると、近所の人は火事になりはしないかと心配するだろう。そういう心配をかけたってかまわないという気で火をつけ、現にそういう心配をさせるような結果を生じたとすれば、「一年以下の懲役又は十万円以下の罰金」ということになる。そうして、もし、その焼いた物が他人の物であれば、刑はずっと重くなって、「一年以上十年以下の懲役」になるというわけである。いうまでもあるまいが、この他人の物を焼くというのは、もちろん、その他人の承諾を得ずに、勝手に焼く場合のことで、相手が承諾して焼かせたのなら、それは、自分の物を焼いたのと同じことになる。

なお、放火はよく火災保険金を目あてに自己所有の物件に対して行われるが、差押を受けている物や質に入れてある物、賃貸してある物、あるいは保険をかけてある物は、それがほんらい自己所有のものであっても、放火罪の目的物としては、他人所有の物と同一視される（第一一五条）ということで、自分の物だからといって、あまく見るわけにはいかないようになっている。

相手方の承諾ということを考えてくると、ひとり第一一〇条ばかりの問題ではなく、すべて条文に「自己の所有」といっているのは、かならずしも自分の所有でなければならないわけではなく、要するに他人の所有に属しないという意味だということがわかる。いいかえれば、所有者の無い物すなわち無主物なら、自己所有の物と同一視すべきことは、あきらかであるから、条文に「自己の所有」といっているのは、表現としては正確を欠く。

第五節　被害者の同意

ある物が他人の所有に属するかどうかということは、放火にかぎらず、いろいろの場合に問題になる。他人所有の物でも、その他人が燃してもかまわないとの承諾を与えていれば、その物が自己所有のものと同じ取扱になるべきだということをここにいったが、これは、刑法学上「**被害者の同意**」の問題として、重要な意味を持っている。それが、放火については、特におもしろいが少しややっこしい問題にもなっている。読者に法律解釈の技術的な面を紹介する意味で、その少しめんどうな例について説明してみよう。

放火罪においては、被害者は放火の目的物の所有者とか占有者とかにかぎられないで、いわば公共一般なのであるから、直接に焼かれた物の所有者なり占有者なりが放火行為にあらかじめ同意を与えていたとしても、やっぱりその行為の犯罪性は消えてしまわない。ただ、同意があったという点で、その行為の犯罪としての意味が変わってくるのである。この所有者なり占有者なりを、かりに単に被害者とよんでおくとすると、この被害者から、火をつけてもよいとの同意があれば、その放火は他人所有の物に対する放火であっても、自己所有の物への放火と同視すべきことになる。つまり、放火は依然として放火であることに変わりはないが、その性質が変わってくるのである。これと同様の関係は、その放火の目的物が人の住居に使用されているか否かということについても、生ずることになる。

多額の火災保険をつけている家の所有者が自宅の焼失を希望しているのだが、自分で火をつけると発覚しやすいので、知人の甲という者に意を含めて火をつけさせたとする。この場合、もし、この家に所有者のほかに、家族なり同居人なり、別の人がいっしょに住んでいたとすれば、所有者だけが放火に同意していても、甲はやっぱり「現に人が住居に使用する」家屋に放火したことになるから、一〇八条の放火罪に問われ、所有者であり、かつ居住者の一人である人の同意があるからといって、少しも責任を軽減されることはない。ところが、もし、この家には放火に同意を与えた所有者が単身居住していたのであり、放火当時別に屋内に現在する人もなかったとすれば、これは甲にとって実際には他人所有の家屋でありしかも他人の住宅に火を放つ行為であるにかかわらず、狭い意味での被害者の同意があるのであるから、刑法上は自己所有の「現に人が住居に使用せず」かつ「現に人がいない」家屋と同視すべきものとなり、これに対して一〇八条の放火罪の成立はなく、一〇九条二項の放火となり、けっきょく、公共の危険を生じた場合にかぎり、罰せられるにすぎないことになる。しかも、その刑は六月以上七年以下の懲役で足りるのである。

ここで一言注意したいのは、「『公共の危険を生じなかったときは、罰しない』だから、こんな場合に大いに放火をやっても、たいしたことはない」などとはいえないということである。というのは、野中の一軒家ででもないかぎり、家を一軒焼いておきながら、公共の危険がないということは、あまり考えられないことでもあるし、かりに放火罪が成立しない場合でも、保険金詐欺のほうで罰せられることになるからである。

さて、はなしの都合上、まず甲の責任のことばかり書いたが、同時に甲に火をつけてくれと頼んだ人は、その頼んだ時、甲との間にどういう関係を生じたかにより、教唆犯とか共同正犯とかいうことになり、これも刑罰をまぬかれないことは多言を要しないであろう。

最後に、これら三カ条にまたがる各種の放火罪のうち、一〇八条の放火と一〇九条一項の放火とは、行為が未遂におわっても罰せられる（第一一二条）ばかりか、その放火のための物的準備をすることも、二年以下の懲役に処せられる。もっとも、準備行為のほうは、事情によっては、「刑を免除する」こともできるようになっている（第一一三条）。

第六節　放火の予備・未遂・既遂

「予備」とは、犯罪のための準備行為のことで、放火についていえば、放火に使うために石油を買ったり、ボロきれを用意したりするのがこれにあたる。この類の行為は**放火予備罪**として罰せられることがある。「ことがある」などと曖昧なことをいうわけは、放火予備の行為がみんな犯罪になるわけではないからだ。第一一三条によると、「第百八条又は第百九条第一項の罪を犯す目的で、その予備をした者は、二年以下の懲役に処する。ただし、情状により、その刑を免除することができる。」となっている。

放火にはいろいろな種類があることは、前にいったとおりであるが、その予備までも犯罪とされるのは、一〇八条の放火と一〇九条一項の放火だけで、他の種類の放火は、予備にとどまるかぎりは、犯罪とされることはないのである。いいかえれば、同じ放火のための予備行為をやっても、その目的が、たとえば、他人が住居に使っている建物や現在だれもいない倉庫に火をつけるにあるのならば、犯罪になるが、その倉庫が自己所有のものであるならば、犯罪にはならない。もし、また、その目的が建造物や艦船のようなものに火をつけるのではなく、椅子や机の類に火をつけるにあるならば、それらの物が自己所有ならむろんのこと、たとえ他人のたいせつにしている物であったとしても、放火予備罪にはならないのである。しかも、放火予備は、それが犯罪になる場合でも、とにかく、まだ実行には着手していないことなのだから、犯人があまり悪いやつでないとか、その他、同情に値する事情がなにかあるならば、裁判所は刑を科することを免除してもよいことになっている。「刑を免除することができる」というのだから、有罪ではあるが、刑を科さないというだけの裁量をしても、さしつかえないというのである。

予備が行為としてもう一段進展すると、実行の着手となり、着手したが、まだ結果の実現にいたらない間におしまいになれば、「未遂」である。**放火の未遂**も、みんな犯罪になるのではなく、予備の場合と同じく、一〇八条の放火および一〇九条一項の放火だけについて、その未遂が犯罪となるにすぎない（第一一二条）。その他の形態の放火の未遂は犯罪にならない。ただ、ここで注意しなければならないのは、住宅を焼くつもりで、それに接着して置いてある小さな移動式の犬小屋に火をつけたが、火は犬小屋を焼いただけで、住宅に燃え移らないうちに消えてしまったような場合に、それは住宅放火（第一〇八条）の未遂罪であって、犬小屋に対する放火（第一一〇条）の既遂罪になるのではないということである。つまり、一つの放火行為で各種の物件を焼いたときには、それぞれの物件に応じて各種の放火罪が成立するのではなく、包括的に一つの放火罪が成立し、各種のうちで一番重い刑にあたる放火罪の刑によって科すべき刑が決定されるのである。

放火の着手は、ほんらい、火を放つことであるには相違ないが、その火が目的物につかなくても、着手になる。マッチを擦れば、それは放火の実行そのものではなくとも、実行に密接した行為であるから、もう「着手」というに値する。だから、たとえば、マッチを擦っただけで、まだ石油を浸したボロきれに火がつかないうちに見つかってしまったとしても、未遂の責任を負わなければならない。これを予備だとして、軽い刑ですますわけにはいかないのである。未遂罪は既遂罪に比べると、ただ裁判所が「減軽することができ」（第四三条）るだけであるが、場合によれば、既遂罪と同じように重い刑を科せられるかもしれないし、かりに軽くなったとしても、とても予備罪ほどに軽い刑ですましてはもらえない。

それにしても、このように未遂罪は既遂罪よりも、刑を減軽されることがあることになっているばかりでなく、裁判の実際では、たいてい、刑を軽くしてもらえるのが常であるから、未遂か既遂かをきめるのは、相当重要なことである。

どの程度までゆけば、放火が既遂になるかは、学者間に争いのあることで、独立燃焼説と効用喪失説との両説がある。**独立燃焼説**というのは、火が放火の媒介物を離れ、独立して目的物が燃えはじめた時をもって既遂と見るから、前に挙げた例についていえば、石油を浸したボロきれが燃えているだけの間は、まだ既遂にはならないが、すでに床板にでも燃え移って、もし、ボロきれを取り去ったとしても、そのまま床板が燃え続けるだけの火力を持つにいたったなら、それは既遂となる。この学説は、裁判所の採用しているところであるが、これだと、床板がおよそ一〇センチメートル四方焼けた程度でも、放火は既遂ということになって、未遂としての刑の減軽を受ける余地がなくなる。ところが、日本の住宅はたいてい木造であるため、きわめてたやすく、いわゆる独立燃焼の状態に達してしまうので、この説によると、放火は非常に既遂が多く、未遂がすこぶるすくない結果になる。ドイツでは独立燃焼説が一般に採られているけれども、建築様式のちがう日本でこの説をあてはめると、犯人がかわいそうな気がする。

効用喪失説のほうは、未遂と既遂との限界が少しはっきりしなくなってくるけれども、目的物の重要部分を焼失して、そのもの本来の効用を失うにいたった時、はじめて既遂に達すると見るから、だいたいにおいて、俗にいう半焼なら未遂、全焼なら既遂ということになり、刑が犯人にとってあまり重すぎるような結果になることはない。わたくしはこの説のほうを採っている。

ちなみに、独立燃焼とか効用喪失とかいうことは、法文上に「**焼損**」（旧規定では「焼燬《しょうき》」）と書いてある言葉の解釈でもあるわけであるが、放火罪は単に「火を放つ」だけではなく、「放火して…焼損した」ことになって、はじめて完成するのだから、法文の用語から見ても、効用喪失説のほうが実情によくあてはまると思う。

第七節　公共の危険と放火の故意

放火罪の各規定のうちには、前に述べたように、公共の危険を生ぜしめることを要件にしているものがある。住宅や他人所有の一般建造物のような比較的重要な物件についての放火には、これが要件になっていないが、それほど重要でない物件（第一〇九条第二項・第一一〇条）については、明文上それが特別の構成要件になっている。これが犯罪構成要件として規定されていない場合は、もちろん、問題にならないが、それが要件となっている犯罪については、火を放てば公共の危険が発生するだろうということまでも、あらかじめ知っていなければならないかどうかが問題になっている。いわゆる**公共危険の「認識」**の有無に関する問題である。

例を挙げていおう。庭先にわらむしろだの木箱だのという廃品を山と積んで燃すとして、あんまりひどく燃しすぎれば、近所の者は火事になりはしないかと心配し、火の見やぐらの上の看視人は、火事とまちがえて消防団の出動をうながすかもしれない。こんなことになれば、つまり公共の危険が発生したわけだが、この場合、こういうふうに、「ことによると、世人に心配をかけるかもしれないが、心配をかけたってかまわない」という気で燃したとすれば、公共危険の認識が火をつける前からあったわけであるが、もし、そんなことはまるで思いもよらなかったというのであれば、公共危険の認識は全然なかったわけである。この種の放火行為を行うにつき、公共危険の認識をあらかじめ持っていれば、それが放火の故意あるものとして、犯罪になることは疑いないが、この認識を欠いていても、なお放火の故意があるといえるかということが問題なのである。これについて学説はまた二つにわかれているし、判例は公共危険の認識を要しないとの立場を採っている（最判昭和六〇年三月二八日刑集三九巻二号七五頁）。

これはなかなかの難問であるが、判例およびこれに同調する学説は、第一一〇条等の条文に「よって公共の危険を生じさせた者」云々というような表現をしていることをとらえ、「よって」というのは、それを原因としてという意味で、単に結果さえ発生すれば、その結果についてあらかじめ認識を持っていようといなかろうと、ひとしく刑事責任を認める趣旨を示す文言だと説く。「よって」ということの文句が「それを原因として」という意味を示すことは、たしかにそうだが、だからといって、結果さえ生ずれば、責任を負わせるという意味だとばかりはきめられない。それよりか、そう解すると、つじつまが合わなくなり、非常に具合の悪い結果になってくる場合があるので、この説は合理的だといえないようだ。

不合理な結果になるというのは、失火罪との関係からくる。前に設けた実例にもどって考えてみよう。廃品を庭先で燃すのも、一種の「火を放つ」行為には相違ないが、ただそれだけなら、だれの迷惑になるわけでもないから、まったく自由に行うことができる。それ自体なんら犯罪になる行為ではないから、それがたまたま火事になったとしても、失火であって、放火であるはずはない。ところが、失火罪の刑は、普通は「五十万円以下の罰金」ということになっており、とにかく罰金ですむはずである（第一一六条）。これは失火だから、もちろん、火がすでに住宅などに燃え移って、これを焼いてしまった場合のはなしである。したがって、まだ燃え移らないが燃え移りそうだという危険を感じさせるような状態になった場合には、もし、それを罰するとしても、もっと軽い刑罰ですませてよいはずである。

ところが、「よって公共の危険を生じさせた者」というのを、単に結果的に公共の危険が発生しさえすればよいので、あらかじめ公共危険の認識を有する必要がないものと解するならば、庭先の廃品焼却の結果、意外にもたまたま火災の危険を生ずれば、「一年以下の懲役又は十万円以下の罰金」（第一一〇条第二項）に処せられることになり、かならずしも罰金ではすまなくなるから、すでに火事になった場合よりも、火事になりそうになっただけの場合のほうが刑罰が重いことになる。これはあきらかに不合理である。この不合理を避けるには、公共危険の発生を特別の構成要件とする放火罪は、その公共危険の発生をも予見して火を放つ場合でなければ、成立しないものと解するよりほかはない。そう解すれば、はじめてそれは故意犯としての性格をはっきり持つことになるから、それがまだ実害発生にいたらず、ただ火事になりそうな危険におちいっただけでも、過失によってすでに実害の発生するにいたった失火罪よりも刑が重いのが当然だということになる。公共危険の発生が特別の構成要件として規定の文言に掲げられている罪については、やはりその予見がなければ、故意あるものとして、放火罪の責任を問うことは、できないものというべきである。

第八節　延焼罪・消火妨害罪・失火罪

延焼罪というものが失火罪とあきらかに区別されるのは、基本において公共危険の認識を前提とする故意犯がまず成立して、その故意による放火の結果として、たまたま住宅等へ延焼したものをいう。延焼罪の規定は、次のようになっている。

「第百十一条　第百九条第二項の罪を犯し、よって第百八条又は第百九条第一項に規定する物に延焼させたときは、三月以上十年以下の懲役に処する。

2　前条第二項の罪を犯し、よって同条第一項に規定する物に延焼させたときは、三年以下の懲役に処する。」

いちいち第何条第何項ということをたびたび引合に出していて、いかにもややっこしい感じのする規定ではあるが、要するに、自己所有の物（ただし、住宅その他第一〇八条に規定する物を除く）に放火して、その結果、故意なくして、たまたま他人所有の物または住宅その他第一〇八条所定の物に燃え移った場合に負うべき刑事責任を規定してあるわけである。延焼罪は、いうまでもなく、放火の直接目的物になっている物だけを焼く気で放火しているのであって、延焼物については、それを焼く気はなかったが、たまたまそれに燃え移ったという場合において成立するものである。つまり、延焼の事実について予見のないことは、あきらかである。

要するに、延焼罪と失火罪とは、ともに火災の事実を発生しているのであり、かつ、建築物等重要物件の炎上は、その予期しない結果であるという点できわめて似ているが、ただ一点だけ相違するのは、失火罪では、その前提に公共危険の発生の認識すら存在するわけではないのに対し、延焼罪では、この認識がまずあって、後にその危険を生じたという点である。廃品を庭先で燃す時、まさか世間をさわがすほど大げさな火の手があがろうとは思わなかったのに、結果はそうなり、付近の住宅が焼けてしまったというようなのが失火罪であるに対し、世間に火事になりそうだとの心配をかけたってかまわないとの気で廃品を燃したところ、心配をかけるどころの沙汰ではなく、意外にも、ほんとうに人の家を焼くような結果になってしまったというのが延焼罪なのである。

失火罪については、まだ一般的な説明はしなかったけれども、これで問題になる要点は述べたことになる。失火とは、常識でもわかるように、過失によって火を発することであるが、その過失があるかないかは、普通の人を標準にして、普通の人ならそんな間のぬけたことはしないように注意するのがあたりまえだといえるような注意を怠って、その結果、火を発するにいたらしめれば、それは失火である。

たとえば、かなり風の強い時に木造家屋の風上で焚火をしたため、その家が火事になったとすれば、そういうことは、普通、だれでも社会生活を営む者の当然なすべき注意を怠って火を出したことになるから、失火罪になる。電熱器やストーヴの火を粗末にしたり、ガソリン小屋でタバコを吸ったりするのも、普通一般になすべき注意を欠いたことになるから、その結果、家屋などを焼けば失火罪となる。失火によって焼いた物件の種類により、公共危険の有無を区別し、失火罪の成否が決せられる。第一一六条第一項および第二項を比較すれば、この関係はあきらかである。

すなわち、過失によって焼いたものが第一〇八条に掲げる物件であるときは、その所有者のだれであるかを問わず、つねに失火罪を構成するに対し、第一〇九条の物件は、それが他人のものであるときに失火罪を構成し、自己所有のものであるときは、公共の危険の発生を待って、はじめて失火罪の成立をきたし、さらに、第一一〇条の物件については、すべて公共の危険を発生した場合にかぎり、失火罪が成立するのである。また、失火が「業務上必要な注意を怠ったことによるとき又は重大な過失によるとき」（第一一七条の二）は、刑が加重されて、三年以下の禁錮または一五〇万円以下の罰金に処せられる。いずれにしても、罰金の額は失火による損害とはまるで比較にならないほど少ない。この物価高の時世に焼かれた人たちが失火者に対する刑の軽いのを見て、あきたらなく思うのは、もっともだけれども、なにぶんにも根本が故意ではなくって過失のことだから、そう重い責任を負わすわけにもいかないというのが法律のたてまえである。

だいぶ長くなったから、おわりを急ぐが、放火および失火の罪には、ほかに**消火妨害罪**というのがあって、「火災の際に、消火用の物を隠匿し、若しくは損壊し、又はその他の方法により、消火を妨害した者は、一年以上十年以下の懲役に処する。」（第一一四条）と規定している。この規定には「その他の方法」という包括的な一句がはいっているから、どんな方法でも、要するに消火を妨害すれば、みなこの規定に触れるように見えるが、そうではない。消火のために消防団員から援助を求められたが応じなかったという程度のことは、軽犯罪法で軽く罰せられるにすぎず、火災に際して消防自動車の通過を妨害したり、消防団員の活動を邪魔したりするのは、それぞれ犯罪にはなるが、消防法の罰則によって取り締られていて、刑は刑法上の消火妨害罪よりも軽くてすむようになっている。これらに比して消火妨害罪の刑がずっと重いのは、行為が火災の際に行われるということと、消火用の物の隠匿または損壊という行為がきわめて重大であると見られているからであろう。火災の際に消防自動車を壊したり、消火栓を隠してしまったり、消防用の貯水を流失させてしまったりするのが、この消火妨害罪の適例にあたる。

なお、火薬、ボイラーその他のいわゆる激発物を破裂させて住宅その他の物件を破壊する行為（第一一七条）やガス、電気または蒸気を漏出もしくは流出させたり、またはこれを遮断して人の生命、身体または財産に危険を生ぜしめる行為（第一一八条）は、放火や失火の場合とほぼ同様の取扱を受ける。

わたくしが雑誌「時の法令」に消火妨害罪のことを書いた時の漫画に、「果して消火妨害罪か」という題で、画家がかいてくれたのを見ると、消防のホースの上に、荷物をいっぱい積んだ荷車をひき上げてホースを破り、消防の筒先の水がすっかり勢のなくなってしまったところが出ていた。さすがは漫画家で、うまいところをとらえたものだと感服したが、その題が「果して消火妨害罪か」という疑問の形になっているのが特におもしろい。これは、ひとつ、ここでわたくしから回答を書いておくことにしよう。

「この場合には消火妨害罪にはなりません。なぜでしょうか。火事に驚いて荷物を運び出す人は、ホースを破るなどということは思いもよらず、ただ夢中で荷物を車に積んでひき出したのでしょうから、故意に妨害したとは思えません。特にことわりのないかぎり、刑法上の犯罪は、すべて故意がなければ、成立しません。そのことは、火事についても『失火』という故意のない犯罪が放火とは別に規定されていることからもわかるでしょう。しかし、刑法には、それよりもっとはっきりした規定も置かれています。『罪を犯す意思がない行為は、罰しない。ただし、法律に特別の規定がある場合は、この限りでない。』（第三八条第一項）というのがそれです。過失によるものを罰するにはこの『特別の規定』がなければいけないのです。ところで、はなはだ遺憾なことには、これを読んだ読者は、今後、こういうことを十分に承知のうえで、『こんな場合には、ホースぐらい破ったってかまわないんだ』などと思って、重い荷を積んだ荷車を平気でホースに乗りあげ、これを破ったとすれば、これは承知のうえでやったことになり、夢中でうっかりやったというのとは意味が違ってきますから、かえって消火妨害罪が成立するということになります。もっとも、事情によっては、緊急避難（第三七条）にあたる場合もないとはいえません。」

これがこの場合の回答である。

第一三章　水の犯罪

――出水および水利に関する罪・飲料水に関する罪――

第一節　水害と水利妨害

刑法には水に関係の深い犯罪として二種のものが規定されている。一つは「第十章出水及び水利に関する罪」であり、もう一つは「第十五章飲料水に関する罪」というのである。

出水および水利に関する罪は、放火および失火に関する罪と同じような構成要件になっているので、放火および失火に関する罪の説明を流用すれば、たいてい間に合う。それに出水等の行為は、放火等の行為のように、手段が簡単でないから、めったにおこらないので、はなしもだいたい放火罪などの説明にゆずって、ごくあっさりしておくことにする。

出水罪というのは、「出水」の手段によって、「浸害」という結果を生ぜしめることで、浸害される物件の性質によって、刑に軽重があるし、犯罪成否の要件にも相違がある。一般に、放火罪より刑が少し軽く規定されている。「浸害」の「浸」の字を注意して見ると、日本の字の長所と短所とを代表しているような気がする。普通は「侵害」というのがよく使われる熟語であるのに、特に三水の字になっているところに、アルファベットでは味わえない妙味もあるし、まちがいやすい煩雑さもあるというものである。

堤防を壊して水を氾濫させ、人家を水びたしにして、一時的にもせよ、使用できない状態にすれば、出水罪ということになる。この場合、水びたしになった物が「現に人が住居に使用し又は現に人がいる建造物、汽車、電車又は鉱坑」であるときは、「死刑又は無期若しくは三年以上の懲役」に処せられる（第一一九条）が、その他の物ならば、ただ水びたしにするだけではなく、「よって公共の危険を生じさせた」場合でなければ、犯罪にならないし、犯罪になる場合でも、刑は「一年以上十年以下の懲役」ですむ（第一二〇条第一項）。つまり、人の住居に使っているとか、住居には使っていないでも、現にそのなかに人がはいっているとかの場合には、それだけで人の生命、身体、財産に対する危険が大きいと見られるから、特に厳罰をもって臨まれているのである。

上流のせきを切って下流の水田を水びたしにしたとか、倉庫に浸水させたとかいう場合には、それだけでは、かならずしも公共の危険を生ぜしめたとはいえないから、公共の危険の有無によって出水罪の成否がわかれる。住宅等に対する場合には、当然に公共の危険があるとの思想的前提に立っているが、その他の物に対する場合には、さらに、一般の人に不安の念をいだかせるような状態が生じなければ、この罪を構成しないものとされている。公共の危険があるとは、だいたいにおいて、危害が住宅等第一一九条列挙の物に及ぶおそれがあると感じさせる状態だといってよい。

住宅等に対するときは、それが自己所有のものでも犯罪になるが、他の物に対するときは、自己の所有物なら犯罪にならない。自分の物に対してでも犯罪になるのは、その物が差押を受けているものであるとか、抵当に入れてあるものであるとか、その他いわゆる「物権を負担し」ているものであるとか、賃貸してあるとか、あるいは、保険をつけてあるとかの場合にかぎる。これらの場合には、自分の物でも、他人の所有物と同視されるのである（第一二〇条第二項）。

浸害の結果というのは、放火罪における「焼損」の結果と同様に、どの程度に達することを要するかが問題であるが、ただ水が庭先や床下に流れ込んだという程度ではなく、それが家屋なら普通の家屋として使えないような状態になることだといってよかろう。もちろん、流失して永久に使用不能になる必要はない。一時でもよいから、使用不能ということにならなくてはいけない。これを学者は「効用喪失の状態」というが、床上浸水の程度に達すれば、浸害だといってよかろう。水田などなら、耕作物に有害な程度に達すれば、浸害となるといえるであろう。放火と同じように物質的破壊をきたす必要があるとする説があるが、未遂処罰の規定のないことから考えても、そう狭く解する理由はない。

住宅等でない一般の物件については、公共の危険がなければ、たとえ、浸害の事実は発生しても、出水罪にはならないが、それでは、公共の危険のない程度で人の物を水びたしにしても、なんの罪にもならないかというと、そんなことはない。出水罪にならないだけで、毀棄罪（第二五八条以下）にはなる。これは、出水の行為によらなくても、成立する犯罪であるから、たとえば消火ホースで水を他人の米倉に注入したりするのは、出水罪にはならなくても、毀棄罪の責任はまぬかれないということになるのである。

出水は、過失によって行っても、公共の危険を生ぜしめれば、「二十万円」以下の罰金に処せられる（第一二二条）。過失の場合には、住宅等であろうと、一般の物であろうと、刑に区別はない。いうまでもなく、ちょうど失火罪に相応する罪であるが、刑はそれよりも少し軽い。なんといっても、火よりは水のほうが被害が軽くすむからだろう。まさに、火事は地震、雷に次ぐが、大水は親父にも及ばないというところである。

消火妨害罪に匹敵するものとして、**水防妨害罪**というのがある。それは「水害の際に、水防用の物を隠匿し、若しくは損壊し、又はその他の方法により、水防を妨害した者は、一年以上十年以下の懲役に処する。」（第一二一条）と規定されているものである。これに関連して、水防法や、軽犯罪法にもこの種の行為に関する規定がある。

火に関する罪に対応すべきものがなく、いわば水に特有のものとして、**水利妨害罪**というものがある。「堤防を決壊させ、水門を破壊し、その他水利の妨害となるべき行為又は出水させるべき行為をした者は、二年以下の懲役又は二十万円以下の罰金に処する。」（第一二三条）というのがその規定である。これも水に関する犯罪であるには相違ないが、水の利用を保護しようとしている点で、いままで述べてきた各種の行為とはちがう。これは日照り続きなどの時には、水の奪い合いからおこることの珍しくない犯罪である。

慣行上多数人が永年使用してきた灌漑用の流水については、それが私有地を通過しているときでも、土地の所有者が勝手にせき止めてしまえば、水利妨害罪になる（大判昭和四年六月三日刑集八巻三〇二頁）。水あらそいに多いのは、この種の事例である。時には、下流地の部落民が上流地の部落民の妨害行為を排除するため、多数大挙して破壊行為に出ても、正当防衛と認められた例もある。

このほかに、「出水させるべき行為」を罰する規定があるから、出水未遂の行為を罰する道もあるが、本式に未遂罪の規定の置かれている場合に比べると、はるかに刑が軽いから、同日の談ではない。未遂罪として罰せられない以上、反対説のように、浸害という結果を物質的破壊をともなう場合に限ると解するのは、はなはだ不合理である。火は永久的に使用を不能にするが、水のほうは永久的でないことが多いからこそ、刑も軽くなっている。もし、反対説のように、浸害ということを物質的破壊によりその効用を永久に滅却しなければならないものとすれば、水が家屋の天井につき、多数民家の居住者が流失の危険におののいたとしても、水が引けば、とにかく、だいたいもとのように使用できるのだから、浸害がなかったと見られ、これに対する刑がせいぜい二年の懲役という軽さですむということになり、その不合理なことは、多言を要すまい。

第二節　飲料水の保護

水はまた飲料水として、人間生活に欠くことができないから、特に厚く保護されている。

コップに汲んである飲水は、刑法にいわゆる「飲料水」ではない。刑法で「**飲料水**」といっているのは、ある程度反復・継続して飲用に供せられる水でなければならない。井戸のような源泉に限るといっては狭すぎることになるが、水甕《がめ》のようなものに貯えられている飲水などもこれにあたる。通説では、特定の個人だけの飲料に供する水を指しているのではなく、不特定または多数の人の飲料に供する水を意味するものと解せられている。なぜそう解するかというと、規定の位置からいって、この犯罪は個人の法益に関する罪ではなく、公共の法益に関する罪であることが明らかだからである。飲料水に関する罪はあへん煙に関する罪のつぎに規定されているくらいだから、公衆の衛生を害する罪たる性質を有するものである。しかし、このように、不特定または多数の者の飲料に供するものでなければならないと解すると、狭すぎる結果となる。

判例では、炊事場備付の飲料水在中の水甕内に毒物硫酸ニコチンを流し込んだという事案について、第一四四条を適用すべきものとしている（大判昭和八年六月五日刑集一二巻七三六頁）。一小家族だけの飲水というのなら、普通の解釈では、特定少数人の用に供するものといわざるを得ないから、この行為を飲料水に関する罪に問うのは、不特定または多数の者の飲料という要件からいえば、不十分であるのに、通説がこれを支持しているのは、通説自体が自説の主張する要件の妥当でないことを暗黙のうちに認めているようなものだ。

そこで、わたくしは異説をとなえ、特定個人の飲用に供するものでも、反復・継続して用いられる水なら、刑法にいわゆる「飲料水」にあたると解する。それは、飲料水というものが他の飲食物よりはるかに重要な生活物資だから、特に厚く保護しようとするものにほかならないと解するからである。ところが、この見解に対しては、それでは飲料水に関する罪が個人の法益に関する罪のようになって不都合だとの批評があるに相違ないが、その非難はあたらない。この犯罪は公共の法益に関する罪であるが、同時に個人の法益に関する罪でもあるので、そういう例は、ほかにも放火、虚偽告訴など種々あることは、周知のとおりであるから、少しもさしつかえない。

「人の飲料に供する浄水に毒物その他人の健康を害すべき物を混入した者は、三年以下の懲役に処する。」(第一四四条) というのがこの種の行為を規律すべき規定であるが、このように、毒物、劇物、細菌等の健康に害ある物でなくても、飲料水を汚して用いることができないようにすれば、六月以下の懲役または一〇万円以下の罰金に処せられることになっている (第一四二条)。その飲料水が井戸水などでなく、「水道により公衆に供給する」ものであれば、刑がずっと重くなり、六月以上七年以下の懲役に処せられる。水道の場合には、水を汚したのでなく、一時的に水のない水源を汚したのでも、「よって使用することができないようにした者」は、同様の罰を受ける (第一四三条)。

「汚す」というのは、法文の用語によれば、**「汚染」**で、これは人の感情上「きたない」という感じを与えるようなことをすることである。放尿したり、廃物を捨てたりするのがこれにあたる。食紅のように食べられる物質を投じても、感情上から「汚染」という概念にあたることがある (最判昭和三六年九月八日刑集一五巻八号一三〇九頁)。太宰治が東京都の水道の水の流れている川に身を投げて死んだ時、われわれはみんな死体を漬けた水を飲まされたことになり、ずいぶん気持わるがった人たちもいたが、ああいうのも、この罪にあたるわけである。だが、いかんせん、犯人は死んでしまったから、罰しようがないという結果になった。もし、死に損なったとすれば、この罪に問うこともできる理屈になるが、そこまで責任を追及するのは、命を捨てようというほどの悲しみの底にある人に気の毒だから、追及しないのが例である。いずれにしても、まァあそこで死ぬのは御遠慮願いたい。たいてい、あの辺には、立札が立っていて、汚物廃物を投入すると罰せられるということが書いてあるが、その重要な根拠はこの規定にあるのである。

「水道」というのは、なにも全部が人工によって出来ているものではなくて、天然の水道に人工を加えたものでもよい。ただ、まったく自然のままでは、「水道」とはいえない。実例として、山形県最上郡新庄町の町民のため、差首野川からの水をせき止め、六分板で護岸工事を施し、幅員約四尺の水路を造って引水し、これを住民の飲料に供していたのは、あきらかに「水道」というべく、その飲料水の使用が法令または慣習によって認容されていたかどうかということは、論議するにあたらないとの判例がある (大判昭和七年三月三一日刑集一一巻三一一頁)。

毒物混入、汚物混入などの場合には、人が死んだり、病気になったりすることが起こりかねない。そういうことが起これば、傷害罪（第二〇四条）や傷害致死罪（第二〇五条）の刑に比較して、重いほうに従って処断するむね（第一四五条）が定められているが、傷害罪の法定刑の上限は「十年」だから、そのほうが重いにきまっている。通説の解釈のように、この「重い刑により処断する。」という規定を法定刑の上限の重いほうの罪について定められた刑に従う意味だとすれば、おかしな結果になる。つまり、通説の論理をつらぬけば、ほんらい、傷害罪は軽ければ科料でもすむことになっているから、単に傷害罪について定められている刑に従う意味だとすれば、たとえば、飲料水に毒物を混入しただけでも、三年以下の懲役になるのに、それが傷害結果を生ずるにいたれば、かえって刑は軽くなって、科料でもすむことがあるということになる。これが不合理なことは、あきらかである。

通説では、そんな場合に、そうならないように量刑のうえで考慮すればいいのだという。それがいいに相違ないが、考慮しなかったからとて、違法ではないということになるのがおかしい。それに、この規定が通説のいうような意味であるならば、あえて「傷害の罪と比較して、重きに従って処断する。」などという持ってまわったような規定をしなくたって、つねに傷害のほうがその法定刑は重いにきまっているのだから、単に「傷害として論ずる。」とでもしておけば足りるのである。それをこういうふうに規定してある以上は、けっきょく、飲料水に関する罪と傷害の罪とを各法定刑について比較し、刑の上限も下限も、重いほうに従うことと解するのがよい。上例の場合だと、上限は傷害罪のほうが重いし、下限は飲料水に毒物等を混入する罪のほうが重いから、これに従い、かならず「十年以下の懲役」に処せられ、罰金や科料ですまされることはないことになる。これと同じ理屈は、公務執行妨害（第九五条）の結果として人を傷害した場合にもあてはまる。そのほうは実際の例が非常に多い。

水道は特に多数の人に飲料水を供給するものであるから、井戸水などの場合より保護すべき法益は重大である。だから、上述のように、単に水を汚す行為でも、一般の飲料水に関する場合よりも、水道に関する場合のほうが刑が重く定められている。それと同様に、毒物その他の健康に有害な物の混入についても、それが水道により公衆に供給する飲料水またはその水源に関するときは、刑がきわめて加重され、二年以上一五年以下の懲役となり、さらに、それによって死傷の結果を生ずれば、死刑または無期もしくは五年以上一五年以下の懲役に処せられる（第一四六条）。すべての場合に、殺意があれば、同時に殺人罪の成立があることはいうまでもない。

水道については、ただ水道を壊したり、水の流通をふさいだりするだけでも、一年以上一〇年以下の懲役に処せられる（第一四七条）。

第一四章　列車妨害事犯など

——往来を妨害する罪——

第一節　車船往来危険罪

鉄道線路の上に大きな石を置いて、列車の通行を妨害するというようなことが時々おこなわれる。これがいわゆる**「列車妨害」**の典型的な例である。例の下山国鉄総裁変死事件当時には、そういう事件が多かった。真偽のほどはわからないが、あのころは、ああいう事件を共産党の戦術のように宣伝する者もあって、人々をおびえさせた。ところが、調べてみると、子供のいたずらにすぎないことの判明したのもすくなくなかった。かく申す著者なども、子供の時分には、電車のレールで小石をひかせたり、鉛のメンコをたいらにしてみたりしたこと一再ならずであった。

もっとも、小石の一つ二つや鉛のメンコ程度では、法文にいう「往来の危険を生じさせ」たというほどではないから、刑法上の犯罪になるようなことはない。万一、小石でも、その危険があるのだとすれば、わたくしもそういう刑法に触れそうな行為をしてきたことになる。とはいえ、「一四歳に満たない者の行為は、罰しない。」（第四一条）だから、犯罪にはならない。いや、たとえ、もう少々成長してからやったため、犯罪になる場合だと仮定しても、この種の行為は「二年以上の有期懲役」にあたる（第一二五条）だけだから、犯罪の時から七年たちさえすれば、訴追されることはない（刑事訴訟法第二五〇条第三号）。すでにそれ以上の年月を経た今では、すねに傷持つ同年輩の諸君にも、御安心を乞うてよいことになる。

下山事件当時の噂に、子供がやったのでも、実は背後にあやつる大人があるのだという話しもあった。もし、そうならば、どうなるか。陰の人物が間接正犯として罰せられることは、患者を殺そうとする医者が事情を知らない看護婦を使い、毒物を薬剤といつわって患者に服用させるような場合と同じ理屈になる。子供は、この場合の看護婦とはちがって、列車を妨害すべき事情を承知しているとしても、責任能力を欠いているから、同様に、間接正犯の問題になってくるのである。

さて、条文について見ると、このような列車妨害を規定したものとして、第一二五条は「鉄道若しくはその標識を損壊し、又はその他の方法により、汽車又は電車の往来の危険を生じさせた者は、二年以上の有期懲役に処する。」（第一項）、「灯台若しくは浮標を損壊し、又はその他の方法により、艦船の往来の危険を生じさせた者も、前項と同様とする。」（第二項）となっている。枕木をはずしたり、レールの下を大きく掘ったり、あるいはもっと進んで、レールを切断したりすれば、それが鉄道の損壊にあたることはいうまでもない。赤青の信号機を動かなくしたり、運転士に踏切の所在を予告する白ペンキ塗の標識を抜き去ったりするのは、鉄道の標識の損壊である。海路のほうは、これと同じような意味で、灯台または浮標の損壊というのが例示されている。

これらの例示から見てわかることは、一口に「列車妨害」といい、また「往来の危険」といっても、それはどんな軽微なことでもいいのではなく、ある程度の重大性のあるものを意味しているということである。条文に「その他の方法」というのは、これら重要物件の損壊行為に匹敵するような、ある程度の重大性あるものを指しているというべきである。だから、ときどき新聞種になった東京付近の国鉄電車への投石事件などは、乗客にとっては、たしかに往来の安全を害する行為であり、現に、そのために窓ガラスの破片で負傷した人もあったくらいだけれども、本条の罪すなわち往来危険罪にはならない。

有名な**三鷹事件**では、無人電車を暴走させたということが、この「その他の方法」にあたるとされた。これは鉄道やその標識の損壊ではないけれども、まさにそれに匹敵するだけの重大性のある方法であるから、この解釈は当然であるといってよい。

三鷹事件では、実際に人が死傷したのであったが、この往来危険罪は、法文の文言に照してもあきらかなように、危険を生じさせさえすれば成立するのであって、現実に列車が事故をおこさなくてもよい。まして、人が死んだり、負傷したりすることは必要ではないのである。そういう結果をひきおこせば、さらに刑罰が重くなるだけである。

第二節　列車転覆等の罪

列車妨害のひどいのが**列車転覆**である。往来の危険を生ぜしめるだけでも、犯罪になることは、前に述べたとおりであるが、列車転覆罪はただの危険犯（普通は「危殆犯」といわれている）ではなく、現実に列車の転覆という結果の発生を要件とする。したがって、学者はこういう犯罪を実害犯とか結果犯とかいっている。この罪は、つぎのように規定されている。

「第百二十六条　現に人がいる汽車又は電車を転覆させ、又は破壊した者は、無期又は三年以上の懲役に処する。

２　現に人がいる艦船を転覆させ、沈没させ、又は破壊した者も、前項と同様とする。

３　前二項の罪を犯し、よって人を死亡させた者は、死刑又は無期懲役に処する。」

この規定によってあきらかなように、汽車・電車については、転覆または破壊が罰せられ、艦船については、転覆・沈没または破壊が罰せられることになっている。言葉として「**転覆**」と「**転覆・沈没**」と少々ちがう表現にはなっているけれども、これは陸上の交通機関と水上の交通機関との相違からきただけのことで、要するに、ひっくり返しさえすればよいのである。なにも沈没して見えなくなってしまわなければならないわけではない。しかし、座礁の程度では足らない。

汽車・電車は転覆しなくても、また艦船は転覆・沈没にいたらなくとも、破壊するということがある。その破壊という状態に達すれば、それでも、この犯罪になるが、「**破壊**」とはどんなことかということについては、学説に争いがある。いうまでもなく、「破壊する」とは「こわす」ことに相違ないが、それがどの程度になれば、刑法にいわゆる「破壊」かということが争いになっているのである。

この犯罪の本質が往来を妨害するにあるという理由から、不特定または多数の人の生命または身体に危険を生ぜしめる程度の破壊でなければならないとする説があるが、これは少数説であるばかりか、少し焦点をはずれているように思う。判例ならびに通説は、「破壊」を汽車・電車・艦船等の実質を害し、交通機関としての役目を害する程度に壊すことを意味すると解しているが、そのほうが往来妨害の本質に触れた正しい解釈であるというべきであろう。

汽車・電車にしろ、艦船にしろ、それらを転覆する等の行為がこの犯罪になるには、そのなかに「現に人がいる」ことが要件である。現にそのなかに人がはいっていなくてはならない。そこで、現に人の乗っている船を沈めてやろうと思って仕かけたところが、いよいよ沈むまでに、みんな逃れ去ったので、船といっしょに沈んだ者は、いなかったという事件があったが、それがこの犯罪になるかという問題がおこった。この事件では、被告人の弁護人は、沈没の時に人が現在しないから、この犯罪になるはずがないと論じたが、これは詭弁である。沈めてやろうと思って、その行為に着手した時に、人が現在していさえすれば、いよいよ沈む段になって、人がいなくなっていたとしても、法理上は、やはり現に人がいる艦船を「転覆・沈没」するの行為をしたというべきである。

かように現に人がいる艦船を転覆・沈没したり、汽車・電車を転覆したり、あるいはこれらのものを破壊したりすれば、それだけでも、三年以上一五年以下の懲役に処せられるが、その結果として、さらに人が死んだ場合には、死刑または無期懲役に処せられる（第一二六条第三項）。これはいわゆる結果的加重犯で、人の死亡が犯人のまったく意外とする出来事であったとしても、この重い責任をまぬかれないのである。では、もし、人を殺す気で列車の転覆などをやったらどうなるかという問題があるが、これはしばらく後に論ずることにして、まず、三鷹事件での法律論点に触れることにする。

三鷹事件というのは、一般に知られているように、無人電車を暴走させて脱線転覆させ、その結果、付近の通行人等を死に致したという事件であった。無人電車だというのだから、人の現在するものでないことは、きわめて明白である。人の現在する電車を転覆して、それにより人を死に致したというのならば、第一二六条第三項の規定により、これについて死刑または無期懲役という刑を考える余地は十分あるが、問題の電車は無人電車なのであるから、そういう重い刑がどうして出てくるかという疑問がおこってくるであろう。事は無人電車に関するにかかわらず、東京地方裁判所はT被告人を無期懲役に処したのであるし、検察官の控訴を受けた東京高等裁判所は同被告人を死刑に処し、最高裁判所もそれを是認した（最大判昭和三〇年六月二二日刑集九巻八号一一八九頁）。こういう重い刑の出てきたのは、つぎのような理由によるのである。

第一二七条に「第百二十五条の罪を犯し、よって汽車若しくは電車を転覆させ、若しくは破壊し、又は艦船を転覆させ、沈没させ、若しくは破壊した者も、前条の例による。」という規定があるから、同条に触れる行為については、第一二六条が汽車転覆等の罪について規定する刑罰がそのまま適用されることになる。

ひるがえって見るに、無人電車の暴走という方法は、前示第一二五条に「鉄道若しくはその標識を損壊し、又はその他の方法により」という場合の「その他の方法」にあたると見られるから、その方法によって電車の往来を危険ならしめ（第一二五条）、その結果、電車を転覆するにいたらしめ（第一二七条）、さらにその第二段の結果として人を死亡させた（第一二六条第三項）のであるから、けっきょく、同条の規定するところに従い、人の現在する電車に対する場合と同様に、犯人は死刑または無期懲役に処せられることになるというのである。

これに対して反対する学者は、この「前条の例による」というのは、鉄道損壊等の方法によって汽車転覆等の結果を生ぜしめた者は、「その汽車等に人が現在していなくても、その現在する場合と同様の刑に処するという意味にすぎず、さらにそのため致死の結果を生じた場合についてまで、人の現在する汽車等に関する場合の刑による趣旨ではない」と主張する。条文の形式についていえば、第一二七条が「前条の例による」というのは、ただ第一二六条第一項・第二項の例に同じというだけの意味で、第三項の例にまで従う趣旨ではないというのがその主張である。そして、本質論としては、すでに第一二七条の転覆等の行為による結果的責任なのだから、それが二段跳をして、さらにもう一度、そこから致死の結果的責任が生ずるのはおかしいというのである。

しかし、二段跳になったから悪いということはあるまい。無人電車の暴走という方法により転覆の結果を生じ、そのために人の現在する電車を転覆させた場合の例に「よる」ということに一旦なった以上、それから後はすべて、人の現在する電車の転覆の場合とまったく同じ法理が展開すべきはずであるから、第二段の結果的責任たる致死に対する刑罰加重規定も適用されるべきがむしろ当然である。規定の形式面からいっても、ただ「前条の例による」というだけの文言をとらえて、「ただ前条の第一項・第二項の例だけに従う趣旨で、第三項だけは除外されているのだ」と見るのは、勝手なはなしである。わたくしは裁判所も採用したところの検察官の論理を是認するものである。最高裁判所でも、これが多数説の肯定するところとなった。

第三節　殺意をもってする汽車転覆等の行為

今まで述べてきたのは、列車転覆等による致死についてであるが、もし、殺意があって汽車の転覆などをするとしたら、これに対する刑はどうなるかというと、この場合でも、殺意を欠く場合と同じように、死刑または無期懲役より重くすることはありえない。どっちみち、刑はそれより重くはならないのであるけれども、その前提になる理屈としては、二つの説に争いを生じている。すなわち、この第一二六条の罪のほかに、殺人罪（第一九九条）が観念的競合（第五四条第一項前段）の関係において成立するかどうかということにつき、成立するとする**積極説**としないとする**消極説**とが争われている。

消極説は汽車転覆等による致死罪の刑が殺人罪の刑より重いことを理由として、当然これに殺意ある意味をも含むものとしているけれども、この致死罪の未遂を罰する規定がない（第一二八条参照）から、もし、人を殺す意志をもって汽車を転覆したが、人が死ななかったというような場合には、消極説では、単純な汽車転覆等の罪として、無期または三年以上の刑にしかあたらないことになる（第一二六条第一項）。これは汽車転覆等の手段によらない単純な殺人未遂罪が死刑、無期もしくは三年以上の懲役にあたる（第一九九条・第四三条）のに比べて、つりあいがとれない。

もっとわかりやすくいえば、ただ一人を目あてに短刀で斬りつけて殺しそこなったとしても、犯情が悪ければ死刑になる可能性もあるのに、その人の乗っている汽車を他の乗客もろともに鉄橋から落して殺そうとしても、ただ汽車が墜落しただけで、だれも死ななかったとすれば、消極説では、その犯人は絶対に死刑に処せられることはありえないことになり、余計に危険なことをした者のほうがかえって寛大な刑罰の対象となるという不合理な結果となる。これはいかにも不合理であるから、積極説に従うべきが当然である。消極説のように、法定刑が軽ければ、なにもかも重いほうに吸収されると考えようとする態度はまちがっている。

学説としては、このように殺意を有しながら未遂におわった場合にだけ、汽車転覆等の罪（第一項）と殺人未遂罪との観念的競合を認めて、消極説の欠点を救いながら、殺意を遂げた場合には、単に汽車転覆等による致死罪（第三項）だけの成立を認めて、殺人罪との観念的競合になることを否定しているものがある。この学説がもっとも勢力があるといってよかろうが、未遂の時だけが競合となり、既遂の時にはそうならないとするのは、まったく御都合主義で、理論的斉合を欠くものといわなければならない。そこで、わたくしは殺人が未遂たると既遂たるとを問わず、つねに上記のように観念的競合になるものと解釈するのである。

ついでながら、汽車転覆等の結果として、死人は出なかったが、怪我人が出たときは、何罪になるのか、規定の明文はない。致死の場合の通説から推して考えると、単純に汽車転覆等の罪になるだけと見ることになるのは当然であるが、わたくしの説を推し進めると、やはり傷害罪と汽車転覆等の罪との観念的競合が成立するということになるのではないかと思う人もあろう。しかし、わたくしの考えによっても、やはり傷害罪が成立するものとは思われない。というのは、特に刑法が致死の場合だけを規定して、致傷の場合についての特別規定を置いていないことから見れば、致傷は当然に汽車転覆等の罪のうちに包含されているものと見るのが至当だからである。

第四節　通路妨害罪

ここまでに述べてきたのは、故意をもってする往来妨害のうち、汽車・電車または艦船に関する方法によるものであるが、このほかにも、他の方法をもってする故意の往来妨害があり、過失による汽車・電車・艦船関係の往来妨害がある。ここでは前者を**通路妨害罪**と呼び、後者を**過失車船往来危険等**の罪と名づけることにする。

通路妨害罪に関する規定は、「陸路、水路又は橋を損壊し、又は閉塞して往来の妨害を生じさせた者は、二年以下の懲役又は二十万円以下の罰金に処する。」（第一二四条第一項）、「前項の罪を犯し、よって人を死傷させた者は、傷害の罪と比較して、重きに従って処断する。」（同条第二項）となっている。裁判所の慣用では、これを「往来妨害罪」および「往来妨害致死傷罪」と呼んでいる。これは、「往来妨害」の語を狭義に用いたわけである。わたくしがここで「通路妨害罪」と呼ぶのは、その慣用とは相違するが、広義・狭義のまぎらわしさを避けるための試案にほかならない。

この犯罪も公共の危険を生ずる罪であるから、陸路、水路、橋などはすべて不特定または多数の人の用に供せられるものであることを要する。私有でも、公共の用に供せられているものならば、むやみに塞いでしまうことは許されない。

「**陸路**」の意味は自明である。鉄道も陸路の一種であるに相違ないが、その損壊等の行為は、すでに述べたように、別の罪になるから、陸路を損壊する罪にはならない。「**橋**」のうちには、桟橋も陸橋も含まれている。また、「**水路**」のうちに渡舟が含まれるかということが問題になっているが、前に出た「艦船」という言葉には、小さな舟でも含まれると解釈されるから、渡舟はそのほうの規定で保護されるので、水路のうちに含ませて解する必要はない。

小舟が「艦船」の概念に含まれることは、過失車船往来危険等の罪（第一二九条）について判例も認めている。判例にあらわれた具体的な例では、櫓で水上を往復する長さ四間二尺（八メートル弱）にすぎない木造漁船が「艦船」に属するものと認められている。いやしくも人間の交通に使える程度のものであれば、大きさには関係がなく解してよいのである。

これで「艦船」はわかったが、交通機関としては、まだこのほかに、航空機もある。しかし、これは刑法の規定外に置かれている。刑法には汽車・電車または艦船だけについての規定が置かれ、その他の交通機関には及んでいない。規定が触れていないものは、いちおうの解釈として、除外されると見るのが当然であるが、列挙されているものに準じて解するのが合理的だと考えられる場合もある。航空機は、汽車・電車または艦船のいずれとも著しくちがうから、これを類推するわけにはいかないが、ガソリンカーやケーブルカーのように、これともっと似たものなら、類推してもよいと考える。

第五節　過失車船往来危険等の罪

ガソリンカーについては、その過失による転覆を第一二九条にいわゆる「汽車」にあたるものとした有名な判例（大判昭和一五年八月二二日刑集一九巻五四〇頁）がある。

第一二九条は過失車船転覆等の罪を規定して、「過失により、汽車、電車若しくは艦船の往来の危険を生じさせ、又は汽車若しくは電車を転覆させ、若しくは破壊し、若しくは艦船を転覆させ、沈没させ、若しくは破壊した者は、三十万円以下の罰金に処する。」（第一項）、「その業務に従事する者が前項の罪を犯したときは、三年以下の禁錮又は五十万円以下の罰金の処する。」（第二項）としている。

ガソリンカーの事件では、そのガソリンカーが通常汽車の多く走っている線路の上を運行中のものであったという理由で、ガソリンカーは刑法にいわゆる「汽車」のうちに包含されるものとしたのであるが、なにも無理に「汽車」だという必要はない。刑法学では、特に類推解釈をすることを絶対に否定する思想もあるから、判例がガソリンカーを無理に汽車のうちに包含されるとしたのは、そういう思想への気がねもあるのかもしれないが、そのため理論的にはスッキリしない判旨となっている。

ふだん汽車の走っているところを運行するガソリンカーだから「汽車」だというのなら、この同じガソリンカーでも、もし、ふだん電車の走っているところを運行する場合には、「汽車」ではなくて、「電車」だということにならなければ具合がわるいことになり、奇妙な結果となる。そんな無理をしないで、正面からこの程度の類推解釈を認容して、ガソリンカーはガソリンカーとして、そのままに同じ条文の規制を受けるものとしたほうがいい。ガソリンカーなどが実用化しない時代に出来た法規なのだから、それを今日の時代にあうように解釈するには、そういう類推解釈も許されなければならない。

小舟やガソリンカーなどについてのこの解釈は、もちろん過失による往来危険等の罪だけの問題ではなく、往来を妨害する罪の全体に通ずる解釈なのである。

それはさておき、往来の危険または汽車・電車の転覆、破壊もしくは艦船の転覆・沈没、破壊の結果を過失によって生ぜしめる罪は、第一二九条の規定の明文から見てもあきらかなように、これら交通機関の従業員が犯した場合には、そうでない一般人が犯した場合よりも、刑がずっと重い。前者は「三十万円以下の罰金」で、むしろ軽すぎると思われるが、後者は「三年以下の禁錮又は五十万円以下の罰金」で、相応に重く規定されている。

一般人がこの種の罪になるのはどんな場合かというと、たとえば、荷馬車をひいて踏切を通った男が積荷が鉄道線路の上に落ちたのを気づかずにいたため、後からそこを通行しようとした汽車が一時停止して、障害物を除かなければならなくなった場合などがそれにあたる。まさに「往来の危険」を生ぜしめたということになるのである。

これに対して、従業員がこの過失犯を犯す場合の実例としては、たとえば、鉄道の信号手が信号をまちがえたため、汽車が追突しそうになったとか、転轍手が転轍を怠ったために、電車の脱線転覆事故をおこさせたとか、いくらでも考えることができる。

過失犯は、思わざる結果を生ずるところに特質があるのだから、過失犯の未遂ということは考えられない。同様の意味において、結果的加重犯の未遂ということも考えられない。したがって、往来を妨害する罪についても、過失犯（第一二九条）と結果的加重犯（第一二四条第二項・第一二六条第三項）を除き、他の行為の未遂罪だけが罰せられる（第一二八条）のようになっている。

第一五章　偽金作りと偽金使い

――通貨偽造の罪――

第一節　通貨偽造罪の本質

街頭にニセもの千円札が横行しているというので、戦後だいぶ新聞紙をにぎわしたことがある。これは当時わが国で通用していた最高額の貨幣をかなり大仕掛に偽造したわけだが、犯人は最高額ばかりをねらうとは限らない。どうせ同じ労力を使って作るんなら、低額のものより高額のものを作りたいというのが人情だと思うのだが、犯人にきいてみると、作りやすいとか発覚しにくいとかいうような点も大いに魅力があるから、最高額ばかりは狙わないのだそうだ。むかし最高額がまだ一〇円だったころだが、毎日一円札を一枚ずつ毛筆でかいて偽造した男があった。普通に手内職でもすれば、同じくらいの労力で一日二円にはなろうという頃なのに、なにを好んでその半額のかせぎで、しかも身辺の危い偽札かきをやったのかと思ったら、それには金銭に替えがたい芸術的な楽しみがあるものだと本人は言っていた。自分の作品が本物の通貨として人手にうまく渡るときには、スリルをともなう快感があるのだそうだ。

閑話休題――ではない。これが通貨の偽造と行使との要件をうまく示しているのである。第一に、この男は作ったうえで使うつもりで偽造している。この「つもり」がなければ、通貨偽造罪は絶対に成立しない。法律はこれを「**行使の目的**」といっている。「行使」とはなにかというと、真実のものなるかのように装って流通に置くということなのである。子供のオモチャにするため、本物の通貨に似たものを作ったところで、行使の目的がないから、通貨偽造罪にはならない。ただあまり上手に作ると、通貨にまぎらわしいものを作ったというので、通貨及証券模造取締法や紙幣類似証券取締法で罰せられることがあるが、その刑はずっと軽い。

行使の目的のない場合としては、こんな例もある。ある銀行で、大蔵省の銀行検査官の検査を受けるに際し、現金保有量が相当あるように見せるため、偽造紙幣を金庫のなかに山と積んで見せたところが、それが見破られてしまったというのである。これは見せるだけで、世上に転々流通させるのではないから、行使ではない。したがって、偽造通貨行使罪とは認められなかったのである。

通貨偽造罪にしても、偽造通貨行使罪にしても、通貨に対する公の信用を保護するために設けられた罪であるから、不正の通貨が流通に置かれさえしなければ、法益の侵害はないのである。しかし、ここに引例した銀行の場合は、きわめて特異の例であって、普通の場合なら、行使の目的あればこそ偽造するということになろう。スリルを味わうため、芸術的快感のためなどというのであっても、結局は本物として通るのが犯人の望みなのだから、「行使」といってよい。他人をかついでやる気で、この偽造通貨をくれてやったとしても、その他人が本物の通貨だと思って、それで買物でもするかも知れないということを予想していれば、やはり「行使」である（最判昭和三四年六月三〇日刑集一三巻六号九八五頁は、「行使の目的は自己が行使する場合に限らず他人をして真正の通貨として流通に置かせる目的でもよい」としている。）。事実としても、それが転々流通して公の信用を害することは、当初から予想されているのが通例であろう。偽貨を偽貨であるとの事情を明かして交付するのは、「行使」ではないが、真貨であるかのように装って交付するのは「行使」である。

通貨の信用維持というものは、貨幣制度にとって本質的なものである。市場に流通する貨幣が真偽入りまじっているというのでは、われわれは安心して貨幣を取引の媒介物とすることはできない。貨幣をもって支払を受けるよりは、その実質的価値において少しも疑いのない実物を受け取ることを好むようになる。ここに通貨の信用が刑罰をもってしても、なお確保されなければならない理由があるのである。

通貨というものは、通常は額面価格だけの実価を持たないものである。その極端な場合が紙幣または銀行券である。かように実価のすくないものが額面価格どおりに通用しているのは、正当な権限を有する機関によって発行されているがためである。したがって、この発行権を侵害する行為は、犯罪とされなければならない。稀有な例として、額面価格以上の実価を有するものを作ったとしても、また、真貨以上に実質的価値のある偽貨を作ったとしても、通貨偽造罪の成立は否定されないのである。

終戦後まもなく金融緊急措置令が施行されて、いわゆる新円切替が行われた当時には、新通貨の発行が間にあわないため、旧来の日本銀行券の右肩の部分に証紙を貼付することによって、それを新日本銀行券とみなして取り扱うことが行われたが、その当時、不正に入手した証紙を貼付して新券と実質・外観のまったく等しいものを作った犯人があった。その新券を構成する旧券も実物、証紙も実物であるが、なお通貨偽造罪になるものとの判例（最判昭和二二年一二月一七日刑集一巻九四頁）が出されたのは、けっきょく、通貨の発行権を侵害する行為だからである。

第二節　保護される通貨

刑法によって保護される通貨、いいかえれば、それを偽造すると罰せられる通貨は、二種に大別される。**わが国の通貨**と**外国の通貨**である。だが、外国の通貨は日本国内に流通しているものでなければ、保護されないことは、条文上あきらかにされている。いま、双方とも、この規定の本文を掲げてみると、つぎのとおりである。

（一）日本の通貨については、「行使の目的で、通用する貨幣、紙幣又は銀行券を偽造し、又は変造した者は、無期又は三年以上の懲役に処する。」（第一四八条第一項）

（二）外国の通貨については、「行使の目的で、日本国内に流通している外国の貨幣、紙幣又は銀行券を偽造し、又は変造した者は、二年以上の有期懲役に処する。」（第一四九条第一項）

となっている。両者を比較してみて、相違する点が二つある。第一には、日本の通貨については「通用する」という形容詞が付いているのに対し、外国の通貨については「流通している」という形容詞になっていることであり、第二には、日本の通貨のほうが外国の通貨よりも厚く保護され、ひとしく偽造であっても、日本の通貨に関するものは外国の通貨に関するものよりもかなり刑が重いということである。

刑の軽重は明文の示すとおりで、格別いうべきこともないが、「通用する」と「流通している」との文言の差異について、普通の説明では、前者は強制通用力のあることを意味し、後者は単に事実上通用していることを意味するものと解釈されている。「強制通用力」というのは、法律によって支払手段として認められた通用力のことで、強制通用力のある貨幣を提供されたら、それを受け取らなければ、受け取らないほうが悪いことになり、民事上は受領遅滞という不利益な立場に置かれることになる。せっかく、本物の千円札で支払おうとしているのに、「ちかごろの千円札には『ニセ』が多いから、ぜひとも百円玉にしてくれ」などとは、むやみにいえないわけである。

それはそれとして、たとえば、通用期間を過ぎて引換期間内にある貨幣などは、強制通用力はないのである。しかし、「通用する」という形容詞を強制通用力のあるものと解すべき理由は、条文の文字面からは出てこない。実質的に見て、強制通用力のない貨幣まで保護しなくたっていいじゃないかという理屈からくるのであるが、「通用する」とあるのは、なにもしいて強制通用力を有すると解しなくたって、すでに全然歴史的な遺物になってしまったものを含まない趣旨を示すだけのことだと解する余地も十分ある。そう解すれば、通用期限後引換期間内にあるものなどは、いわゆる「通用する」貨幣ということになる。したがって、引換期間内にあるものに限らず、つまりは、特に法令の禁止のないかぎり、事実上取引の媒介として通用していれば、「通用する」ものであるといってよいことになる。

「通用する」という文句を強制通用力を有するという意味に限定しないほうがよいと思うについては、もう一つ重要な理由がある。それは、通説のように特に「通用」と「流通」との間に意味の区別を立てて、前者だけを強制通用の意味に解し、後者を事実上通用の意味に取ると、わが国の通貨よりも外国の通貨のほうがかえって厚く保護される結果となり、バランスが保てないからである。すなわち、通説のように解すると、わが国の通貨の偽造は、それが強制通用力あるものに関する場合にかぎり、刑法上の犯罪とされるにすぎないが、外国の通貨の偽造は、単に事実上通用しているものに関する場合でありさえすれば、刑法上の犯罪とされるわけであるから、自国の通貨より外国の通貨のほうが厚く保護される結果になる。これはおかしなことで、自分の国の通貨の偽造をこそ、いっそう厳重に取り締まるべきなのである。こう考えてくると、「通用」と「流通」とは一様に扱ったほうがよさそうである。

こんな理屈をいちおうこねてはみるものの、実際の必要はあまりありそうもない。外国貨幣のわが国内における流通という現象は、今日では為替管理の行われている結果として、法令上禁止されていることだし、強制通用力のない日本貨幣の流通ということは、事実上めったにないばかりでなく、現在は全然ないことだからである。

いずれにしても、少なくとも実際の取引上使われないような古銭や外国貨幣の類は、現実の取引に媒介物として使われているのではないから、刑法の保護の対象にはなっていない。好事家は大いに珍貨奇幣を作って並べてみても、変わっていればいるほど犯罪からは縁が遠くなるから、安心なわけである。

日本の通貨にせよ、外国の通貨にせよ、前記法文の文言によると、保護されるのは「貨幣、紙幣又は銀行券」となっているが、「貨幣」という言葉は、普通の用語例からいえば、紙幣も銀行券も含んでいるから、刑法の用語はあきらかに異例に属する。この規定で「**貨幣**」といっているのは、いうまでもなく、硬貨すなわち金属貨幣のことだけを意味しているのである。「**紙幣**」は政府発行の紙の貨幣、「**銀行券**」は発券銀行と称する一定の銀行の発行する紙の貨幣である。現在世上に通用している札は、すべて発券銀行たる日本銀行の発行する紙の貨幣で、ひところ前まであった五〇銭札だけが政府紙幣として発行されていたのであった。これらのものがすべて保護され、その偽造、変造等が犯罪とされているのである。

第三節　偽造と変造

通貨偽造罪というのは、「偽造」の語をひろい意味に使うこともあって、その意味では、狭義の偽造のほかに変造も含まれている。偽造と変造とは、どちらにしたところで、それに対する刑に相違はないから、まちがっても、たいしたことはないのだが、いちおう両者の観念には区別がある。「**偽造**」とは、発行権限のない者が真貨に模して通貨を製造することであり、「**変造**」とは、権限なくして真貨にその同一性を害しない限度において加工し、その実質的価値を変ずることである。ここに同一性を害しないというのは、もちろん、全然寸分たがわず同じままという意味ではなく、まるで別物と見られるようにしないという意味である。

偽造は現に存在する真貨に似せて作ることが必要である。これについては反対説もあるが、現実に通用しているものだけを通貨として、その発行権限を保護するということに重点を置いて考えると、現在あまり見られない貨幣を模して作ったものや、現在あるものと似ても似つかないように作ったものなどを「偽造」として罰する必要はないから、やはり、真貨に似せて作るということを偽造の要件とすべきだと思う。第一、行使の目的をもって本物に似ていない偽物を作るなどということを考えること自体、実際問題としてナンセンスである。しかし、似ているか似ていないかは程度問題で、先般おこなわれた千円札偽造事件などでは、なかなか大がかりで、かなり精巧なものを作ったが、それでも、よく見れば、素人にも肉眼で鑑別のできる程度のものであったらしい。素人が肉眼でよく見れば鑑別できる程度でも、一見して本物と間違えやすい程度になっていれば、やはりその「似ている」程度は偽物の名に値するといわなければならない。つまり、通常人を標準として、本物と見ちがえそうかどうかということで、偽造と非偽造とがわかれるのである。明るい所で見ればすぐ見破れるが、薄暗い夜店などの取引では、見まちがえる可能性が相当ありそうな程度の出来ばえなら、やはり偽造にはいる。

「変造」は本物を土台としている。しかし、加工のしかたによっては、いくら本物を土台にしていても、変造ではなくて偽造になることがある。土台となっている本物と出来あがった偽物との間にいわゆる**同一性**が保持されていれば変造だが、その同一性が失われてしまえば偽造になる、というふうに区別される。たとえば、銅貨にメッキして金貨と思わせるような物を作る行為だとか、金貨の外観を保存しながら、内部をけずり取って他の金属を充塡する行為だとかは変造にあたるが、今の日本の状況では、こんなことは行われそうもない。しかし、金扁景気の波に乗って金属貨幣を鋳つぶし、粗悪な材料を加えて鋳なおしたとすれば、それは偽造であって変造ではない。実は、粗悪の材料でなくて、優秀な材料を加えても、理屈は同じことで、正当な発行権限を侵すことになる以上、偽造罪は成立する。同様に、廃貨に加工して通貨とまぎらわしいものを作るのは、たとえ、もとの廃貨との同一性は保存されていても、土台になっている廃貨はいわゆる通貨ではないから、通貨の変造ではなくて、はじめから偽貨を作り出すことにほかならない。つまり、これは変造でなくて、偽造なのである。偽造と変造との区別は、文書偽造罪や有価証券偽造罪についてもなかなか困難な問題を含んでいるが、結局は、もとのほんものが少し衣がえをしただけだと見られるか、全然別物になってしまったと見られるかによって区別されるのである。

通貨を変造することは、偽造することよりもはるかに困難だから、実際問題としては、変造はあまり行われない。

偽造・変造は、その未遂が罰せられる（第一五一条）ばかりでなく、その予備行為も犯罪となる。それは「貨幣、紙幣又は銀行券の偽造又は変造の用に供する目的で、器械又は原料を準備した者は、三月以上五年以下の懲役に処する。」（第一五三条）と規定されている。行使の目的ということについては、なにも規定していないが、ここにいう「偽造又は変造」とは、犯罪になるような偽造・変造を意味するものと解すべきが当然であるから、行使の目的なくして通貨を偽造・変造するために器械や原料を準備しても、この予備罪にはならない。

第四節　偽貨の行使・交付・輸入・収得

通貨を偽造・変造しても、使わなければ、ほとんど役にたたない。したがって、取り締まるほうとしても、使うほうの罪も罰しなければ、実効を挙げえない。偽造罪・変造罪のほかに行使罪や交付罪があるのは、そのためである。規定は内外の通貨につき、それぞれの偽造・変造の行為に関する条文の第二項として、「……を行使し、又は行使の目的で人に交付し、若しくは輸入した者も、前項と同様とする。」となっている。

したがって、刑はそれぞれわが国の貨幣または外国の貨幣の偽造罪と等しいのであり、未遂が罰せられる点（第一五一条）でもまったく相等しい。しかし行使の予備を罰しない点では、偽造罪とはちがっている。

「行使」とは、前に説明したように、偽物を本物であるかのように装って流通に置くことである。人手を転転してゆくかもしれないということを知りつつ、事情を知らない人に渡せば、それだけで流通に置いたものといえるから、行使である。いわゆる未必の故意があるということになる。流通に置くには、もちろん、支払の具として使わなくたっていい。ただでくれてやっても同じことであるし、賭博の賭金に提供した場合でも、それを相手に渡せば、一種の行使である。さいわいにして勝てば、賭金は見せただけで手もとへ戻ってくるから、いわゆる見せ金となるだけで、行使にはならない。張っただけでは、その金の所有権も占有権も、まだ相手方に移るわけではないから、流通に置かれたとはいえない。したがって、「行使」にはならない。前に例に引いた銀行検査の場合と同じことである。

「交付」は行使とちがって、偽貨たるの情を明かして引き渡すこと、またはその偽貨たることをすでに知っている者に引き渡すことである。ニセの千円札を作った者が「これは偽物だから五百円で売る」などといって人に渡すことは、大いにありそうなことだが、これは行使にはならずに交付になる。相手の人がそれを標本にでもする場合なら、この交付は刑法上の犯罪にはならないが、結果において行使する目的があれば、交付罪という犯罪になる。

「輸入」も行使の目的をもってすれば、犯罪となる。輸入が既遂となるのは、陸あげをすませた時だとするのが通説だけれども、わたくしは、領海内や領空内も国内に属する以上、領海や領空のうちにはいれば、既遂になるものと解するほうが正しいと思っている。輸入が犯罪になるには、その前提として国外で偽造・変造の行われることが予想されるが、わが国の通貨の偽造・変造とその未遂とは、だれが国外で犯しても犯罪になる（第二条第四号）から、通貨の取締はなかなか厳重なわけである。

いうまでもなく、行使、交付、輸入等の行為は、それ自体が独立して犯罪になるのであるから、偽造者なり変造者なりが自分自身で行使等の行為をすることは、犯罪成立の要件ではない。しかし、他人の作ったものを行使、交付または輸入することがこの犯罪となるためには、その入手の当初から偽貨であることを知っていることを要件とするのである。もっと砕いていえば、ニセだと知りつつ受け取って、それを使った場合がこの犯罪なのであって、ニセとはつゆ知らずつかまされたのだが、受け取ってしまってからそれと知り、どうもいまいましいから使ったというのは、だいぶ事情が同情に値するから、刑を大いに軽くしてある。

刑法という法律はこういう点ではなかなか人情があるのである。偽物をつかまされたのでは、実にいまいましい思いがするにちがいない。そのいまいましさから、損害を他人に転嫁するために、知らん顔をしてまた使うということは、だれでもやりたくなりそうなことである。ニセ札使いの経験はないが、はしっこの切れた札や、まんなかを貼紙でつないだ札、あるいは数字その他の落書のしてある札などを、知らずに受け取らされることはよくある。そんなときは「早く使っちまえ」という気になるが、さすがにその札一枚だけを出すのはいかにも気がひけるので、ほかの多数の札にまぜて使ったりする。これは多分だれも経験したことだろう。この心理を法律はちゃんと計算に入れてくれている。「貨幣、紙幣又は銀行券を収得した後に、それが偽造又は変造のものであることを知って、これを行使し、又は行使の目的で人に交付した者は、その額面価格の三倍以下の罰金又は科料に処する。ただし、二千円以下にすることはできない。」（第一五二条）というのがそれである。

「**収得**」というのは、どんな方法でもよいが、入手することである。したがって、物の代価として支払を受けたものであっても、ただもらったものであっても、または拾ったものであっても、収得である。方法がなんであるかを問わず、とにかく入手するときニセと知らなかったのを、後で気づいたというなら、この同情ある刑罰の対象とされ、普通の偽造通貨行使罪のように、時には無期懲役というような重い刑に処せられるかもしれないような罪にはならないのである。刑は原則として「**額面価格の三倍以下**」というのだから、たとえば、千円札一枚使ったのなら、三千円以下の罰金、五枚使ったのなら一万五千円以下の罰金という計算になる。

ところが、但書の「二千円以下にすることはできない。」という場合の「二千円」は確定額である。この時勢に、一円アルミ貨の偽物などが現れることはあるまいけれど、かりにそんなものを一枚つかまされてから、情を知ってそれを使ったとすると、この場合の罰金は、二千円を超える額になる。

これには普通の偽造通貨行使罪と区別する意味で、「**偽造通貨収得後知情行使罪**」などという長ったらしい罪名が付けられている。この犯罪の未遂は罰せられないから、さし出した時、すぐ相手から受領を拒否されて使いそこなったようなときは、罰せられることはない。行為者は「では、お隣の店で使います」といって引っ込んでもいいわけで、この取締は少し甘すぎやしないかとも思う。

なお、このほかに**偽造通貨収得罪**というのがある。これは、ニセだと知りつつ行使の目的で収得することが犯罪なので、刑は三年以下の懲役である（第一五〇条）。収得すること自体が犯罪なのだから、使うつもりで入手すれば、使わなくたって犯罪になる。これは未遂でも罰せられる（第一五一条）。アルバムに貼って眺めようというようなことなら、ニセ札をもらおうと買おうとかまわないが、行使の目的で受け取るわけにはゆかないのである。

最後に、偽造の通貨を使うことが別に**詐欺罪**をも構成するものかどうかということが学界で論争されている。偽金を使うことは、たいていの場合、相手方をだまし、額面相当の物を受け取るかなにかして、相応の利益を得るのが当然のなり行きだから、別に詐欺罪は成立しないというのが否定説で、大審院の判例（大判明治四三年六月三〇日刑録一六輯一三一四頁）もこれに拠っているが、偽造通貨行使罪は公共の法益に関する罪であるに対し、詐欺罪は個人の法益に関する罪だから、罪質もちがうし、偽造通貨の行使によってかならずしも財物の取得その他の財産上の利得をともなうときまっているわけでもないから、この場合には、別に詐欺罪が成立するものとする説のほうがよい。

ことに、判例は偽造有価証券行使に関連しては、詐欺罪の成立をも認めている（大判大正三年一〇月一九日刑録二〇輯一八七一頁）のだから、偽造通貨行使の場合にだけこれを否定するのは、矛盾のそしりをまぬかれない。

ただ一つ、例外として、詐欺罪の成立を否定すべきは、偽造通貨収得後知情行使罪の場合である。

これは刑法が特に人情味を出して、行為者の責任を軽くしているのだから、その趣旨を尊重して、一〇年以下の懲役というような重い刑罰にあたる詐欺罪の成立を認めるわけにはいかない。

第一六章　文書偽造

――文書偽造の罪――

第一節　有形偽造と無形偽造

文書の偽造については、日本語としては妙な言葉だが、**有形偽造**と**無形偽造**という二つの観念が区別される。法文の上にあらわれた用語ではないが、有形偽造というのは、作成者の名義をいつわるものであるに対し、無形偽造というのは、文書の内容をいつわるものである。有形偽造が罰せられるのが原則で、無形偽造は例外的にしか犯罪にならない。法文上「虚偽の文書を作成し」（第一五六条）とか、「不実の記載をさせた」（第一五七条）とか、あるいは「虚偽の記載をした」（第一六〇条）とか表現しているのは、無形偽造を意味するに対し、ただ「偽造」というときは、有形偽造を意味している。「変造」も「偽造」と同じように、結局は文書の作成名義をいつわることである。

有形偽造すなわち作成名義をいつわるとは、どういうことかというと、これは読んで字のごとく簡明だというわけにもいかない。甲野一郎が乙村二雄の氏名を文書に書きあらわして、借用証書を作れば、それが作成名義をいつわったことになるのはまちがいない。これは一番はっきりしている例である。しかし、実は、乙村二雄の氏名を書きあらわさなくとも、その作成名義をいつわるということが可能なのである。氏だけまたは名だけを示すことによっても、乙村二雄が作った文書であるように見せかけることはできるが、それさえ欠いていてもよい。あまりそんな例は多くあるまいが、作成者の氏も名も書かず、その印も押さなくとも、文書の内容形式から見て作成者がわかるような文書を作れば、やはり作成名義をいつわったことになる。ただ、作成者の印も氏名も表示しない場合と、表示した場合とでは、文書の社会的信用に大きな差があるから、前者は軽く、後者は重く罰せられるように規定されている（第一五五条および第一五九条の各第三項を、それぞれ各同条の第一項および第二項に対比すれば、あきらかである）。

いわゆる印章も署名も用いないで、しかも作成名義をいつわって文書を作ったことになる例としては、(一)製造会社の名の表示のあるウィスキー壜に貼るため、会社名の表示のない酒精含有量を記載した別のレッテルを作成した場合、(二)某銀行の名の表示はないがその銀行の制規のものと同様の形式の支払伝票を作成した場合、(三)氏名の表示のある真正の封筒に入れるために、その表示のない文書を作った場合などを挙げることができる。

このように、作成名義というものは、文書にそのまま明示されているとはかぎらない。と同時に、作成名義人自身が筆を採って書いたものでなければ、すべて偽造だというのではない。裁判書をタイピストが印字しても、タイピストは単なる機械的作出者であるにすぎない。文書の「作成者」とは、現実に労力を提供した者というのではなく、実質上の表示の主体をさすのであるから、裁判書の作成名義人はつねに裁判所または裁判官である。父の代筆として子が父の名で文書を書いても、それは子の文書ではなくて父の文書である。

自分の名義で内容の虚偽な文書を作ることは、いわゆる無形偽造であって、ごく例外的にしか犯罪にならない。これに反して、他人の作成名義の文書を作ることは、前の例のように、作成名義人たる裁判官の命によってタイピストが印字するとか、父の承諾のもとに子がその代筆をするとかいう場合でないかぎり、いわゆる有形偽造として罰せられる。ときおり聴くはなしに、離婚を肯んじない妻を夫が勝手に離籍したなどというのは、たいてい妻の名義を冒用して離婚届を作っているのであるから、その点で私文書偽造罪（第一五九条第一項）になる。

第二節　代理資格の冒用

かように、承諾を得ずに他人名義で文書を作ることは、文書の偽造になるのであるが、それでは、乙が甲の承諾なしに作っても、甲の代理人乙という名義で作るなら、乙は乙自身の名義で文書を作ったのだから、罪にならないということになるのだろうか。いうまでもなく、もし、乙がほんとうの代理人であるならば、乙の行為の効果は、代理される本人たる甲に及ぶことになるので、文書の信用という点からいうと、この場合に乙に罪責がないのでは、文書の信用を保護しようとする刑法の目的は達せられない。この意味からいって、乙に文書偽造罪が成立するものとしないと、不都合である。

この不都合を救うために、学説・判例はいろいろの説明をこころみている。多くは代理人の行為の効果が本人に及ぶという点をとらえて、本人名義の文書を偽造したのと同視すべきであると説明しているけれども（最決昭和四五年九月四日刑集二四巻一〇号一三一九頁参照）、これでは、もっぱら効果の点ばかりに注目して、処罰の必要性を強調するだけのことになり、理論的解明にはならない。

別に、一般には無形偽造を犯罪でないとしながら、これを特に例外的に罰すべき無形偽造と見る学説もあるが、すべての無形偽造を偽造罪になるとする異説もある。しかし、すべての無形偽造を「偽造」の概念のうちに含ませるとすると、特に無形偽造を罰する規定として第一五六条、第一六〇条その他の存在することを説明しにくくなるし、これに反して、一般の無形偽造を罰しないものと見ながら、代理資格冒用の場合だけを例外とするには、理由がはっきりしないうらみがある。代理資格の冒用を無形偽造と見るのは、「自分は何某の代理人である」という虚偽内容の文書を作ったことになるからだとの見解によるわけであるが、これを無形偽造と見ると、前記のように説明上の障害にぶつかってしまうのが難点である。

むしろ、「甲の代理人乙」という表示を**不可分一体をなした一つの作成名義**と見れば、単に乙が「甲の代理人乙」という虚偽の作成名義を使ったことになり、有形偽造として犯罪の成立を認めることができる。こういう事件のおこるのは、たいてい、乙はただの乙ではあまり社会的意味がなく、「甲の代理人乙」としてこそ社会的信用も得られるという場合なのである。

代理資格の冒用の場合の法理は、そのまま**代表資格冒用**の場合にあてはめることができるわけであるが、「甲の代理人乙」というより、「甲会社取締役乙」とか「甲警察署長乙」とかいうことになると、乙個人には意味がなくて、冒用された代表資格たる「甲会社の取締役であること」または「甲警察署の署長であること」に特別の意味があることが、いっそうはっきりする。代表資格の表示された文書の社会的信用を決定するものは、代表者がだれであるかということではなくて、どういう資格を有するかということにある。そうとすれば、何某なる氏名自体には虚偽がなくとも、その資格を有する旨を表示する肩書に虚偽があれば、肩書と氏名とが一体となって形成する作成名義に虚偽があると見るべきが至当である。

しかし、この見解によると、代理資格のあることを作成名義人の肩書として表示すれば、有形偽造だから文書偽造罪になるに反し、それを文書の内容文言として記せば、作成名義に虚偽は存しないから、無形偽造として罪にならないこととなり、実質的に同じような行為でありながら、犯罪になったりならなかったりするのは、不都合だという感じがする。それは欠点のように見えるが、やむをえないことだし、そこに文書偽造の罪の成否を決する境界線があると見れば、理論上もキズにはなるまい。

第三節　虚無人名義の文書

すでに例にあらわれたように、たとえば、わたくしが三菱重工業株式会社の取締役でもないのに、同会社取締役の肩書を僭用して文書を作ったとする。この場合、肩書と氏名とを一体として見るとすれば、その「三菱重工業株式会社取締役植松正」なる人物は存在しないのであるから、虚無人の名を使ったことになる。それを文書偽造罪になるものとして説明してきたわけである。ところが、実は、**虚無人名義**を冒用して文書を作成することが文書偽造罪になるかどうかということは、別に争われていることなのである。もちろん、代理資格冒用の問題とは別に、大審院の判例は一般にこれを罪にならないこととしているし、これに賛成する学説も多いが、わたくしと同じように、これを犯罪と見る学説も有力である。

文書偽造罪は公共の信用を害する罪なのだから、名義を冒用された人が現在しているかどうかは問題でない。たとえ、虚無人の名義を用いて作った文書でも、公共の信用を害するということについては、実在人の名義を冒用した場合と選ぶところがないからである。現に公務所の作成名義を冒用した場合については、その公務所が虚無のものであっても、一見そういう公務所が実在するかのように思わせる外観の文書ならば、文書偽造罪になるとの大審院判例もあるし、先般の米軍占領下において、占領軍要員の氏名表示が実在人のそれと少々ちがっていた場合にも、文書偽造罪の成立を認めた最高裁判所の判例（最判昭和二四年四月一四日刑集三巻四号五四一頁）もあるくらいであるから、判例の傾向としては、ただ単純に虚無人名義の文書を作ることを罪にならぬとするとも言いきれないところがある（その後、最判昭和二八年一一月一三日刑集七巻一一号二〇九六頁は、架空人たる今立正三ほか四名の名義を用いて簡易保険申込書を作成した事案について、私文書偽造罪の成立を肯定している。）。

それもそのはずで、もし、虚無人名義なら、それを使って文書を作成しても、犯罪にならないという反対説の見解を採るとすれば、世界中のあらゆる氏名を調べてから、使うわけではないから、それが虚無人のものだということを確定するのは、たいへんな仕事になってしまう。

これに反して、わたくしの考えのように、虚無人の名義を使って文書を作っても、罪となるという見解を採れば、こういう不都合はきたさないが、なお別の点で説明の必要を生ずることが若干ある。

いま、加藤清正や原敬の名を使って文書を作れば、この犯罪になるのかという問題がある。そういう名で文書を作ることもできないことはないわけだが、今時そんな名を使って文書を作るとすれば、それは冗談事にきまっている。冗談ならば、「行使の目的」を欠くことになるから犯罪にはならない。罪になる多くの場合は、冗談でなしに、いかにもありそうな人名を使うものである。

虚無人の名義でも使えば犯罪になるということになると、むやみに偽名・変名は使えなくなりそうだし、ことによると、雅号を使うことも犯罪視されやしないかとの心配も生じないことはない。この点の区別は、はなしが少しデリケートになるが、偽名・変名または雅号の類は、虚無の他人の名として使うのではなく、自分をあらわす別名として使うのであるから、それが本来の自己の名でなくとも、文書偽造罪を構成するものではない。

第四節　文書・図画

文書偽造罪の対象になるのは、**「文書」**と**「図画」**である。「図画」は普通の用語としては、「ずが」と発音するにきまっているのだけれども、法律家のなかには、これを、「とが」と発音する人もすくなくない。上の字も下の字もともに漢音で発音することに統一するという気で、そう読むことにしたのかもしれないが、ありようは、そこまでの理屈は知らず、たださる大先生がそう読んだというので、群小これに倣うということになったものらしい。しかし、かならず漢音ばかりですべての熟語を読もうとしても、とうてい、そうはいかないものが出てくる。わたくしは、はなはだしい誤りでないかぎりは、なるべく普通の読みかたに従って、やはり「ずが」と読んだほうがいいと思う。

さて、この「図画」も含めてひろい意味で、「文書」ということもあるが、この両者を区別して用いるときには、「文書」は文字またはこれにかわるべき符号をもって思想を表示したものであるに対し、「図画」はその他の形象をもって思想を表示したものだといわれている。厳格にいうと、この説明でははっきりしないが、それにこだわるのは無駄なことだから、このくらいにして、あとは常識にゆだねることにしよう。ただ一言、念のため、文字にかわるべき符号を例示すれば、たとえば、電信符号、速記符号、盲人用点字の類を指すのである。

ひろい意味での「文書」とは、思想を表示したものであれば足りる。といっても、空中に書いた文字や電光ニューズのように、そばからたちまち消えてしまうものは、文書とはいえない。多少は継続的であることを要する。黒板に白墨で書いたものなら、文書となる。書かれる物体は、もちろん紙でなくてもよい。木片や鉄板でもかまわない。

文書たるには、もう一つたいせつな要件として確定性ということが必要とされる。確定性を要するとは、草稿や反古でなく、思想の表示として確定的なものでなければならないということである。

そのほか、刑法で保護されるべき文書は、一定の法律関係または重要な事実関係につき、思想を表示したものでなければならないとされている。そのうえ、「行使の目的」すなわち真実の文書であるように装って人に示す目的のもとに作成されたものであることを要する。たわむれに作ってみただけでは、この犯罪にはならない。これは各種の偽造罪共通の要件である。

〔補　遺〕コンピュータ犯罪に対応するために行われた昭和六二年の刑法一部改正により、「電磁的記録」が文書偽造罪の客体に加えられ（一五七条、一五八条）、新たな派生的構成要件として電磁的記録不正作出・供用罪（一六一条の二）が設けられた。電磁的記録は、それ自体には可視性・可読性がないので、従来の文書概念では捕捉しえない。そこで、文書とは別に電磁的記録を客体として付加し、刑法七条の二に電磁的記録の定義規定を置くことにより立法的な解決が図られた。すなわち、電磁的記録とは、電子的方式や磁気的方式などの「人の知覚によっては認識することができない方式」により作られた記録であり、その記録が「電子計算機による処理の用に供される」ものをいうものと定義されている。

第五節　印章・署名

偽造文書はそれに印章もしくは署名を使ってあるかないかにより、刑罰に軽重の差のあることは、前述のとおりであるが、この印章・署名とはなにをいうかを考えてみる必要がある。

「印章」とは象牙や水晶その他の印材に氏名などを彫刻して作った物体をいうのか、それともそれを紙の上などに押してあらわした影跡をいうのかが問題になっている。前者を「印顆《か》」、後者を「印影」という。わたくしは、後に印章偽造罪について説明するような理由により、「印章」には通常両者をともに包含するものと解するが、文書偽造罪で印章が問題になるときは、つねに印影の形式においてである。したがって、画家がよくやるように、肉筆でかいたのでもよいわけである。

さて、偽造される印章は、ほんものの印章と見まちがえるほどに似ているのでなければ、偽造にならないものであろうか。この問題は法文のうえで印章と同列に置かれている「署名」についても、まったく同様であるはずであるが、学説上の議論はかならずしも首尾一貫していない。印章にせよ、署名にせよ、それがほんものに似ていれば、それだけ社会的信用が高いといえるけれども、似ていなくても単に真実のものであるように見せかける用法に従って、印章・署名が用いられていさえすれば、それを欠く文書よりも、社会的信用において格段に高いものということができる。

具体的な例についていえば、わたくしは小判型に篆書《てんしょ》で単に「植松」と彫刻した普通の大きさの印顆を常用しているが、もし、他人が勝手に楷書で「植松」と彫刻した円型印を使用して、わたくし名義の文書を作ったとすれば、類似説では犯罪にならないが、反対説では立派な犯罪になるのである。

この問題は刑法の保護をどこまで及ぼすのが適当かという程度問題のようであるが、「署名」の解釈を論ずれば、論理的に解決することである。「署名」という言葉は、一般の用語例に従えば、自署に限ると見たほうがよさそうだが、法文に「公務所の署名」という言葉が使われている（第一五五条）ところから見ると、公務所というものが自署することはありえないから、それはどうしても自署のみでなく、単に公務所名の表示と見るべきはあきらかである。それならば、公務員の署名でも私人の署名でも、自署に似せたものでなくてもよいことになる。この理屈は当然に印章についても当てはまることであるし、また当てはめなければ、首尾一貫しないことになる。

そこで、よく行われるように、署名はゴム印を押したのでも、活版印刷に付したものでもかまわないし、印章は俗にいう有《あり》合印《あわせ》とか三文判とかいって、文字だかなんだかわけのわからない形象を彫刻したもので、だれの印章としてでも自由に使えるようなものでもいい。とにかく、作成名義人を表示する印章・署名として用いられていさえすればよいことになる。有力な学説のうちには、三文判を印章と認めながら、署名のほうは自署に限ると解しているものがあるが、それは自家撞《どう》着のそしりを免れない。

三文判でさえ「印章」のうちに含まれるのだから、「公務員の印章」というとき、官名や職名の表示がなくてもかまわないし、商号、符号などを用いてもよい。要は、人をして一見真正のものらしくに思わせるような表示があればよいのである。

第六節　偽造と変造と毀棄

今まではただ文書の「偽造」として説いてきたが、その偽造に関する議論は、そのまま「変造」にもあてはまる。偽造と変造とは、どちらにしても、それに科せられる刑罰は等しいのであるから、区別をまちがえても、たいしたことはないともいえる。しかし、区別はあるのである。

無から有を生ぜしめるのが偽造であることは疑いないが、既存文書を利用する場合は問題である。**「偽造」**とは作成名義をいつわって新しい文書を作成することであるに対し、**変造**とは真正に成立した既存文書の思想内容を権限なくして変更することである。両者区別の要点をいえば、通貨偽造罪の場合と同様に、既存文書を利用し、その**文書の同一性**を害しない程度で、それに変更を加えるのは変造であるが、同じく既存文書を利用しても、単にそれを材料にするだけで、別個の文書を作成したと見られるような場合には偽造になるわけである。この原則の具体的な適用として、わたくしは、もっとも簡明を期する意味で、作成名義に変更を加える場合を偽造、その他の変更を施す場合をすべて変造と解したいと思うが、一般には、変更が重要な事項に関するか否かを標準にして偽造と変造とをわけている。この考えでは、結局は健全な常識に頼ることになる。

大審院判例によると、既存文書の記載を増減してその証明力を変更することは変造であるが、既存文書の記載を増減してあらたな証明力のある文書を作成することは偽造であるとしている。抽象論としては、いちおうわかったような説明だけれども、具体的な適用関係になると、なかなかむずかしい。実例について見ると、印鑑証明書の印鑑の名義人の変更、外国旅券の旅行者名および渡航地名などの変更、郵便貯金通帳の記号番号、貯金者名義および預入払戻金額の変更などをするのは、変造でなくて偽造であるとしている（なお、最決昭和三五年一月一二日刑集一四巻一号九頁は、自動車運転免許証の写真を貼り替え、生年月日の欄の数字を改ざんした事案について、偽造の成立を認めている。）。

こういう考えも至極もっともなようだけれども、これでは偽造と変造との区別は曖昧にならざるをえない。たとえば、「金千円也」の借金証書の金額を「金千万円也」に変更したりすれば、まるで桁《けた》の違うものを作るのだから、なにかあらたな証明力ある文書を作ったようになり、この標準からいえば、偽造になるといってもよさそうな気がするが、裁判の実際では、金額の変更くらいでは、変造と見ているようだ。わたくし個人の考えをいえば、異説だが、こんな曖昧な標準によらずに、作成名義を変更した場合とか、それを変更しないにしても、すでに無効に帰した既存文書の作成名義を利用した場合とかに、偽造となるものと見て、その他の事項の変更はみな変造であるとしたほうがよいと思う。

むろん、この考えでは、判例などの考えよりも偽造の範囲が狭くなるわけであるが、それが狭くなるにつれて、変造の範囲がひろくなったからとて、前にもいったように、偽造と変造とはこれに対する刑罰において差異がないのだから、少しもさしつかえない。

最後に、文書の変造に似て非なるものに**文書の毀棄**がある。前者は証明力の変更であるに対し、後者は効用の一部または全部の滅却である。したがって、文書の一部を削除するだけで、なんらこれに加筆するところがなくても、毀棄ではなくて変造になることがある、ということを忘れてはならない。

第七節　三種の有形偽造

ここで「偽造」について説明することは、そのまま変造にもあてはまることであるが、便宜上、偽造で変造をも代表されることにすると、偽造される文書の種類により、刑法は（一）詔書類偽造、（二）公文書偽造、（三）私文書偽造の三者を区別して規定している。むろん、詔書類偽造がもっとも重く罰せられ、私文書偽造が一番軽い罰にあたるにすぎない。すべて「行使の目的」あるものだけが犯罪とされることおよび印章・署名の有無により刑に軽重のあることは、だいたい前に説明したとおりであるが、詔書類の偽造についてだけ、印章・署名のない文書の偽造に関する規定を欠いている。これは、おそらく、刑法の立案者が印章・署名のない詔書類の偽造などということは、ありえないと考えていたためであろう。

（一）　詔書類偽造に関する規定（第一五四条）は、つぎのとおりである。

「行使の目的で、御璽、国璽若しくは御名を使用して詔書その他の文書を偽造し、又は偽造した御璽、国璽若しくは御名を使用して詔書その他の文書を偽造した者は、無期又は三年以上の懲役に処する。
2　御璽若しくは国璽を押し又は御名を署した詔書その他の文書を変造した者も、前項と同様とする。」
天皇が憲法上において、政治的地位を持っていた当時は、「詔書その他の文書」を大権文書と称していたので、天皇の国法上における地位のまるで変わってしまった今でも、そう呼んでいる学者があるのはおかしい。しかし、「その他の文書」というのは、詔書と同列に置かれるような公的な文書でなければならない。勅書などこれに属するが、天皇の私信のごときは、このうちには含まれない。

(二)　公文書偽造罪に関する規定（第一五五条）は、つぎのとおりである。
「行使の目的で、公務所若しくは公務員の印章若しくは署名を使用して公務所若しくは公務員の作成すべき文書若しくは図画を偽造し、又は偽造した公務所若しくは公務員の印章若しくは署名を使用して公務所若しくは公務員の作成すべき文書若しくは図画を偽造した者は、一年以上十年以下の懲役に処する。
2　公務所又は公務員が押印し又は署名した文書又は図画を変造した者も、前項と同様とする。
3　前二項に規定するもののほか、公務所若しくは公務員の作成すべき文書若しくは図画を偽造し、又は公務所若しくは公務員が作成した文書若しくは図画を変造した者は、三年以下の懲役又は二十万円以下の罰金に処する。」
条文の表現はくどいけれども、要するに、ほんものの印章・署名を悪用して作っても、偽物の印章・署名を使って作っても、作成名義人自身またはその承認を受けた者以外の者が作れば、公文書偽造罪として重く罰せられ、これらの印章・署名が使われていなければ、それよりもやや軽く罰せられることになっているのである。

村役場の職員が自分の保管している村長の印を勝手に使って村長名義の文書を作ったとすれば、その印は本物に相違ないが、公文書偽造罪になる。白紙に村長の印が押してあったのをさいわいと、悪用するために勝手な文句を書けば、それも公文書偽造罪になるのである。

(三)　私文書偽造罪に関する規定（第一五九条）は、つぎのとおりである。
「行使の目的で、他人の印章若しくは署名を使用して権利、義務若しくは事実証明に関する文書若しくは図画を偽造し、又は偽造した他人の印章若しくは署名を使用して権利、義務若しくは事実証明に関する文書若しくは図画を偽造した者は、三月以上五年以下の懲役に処する。
２　他人が押印し又は署名した権利、義務又は事実証明に関する文書又は図画を変造した者も、前項と同様とする。
３　前二項に規定するもののほか、権利、義務又は事実証明に関する文書又は図画を偽造し、又は変造した者は、一年以下の懲役又は十万円以下の罰金に処する。」

だいたいは公文書偽造と同じような区分のしかたで、同じようなことを規定しているが、ただ私文書については、公文書の場合と異なり、特に「権利、義務又は事実証明に関する文書」という限定がある。そこで、たとえば、借金の証書、売渡証書、婚姻届書などが「権利、義務に関する文書」であることは、きわめて明白である。したがって、いつか新聞種になった事件のように、知らない間に他人と婚姻したこととして届けられてしまっているという人があったら、その届けを出した者に、まず私文書偽造の行為があったに相違ないから、それについては、警察に訴えて犯罪事件として処理してもらうことができるわけである。

「権利、義務に関する文書」のほうは、権利・義務の発生、変更または消滅に関する事項を記載した文書のことであると解すれば、だいたい疑問もおこらないが、**「事実証明に関する文書」**のほうは、判例に従って「人の社会生活上の事実を証明するに足るもの」と定義してみても、なお、これを広くも狭くも解することができるから、そうはっきりはしない。判例が事実証明に関する文書だと認めた例をひろってみると、ほとんど社会人事百般に及んでいるの感がある。すなわち、広告依頼書はその広告を申し込んだ事実を証明する文書であり、衆議院議員候補者推薦状はその人を推薦したという事実を証明すべき文書であり、履歴書や集会の案内状なども事実証明に関する文書であるとする。書画の賛でも、某時某所でこれを書き写したということの記載があれば、事実証明に関する文書であるし、書画の箱書は真筆たる事実を証明する文書であるという。

第八節　二種の無形偽造

文書の無形偽造を罰する場合は、見ようによっては三種あるわけであるが、そのうち、公正証書等に不実の記載をさせる罪（第一五七条）は、少し性質もちがうから、別項に譲り、さしあたり、他の二種について述べる。

（一）「公務員が、その職務に関し、行使の目的で、虚偽の文書若しくは図画を作成し、又は文書若しくは図画を変造したときは、印章又は署名の有無により区別して、前二条の例による。」というのが第一五六条の規定であるから、これはその前条たる第一五五条の公文書偽造罪の刑をもって律せられる趣旨である。これは**虚偽公文書作成罪**といわれるもので、自己の名において作成する権限ある公務員が文書の内容に虚偽を記載することを犯罪としたものである。

たとえば、JRの定期乗車券を買うため、実際はある官署に通勤していないのに、勤務していることにして、通勤証明書を発行してもらったとすれば、発行名義人が承知のうえで、そういう嘘の証明書を発行すれば、虚偽公文書作成罪になる。もし発行名義人たる公務員（たとえば、その官署の長とか人事課長とか）が知らないのに、下僚が作ったのなら、公文書偽造罪（第一五五条）になる。たとえ、その下僚が事実上は、発行名義人の名を使ってそれを発行する事務を常時担当していたとしても、虚偽内容の文書を発行することまで作成名義人から委託されているわけではないから、この行為は公文書偽造であって、虚偽公文書作成ではない。簡単にいえば、虚偽公文書作成罪は作成名義人だけが犯すことのできる犯罪なのである。

この犯罪も動機のなんであるかを問わないから、私利を図るのでなくても成立する。たとえば、町長がもっぱら自分の属する町の利益をはかるために、虚偽の町勢報告書を作成した場合などでも、この犯罪になる。議会の議事録に虚偽を記載した議長も同罪である。ときどき聞くはなしに、戸籍吏としての村長が懇意の者から頼まれて、虚偽であると知りつつ、その者の戸籍簿に虚偽を記載するというようなことがあるが、この村長は虚偽公文書作成罪になるし、頼んだほうはこの教唆罪（第六一条）になる。村長は戸籍事務担当の公務員としてその罪を犯すことのできる身分にあるが、頼むほうはその身分を持たない。そこで、この場合には、「犯人の身分によって構成すべき犯罪行為に加功したときは、身分のない者であっても、共犯とする。」（第六五条第一項）によって律せられ、けっきょく、教唆犯としての責任を負わされることになる。

（二）私文書の無形偽造については、公文書の場合のように包括的な規定はない。きわめて例外的に、ただ「医師が公務所に提出すべき診断書、検案書又は死亡証書に虚偽の記載をしたときは、三年以下の禁錮又は三十万円以下の罰金に処する。」という規定（第一六〇条）があるだけであるから、自己名義で虚偽の内容の私文書を作って犯罪になるのは、医師だけである。しかも、その文書は「公務所に提出すべき」診断書、検案書またはまたは死亡証書に限られているから、罪になることはすくない。医学博士ではあっても医師でない人が病状の説明書などを作った場合なら、この犯罪にはならないし、医師が書いた文書でも、役所に出すためのものでなければ、この罪にはならない。

そこで、医師が性病患者から頼まれて、婚約の相手に示すために、病気に罹患していないという健康証明書を書いてやっても、この犯罪にはならないことになる。ところが、公務員が勤務先への欠勤届に添付するためと知りつつ、病気でもないのを病気だと診断書に書いてやったり、病気であるには相違ないが、それを大げさに書いてやったりすれば、あきらかにこの犯罪になるわけである。わけはわけでも、実際には、この種の行為は罰せられずに横行している。この点、医師の道徳が低いといいたいが、これは医師ばかりが悪いのでもなさそうだ。

先年、日本の官吏が満州国の官吏になるときに、退職願には病気退職ということにするため虚偽の診断書を添付し、先方への採用願には大いに活動できることを証明するため健康体であることを証明する診断書を提出するということが行われたことであった。お役所の形式主義というものだ。

そんなわけで、この種の行為が事実上不問に付されていることがすくなくないが、死亡診断書などでは、ときどき問題をおこしている。知合の患家から自殺者が出たが、世間態が悪いから病死したことにしておいてくれと頼まれ、たいしたこともあるまいと思って、心臓麻痺くらいのことにして死亡診断書を書いてやったところ、後でそれが他殺であることが判明したりすると、法のたてまえがたてまえだから、医師はこの罪に問われることにもなる。死亡診断書は戸籍役場という公務所へ死亡届に添えて出すものであることは、医師として当然予想していることだから、この犯罪になることを免れないのである。

第九節　公務員を利用する無形偽造

公務員を利用して行う文書の偽造について特別の規定がある。すなわち、「公務員に対し虚偽の申立てをして、登記簿、戸籍簿その他権利若しくは義務に関する公正証書の原本に不実の記載をさせ、又は権利若しくは義務に関する公正証書の原本として用いられる電磁的記録に不実の記録をさせた者は、五年以下の懲役又は五十万円以下の罰金に処する。」（第一五七条第一項）、「公務員に対し虚偽の申立てをして、免状、鑑札又は旅券に不実の記載をさせた者は、一年以下の懲役又は二十万円以下の罰金に処する。」（同条第二項）というのがそれである。これは、前者を公正証書原本不実記載罪といい、後者をそれぞれ免状不実記載罪、鑑札不実記載罪、旅券不実記載罪などという。学問上の用語としては、前者・後者を総括して**間接無形偽造**などともいう。

公務員に虚偽のことを申し立て、それをほんとうだと思い込ませて、そのとおり公正証書の原本等に記載させるという行為である。したがって、作成名義人はあくまでその公務員なのだから、有形偽造ではないが、その公務員がその記載内容の虚偽であることを気づかないという点では、虚偽公文書作成罪とも違っている。前に挙げた戸籍吏としての村長が知人の戸籍に虚偽の記載をする例では、村長が虚偽であることを承知のうえで記載しているのだから、虚偽公文書作成罪になるのであるが、もし村長がその不実を知らずにいたのなら、申立人によって利用されたわけで、これは申立人が公正証書原本不実記載罪になるだけで、村長は、むろん刑事責任を問われない。申立人が公務員を利用して間接に偽造を実行するわけだから、間接無形偽造といわれることにもなるのである。

免状、旅券、鑑札の三者の意味は、特に説明しなくとも、だいたいわかると思うが、公正証書の原本とは、どんなものかということは、素人わかりがしない。すでに例示した戸籍簿がその例にあたることだし、そのほか、不動産登記簿、商業登記簿、土地台帳などのように、公務員がその職務上作成する文書で、権利義務に関する特定の事実を証明する効力を有する原本を指して公正証書の原本という（大判大正一一年一二月二二日刑集一巻八二八頁）。

戸籍簿もここにいう公正証書の原本の一種であるから、前に引例したように、知らぬ間に婚姻届をされてしまったなどという場合には、犯人はその婚姻届をするについて届書という私文書を偽造した罪を犯しているばかりでなく、その偽造の届書を戸籍役場へ提出するという行為により、偽造私文書行使罪（第一六一条）をも犯しているのであり、さらには、その結果として戸籍係の公務員を利用して公正証書の原本たる戸籍簿に不実の記載をさせる罪をも犯していることになるのである。

非常に多い実例として、生年月日をいつわった出生届を出したり、他人の子をもらっておきながら、はじめから自分の子として生まれたように届けたりするのがあるが、みな公正証書原本不実記載罪になる。実際、罰している例はすくないようだが、それはお目こぼしになっているだけのことで、それによって他になにか重大な影響を及ぼすようなことにでもなれば、罰せられることを覚悟しなければならない。

似て非なるものとして、婚姻届がある。事実上夫婦としての生活をし始めてからしばらくたって後、はじめて婚姻届をしてその旨戸籍簿に記載させるのは、公正証書原本不実記載罪にならないだろうかというと、これはならない。婚姻は届出によってはじめて婚姻になるのだから、その前に、事実上いわゆる内縁の夫婦としての生活をしようとしまいとかかわりない。届出を強制されているわけではないから、事実上の結婚の時期に遅れて届け出たから「不実」だとはいえない。法律上からいえば、届出の時がまさに真実の婚姻の時にほかならないと見られるのだから、そこになんら虚偽不実はないのである。

不動産登記については、中間省略の登記といわれるものがある。甲から乙が買い、それをさらに丙が買って丁に売るというようにして、結局は、甲から人手を経て丁に所有権が移った場合に、真実の権利移転をそのままに、甲―乙―丙―丁という移転登記をせず、中間者を省略して、あたかも甲から直接に丁に移転したように登記することが中間省略の登記である。大審院の判例（大判大正八年一二月二三日刑録二五輯一四九一頁）では、これは不実の記載だといって、この犯罪の成立を認めている。しかし、不動産に関する物権の得喪・変更の登記は、単に第三者に対する対抗要件たるにすぎず（民法第一七七条）、かならずしも登記をしなければならないわけではないから、登記を欲しない者の登記を省略したからといって、犯罪になるとするのは、理屈にあわない。

偽造・変造の文書の行使の未遂は罰せられるが、偽造・変造の行為の未遂は罰せられないのを原則とする。ところが、この不実記載罪だけは唯一の例外で、不実記載という一種の偽造行為については、未遂もまた罰せられることになっている（第一五七条第三項）。

第一〇節　虚偽公文書作成罪の間接正犯と公正証書原本等不実記載罪

ところが、ここで間接正犯ということを考えてみると、難問が出てくる。**間接正犯**というのは、たとえば、「これは解熱剤だから患者に飲ませなさい」といって、青酸カリを看護婦に渡し、それと知らない看護婦の投薬するにまかせて、患者を殺害するようなのがそれで、看護婦は殺人罪にならないで、看護婦に青酸カリを渡した者が殺人の実行者すなわち正犯としての責任を問われる。

公務員に不実のことを申し立て、それを真実だと思っているその公務員を利用して、虚偽内容の文書を作らせるという行為は、まさに虚偽公文書作成罪（第一五六条）の間接正犯たる実質をそなえている。そこで、もし、第一五七条などという規定がなかったとすれば、公務員に不実の申立をして公正証書の原本に不実を記載させる行為も、第一五六条によって律せられ、虚偽公文書作成罪を構成するということになりそうである。ところで、第一五七条の公正証書原本等不実記載罪を構成するものとされているのは、規定の明文上、公正証書原本、免状、旅券および鑑札の四者だけであるから、これら以外の文書については、事情を知らない公務員を利用して内容虚偽の公文書を作成させれば、つねに第一五六条の罪の間接正犯になるとの説が出てくる。この説もなかなか有力である。

しかし、この説は、刑の軽重を考えてみると、納得のゆきかねる面を持っている。つまり、第一五六条のほうは最高一〇年の懲役を規定するに対し、第一五七条のほうは最高わずかに五年の懲役にすぎないから、刑事責任は後者のほうが著しく軽いことがあきらかである。したがって、もし、この説に従うとすると、公正証書の原本のように特別に重要な公文書についての不実記載の間接正犯よりも、特別の重要性のない一般の公文書についての不実記載の間接正犯のほうが厚く保護されるという奇妙な結果になりはしないか、という疑問が出てくる。

たとえば、なにか嘘をいって、県立の結婚相談所の依頼人名簿というようなものに不実事項を記載させると、虚偽公文書作成罪の間接正犯として重く罰せられるが、戸籍簿に婚姻に関する不実事項を記載させたのでは、ずっと軽い刑事責任を問われるだけということになるのは、どう考えても、不合理である。そこで、この奇妙な不合理を避けるために、公文書の間接無形偽造は原則として罰しないのが法の趣旨で、ただ例外的に公正証書その他第一五七条列挙の文書についてだけ、虚偽公文書作成罪よりも軽い刑事責任を認めているに過ぎないのだとする学説が出てくる。これも有力な説である。

しかし、それなら、公務員を教唆して虚偽内容の文書を作らせても、虚偽公文書作成教唆罪にならないかといわれると困る。その教唆罪の成立を認めるのは、刑法の一般原則として当然であるから、この場合だけ例外として、それを罪にならないとするのは、健全な常識が納得しない。そこで、その教唆罪の成立を認めるとすれば、公務員の不知に乗じて、これを利用し、内容虚偽の文書を作らせる場合の責任をまったく否定してよいという理由はない。こうなると、どちらの説を採ってもいけない。まさにディレンマである。

わたくしは第三の説として、公正証書原本等不実記載罪の特質は、申立とその受理という関係を前提とするところにあるという説をとなえている。申立とその受理という形式をふんで行われる公文書の間接無形偽造が罰せられるのは、公正証書の原本その他前記四種の文書にかぎられ、それ以外のものは刑罰による保護の対象とはなっていないと解する。そう解しなければ、公正証書原本等のいわゆる特別文書のほうが一般文書よりも軽視される結果になって不合理だからである。これに反し、申立とその受理の形式を経ないでおこなう公文書の間接無形偽造は、虚偽公文書作成罪を構成するものと解する。そうして、この見解からいうと、当然に、この作成される文書がいわゆる特別文書であると一般文書であるとを問わないことになる。

だから、たとえば、作成名義人たる公務員の下僚がその公務員に虚偽の報告をして、それを真実と誤信させ、公正証書の原本へ不実の記載をなさしめたとすれば、それはけっして公正証書原本等不実記載罪になるものではなく、虚偽公文書作成罪の間接正犯となる。これに対し、申立人たる立場にある者が虚偽の申立をしてこれに不実記載をさせれば、公正証書原本等不実記載罪となる。これがわたくしの結論とするところである。

なぜ申立とその受理という形式による間接無形偽造がその形式を採らないものに比べて、特に刑事責任を軽減されていると解すべきなのだろうか。

申立とその受理という形式をふまず、公務員みずからの認識によって作成する文書は、それだけ公文書としての性質が濃いといってもよかろう。それは公務員自身の全責任において作られる文書であるから、それだけ公文書としての性格をいわば強く有しているわけである。これに対し、申立とその受理という形式をふんで作られる文書は、私人の申立が作成の前提となっているのであるから、それだけに公文書としての性質がいわば薄いのである。極端な場合には、公務員は申立内容の真偽を審査することなく、その申立に従って文書を作成しなければならない義務を負っている場合もあるくらいで、そんな場合には、ますます公文書的性格が弱くなってくる。

かような意味で、申立とその受理という形式により作成される文書については、間接無形偽造を罰する場合をいわゆる特別文書のみに限定し、他の多くのものを処罰の圏外に置いたものというべきであろう。

第一一節　偽造文書の行使

有形偽造、無形偽造のいっさいを含むひろい意味での罰せられるべき偽造行為により作られた文書を「行使」することが別個の犯罪とされている。いわゆる**偽造文書行使罪**がそれである。ここで**「行使」**とは、あたかも真実のもののように見せかけて呈示すること、または何時でも閲覧しうべき状態に置くことである。

普通の公私の文書は相手方が内容を知ることができるように示すことだけで「行使」になる。たとえば、他人の郵便貯金を勝手に引きおろそうとする場合ならば、預入人名義の払戻請求書を書いて、郵便局の窓口に差し出す必要があるわけであるが、その払戻請求書を書く行為は私文書偽造であり、その差し出す行為が「行使」である。ほんものの郵便貯金通帳の金額を勝手にふやして、その通帳を払戻請求書といっしょに窓口に出したとすれば、ほんらい通帳の作成名義人は公務所だから、まず公文書変造罪が成立し、ついでその窓口提出行為により、変造公文書行使罪が成立するということになる。

この場合、当然いっしょに提出する必要のある払戻請求書のほうは、もし、その貯金者本人が不正な払戻請求をしている場合なら、それについては偽造・変造はない。たとえ、実は千円しか貯金がないのを、通帳の金額を五千円に変造したうえで、五千円の払戻請求書を作ったとしても、その請求書は、内容に虚偽があるにすぎない私文書であるから、私文書偽造罪などになることはない。

「行使」のしかたについて、少しちがうのは、公正証書原本の類である。これは、特に呈示しなくとも、不実記載のある原本が備え付けられれば、いつなんどき人の閲覧に供せられるかわからない状態になるから、備付だけで「行使」となる。したがって、不実を届け出て、その趣旨が原本に記載されおわったなら、行使も当然に既遂の状態に達するわけである。

かようにして、文書の偽造と行使とは付きものとなっている。偽造が手段で行使が結果であるから、両者は牽連犯（第五四条第一項後段）の関係にある。さらにそれによって金品を詐取すれば、もう一つ詐欺罪が行使罪に対して牽連犯関係に立つことになる、と普通は考えられている。それが判例であり、学説もおおむねこれに従っているけれども、行使と詐欺とが手段・結果の関係になるとするのは正しくない。常識的には、行使が手段で詐欺が結果だといっても、おかしくないようにも見えるが、偽物を本物のようにして提出するということ自体がすでに「欺罔」行為の着手になるから、それは牽連犯ではなくて、「一個の行為が二個以上の罪名に触れ」るところのいわゆる観念的競合（同条項前段）と見るのが正当である。

文書偽造罪全部にわたって広い意味での文書偽造は、その未遂の罰せられることがほとんどない（第一五七条第三項が唯一の例外）が、偽造された文書の行使の未遂は、かならず罰せられるようになっている（第一五八条第二項・第一六一条第二項）。これが通貨、文書、有価証券、印章等の各偽造罪に通ずる一般の例となっている。偽造は未遂を罰しないが、行使は未遂をも罰するというところから、行使のほうが偽造よりも犯情が重い（第一〇条第三項）と解せられている。そこで、形式論だけのことではあるが、偽造と行使とが牽連犯となるときには、後者の刑によるのが第五四条第一項にいうところの「重い刑により処断す」ることになるのである。

第一七章　有価証券偽造

――有価証券偽造の罪――

第一節　有価証券

「**有価証券**」は、一定の権利をあらわした文書で、その権利の行使または移転には、その文書の占有をともなうものであると定義されている。日常親しみの深いものでは、小切手や手形がこれにあたる。会社の株券、郵便為替証書、商品切手、社債券、貨物引換証なども、同様にポピュラーである。これらの証券は、その証券を持っているということが、たいてい、その権利を行使するための必要条件になっている。郵便為替証書を持たずに、郵便局の窓口へ行っても、けっして為替金を支払ってくれはしないし、また小切手などは現金の代用としてほぼ現金なみに流通している。商品切手にしても、どんな品物を選んで贈ってよいかわからないし、現金では失礼だというようなところから、そのかわりに使われるのである。ドイツの学者はこういうことを権利が「化体」（verkörpern）しているといっているのは、まことに巧妙な表現だと思う。まさに、権利という無形のものが物体化しているというかっこうである。

これと混同しないように注意しなければならないものに、「免責証券」というものがある。これは鉄道の一時預けの引換票、劇場のクローク・ルームの携帯品預票などのように、預かり主のほうではその証券の所持人が真実の権利者であるかどうかを調べる義務を負うことなく、たとえ所持人が無権利者であっても、それと知らずにその者に引き渡したのであれば、それについてなんらの責任を負うものでないのを特徴とする。つまり、それは受け取る資格のあることを証明する証拠証券であり、引き渡した者が責任をまぬかれるという点で「免責証券」という名がついているのである。これは、証券そのものに権利が化体しているのではない。

汽車や電車の乗車券はどうだろうか。これは流通性がないから、有価証券ではないとの議論もあるが、大審院の判例は、有価証券たるには流通性の有無を問わないとして、鉄道乗車券の偽造を有価証券偽造罪に問擬している（大判大正五年五月一二日刑録二二輯七三二頁）。しかし、すくなくとも、パンチを入れてしまった乗車券なら、有価証券ではなくて、免責証券だといわなければなるまい。同じく大審院の判例にも、競馬の馬券について、それが流通性のないことを理由として、これを有価証券でないとしているものがある（大判昭和九年三月三一日刑集一三巻三六二頁）くらいだから、流通性の要否ということについては、そう一貫した態度もないように見える。どうも、流通性のないものをそんなに厚く保護しなくたっていいではないかといいたいような気もするが、そうばかりいえない理由もあるので、この面からこの問題を一刀両断に解決するわけにいかない。

なぜかというに、有価証券偽造罪に対する法定刑は、私文書偽造罪のそれよりは重いが、公文書偽造罪のそれよりも軽いから、有価証券がつねに一般の文書よりも厚く保護されているとはいえないからである。法文にはこう書いてある。「行使の目的で、公債証書、官庁の証券、会社の株券その他の有価証券を偽造し、又は変造した者は、三月以上十年以下の懲役に処する。」（第一六二条第一項）、「行使の目的で、有価証券に虚偽の記入をした者も、前項と同様とする。」（同条第二項）と。

これを印章または署名を使用して行う普通の公文書の偽造罪に比べると、それは「一年以上十年以下の懲役」に処せられる罪である（第一五五条第一項）から、有価証券偽造罪のほうが法定刑の下限がよほど軽くなっている。印章・署名を用いない公文書の偽造罪の刑が「三年以下の懲役又は二十万円以下の罰金」である（同条第三項）のに比べれば、もちろん、はなはだ重いのであるが、有価証券というものに印章も署名もないということは、まず、ありそうもないから、一般的に見て、有価証券なるものの実質は、印章・署名のある文書の一種にほかならないことになる。そこで、それが公務所または公務員の作るべきものであるときは、実質的には一種の公文書であり、私人の作るべきものであるときは、実質上は一種の私文書なのである。有価証券偽造罪に関する規定は、その証券の実質が私文書であるか公文書であるかにより、法定刑に軽重の差を置いていないから、会社の株券などを偽造したときは、印章・署名ある私文書を偽造した場合の法定刑が三月以上五年以下の懲役であるのに比べれば、それより重いから、私文書より有価証券のほうが厚く保護されているといえるが、公債証書などを偽造した場合であると、普通の公文書を偽造した場合よりも、軽い法定刑に問われるにすぎないことになり、有価証券なるがゆえにかえってそれに対する保護が薄いことになる。これはけっして合理的な規定だとはいえないが、現行法の明文がそうなっている以上、これもいたしかたがない。

とにかく、そういうわけであるから、文書偽造罪における文書について流通性あることを必要としないと解すべきことは、前に述べたとおりなのであるから、有価証券のほうには流通性を必要とすると解するのは、不合理な結果となる。すなわち、流通性のない証券を有価証券でないとすれば、それが公文書的性質のものであるときは、流通性のあるもののほうが流通性のないものよりも、かえって薄い保護しか受けられないことになって、はなはだ不合理である。流通性を有価証券の要件とする説に従うべきではあるまい。

偽造される有価証券は、証券として真正のものに酷似していなくても、形式・外観のうえから見て有価証券と誤信させるようなものであれば足りる。やはり取引の信用を害するからである。同じ理屈から、裏書の連続を欠く手形や設立無効の会社の株券、または偽造の証券などを利用してやっても、外形上有価証券らしく見えるものについてなら、この犯罪は成立することになる。

［補　遺］　最近では、テレホンカードが刑法上の有価証券であるか否かが争われた。この点について、最決平成三年四月五日（刑集四五巻四号一七一頁）は、「テレホンカードの右磁気情報部分並びにその券面上の記載及び外観を一体としてみれば、電話の役務の提供を受ける財産上の権利がその証券上に表示されていると認められ、かつ、これをカード式公衆電話機に挿入することにより使用するものであるから、テレホンカードは、有価証券に当たると解するのが相当である。」と判示している。

第二節　偽造、虚偽記入その他

通貨偽造罪その他各種の偽造罪におけると同様に、単に「有価証券偽造罪」などというけれども、ひろい意味では、大別して偽造と行使との二つの種類がこれに含まれている。それをさらに細分すれば、偽造の類型には、最狭義の偽造のほかに変造と虚偽記入とが含まれ、行使の類型には、本来の行使のほかに、交付と輸入とがある。

偽造と変造との区分については、文書偽造罪の説明において述べたとおりである。それから、偽造と虚偽記入との区別についても、わたくしは文書偽造罪における有形偽造・無形偽造の区別をそのままに、これに当てはめて考えればよいと思うのであるが、通説・判例はそういうふうには説いていない。たとえば、約束手形のようなものを例に採って考えてみると、他人の作成名義を冒用してそれを振り出す場合には、有価証券そのものの基本たる形体を成立させるのであるから、それが偽造となることは、疑いを容れる余地がない。しかし、それに裏書をするのに、裏書人として他人の名義を冒用したなら、それは虚偽記入のようでもある。すでに約束手形という紙片は振り出され、成立しているのであるから、その既存の手形に裏書をすることは、通俗的にいえば、たしかに一つの「記入」をするわけである。しかも、裏書人の名が虚偽なのだから、文字どおりいえば、一種の「虚偽記入」であるに相違ない。

そういう点からいえば、他人の名義を冒用して行う基本的証券行為だけが偽造で、それ以外のいっさいの有形偽造および無形偽造は、すべて虚偽記入だということになり、それは「虚偽記入」という言葉の素朴な感じに一致しているという長所はあるが、文書偽造罪における「偽造」と「虚偽記入」との両観念の区別に照応しないから、法理の統一がとれない。虚偽記入をかように広く解するのは、判例ならびに通説の採る見解であるが、学問的には、とうてい正しい理論だとはいえない。

「偽造」と「虚偽記入」との区別は、文書偽造罪の場合と同じように解するのが理論が一貫してよい。すなわち、「偽造」は振出や発行の場合ばかりでなく、既成の証券に書き入れる行為であっても、記入者の名義を冒用してその記入をすることをも含むと見るべきである。裏書人の名として他人名義を冒用して約束手形に裏書をすれば、それは裏書という一つの証券行為について偽造を行うことである。引受、保証なども、これとまったく同様である。これに対して「虚偽記入」とは、名義人が権限内においてその内容に虚偽な事実を記載することであるといわなければならない。虚偽記入の適例は、倉庫業者が自分の名義で預証券を作成する場合に、現実には物品の寄託を受けていないのに寄託を受けたかのように、虚偽の内容を記載することである。ちょうどそういう事件の判例もある（大判大正一二年二月一五日刑集二巻七三頁）。もっとも、偽造罪と虚偽記入罪とは法定刑がまったく等しいから、ある行為がそのいずれに属することになろうとも、実際上はあまり意味のあることではない。

やや変わった方法の犯罪でよくありそうな例として、ひとこと触れておきたいものがある。他人に手形用紙に振出人として署名させ、他の手形要件を補充させずにおいて、これを受け取ってから後に、勝手に多額の金額その他署名者の真意に反する手形要件を補充し、手形の振出を完成したという場合には、有価証券偽造罪となる。判例もさすがにこれは虚偽記入罪になるものとはしていない。

他人に裏書を先にさせておいて、後から、裏書人との了解事項に反して、多額の金額を記した手形を自己名義で振り出すということも、往々おこなわれるところであるが、これは自己名義の振出であるから、この振出行為が有価証券偽造罪になることはないが、裏書の偽造ということになるから、けっして罪をまぬかれるわけではない。判例の理論からいえば虚偽記入というべきところであるが、この種の問題を判示した判例（大判明治四三年四月二一日刑録一六輯六八九頁）では、「裏書偽造」と表現しているので、この点はっきりしていない。

なお、念のためにいうが、有価証券と称するには、いちおう完成したものとしての外形を成していなければならないのであるから、たとえば、ある会社の株券の用紙を勝手に作っても、それが記名株なら、株主の名を記載しないかぎり、有価証券偽造罪になるのではない（大判大正一五年五月八日刑集五巻八一頁）。

つぎに、ひろい意味での行使罪の類型に属する行為については、第一六三条に「偽造若しくは変造の有価証券又は虚偽の記入がある有価証券を行使し、又は行使の目的で人に交付し、若しくは輸入した者は、三月以上一〇年以下の懲役に処する。」（第一項）、「前項の未遂罪は、罰する」（第二項）と規定されている。この「行使」は真実のもののように装って相手方に渡すこと、「交付」はニセものだという事情をおかして相手方に渡すこと、そうして「輸入」はわが国の領域内に持ち込むことであることなど、これらの観念については、すでに他の犯罪について説明したとおりである。

それでは、偽造の共犯者同士の間で授受が行われたら、何罪かということが問題になったことがある。共犯者同士の間では、むろん、それがニセものであることを知っているのだから、行使になることはありえない。では、交付かというと、それにもならない。共犯者の間の行為というものは、単独犯になぞらえていえば、一人の人間の自分自身に対する行為に類するのであるから、自分の右手から左手へ授受することが交付ではありえないように、これも交付ではない。けっきょく、これは行使罪にも交付罪にもならないことになるが、偽造行為の共犯者として罰せられるから、それでも、いっこうかまわないのである。

偽造の類型に属する諸行為は、その未遂が罰せられないが、行使の類型に属する諸行為は、未遂も罰せられるから、偽造と行使とでは、後者のほうが犯情が重いとみられていることも、他の偽造罪および行使罪におけるとまったく同様である。

第一八章　印章偽造

――印章偽造の罪――

第一節　印章と記号・印顆と印影

「印章偽造の罪」という一章が刑法法典のなかに設けられているが、これも通貨、文書、有価証券等の偽造罪と同様に、行使罪をも含んでいる。それらの観念は、各種偽造罪に共通であるから、それらと同様に解釈すればよい。

一口に印章偽造罪というけれども、この犯罪は印章についてだけあるのではなく、署名についても、記号についてもある。印章および署名の意味については、文書偽造の罪に関して説明したところと同じであるが、「記号」というのは、ここにはじめて出てきた観念である。

「印章」と「記号」とがどう違うかということについては、学説上に争いがある。印章の偽造は私人のものについても罰せられる（第一六七条）が、記号の偽造は公務所のものにかぎって罰せられる（第一六六条）にすぎない。また、公務所のものだけについて考えてみて、刑罰の点でも、公印偽造罪は「三月以上五年以下の懲役」であるのに対し、公記号偽造罪は「三年以下の懲役」にすぎないから、だいぶ違う。ここに区別の実益があるのである。

印章と記号との区別について、押捺の目的物を標準とする説では、文書に押して証明の用に供するものが印章で、産物、商品、書籍、什物などに押すものは記号だという（大判大正三年一一月四日刑録二〇輯二〇〇八頁）。木炭の産地では、炭俵に検査済のしるしとして、よく円形のなかに「検」の字を表示した一種の「ハンコ」を押したりするが、あれはだれが見ても、記号というにふさわしい気がする。ところが、たとえば、図書に「国会図書館之印」などという蔵書印を押してあるのを見ると、印章のような気もする。しかし、この説では、むろん、これも印章ではなくて記号ということになる。椅子やテーブルに役所の備品たることを表示するために、焼印などを押してあるのもあるが、あの焼印は、なんという字が表示していようと、印章ではなくて記号だと見るのがこの説の立場である。

ところが、これに反対する有力な説があって、その主張によれば、押される物体がなんであるにかかわらず、公務所の名を表面にあらわしているものは、すべて公印で、その名をあらわさないものが公記号だという（大判大正一一年三月一五日刑集一巻一四七頁）。この説によれば、検査済のしるしとして円形内に「検」の字を表示しただけのハンコなどは、印章ではありえないが、「国会図書館之印」は、公務所たる国会図書館の名が表示されているから、本に押しても、「印章」だということになる。

学説としては、前の説に賛成する者と後の説に従う者と、いずれ劣らぬくらいであり、大審院判例もかように相反する二種のものが出ているという有様であったが、最高裁判所は、その後、どうやら前説に加担する判例を出した（最判昭和三〇年一月一一日刑集九巻一号二五頁）。けれども、この事件は公務所名を表面にあらわしているハンコを使った場合なので、実質的には、後説でいっても、同じ結果となるものであった。

どうも、いずれの説も不十分だが、どちらかといえば、わたくしは後説のほうがよいように思う。なぜかというと、まず、刑法が印章と記号とを区別し、前者に対する保護を後者に対するそれよりも厚くしているのは、社会生活上前者が後者よりも重要な意味を持つがためであると見なければならない。印章の偽造が記号の偽造よりも重い刑罰に問われるのは、印章のほうが記号よりも社会的信用度が高いからであると見るべきが当然である。それでは、なぜ、印章のほうが信用が高いのかというと、それは文書に押してあるからとの理由によるのだとはいえまい。信用の高いのは、影跡のなかに公務所名が表示されているからだと見るべきであろう。

しかし、この後の説を採っても不完全だというのは、別に理由があるからで、そのため、わたくしは第三説として次のような説を主張している。根本において、公務所の名を表示してあるハンコが印章であることは、動かすべからざることとして認めるが、それは性質上の印章であって、このほかに、用法上の印章というものがあると考える。性質上の印章は、いわゆる印顆自体において明瞭にその印章たるの性質をあらわしているから、印顆自体を見れば、それが印章であるか記号であるかは、ハッキリしている。これに対し、用法上の印章というのは、印顆自体を見たのでは、それが印章に属するか記号に属するかはわからない。いや、むしろ、それがわからないということは、公務所自体が表示されていないということなので、それだけでは記号と見るべきものであるが、それを署名と付加して一体を成す印影として表示すれば、表示者たる公務所自身をあらわすようになる。こういうふうに用いたときには、それはもはや記号ではなくて印章である。たとえば、「大蔵省」という公務所名を記した下に、なにかハンコを押せば、そのハンコは、大蔵省という表示がなくとも、印章となる。

なぜ、かように用法上の印章というものを考えるかといえば、前に文書偽造罪に関して述べたように、三文判も印章になるということからその理屈は出てくるのである。三文判こそは、まったく単に用法上において印章とされているものの適例だからである。

そこで、用法がなんであるかによって印章ともなり、記号ともなるべき性質の印顆を作ったとすれば、押すまでは印章でないことはあきらかであるから、公務所自体を表示していないという意味において、それは、公記号偽造罪を構成するものと見なければならない。

記号の例として、判例にあらわれたところを示すと、富山県輸出米検査証票、検査済蚕種台紙の記入文字訂正を証する変更証印、官林払下予定木に押す官署の表示のない検印などがある。これらの例でもわかるように、ハンコでなく証紙でも記号にあたるとされているのであるが、証票となれば、むしろ印章・署名のない文書と見るべき場合が多いであろうと思う。

さて、つぎに、印章とは、紙なり木なりの物体の上に押された影跡を意味するのか、水牛や象牙などに氏名その他を彫刻してある物体を意味するのかということが文書偽造罪においても問題になっていることを述べた。そうして、文書偽造罪の場合には、かならず前者すなわち印影の形式において問題になってくるのであって、後者すなわち印顆の意味においてではないことも述べておいた。

「印章」の意義については、これを印影のみを意味するとする説も有力であるけれども、印顆もまたここにいう印章に含まれるものと解すべきである。というのは、日本の社会生活では、印影が署名にも増して非常に大きな意味を持っているうえに、印顆はその印影の原体なのであって、さらにいっそう重要な意味を持つものといわなければならないからである。そこで、行使の目的をもって勝手に他人のハンコを作ることも、いわゆる印顆の偽造として印章偽造になるし、ハンコは作らなくても、他人のハンコを不正に使用して印影をあらわしたりすることも、同罪となる。

第二節　印章偽造の種々相

印章・署名のうちで一番厚く保護されているのは、天皇のそれである。すなわち、「行使の目的で、御璽、国璽又は御名を偽造した者は、二年以上の有期懲役に処する。」（第一六四条第一項）、「御璽、国璽若しくは御名を不正に使用し、又は偽造した御璽、国璽若しくは御名を使用した者も、前項と同様とする。」（同条第二項）という規定がある。文書偽造罪における同工異曲の規定であるから、あえて説明を要すまい。実際にもこの種の印章偽造の例はないようだ。

第一六五条には、公印の偽造および不正使用の規定があるが、型は全然天皇の印章・署名等の偽造罪に関する規定と同様である。ただ違うのは、その印章・署名が「公務所又は公務員」のものであることと、刑罰がずっと軽く、三月以上五年以下の懲役である点である。

第一六六条は公記号の偽造および不正使用の罪を規定し、それに対する刑罰を三年以下の懲役とする旨をあきらかにしている。また、第一六七条は私印の偽造および不正使用の罪を規定し、それに対する刑罰は、公記号に関する場合と等しく、三年以下の懲役と規定している。

全体として、ひろい意味での行使罪が各条の第二項に規定されているのであるが、「行使」という言葉は用いられていない。つねに真正の印章類を「不正に使用」するとか、ニセの印章類を単に「使用」するとかいう文言でそれが表現されている。言葉はちがっても、実質は行使と同じで、言葉を変えたのは、ただ修辞上の考慮をしただけのことであろう。

この実質上の「行使」とは、ほんもののように装って他人が閲覧できる状態に置くことを意味する。この点は通貨と異なり、文書と似ている。印顆を押すだけでは、まだ行使罪にはならない。そこで、印顆の使用というのは、かならず印影の形を通して行われることになる。

各種偽造罪の通例に従い、印章偽造の罪においても、行使罪だけが未遂罪も罰せられる（第一六八条）。

さて、記号偽造の罰せられるのは、公記号だけで、私記号は偽造しても犯罪にならない。ところが、この考えに反対をとなえる学者もある。私記号の偽造は、けっきょく、私印の一種にほかならないとする。これはその根源が判例（大判大正三年一一月四日刑録二〇輯二〇〇八頁）にあるようだが、わたくしには賛成できない。そこで、法規上、公印に関する規定のほかに公記号に関する規定があるから、公記号は公印とは別扱になるけれども、私記号については、私印からこれを区別すべき規定が置かれていない。そこで、私記号は当然に私印の一種として私印のうちに含まれると見るらしい。

しかし、これは法規解釈の常道に反する。一方において、公印のほかに公記号を保護する規定を置きながら、私印については、私印のほかに私記号を保護する規定を置いていない以上、私記号は刑法の保護の対象外に置いているものと見るほうが正しい。だから、わたくしは私記号の偽造は罪にならないものと見る。これが通説でもある。

そう見ると、私設会社などで貼付する検査印記号の類なら、ニセものを作っても、私印偽造罪などにはならないということになる。いちおうの理屈はそうだが、現実はそうはいかないことが多かろう。たいてい、単なる検査印などでなくて、すくなくとも印章・署名のない文章と見られるようなレッテルであることが多いだろうからである。

それから、「拇印」というものがある。「爪印」、「指印」などともいわれる。あれも印章だろうか。「花押」とか「書き判」とかいうのもある。あれはなんだろうか。拇印も印章である。それは氏名の表示があるわけではないが、ちょうど三文判と同じような意味で、やはり印章であるといってよい。指紋の個人識別力からいえば、拇印はふつうの印章以上の力を持っているが、偽造という面からいえば、三文判と同じような意味で「印章」であるといわなければならない。花押は印章みたいでもあるが、署名みたいでもある。しいてどちらときめなくても、印章・署名に準じて考えてよいことは、まちがいない。

最後に、印章や署名は文書のなかにその一部として表示されることが多いが、文章の一部を成すときは、独立に印章偽造罪になるのではない。その場合には、文書偽造罪が成立するだけで、印章偽造罪はそのなかに吸収されてしまって、独立には成立しないことになる。

第一九章　あへん犯罪

――あへん煙に関する罪――

われわれは「あへん」の害の恐るべきことについて、小学生の頃からよく聞かされたものだ。それで、あへんというものに対しては、一種の恐怖心に近いものを持っていて、冗談にでもこれを口にしたら、たいへんな病みつきになるかのように思っている。事実はそれほどでもないらしく、そう初めから恍惚境にはいるわけでもないらしい。しかし、それほど恐怖心を植えつけられただけあって、日本はあへんの惨害からほぼ免れているが、一般に東洋の諸国には、その害が著しい。わが国のあへん対策は、これに関する罪に対する厳重処罰の立法にも、その一端を示している。

刑法では「あへん煙」という物が禁止の対象になっていて、その「あへん煙」とはいかなるものかが学説上の争いになっているけれども、とにかく、あへん煙という物は、その輸入、製造、販売、あるいは販売目的をもってする所持が六月以上七年以下の懲役という重い罪になる（第一三六条）ばかりでなく、実に徹底的に、これに関するあらゆる行為が罰せられるようになっている。

あへん煙そのものの輸入等の行為が罰せられることは、ここに述べたとおりであるが、あへん煙吸食のための器具の輸入、製造、販売、または販売の目的をもってする所持も罰せられる。もっとも、このほうは刑罰がすこし軽く、三月以上五年以下の懲役となっている（第一三七条）。

あへん煙の場合にも、その吸食器具の場合にも、税関の官吏は輸入上便利な立場にあるので、これに対しては、そのみずから輸入する行為および他人の輸入を許容する行為を特に重く一年以上一〇年以下の懲役に処することにしている（第一三八条）。あへん煙に関する罪のうちで、これがいちばん刑の重い場合である。

販売の目的をもってする所持が罰せられることは、すでに述べたとおりであるが、販売目的のない所持でも、けっしてお目こぼしにはあずかれない。「あへん煙又はあへん煙を吸食するための器具を所持した者は、一年以下の懲役に処する。」（第一四〇条）となっているから、刑はあまり重くないが、処罰されるから、面白半分にあへん煙を飲む道具などを持っているわけにはいかない。

それでは標本にするのでもいけないかというと、これは、学術研究用か何か正当な目的によるものであれば、正当行為として違法性のないものとされるからよいけれども、ただの好奇心からでは、正当行為にはならない。

あへん煙を吸食する行為は、三年以下の懲役になるし（第一三九条第一項）、その吸食用の場所を提供して、貸賃や入場料をとったり、あるいはあへん煙の売行の拡大をはかったりすれば、「あへん煙の吸食のため建物又は室を提供して利益を図った者」として、六月以上七年以下の懲役に処せられる（同条第二項）。

そうして、最後に、あへん煙に関する犯罪は、すべてその未遂も罰せられる（第一四一条）ことになっているから、なかなか厳重である。

さて、ここまで来て、肝心かなめの「**あへん煙**」とは、どんなものかが、まだはっきりしない。「あへん煙」を吸食するというのは、よくわかるけれども、これを輸入したり所持したりするとなると、わからなくなる。

それが文字どおり「煙《けむり》」だとすれば、ちょっと「煙」を所持するというのは、むずかしいわざである。だが、これは名だけのことで、あへん煙というものは、けっして「煙」ではない。ねばねばした塊だったり、白い粉末だったりしている。理論上問題になるのは、「あへん煙」とは、吸食に適する精製あへんだけをいうのか、それとも生あへんをも含むのかということである。

普通に吸食されるのは、あへん煙膏と称せられる精製あへんで、生あへんは別にあへん煙土と称せられている。しかし、生あへんも貧民などは吸食するということであるから、あへん耽溺者なら、もちろん、生あへんだって喜んで吸食するだろう。それに、生あへんを煮沸することによって、精製あへんを作ることも簡単である。したがって、実際問題として、あへん煙の輸入はおおむね生あへんのまま行われるという。これらの理由を考えると「あへん煙」には生あへんをも含むと解しなければ、その取締目的を達しえないように思われる。

ところが、明治三年の太政官布告以来の法律上の用語例では、「あへん煙」という言葉は、あへん煙土と対立する観念として用いられているし、現在でも、生あへんについての取締は、別にあへん法第五一条以下の規定によって行われていることから考えると、刑法で罰しているのは、精製あへんに関する行為だけであると解するほうが正しい。

「**製造**」の意味はいうに及ばず、「**販売**」の意味は猥褻物販売の場合とまったく同じであるし、「**所持**」の意味も、かならずしも手に持っている必要のないことは、窃盗罪等における所持の概念と同じである。ただ一つ、多少説明の必要があるのは、「**輸入**」である。判例や通説は陸揚説によっている。

これは、わが国の領土に陸揚された時、輸入行為が既遂になるとの見解で、その時期を非常にハッキリさせやすいのは長所であるが、取締の便宜にこだわりすぎる考えだと思う。まだ陸揚はしなくても、わが領海内あるいは領空内にはいれば、輸入は既遂の状態に達するものというべきである。ことに、製造や販売などの行為が領海上または領空中において行われる場合は、国内犯としてわが刑法の適用を受け、処罰の対象とされることを思えば、輸入の場合だけを、陸揚しなければ既遂でないとするのは、理屈に合わない。

ちなみに、あへん煙に関する罪は、その国外犯を罰する規定がない（第二条から第四条まで参照）から、先年日本人がよくやったように、外地で吸ってみたくらいのことは、たとえ、耽溺者になってしまったとしても、この犯罪にはならないのである。

第二〇章　猥褻の問題
——わいせつ、姦淫および重婚の罪（その一）——

第一節　猥褻の観念

［**補　遺**］平成七年の刑法一部改正により、条文上の「猥褻」は、すべて平仮名表記され「わいせつ」に書き改められた。したがって、平仮名表記によるべきではあるが、そうすると文章中の「わいせつ」の前後が平仮名である場合には読みづらくなる場合が多々ある。そこで以下の叙述については、罪名の場合だけ「わいせつ」の表記に改め、概念として用いてある場合には「猥褻」の表記を残こした。

戦後、いわゆる**性の解放**が行われてから、それが無軌道に流れ、識者の眉をひそめさせているが、ともかくも、以前は猥褻《わいせつ》と考えられたものも、今日では猥褻とは思われなくなった。いわば、猥褻の観念が大いに変わってきたのである。「**猥褻**」という言葉は法律上の用語ではあるが、なにが猥褻かということは、法律に定義してあるわけではなく、その観念の内容は社会通念によってきめられる。つまり、健全な常識できまるというわけである。そこで、その社会通念なるものは、社会一般の風潮によって当然に影響をこうむるから、猥褻ということの意味内容も、それに応じて変化しないわけにはいかない。法律家は常識ではわかりきったことを往々むずかしい言葉で定義する。定義したために、かえってわからなくなることもある。日常茶飯の平凡なことほど、定義するのがむずかしいものでもあるし、定義した結果は、ひどくわかりにくいものにもなる。それでも、定義をしておかないと、人々の間に観念の食いちがいがあったりして、思わぬ混乱を招くことがあるから、そういう定義をしておくことも、無用ではないのである。しかし、ものごとの定義には限度のあるもので、そんなに定義の好きな法律家も、ときどきサジを投げることがある。そんなときに、「それは社会通念できまる」などといって逃避する。つまり、「定義も説明もできないから、社会一般の常識できめてもらう」という意味である。これは、けっきょくサジを投げることなのだから、やたらにはやれないが、猥褻の観念などは、まさに社会通念にたよらなければならない場合の典型的なものである。

大審院判例の定義によると、「猥褻の文書図画其他の物とは、性欲を刺激興奮し、又は之を満足せしむべき文書図画其他一切の物品を指称し、従って猥褻物たるには人をして羞恥厭悪の感念を生ぜしむるものなるを要する」ということになっていて（大判大正七年六月一〇日法律新聞一四四三号二二頁）、普通、学説もこれと同調している。この時代にはこの定義でもいちおう人を納得させたのだろうが、それはいわゆる「性の解放」以前のことに属するから、今日、このままで押し通そうとすると、実情に添わないことになる。堅いことをいえばきりがないが、性欲を刺激するからみんな猥褻だなどとは到底いえたものではない。性欲を刺激するから、「従って」、人をして羞恥厭悪の情を生ぜしめるという推論も成り立たない。一般的にいえば、性欲を刺激するものを人々はすき好んでいるのであって、厭悪しているのではない。ただ露骨な表現がいけないのである。露骨にすぎると、健全な常識のある者に、いわゆる「羞恥厭悪」の情をいだかせることになる。人間はこの点、他の動物に比べると、なかなか厄介なもので、正直でないといえば、たしかに正直でない。実際は好きなんだが、好きなような顔をしないでゆくのが上品だということになっている。この上品さを破れば、人をして羞恥厭悪の情をいだかせることになる。露骨なら猥褻で、婉曲なら上品というのである。これは理屈ではない。人間社会の風習なのである。社会の風習なるがゆえに、時を異にし、あるいは所を異にするに従って、変化があるのである。

わが国では、接吻の場面が映画のフィルムからカットされ、それがロダンの彫刻であってさえも、一般公開の許されなかったのは、ついこの間までのことであった。あれは、直接に刑法上の「猥褻」の概念にあてはまるものとされたわけではなかったが、すくなくとも、これに近い取扱を受けたのである。明治の文人菊地幽芳の小説「百合子」の広告挿画に男女接吻の状を掲げたというので、大審院の判例にまでなって、やっと犯罪視を免れたくらいである。この事件は当時の出版法という「風俗壊乱」になるかどうかということで論ぜられ、謹厳をもって鳴る検事総長平沼騏一郎と名判官のほまれの高かった裁判長横田秀雄とが有罪論・無罪論で対立している。もちろん、それは今日における風俗の国際化の状勢からいって、猥褻とはいえない。

ストリップ・ショウでの「全スト」はどうだろうか。これには議論もあるが、わたくしは猥褻といっていいと思う。反対論によると、猥褻といえるためには、性交その他性欲の直接的満足のための行為を思わせるような姿態を示さなければならないと考え、単に一糸もまとわないというだけの行為は、未だ猥褻というに値しないというのであるが、ここまでくると、議論は水掛論で、社会通念できめるよりほかないことになる。

「全裸がいけない。性器の露出が猥褻だ」というなら、百貨店の入口に全裸の大理石像が立っていたり、美術展覧会に全裸の油絵が出陳されたりするのも、猥褻ということになるのかという反問がおこるに相違ない。しかし、あれは人間の肉体そのものではなく、作品である。絵画なり彫刻なりに作られているということで、それだけ実物よりは間接化されている。鑑賞者と対象との間に心理的な「間隔」がある。この心理的間隔の存在によって、露骨さは一段と弱められる。ことに、その作品が芸術的に価値の高いものであればあるほど、猥褻性から遠ざかることになる。全裸の形体による性器の単純な露出は、たとえそれが実物であっても、猥褻にならないとする反対論があるくらいで、それは猥褻か否かのまさに境界線上にあることであるから、それが絵画または彫刻などの作品として、現実性からさらに一歩後退するならば、これを猥褻と見ることはできない。だが、誤解されてはならないことは、**芸術品は猥褻でありえないというのではない**ということである。芸術品ならば、露骨さがよほど蔽われることがあるというだけのことである。芸術的香気はしばしば猥褻性をカヴァーするに足るとはいえ、すべてを覆いうるものではない。いや、かえって芸術家の筆力の迫真性がいっそうの現実感をもって猥褻性を強めることもありうる。

伊藤整訳「チャタレー夫人の恋人」のようなものがそのいずれに属するかは、大いに争われたことであるが、判断の基準はこういうところに求めなければならない。**科学性と猥褻性との関係**についても、理論は同様であるが、実際問題としては、科学的であることとは芸術的であることとは著しく異なり、はるかに猥褻性から遠のくことが多いであろう。

猥褻性のもっとも明瞭なものは性交であるが、刑法では、特にこれを「姦淫」とか「強姦」とかの語をもってあらわし、猥褻一般から別扱をすることもある。性交でなくても、性器の玩弄その他性欲の直接的満足を示すものは猥褻といってよい。それが着衣の姿であると裸体であるとを問わないことはいうまでもない。一般に、性器をあらわすことは、実物または写実的描写によるかぎり、猥褻であるといってよい。しかし、医書などには、いかに写実的に描こうとも、それが猥褻に関する罪にはならないのは、学術上の標本として描かれるがため、違法性がないと見られるからである。なにが犯罪になるかを定めた条文にはいちおう反する行為であっても、条理に反するものでないならば、法規を超えた大原則によって、それは違法性のないものとされ、犯罪の成立は認められないのである。

第二節　公然わいせつ罪とわいせつ物罪

公然わいせつ罪というのは、「公然とわいせつな行為をした」ことによって成立し、それに対する刑罰は性的犯罪のうちでもっとも軽い「六月以下の懲役若しくは三十万円以下の罰金又は拘留若しくは科料」ということになっている（第一七四条）犯罪である。これに対し、ここでわいせつ物罪というのは、「わいせつな文書、図書その他の物を頒布し、販売し、又は公然と陳列した者は、二年以下の懲役又は二百五十万円以下の罰金若しくは科料に処する。販売の目的でこれらの物を所持した者も、同様とする。」（第一七五条）という条文にあたる行為をいう。簡単にいえば公然わいせつ罪では猥褻行為を公然実行することが犯罪となるのであり、わいせつ物罪では猥褻物を頒布、販売、公然陳列または販売の目的をもって所持することが犯罪となるのである。この後者における猥褻物は、法文上「文書、図画その他の物」と表現されているので、実際付けられる罪名は、単にわいせつ物頒布罪などとなることはすくなく、わいせつ文書頒布罪とかわいせつ図画陳列罪とかになることが多い。ここでは叙述の簡略と区別の便宜とを考え、これを総括的に「わいせつ物罪」と呼び、公然わいせつ罪を時には「わいせつ行為罪」と呼ぶことにする。

公然わいせつ罪は公然猥褻の行為をするというだけの要件をみたせば成立する罪であるが、その「猥褻」の意味については、すでにあきらかにしたから、けっきょく、「公然」の意味さえわかればいいことになる。「**公然**」とは、他の犯罪においてこれが要件となっている場合と同様に、「不特定または多数の人に覚知され得るような状態」ということである。もっと具体的に例をあげて説明しよう。たとえば、街中や公園のような場所で猥褻行為をしたとすれば、これは、「公然」の要件にあたる。そういう場所におおぜいの人がいるときは、もちろん、多数人に覚知されうべき状態だから、これを「公然」と称すべきは、あえて多言を要しない。しかし、「公然」というのは、多数の人の面前とはかぎらない。現在はだれもいない場所だとしても、白昼の公園や街中では、いつ人が来るかもしれない。いつだれの目に触れないともいえないということが、つまり、不特定の人に覚知されうべき状態ということなのである。皇居前広場というのが一時この種の犯罪では話題になっていたが、ああいう場所では、猥褻の行為をするのに、だれも見ていないということを見きわめたうえでしたとしても、やはり公然それをしたことになるのである。現に目撃した人のあることは要件でない。たまたまその場に来あわせただれかに目撃される可能性があるような場合なら、「公然」おこなったことになる。だから、人里はなれた山のなかなら公然性はない。

たまたま来あわせた人に覚知されそうな場合は、みな「公然」ということになるが、普通、人の来そうもない時と所とであるのが、なにか意外の事情によって人の目に触れたというのならば、けっして「公然」ではない。たとえば、宿屋の一室を閉めきって行っていたところ、たまたま室をまちがえてはいって来た人があったため、その目に触れたというのでは、「公然」にはならない。まして、「のぞき」をするやつがあったので見られたというようなことなら、それはのぞくほうが不徳でこそあれ、室内の行為に公然性があるとはいえない。

もう一つ、「公然」の意味について注意を要するのは、行為を覚知する者が多数であるときは、それは特定人であっても、「公然」の要件にあたることになるということである。しかし、このことはわいせつ行為罪については、あまり実際問題になりそうもないことで、むしろわいせつ物罪のほうで論ずるのが実際的である。

わいせつ物罪のほうは条文上かならずしもすべての行為に「公然」という言葉がはいっているわけではないが、言葉はなくても、実質的には、みな公然の行為だけを犯罪と認めているのである。なぜならば、「**頒布**」とは不特定または多数の人に無償で交付すること、「**販売**」とは不特定または多数の人に有償で交付すること、「**公然陳列**」は当然に不特定または多数の人に対して展示することであり、「**販売の目的をもってする所持**」もその目的として販売が掲げられている以上、その結局の目的には不特定または多数の人を対象とする趣旨が含まれているからである。すべてかように公然性の要素を含んでいる。

わいせつ物罪の各行為について、もう少し砕いていえば、不特定または多数の人に対し、春画のような物を無償でくれてやるのが「頒布」、代金を取って売ったり、なにかと交換したりするのは「販売」、ただ見せるだけなら、見料を取っても取らなくとも「公然陳列」、販売の目的で持っているのは「販売の目的をもってする所持」ということになる。

よくある例についていおう。世には春画や猥写真、酒を注ぐと猥画のあらわれる盃、特殊装置の博多人形などという類の物を珍蔵している人がずいぶんあるが、これをひとりでこっそり所蔵しているだけなら、どんなにたくさん持っていようと、また、いかに苦心して集めたものであろうと、かまわない。刑法はそれになんの干渉もしない。時に友あり、親しさのあまり、それを見せたとしても、その友人が多数でさえなければ、これを犯罪にはならない。一品をわかち与えても、同様に、相手が多数でさえなければ、犯罪にはならない。ところが、「君にもやる」「あなたにも進呈する」というようなことで、多数の人にわかてば頒布罪になる。その場合、代金を取っていれば、頒布ではなくて販売になることはいうまでもない。もっとも、売るのは、一回かぎりなら販売とはいえないから、特定の一人に対する蒐集品の一括売却は犯罪にならないが、反復する気で売ったのなら、一回きりで発覚したとしても、販売罪として罰せられる。

頒布はそれ自体多数反復的意味を持っているから、一回限りしかやらない気で特定の数人に対して交付することは、頒布ではない。公然陳列についても同様で、少数同好の士に見せたという程度では、公然陳列ではないが、来客のひとりひとりに見せて数十人に達したというようなことになれば、公然陳列である。「陳列」という言葉を「商品を陳列する」などという場合のように、文字どおり列べることを必要とするものと解すべきでない。ひとりひとり見せてゆくようなのも、列べて置いておぜいの人に見せるのとその実質において少しも異ならないからである。よく聞くように、一室に多数集めてエロ映画を見せるのなども陳列の概念に含まれる（なお、最近では、ダイヤルＱ^{2}の電話回線を利用してわいせつ音声を聴取させること（大阪地判平成三年一二月二日判時一四一一号一二八頁）やインターネットのホームページにわいせつ画像を閲覧できるようにすること（東京地判平成八年四月二二日判時一五九七号一五一頁等）などについても、公然陳列罪の適用を認める判例が出されている。）。

たいてい、だれにでも見せるというのではなく、知人相寄って観覧するというのが例のようだが、その集まりかたが「多数」なら、いくら知人同士、つまり特定人ばかりでも、公然性を帯びるから、見せた者は公然陳列罪を構成する。注意すべきは、見せたほうだけが犯罪になるのであって、見せられたほうは罪になるのではない。頒布についても頒布を受けた人、販売についても買った人は、罪にならない。受け取る者があるから頒布することができるのだし、買う者があるから販売することができるというところから見れば、これら頒布・販売の相手は帮助の実質を持つわけだが、陳列罪の場合と同様に、法律が頒布・販売の行為についてだけ一方的に処罰規定を置いている点から見ると、相手方は罰しない趣旨の規定と見るべきである。

ここで、最後に残った問題は、「多数」とはなん人以上をいうかということである。これは例の社会通念に帰すべきことだ。わたくしは一〇人や一五人では多数と考えなくてもいいと思うが、司法の実際ではおうおう五人、六人でも多数として扱うようである。なん人以上とはっきり切る術はないが、わたくしの意見としては、二〇人くらいのところに目安を置いていいのではないかと思う。もっとも、それらの人の特定している程度によってその数に異同あるものと見るべきだろう。非常に相手方を厳格に特定した場合には、もっと多くても、「公然」の概念にはいらないと見られるが、相手方の限定がややルーズな場合には、もっと小人数でも公然性を帯びてくるといってよかろう。この限定が最大限にゆるやかになった場合が、いわゆる不特定人を相手とすることになり、その場合には、たった一人の相手に対してでも、「公然」ということになるのである。

第三節　人体の猥褻物性

公然わいせつ罪の中心は猥褻行為にあるから、**わいせつ行為罪**と呼んでもよいと思う。公然性と猥褻性とはわいせつ行為罪にもわいせつ物罪にも共通して存するから、両者の差としては、公然わいせつ罪のほうは行為に中心があり、わいせつ物罪のほうは物に中心があるというところにある。このわいせつ物罪のうち、公然陳列罪は公然わいせつ罪と似た面がある。どちらも公然性を持っている点はまったく共通で、猥褻性が不特定または多数の人に覚知されるという点も全然おなじである。ただ違うのは、公然陳列罪の行為は、物の展示であるに対し、公然わいせつ罪の行為は猥褻行為の実行である。こういうと違うようだが、実は、それほどでもない。一方では、猥褻物たる絵画、彫刻の類は物だから、それ自体が行為でないのは明瞭だが、行為を表現したものがすこぶる多いし、他方では、公然わいせつ罪だって、猥褻行為が不特定または多数の人の目に触れる点では、陳列ときわめて接近してくる。だが、両者は接近しても、同一ではない。

公然陳列はわざわざ人に見せる行為であるのに対し、公然猥褻はたまたま人に見えるような状態における行為であるというところに、両者の画然たる区別がある。どうしても、本質をそう見ないといけない。

次に、両罪の刑罰も比較しておく必要がある。公然わいせつ罪の刑は最高六月の懲役にすぎないのに対し、公然陳列罪の刑は最高二年の懲役に及んでいる。陳列罪のほうがずっと重いことに注意しなければならない。

ひどいエロ・ショウがある。実際どんなことをやるのか、不幸にして、まだそれほどひどいのを見たことはないが、とにかく、猥褻なことまちがいなしの行為を見せるショウであるとすれば、それは猥褻に関する罪に問われなければならない。猥褻に関する罪になるとして、それはわいせつ行為罪になるのだろうか、わいせつ物陳列罪になるのだろうかという問題がある。素朴な見解によれば、エロ・ショウをやるのは人間の行為によるのだから、わいせつ行為罪になるという。だが、わたくしはこれをわいせつ物陳列罪になるとする。それは異説である。一部の検察官は早くからこの説を採り、やがて裁判所の採用するところともなり、一時は、どうやらわが国の司法の実際がこの見解によって動きそうにもなったが、その後最高裁判所が猥褻行為説を前提とするような判旨を示してから、実務界はわたくしのいうようには踏み切らなくなった。実は、はじめから、わたくしの友人などにも、なかなか強い反対論があった。学界には賛否両論ある。反対論はこの説を人間を物質視するものだとして攻撃しているのである。

わたくしがこの種のエロ・ショウをわいせつ行為罪にあたるものでなく、むしろわいせつ物陳列罪にあたると主張するのには、立派な理由があるつもりである。その理由の出発点は、両罪刑罰の比較論にあり、かように解しなければ、あきらかに不合理な結果となり、法意に反するからである。

たとえば、観衆の充満した劇場の舞台に春画を貼り出したとすれば、公然陳列罪になることはだれも、異論のはさみようもないはずである。それなのに、この同じ舞台の上で、その春画の画面と同じような猥褻の行為を実際の人間がやったときには、どうしてそれが公然陳列罪にならずに、それよりはるかに刑罰の軽い公然わいせつ罪にしかならないということでよいのだろうか。それはバカげている。画を舞台に乗せてさえ最高二年の懲役にあたるというのに、実演を見せれば、せいぜい六月の懲役にしか処しえなくなるというのは、ナンセンスである。かような反対説のナンセンスは、人間は物でないということにこだわるところから出ている。

しかし、人間という心理物理的中立体は、これを精神的存在として見るとき、行為の主体として、一個の人格者たりうるが、反対に、これを肉体的存在として見るときは、観覧の客体として、人格のない一個の肉体であるにすぎない。エロ・ショウの観覧対象としての人間は、行為の主体ではなくして観られる客体たる一つの「人体」であるにすぎない。この意味での「人体」は物であって人ではない。したがって、この「人体」はこれを猥褻物であるといって毫《ごう》もさしつかえない。かように、エロ・ショウの実演者は、観られる客体としては、いわゆる猥褻物にほかならないが、その猥褻物を見せる主体としては、陳列行為者であるから、その意味では立派に人格を持った犯罪の主体なのである。わざわざ観覧させる以上は、やはり公然陳列罪となるべきで、公然わいせつ罪となるべきすじあいではない。公然わいせつ罪のほうはたまたま人に見えるような状態で行った場合にかぎり、成立すべき犯罪であるといわなければならない。

第二一章　強姦から重婚まで

——わいせつ、姦淫および重婚の罪（その二）——

第一節　強姦の基本形態

「強姦から重婚まで」などといったからとて、それが性的犯罪の進路だというわけではない。強姦から重婚までの性的犯罪の種々相を説明しようというのである。

まず**強姦罪**から始まる。

「暴行又は脅迫を用いて一三歳以上の女子を姦淫《かんいん》した者は、強姦の罪とし、二年以上の有期懲役に処する。一三歳未満の女子を姦淫した者も、同様とする。」（第一七七条）というのが基本規定である。一三歳で分けて、それ以上の者に対する罪と、それ未満の者に対する罪とを区別している。うかつに見ると、なんのために一三歳以上の者と未満の者とを別々にして書きわけているのか、その理由がわからない。だが、けっして法律は理由もなく持ってまわって、そんな表現をしているのではない。一三歳未満の者に対するときは、暴行または脅迫をもってすることが要件となっていないが、一三歳以上の者に対するときは、暴行または脅迫をもってする場合でなければ、犯罪にならないという点に、書き分けたことの大きな意味があるのである。

いいかえれば、一三歳以上の女子と合意のうえで性交を営むことは犯罪ではないが、一三歳未満の女子との性交は、いかに合意のうえでのことでも、「強姦」罪になるのである。これは、一三歳未満というような年齢の低い者には、情事のなんたるかを真の意味において理解する能力がないとの前提に立っている。もちろん一三歳になる前日までは理解力がなくて、一三歳になった日から急に理解力を生ずるわけではないが、どこかに一線を画する必要があるから、立法者は常識的に考えて、それを一三歳にきめたまでのことである。それから、情事に関する理解力には、個人々々によって大きな相違があるのであるが、これも画一的に一三歳までは理解力のないものということにしているのである。

一三歳という年齢が情事理解力を理由とする区別の境界とするのに適当かということになると、これはもう少し実証的な研究をしてみないとわからない。ときどき質問を受けるのは、人が犯罪について刑事責任を負わされる年齢として、刑法に一四歳という下限が定められている（第四一条）ことと、この一三歳が一致していないのは、どういうわけかということである。むろん、一は強姦の被害者たるための年齢であるに対し、他は刑事責任を負担するに値する年齢であるのだから、その間に一致を欠いたからとて、なんの不思議もないわけだが、そういう質問については、もっと深く考えてみると、やはりそれに意味がある。ひとり刑法にかぎらず、年齢が法律上の問題になるとき、実にまちまちで厄介だということが感ぜられる。

たとえば、一方の規定では一四歳で他方の規定では一三歳ということに、なにか相当の理由があればいいのだが、別段どうということもないので、こういう質問も出るのだと思う。強姦に関するわが刑法の一三歳という年齢は、イギリスよりも高く、ドイツ、フランスよりも低い。わが旧刑法はこれを一二歳に定めていたが、当時は刑事責任年齢も一二歳であったから、両者は一致していたわけであるが、改正にあたっては、その一方を二歳増して他方を一歳しか増さなかった。かような差異を設けたことが、立法者の気まぐれでなければ、さいわいである。両者を一致して定めなかったということ自体は、もちろん、さしつかえのあることではないが、たった一歳だけ違えているところに、説明しにくいものが含まれている。

とにかく、一三歳未満の者に対しては、和姦のつもりでしたことも、和姦とはならずに強姦罪になるわけである。だから、一三歳未満の売春少女などを買えば、強姦罪が成立するという勘定になる。ところが、普通の強姦罪は告訴がなければ罰せられない（第一八〇条第一項）。売春をしようというほどの娘なら、まさか、強姦されたといって、お客を告訴することもあるまいから、本人は大丈夫として、親にも告訴権がある（刑事訴訟法第二三一条第一項）から、そのほうから告訴される危険がないとはいえない。現に、娘を半玉に出しておいたら、親の承諾もなく「水揚げ」をさせられたといって抱主を訴える親のあるのは、そう珍しいことではない。しかし、こういう場合に、犯罪の成否を決するのは、行為者が相手の女の一三歳未満であることを認識していたかどうかということである。その認識がなければ、故意がないことになるから、強姦罪は成立しない。

一三歳以上の者に対する姦淫は、暴行または脅迫をもって行われたときにかぎり、強姦罪となる。その暴行・脅迫は相手方が反抗することが至難であると考えられる程度の強さのものでなければならないと普通はいわれているが、それは法文上にも根拠がないことだから、わたくしはそれほど強力である必要はないと考える。この点、強盗罪の場合とは大いに異なるのである。

この罪の成立には、姦淫をすることが要件になっているから「**姦淫**」とはなにかということも説明しなければならない。男性性器が女性性器に没入することをもって既遂に達し、射精を必要としない。「没入」という言葉は奇妙だが、古くからの通用語になっている。あからさまな感じを与えないために、かような器物的な表現をしたものと思うが、このごろ多くの本はこれさえ説明していない。法律家は医家よりも羞かしがりやなのだろうか。

強姦の被害者は女性に限られている。法文にはっきり「女子」とことわってある。わたくしの知合の弁護士で、男性に対して強姦をすることが事実上は可能だということを、まじめな顔をして主張している男があるが、その真偽は知らない。女性がこの犯罪の主体となることが不能でないとしても、一般に男性のほうが性行動においてはるかに能動的であることは疑いないから、男性だけをこの犯罪の犯人として予想して、この規定が置かれたことはまちがいない。

男女不平等だといえば、まさにそのとおりだが、両性の本質的差異に着眼すれば、この不平等には合理的な理由があるということになる。なんでも平等々々とやかましく騒ぎ立てて、女が男なみになりたがるのが、このごろの時勢だが、両性ははじめから違っているのだから、その相違点に立脚して差別をつけられたからとて、すぐ憲法違反だと考えるのは、まちがっている。強姦罪の例を出せば、だれだって合理的な不平等の許される場合のあることがわかるだろう。

第二節　強姦の派生形態

強姦の基本的な形態は、前述のように、暴行または脅迫をもって姦淫することであるが、やや類型を異にするものとして、「人の心神喪失若しくは抗拒不能に乗じ、又は心神を喪失させ、若しくは抗拒不能にさせて、……姦淫した者」というのがある。これも普通の強姦と同一の刑に処せられる（第一七八条）ので、「**準強姦**」ともいわれる。「心神喪失」というのは、強姦に関するかぎり、性交の意味を正当に理解する能力のない心理状態を指すものと解してよい。だから、たとえば、白痴の女子や精神病で狂乱の状態にある女子を姦淫することは、たとえ、その女子の承諾のもとに行われるものであっても、強姦罪の例に従ってその罪を論ぜられる。熟睡中などもこれに属するものといってよかろう。「抗拒不能」とは抵抗のできない状態を意味しているから、けっきょく暴行・脅迫によって反抗を抑圧するのと、その効果において同一なわけである。他人のために手足を縛せられて動きがとれなくなっている場合などに、かような状態を利用して姦淫すれば、暴行・脅迫を用いなくても、強姦をもって論ぜられることになる。

一風かわったので、この適例になるのは、俗に大野博士事件と称せられる有名な事件がある。大正一一年のことだが、横浜市内において医院を開業する大野某という医学博士は、同人のもとへ肺尖カタルの治療を受けに通っていた或る高等女学校の五年生T子という者が、深くこの医師を信頼し、かつ深窓に育った少女として性的知識の乏しいのに乗じ、腹部を温めるために陰部に坐薬を挿入すると称して少女を欺き、なんらの抵抗を受けることなく姦淫を遂げたというのであった。健全に発育した一八歳の少女が、はたしてこれほど情事に無理解でありうるかということが裁判上最大の論点であったが、裁判所の認定したように、この少女が性交についてかように無知なままに、医師のなすにまかせたとすれば、和姦でもなし、さればといって、暴行・脅迫による姦淫でもなく、まさに抗拒不能の状態を利用した姦淫というべきである。

いわゆる準強姦には、条文上あきらかなように、被害者がすでに心神喪失または抗拒不能におちいっている状態を利用して犯す場合ばかりでなく、わざわざ心神喪失または抗拒不能ならしめて犯す場合もあるが、後者について、特に注意を要するのは、麻酔薬を使ったり、催眠術にかけたりすることは、それ自体「暴行」の一種であると解せられているということである。したがってこの意味において「暴行」に属しない方法で、しかも心神喪失または抗拒不能ならしめる場合だけが準強姦にならなければならないことになる。それはどんな状態かというと、どうも適当な例を考えつかない。むしろ無用の規定だといいたいが、いちおうこれは注意的に規定したものと見るのがよかろう。

強姦は未遂も罰せられる。むろん、準強姦も同様である。準強姦と便宜上よばれている行為は、すべて強姦の「例による」のであるから、以下特に断るまでもなく、ただ「強姦」というときは、つねに「準強姦」もそれに準じて論ぜられるべきものと理解してよい。

強姦罪は原則として**親告罪**である（第一八〇条第一項）。つまり、被害者またはこれを代理し、もしくは補佐する地位が法律上認められている者（刑事訴訟法第二三〇条から第二三四条に特別規定がある）の告訴を待って、その罪を論ずる。告訴がない前から、警察官や検察官などが捜査をすることはかまわないが、告訴がないのに、この件の内容について本式の裁判で有罪か無罪かをきめることはできないのである。かように、告訴を待って論ずる罪を「親告罪」というが、強姦罪を原則として親告罪の一種としたのは、被害者の感情を重んずる趣旨から出ている。強姦行為は憎むべきであり、公益上もうち捨てがたいのではあるが、犯罪だとして騒ぎ立てられると、世間に知れわたって、かえって被害者が困る場合もあるから、被害者の立場を考え、被害者側で、特に犯人の処罰を希望するという意志を表示した場合にかぎり、その罪を論ずるほうがよいとの理由によって、これが親告罪にされているのである。

ところが、強姦のさい、事のはずみで相手にけがをさせたとか、死亡させたという場合（第一八一条）には、親告罪ではなくなる。そのけがというのは、ほんの小さな傷でも、傷をつけたことにまちがいはないから、やはり強姦致傷罪になり、告訴なくして処罰することもできるようになる。傷つけられたからといって、被害者があまり世間に話題のひろがるのを好まないだろうということには、少しもかわりないはずだが、この場合には、一私人の感情よりも公益侵害の重大性のほうが比重が大きいと考えられているからである。被害者の死亡を招来した場合には、その比重がいっそう大きくなることはもちろんである。したがって、法理論としては、強姦致死や強姦致傷の場合には、まったく被害者の気持に関係なく、その犯人を処罰してもよいわけであるが、ほんらい、基本たる強姦罪が親告罪なのだから、傷が非常に軽く、被害者のほうでも処罰を希望しないというなら、事件を荒立てずに処置することが、むしろ条理にかなったものといってよかろう。

強姦致傷・強姦致死の罪については、強姦の罪を犯し「よって人を死傷させた者は、無期又は三年以上の懲役に処する。」となっているから、刑は相当重い。この法定刑には、無期懲役という重いものから三年の懲役という軽いものまであるので、致死の場合には、この重いほうに近い刑により、また致傷の場合には、この軽いほうに近い刑により処罰すべきことは、当然のことであるが、最重の刑が無期懲役にすぎないから、殺人罪（第一九九条）の法定刑に死刑があるのに比べれば、強姦致死罪のほうが軽い。

この刑の比較論から考えてもわかるように、強姦致死罪の刑は殺意のない場合にだけ適用のあるもので、殺意があって、致死の結果を生ぜしめたときは、強姦罪のほかに、殺人罪が成立すると見なければならない。そればかりでなく、条文に「よって」とあるのは、例外がないわけではないが、通常の場合、基本たる行為を行おうとすることの「結果として」という意味であって、結果たる事実の発生についてまで故意あることを要しないものと解せられるから、この場合にも、強姦に際して死の結果をたまたま引きおこしたときに、単純な強姦致死罪となるのであって、その人を殺す意志があって、故意に殺したのであれば、強姦罪のほかに殺人罪が成立するものとしなければならない。事実、変態性欲者には、性交中にわざわざ殺害する者さえあるのである。

しかし、致傷にしても、致死にしても、その死亡の結果が姦淫行為そのものによって生じなければならないのではない。その行為の機会に死傷の結果を生ずれば、この罪になるのである。したがって、強姦しようとして被害者と争ったため、被害者の手足を引っかいたとか、押し倒したのでその頭部に打撲傷を負わしたとかいうような場合にも、強姦致傷罪になる。

なお、よくある例として、強姦の結果、性病を感染させたとか、処女膜を破ったとかいうのも、強姦致傷罪となる。おうおう、犯人の側では、処女が性交すれば、処女膜は当然破れるものだから、それが破れたからといって、けがをさせたことにはならないということを主張するものだが、破れていなかったものを破って出血させたりするのだから、やはり傷害であるに相違はない。和姦の場合に処女膜を破っても、傷害罪にならないのは、それを破ることまでも相手方が承諾しているからなのである。また、性病を感染させる行為を普通は傷をつけるとはいわないが、それは生理的機能を害することはなはだしく、ただの切創どころではないのだから、これを傷害にならないものとして不問に付すべきいわれはない。

それから、強姦致死罪と強姦致傷罪とは、**強姦行為の機会**に死傷の結果を生ぜしめれば成立するものであるから、姦淫行為そのものの既遂・未遂を問わない。たとえば、姦淫を遂げないうちにでも、相手に傷を負わせれば、強姦致傷罪としては、既遂になるのである。致死・致傷は結果を生じてはじめて責任を論ずることになるのだから、未遂の観念を容れる余地がない。したがって、その未遂罪というものは規定されていない。

強姦罪は致死・致傷の結果を生じなければ、原則として親告罪なのであるが、それには一つの例外がある。俗に「**輪姦**」といわれるような方法で行われたもの――厳格には、世間でいう輪姦と同じだとはいいきれない――がそれである。第一八〇条第一項の親告罪についての原則規定のつぎに、同条第二項として「前項の規定は、二人以上の者が現場において共同して犯した第一七六条から前条までの罪については、適用しない。」と規定されている。いわゆる輪姦がその典型的なケースであることは、いうまでもない。これを非親告罪としたのは、やはり被害者個人の感情よりも公益上の必要性を考えたからである。しかし、こまかく考えると、この規定の適用される場合については、疑問がいろいろ出てくる。

「二人以上の者が現場において共同して犯した」という表現は、盗犯等ノ防止及処分ニ関スル法律第二条第二号の範に従ったものであるらしいが、あまりスッキリした法文とは思えない。一面から見ると、「現場において」という文句があるので、共謀はしても現場において実行行為に関与しない者は、この規定の適用範囲にはいらないように読めるが、他面から見ると、「共同して犯したとき」となっていて「共同して実行したとき」となっていない（第六〇条参照）ので、直接に実行行為をしない影武者も、これに含まれるように読めるので、すこしピントがぼけてくる。それが困るのである。

がんらい、「共同して……実行し」という文言についても、この影武者に適用があるかどうかは、学説上に争いがあり、その適用を否定する説の有力な論拠になっているのが、この「実行」という言葉なのであるから、直接に実行行為をしない者でも、これに含まれるということを表現するためには、「実行し」という言葉を避けて「犯し」という表現を採用するのがよいといわれている。両表現の間にそういう区別のあることは、十分うなずけることである。文言が「実行し」となっていてさえ、共謀だけして直接実行しない者にまで適用があるとすることが判例の確定的な解釈となっているくらいであるから、「犯し」という法文について、それを単なる共謀者にも適用する趣旨であることは、ますます明白であるといわなければならない。専門語でいうところの「共謀共同正犯」は、実行を担当しなくても、ここにいう「犯した」者にあたることになる。

ところが、**「現場において」**という制限もあるので、すくなくとも、二人以上の者が現場にいなければならないことも明白である。輪姦というのは、二人以上の者が同一の婦女を順次に姦淫することをさすのであるから、たいていは、二人以上の者が同時に現場にいるであろう。ある場合には、姦淫者以外の者が被害者の手足を押さえつけて、姦淫行為に協力するということも考えられる。そのような場合は、まちがいなく、この条文の適用を受け、親告罪でなくなる。姦淫者ばかりでなく、手足を押さえた者も、「共同して犯した」者として、告訴を待たずに訴追されることになるのである。しかし、法律というものは、そんな典型的な場合だけを考えて、いいかげんに作ったり、解釈したりするわけにはいかない。これと違う行為形態を考えると、解釈に迷うような場合がある。

二人以上の者が現場にいても、ただいるだけで、眺めていたとしても、この要件をみたすことになるのだろうか。眺めているといっても、もちろん、ただの傍観者ではなく、「輪姦をしようではないか」という共謀をしたうえでのことだとすれば、「共同して犯した」ということになる。そういう解釈では、少し変なところもあるが、共謀共同正犯説がこの場合にも当てはまるという前提から行くと、そうなる。「現場において」というのだから、共同正犯者のうちの二人以上の者が現場にいることは、絶対必要な要件ではあるが、各人がみな実行行為をしなければならないということにはならない。そうして、その当然の帰結として、たとえば五人が共謀して共同正犯となる場合に、現場に二人が行っていて、実行行為をしたとすれば、五人とも共同正犯として、この条文の適用を受ける。いったい、「現場において」という構成要件を設ける以上は、共謀共同正犯説をこの場合には適用する余地のないように立法した方が筋が通ると思うのだが、現に出来た法律はそうなっていないので、こういう解釈にならざるをえない。

もう一つ、疑問を生ずるのは、二人以上の者が共謀して一人の女子を順次強姦したのだが、同時に二人以上が現場にいなかったという場合である。それが親告罪になるのかならないのかという疑問について、立案当局は親告罪となると解している。それは二人以上の者が「同時に」現場にいなかったから、「二人以上の者が現場において共同して」という法文にあたらないというのである。たしかに、それも一つの理屈だけれども、反対論も成り立つばかりでなく、反対論のほうがこの罪の本質には合うように思う。

たとえば、五人の者が一人の女性を輪姦しようと共謀をしておいて、一人だけがまず犠牲者を麻酔させたうえで実行行為をすませ、あとの四人は一人ずつ現場にあらわれて、被害者の麻酔されている状態を利用して実行行為をしたとすれば、どうなるであろうか。これも典型的な輪姦行為であって、二人以上が同時に現場に現れることがないからといって、格別、犯情が軽いとはいえない。なるほど、犯人たちは同時に現場には現れていないが、現場に来たことは、まちがいないのだから、「現場において」という要件はみたしていると見ることができる。さきに述べたように、現場に二人以上の者がいさえすれば、強姦行為は一人だけしか行わなくとも、この条文が適用されるのであり、このように全くの影武者で現場に来ない者にもそれが適用されるのだとすれば、それとの比較からいっても、この場合を本条の適用外に置くのは、バランスがとれない。それに、条文の文言の上にも「同時に」という文句はないのであるから、二人以上の者が同時に現場にいなければならない、とばかりはいえない。すでに述べたように、本条を共謀共同正犯に適用してよいのだとすれば、「二人以上の者が現場において共同して犯した」の一句も、同時臨場を要件とするものと解しなければならないとする理由はないことになる。

「現場」とはなにか、ということについても、被害者の覚知し得べき範囲内の場所であるとする解釈を立案当局では採っているが、被害者が知ることができるかできないかは、この罪の性質からいって、重要ではないのだから、それにかかわる必要はない。そう解釈しても、実際上は不当な結果にはならないと思うが、理屈の付けかたとしては、被害者の覚知可能ということで限定するのは正当でない。被害者が知ることのできる範囲の場所に、二人以上の者が、同時にいるということは、一人しかいない場合よりも、被害者に恐怖感を多く与えることは事実だろうが、そういう恐怖感をこの規定は問題にしているのではなく、輪姦的行為が客観的に悪質であることを理由としているのである。被害者が知り得ても得なくても、社会通念上犯行の「現場」ということのできる場所にいれば、この条文の適用があるものと解すべきである。

第三節　強制猥褻・淫行勧誘・重婚

性的犯罪のうちで、まだ説明しなかったものが三つある。それが強制わいせつ罪、淫行勧誘罪および重婚罪である。

(一)　強制猥褻

この罪の構成要件は強姦罪のそれときわめて似ている。「一三歳以上の男女に対し、暴行又は脅迫を用いてわいせつな行為をした者は、六月以上七年以下の懲役に処する。一三歳未満の男女に対し、わいせつな行為をした者も、同様とする。」（第一七六条）となっているから、実質的にちがうのは、ただ強姦罪における「姦淫」という文句が「わいせつな行為」となっている点と男も被害者になることができる点だけである。したがって、ここでは猥褻の意味さえ説明すればよいことになるが、猥褻の意味については、公然わいせつ罪やわいせつ物罪に関してすでに説明したとおりである。ただひとこと注意すべきは、公然わいせつ罪などにおける「わいせつな行為」には性交も含まれるが、強制わいせつ罪における「わいせつな行為」には性交は含まれないということである。言葉が全然同じであるのに、意味にかような広い・狭いの差異を生ずるのである。ほんらい、性交は猥褻のうちに含まれるべきなのであるが、強制による性交はつまり強姦にほかならず、別に強姦罪を構成することとなっているので、それは強制猥褻の範囲外に置かれることになるのである。

したがって、いわゆる強制わいせつ罪は、暴行または脅迫をもってする性交以外の猥褻行為を行うことによって成立することになる。たとえば、暴行または脅迫を加えて、男色の相手をさせるなどは顕著な場合であるが、性交能力のない男などのよくやる例として、幼女の性器に指を挿入する行為なども、強制わいせつ罪となる。

強制わいせつ罪についても、強姦罪についてと同様に、これに準ずべきものとして「人の心神喪失若しくは抗拒不能に乗じ、又は心神を喪失させ、若しくは抗拒不能にさせて、わいせつな行為をし……た者」を挙げている（第一七八条）。未遂が罰せられること（第一七九条）や、原則として親告罪となっていること（第一八〇条）も強姦の場合と同様である。さらに、その致死・致傷の結果を生じた場合の刑事責任も、強姦の罪を犯して致死・致傷の結果を生じた場合と全然同一である（第一八一条）。

（二）　淫行勧誘

これは「営利の目的で、淫行の常習のない女子を勧誘して姦淫させ」ることによって成立し、それに対する刑罰は「三年以下の懲役又は三十万円以下の罰金」である（第一八二条）。いわゆる良家の処女が**「淫行の常習のない女子」**であることはいうまでもないが、処女でなければならないということはない。人の妻でも、妾でも、その営む性生活が特定の個人を相手にしている者ならば、いわゆる「淫行の常習のない女子」にあたる。貞操観念に乏しく、男から男へ渡り歩いているような女は、淫行常習者といってよい。刑法は無節操な頽廃生活を営む者までも、これによって保護しようとしているものとは考えられないからである。学説によっては、売春婦以外はみな「淫行の常習のない女子」であると解しているものもあるが、売春婦でなくても、性的無節操の婦女ならば、これを特に保護する必要があるとは思えない。

また、この売春婦以外の者に限るとの説とは反対に、「淫行の常習のない女子」を道徳的に非難されるべき性生活の常習のない婦女と説明する学説もあるが、「道徳的に」云々というのでは、漠然としすぎていて、妾として特定個人の相手となって性生活を営んでいる者が「淫行の常習のない女子」に含まれないことになるのかどうか、はっきりしない。要は、貞操尊重の風習の保護にあるのであるから、特定の個人を相手として性生活を営む女性は、「淫行の常習のない」ものと解すべきである。

なお、「淫行の常習のない女子」の解釈につき、大審院の判例では、一三歳未満の少女は、たとえ無貞操の性生活を営んでいる者であっても、淫行のなんたるかを真に理解しているものとはいえないとの理由により「淫行の常習のない女子」に属するとするものと、反対に「然らず」とするものとの両方あるが、明文がない以上、一三歳をもって区画することは無理である。後説をもって正当とすべきである。

つまり一三歳未満でも事実上無貞操の生活を営んでいる少女ならば、これを勧誘して姦淫させても、淫行勧誘罪にはならない。しかし、その時の具体的事情に応じ、強姦罪の教唆とか幇助とかの罪になるものといわなければならない。

㈢　重　婚

「配偶者のある者が重ねて婚姻をしたときは、二年以下の懲役に処する。その相手方となって婚姻した者も、同様とする。」（第一八四条）というのが重婚罪の規定である。姦通罪はなくなったが、重婚罪は残っている。

姦通罪が日本国憲法の施行と同時に廃止されたのは、従来、わが刑法の姦通罪の規定が夫に有利で妻にはなはだしく不利であったところから、その不平等が憲法の精神とするところの国民平等の原則に反するとの理由によるのであったが、重婚罪のほうは、この規定について見てもあきらかなように、夫も妻もまったく平等に規定されているから、憲法違反の問題はおこらなかった。

しかし、人も知るように、わが国では婚姻はいわゆる法律婚主義のたてまえを採っているから、法律上の議論としては、民法によって有効な婚姻と認められるだけの手続を経ていなければ、「配偶者のある者」ということにもならないし、また「重ねて婚姻をした」ということにもならない。習俗に従った結婚式をやったからとて、法律的には婚姻をしたことにはならない。

いわゆる内縁の夫婦関係は民法にいうところの配偶者関係を形成するものではないから、刑法上もその身分あるものとして扱うことはできない。婚姻は婚姻届をすることによってのみ有効に成立する（民法第七三九条）。したがって、重婚罪という犯罪は、ある人との婚姻届がいったん出され、そのむね戸籍簿に記載された後に、重ねて別人との婚姻届が出され、そのことが戸籍簿に記載された場合において、はじめて成立するということになり、実際問題としては、戸籍係の錯誤か共謀かを前提としないかぎり、容易にありえないように見える。

もっとも、前の婚姻の解消がないのに、たとえば、協議上の離婚届書を偽造して届け出るというような手段を用い、いちおう、戸籍係によってそれが解消したものとして取り扱われるような方法を講じたうえで、後の婚姻届をした場合には、明白に重婚罪の成立がある。本質的には、前の離婚が無効で後の婚姻は取り消しうべきものに過ぎないから、前婚は依然存続し、後婚もいちおうは成立する。そこに二重に婚姻が成立したことになり、重婚罪の成立を認めることができる。この考えは、婚姻というものをあくまで法律の形式をふんだ届出を要すると解しつつ、重婚罪を考えているのである。

これに対し、この「婚姻」とか「配偶者」とかいう観念を民法上の意味に解せずに、事実上の関係として理解しようとする説も出ている。また、後婚だけを事実上の結婚生活と解する見解もある。しかし、そうなると、曖昧なことにもなるし、ほんらい民法によって成否の決せられるべき人と人との関係を考えるのに、肝心の民法を無視してしまうことになるから、不合理なばかりでなく、用語としても、通俗の用語である「結婚」という言葉を用いずに、わざわざ「婚姻」という民法上の術語を用いていることも考えると（同じ刑法でも、その第二二五条には「結婚」という言葉を使っていることを考えあわすべきである）、これを法律上の概念を離れて解釈することは、とうてい無理である。もう少し要件をはっきりさせたうえで、事実上の二重結婚を犯罪とするように刑法を改正するか、民法が法律婚主義を捨てるかするのが適当であると思う。

現状では、法律婚による正妻とは別に、事実婚ともいうべき妾を置いても、それ自体は犯罪にならない。だから、正妻が妾殺しでこれに対抗するということにもなる。

これはこの問題ばかりでなく、一般の理想に走って、刑罰を軽くし過ぎたり、法の干渉を無くしたりすると、人々は法の救済を待つことを好まなくなり、自力をもって鬱憤を晴らそうとするから、社会の混乱を招き、法治国の秩序は失われることになる。法はつねに社会感情を正当に反映するものでなければならない。

第二二章　賭博と富くじ

――賭博および富くじに関する罪――

第一節　賭博と偶然性

賭博罪は、「賭博《と》をする」ことによって成立する犯罪（旧規定では、博戯と賭事とを区別していた）である。要するに、偶然の事情で勝敗の決するような勝負事に関し、どっちが勝つか負けるかということについて、金品を賭けて当てっこをすると賭博罪になる。

賭博の方法には、ずいぶんいろいろの種類がある。サイコロを投げて、その目数の偶数か奇数かを当てる方法が普通行われる「丁半《ちょうはん》」であるが、街角に立って、つぎに来る自動車の番号が丁か半かを当てる方法もある。ジャンケンでも勝負はきめられる。いずれもだいたい偶然の事情できまるところに賭博らしさが十分あるといえる。きわめてありふれた賭博の方法として、これらはもっとも簡単な種類に属するが、正月にことさら多いのは、花札賭博である。同じ花札を使う賭博にも種々あるうちで、一番平凡なのは一人につき八八点または八〇点を標準として得点を争う「八八」または「八十の馬鹿」などと呼ばれるものである。トランプや麻雀の遊びにも金品を賭けてやるのがあることは、周知のとおりである。しかし、これらのやや複雑なものになると、普通の丁半に比べて、よほど偶然の要素は減ってくるようだ。さらに進んで、歌留多や、碁、将棋となると、いっそうその感は深い。やりようによっては、まったく腕の相違で、勝敗ははじめからきまっているようなことにもなる。けれども、そんなに腕が違っていては、おもしろくもないし、だれもそれに金品を賭けて争う者もいないにちがいないから、実際問題としては、この腕の相違を当人同士が知らないでいることもあろうし、知っていれば、ウェイトをつけるような工夫をするものである。たとえば、囲碁では、腕の劣ったほうが先手になるとか、碁石の数をはじめに多く置くとかいうような工夫をして、なるべく偶然の事情が強く作用するようにする。腕の相違を知らないでいるときには、手合わせをしてみてはじめてその相違があらわれてくるのだから、それもまた一種の偶然であるばかりでなく、どんな場合でも、偶然性が多少は支配しているのが普通である。そういうわけで、およそ勝負事となれば、多かれ少かれ、偶然の事情によって勝敗がきまるようになっているものである。そうして、まさにそのように、多少なりとも偶然性の支配があれば、賭博罪の要件は満たされるのであって、大部分が偶然できまるような場合にかぎるのではない。

第二節　賭金と賞品

サイコロは、丁半にばかり使うわけではなく、双六などにも使われるから、これをオモチャ屋で売っているのに不思議はない。トランプもそうだし、碁や将棋はもちろん賭博に使われるのはきわめて例外だが、花がるたには少しばかり暗い影がつきまとっている。わたくしなどは、碁も将棋もやらないが、

「花なら得意ですよ」

というと、みんな変な顔をする。いわゆる「品」がよくないという感じがするのだろう。昔はお公卿さんの遊戯だったというのに、今ではすぐに賭博を連想させるのである。麻雀なども、このごろは「学生のダンス、官吏の麻雀」などと並称され、品位がだいぶ落ちてきたようだ。それはさておき、花札は、なかでも格別に賭具的色彩が濃厚だと思われている。だから、花札を白昼堂々と店頭で売っているのが、なにかおかしいような気がする人もあろう。しかし、花札がよく賭博に使われるからといって、それで遊戯をすることが悪いわけではないのだから、それを街頭で売っているのは、当然のことである。賭博にならないように使って遊ぶのは少しもさしつかえない。それは、碁や将棋やトランプがさしつかえないのと同じことである。

賭博になるかならないかを決するのは、「財物」を賭けるか賭けないかにかかっている。「財物」とは、金銭でも品物でもなんでも、財産的価値のあるものならこれにあたる。品物でも「財物」だというなら、双六で早く上った者にみかんを賞品にやったり、囲碁で勝った者が負けた者からタバコを一箱もらったりするのも、やっぱり賭博罪になるのかというと、それにはちゃんと法律に規定があって、「一時の娯楽に供する物を賭けたにとどまるときは、この限りではない。」（刑法第一八五条但書）というわけで、その程度の物を賭けても、賭博罪になることはない。

「**一時の娯楽に供する物**」とは、どの程度の物かということについては、はっきりいくらまでという標準はきめられない。常識で考えれば、だいたいわかるようなものだが、厳格にいうと、なかなかわからない。しかし、むずかしくても、それはけっきょく常識問題なのである。したがって、時勢によって多少の変動もまぬかれない。明治一三年公布の旧刑法では、今の刑法で「一時の娯楽に供する物」とある部分を「飲食物」と規定してあったくらいだから、その場で飲み食いする程度の物は、まさに「一時の娯楽に供する物」にあたることはまちがいないが、飲食物でなくても、それに準じて考えられるような少額の物品ならば、これにあたると考えてよい。

それでは、金銭はどうだろうか。金銭だとて、少額ならば、「一時の娯楽に供する物」に属するといえはしないか。これは一つの問題である。大審院の判例には、一方では「金銭は其の性質上、一時の娯楽に供する物ということはできない」という意味のことをいっている判例（大判大正一三年二月九日刑集三巻九五頁）もありながら、他方では、「一時の娯楽に供すべき物の対価を負担せしむる為め、一定の金額を支出せしめたる……ときは、賭博罪を構成せざるものとす」というふうにいっている判例（大判大正二年一一月一九日刑録一九輯一二五三頁）もあるので、裁判所はいったい両者の関係をどう考えているのか、いささか解釈に迷わざるを得ない。普通は、これを解釈して、金銭をただ賭けてはならないが、物の対価（たとえばピース一箱のかわりにその代金一三〇円）として賭けるなら、かまわないという趣旨だと見ている。この判例の趣旨は、そう解釈してもよいのかも知れないが、わたくしは、金銭を賭けることは、金額の多少にかかわらず、賭博罪になるものと見るべきだと思う。物の対価だからいいともいえない。ただなにか一時の娯楽に供する物を買うのに、各人の拠出額をきめるため競技をするということなら、それは「阿彌陀《あみだ》」と同じことで、賭博にはならない。物の対価を負担させるために金銭を支出させたのは賭博罪にならないというこの判例は、こういう場合のことを指して賭博罪にならないといっているのだと解すべきではあるまいか。事実、この事件では、賭けた者の出した金銭は、一同ですぐ飲食に使ってしまったのである。

「阿彌陀」のはなしが出たが、あれは、会社の事務室などでよくやることで、事務員たちが金銭を出しあって菓子などを買うために、くじ引をして各人の負担額をきめる方法である。それは、まさに偶然の当たりはずれによって負担額をきめるものであるが、甲の支出金が乙に引き渡されるというような、いわゆる得喪の関係にあるものではないから、賭博にはならないのである。

賭博罪は「五十万円以下の罰金又は科料」に処せられる。ついでながら、時たま賭博は現行犯でなければ罰せられないものと思っている人があるが、そんなことはない。ただ当局は、現行犯をつかまえるほうが便宜だから、大都会では現行犯だけを押さえるような方針をとっているだけのことである。

賭博は、窃盗などとちがって、自分たちの金銭で、楽しむだけのことで、直接にだれにも迷惑をかけるわけではないから、刑罰で取りしまらなくてもよさそうなものだと思う人もあるかもしれないが、これは非常に不生産的な行為であって、勤労の美風を失わせる危険がある。この意味で、**風俗犯**の一種とされているのである。日本の刑法は、欧米諸国に比べて、賭博を特に厳重に犯罪として罰するように定めている。

第三節　常習賭博・賭博場開張・博徒結合

賭博の一種に「常習賭博」と「賭博場開張」および、「博徒結合」とがある。普通の賭博では懲役にやられることはないが、常習賭博は三年以下の懲役に処せられ、賭博場開張および博徒結合はもっとも重く三月以上五年以下の懲役に処せられる（第一八六条）。

（一）　**常習賭博**は「常習として賭博をした者は、三年以下の懲役に処する。」（第一八六条第一項）という規定によってあきらかなように、常習性があるという点が普通の賭博罪とちがう唯一の点である。たいてい、賭博の前科が数犯あるうえに、さらに賭博を重ねるような場合に、常習性があると認定されるのであるが、前科がなくとも、賭博をたびたびやっていて、いわゆる習癖化していれば、「常習」ということになる。やっていることはただの賭博と同じ行為でも、たびたびやっているかどうかで、「常習」の認定を受けるかどうかがきまる。たびたびというのは、どのくらいをいうのかというと、もちろん、数できめるわけにはいかないが、一〇年くらいの間に五、六回も賭博罪で罰せられた事実があれば、だいたいまちがいなく常習と認められるといってよい。前科が全然なくても、常習と認めるということも、理屈として大いにありうることなのだが、実際としては、まずない。やっぱり、前科があれば、常習ということがはっきり形のうえにあらわれているから、認定しやすいのでもあるが、それにはもう一つの重要な理由がある。それは、犯罪というものは、一度犯して発覚しなければ、自然に反復しがちなものだということである。犯しても発覚せず、したがって、罰せられもしなかったような場合には、反復したくなるのが人情のつねだから、反復したというだけで常習性を認定しては他人にかわいそうだが、何度も罰せられて前科を重ねているのに、なお性も懲りもなく犯罪を反復している場合なら、これを常習賭博罪として重く罰するのがあたりまえだということになる。

（二）　**賭博場開張**というのは、字義からいえば、賭博場を開設することである。「開張」の「張」の字に注意する必要がある。お寺の「御開帳」のように「帳《とばり》」を開くのでもないし、また、帳面を開くのでもない。それは賭博場を開き張るという気持を示している。「賭博場を開張し、又は博徒を結合して利益を図った者は、三月以上五年以下の懲役に処する。」（第一八六条第二項）という規定の文言によっても、あきらかなように、この犯罪の成立には、利を図ることが要件になっているから、何か開張によって財産上の利益を得ようとする目的がなくてはいけない。ごく普通の方法としては、「寺銭」といって、開張者が一勝負ごとに勝った者から、利得金の何分とかいうような金銭を徴収する制度になっているもので、こういうのがつまり利を図ったことになるのである。開張のしかたはいろいろあるが、よくある例は、親分が一定の縄張を持っていて賭博場にあらわれず、子分のうちの幹部級にあたる「代貸《だいがし》」以下の者が、場所を借りたり、賭博者を客引して連れてきたり、サイコロを振ったりして、要するに、賭博場の設営をして寺銭を取るのである。賭博開張図利《とり》罪になるのは、親分ばかりではない。代貸はもちろん、下足番をしたり、客引をしたりする程度の「三下《さんした》」でも、この罪に問われる。賭博に使う室を貸しても、すくなくとも賭博場開張図利の幇助罪になる。開張者自身が賭博に参加すれば、開張罪のほかに賭博罪か常習賭博罪かに問われる。

（三）　**博徒結合**もやはり利を図ることを要件とすることは、条文の文言によってあきらかである。「博徒」というのは、賭博常習者をいう。かならずしも親分・子分の関係を作らなくても、結合したといえる場合はあるが、結束を固くするには、やはり親分・子分の関係を作ることが多かろう。結合的組織を作るだけでこの罪は成立するのであって、これ以上に進んで、賭博をしなければ、この罪が成立しないというわけではない。

法律上には、博徒結合図利罪というものがちゃんと規定されてはいるが、めったにこの罪で罰せられるような事実は発生しない。それもそのはずである。博徒の結合などが今日の社会にそうやたらにあろうはずはないからである。

第四節　富くじ

本質的には、やはり賭博の一種なのであるが、刑法上やや別の取扱を受け、一般の賭博と区別されているものに、富《とみ》くじに関する罪がある。その規定に曰く「富くじを発売した者は、二年以下の懲役又は百五十万円以下の罰金に処する。」（第一八七条第一項）、「富くじ発売の取次ぎをした者は、一年以下の懲役又は百万円以下の罰金に処する。」（同条第二項）、「前二項に規定するもののほか、富くじを授受した者は、二十万円以下の罰金又は科料に処する。」（同条第三項）と。

富くじというものも、種々の変形が考えられるが、もっとも普通の形のものとして、だれにでもわかりやすいのは、街で売られている「宝くじ」の類がこれにあたる。この「宝くじ」を例にとって、富くじの売買ということを考えてみると、まず、発売者というものがあって、それが偶然の事情で「あたり」「はずれ」のきまることを予定したくじ札を多数売り出し、それを買った人は、くじにあたれば相当額の金銭の払戻を受けるが、はずれればくじを買うのに支出した金額の元も子も取れなくなるという仕組になっている。そうして、取次人というものは、かならず存在することが法律上犯罪成立の要件ではないが、たいていの場合には、発売者と買う人との間に取次人が介在しているものである。取次人は発売者よりは軽いが買う人よりは重い刑に処せられる。この点でも中間的位置に立っている。「宝くじ」の場合だと、政府が発売者で、さしずめ、タバコ屋の小父さんやアルバイト学生が取次人ということになる。

政府が「宝くじ」のようないわゆる富くじを売って金もうけをやり、世人の射幸心をそそっているのは、一方で富くじ罪を罰していることと矛盾する面もあるので、社会問題にもなっているわけだが、法律上の問題としては、政府がこういうことをやるについては、別に「当せん金附証票法」という法律を作って、それで例外的に刑法上の犯罪とならない場合を認めているから、これに従って「宝くじ」などを発売することは、犯罪にならないことになるのである。政府のやっていることは、まさに富くじの発売なのだが、それがこのような法律によって例外的に許されている結果として、それは刑法第三五条に「法令……による行為は、罰しない。」とある規定にあたるから、犯罪にはならないことになるのである。

富くじ行為をも含めて、ひろい意味での賭博行為が犯罪とされているのは、前に述べたように人が射幸心ばかり刺激されて、正業に従事することを好まなくなると、風教上よくないという理由によるのであるとすれば、政府がこんなことをやるのはけしからんという議論の出るのももっともである。むろん、政府としても、大いにやりたいことではないであろうが、脊に腹はかえられぬ財政上のやりくりから、やっているに相違あるまい。それはそれとし、法律上かように一般人にはやらせないで、政府とか地方公共団体とかにだけ、富くじの発売を許しているのは、一般人に無制限に許すと、その弊害は比較にならないほど重大だからである。

さて、この「宝くじ」を例にとって、富くじ発売という行為の特徴を考えてみると、普通の賭博と違うのは、（一）発売者が一時に多数の者にくじを売って巨利を博することができるということ、（二）買う人の支払った金額は、あたりはずれがわかる前に、すでに売る人の所有に帰してしまっていて、賭博の場合のように勝負がきまってから始めて金品の得喪があるのではないということ、（三）売るほうはだいたいにおいて損をしない仕組になっているから、賭博の場合の相手方同士のように、双方五分五分の損得の可能性が予定されていないということ、（四）あたりはずれをきめるのに、競技上の勝負によらず、ほとんど完全な偶然性の支配を受けるくじ引によるということなどを挙げることができる。「宝くじ」には、たしかにこれら四つの特徴があるが、この四つがそろわなければ富くじにならないわけではない。このうちで欠くことのできない本質的な特徴はなにかということは、なかなかむずかしい問題であるが、普通は、大審院の判例に従って、第二番目の特徴に重点を置いて解釈している。そうだとすると、競馬やビンゴ・ゲームなどは「券」を買った時に支払った金銭の所有権は、その時すでに売るほうに移転してしまっていることはまちがいないから、本質は富くじだということになる。しかし、これらも一種の勝負事をするので、くじを引くわけではないという点では、大いに賭博的であるということができる。ちょうど、これは典型的な賭博と本来的な富くじとの両者の中間的な手段であるために、とかく論議をかもすことにもなるのである。

刑罰について賭博罪と富くじ罪とを比較してみると、後者のほうが軽い。たとえば、賭博場開張は三月以上五年以下の懲役に処せられるに対し、富くじ発売は二年以下の懲役または一五〇万円以下の罰金に処せられるに過ぎないし、ただの賭博は五〇万円以下の罰金または科料に処せられるに対し、富くじの授受は二〇万円以下の罰金または科料にとどまっている。かように富くじ罪が賭博罪よりも刑を軽くしてあることの理由を考えてみると、それがただ所有権移転の時期の早いか遅いかにかかっているとするのは、受け取りにくい議論である。わたくしは、学説として、やっぱり勝負事かくじ引かという点に区別の焦点があるのだと主張している。

勝負事はくじ引よりも人を興奮させる傾向が強いから、それだけ多く、人をこれに耽溺させ、いっそう正業を省みなくする危険がある。だから、このほうを重く罰するのだといいたい。競馬や競輪で身を持ちくずすという話しはいくらも聞くが、「宝くじ」ばかり買って産を傾けたというような話しはあまり聞かないことから見ても、この関係がわかるような気がする。それから、賭博では、やる人同士相互に五分五分に損得の危険があるが、富くじでは売る者の側にその危険がないということを両者の区別の標準として強く主張する説もあるけれども、これは比較するのがもともとまちがっている。富くじ発売者に比較すべきは賭博場開張者であって、賭博者ではないのである。富くじ発売者と賭博場開張者とを比較すれば、かえって後者のほうが損をする危険はないのである。富くじを売っても、たまたまあたりくじばかりが多く売れ、はずれくじが多く残ったとすれば、発売者は損をすることになりやすいのに対し、賭博場開張者は場所代がかかるのを別とすれば、寺銭取りで行くかぎり、損をすることは全然ないのである。だから、両罪区別の標準を危険負担の点に求める説は正しくない。

最後に、ちょっと触れておきたいのは、福引である。景品福引のようなものは富くじではない。あれは券の発売ということがなくて、法律的に見れば、まったく贈与の一方法にすぎないからである。

第二三章　神仏冒瀆と怪奇犯罪

――礼拝所および墳墓に関する罪――

第一節　その諸形態

人間が神仏を信ずるという気持と、死体をなにか特別扱いにし、霊魂を祭るという気持とは、よほどちがう面もあるはずだが、実際生活では密接な関係があるように扱われていることが多い。刑法もそういう態度で扱っていることは、それらが同一の章のもとに規定されているのでもわかる。そうして、これは**宗教的風俗に関する罪**だといわれている。

まず、**礼拝所不敬罪**というのがある。「神祠《し》、仏堂、墓所その他の礼拝所に対し、公然と不敬な行為をした者は、六月以下の懲役若しくは禁錮又は十万円以下の罰金に処する。」（第一八八条第一項）という規定がこれにあたる。いくら無神論者だからといって、多数参詣人の来集するなかで、御神体をステッキでたたいてみたりするのは、公然不敬の行為である。田舎道に建っている小さな地蔵堂でも仏堂だから、地蔵さんの顔にひげを生やしたりなどしてはいけない。人の見ていないところでコッソリやれば、「公然」ではないだろうともいえない。ひげを生やす時には、人が見ていなくても、あとでだれが見るかわからないのだから、やはり「公然」である。はじめから人に見られないようにする予定で、すぐ洗い落してしまったというのなら、もちろん、公然性はないから、この犯罪にはならない。墓石に放尿したりする行為なども同様である。

「説教、礼拝又は葬式を妨害した者は、一年以下の懲役若しくは禁錮又は十万円以下の罰金に処する。」（第一八八条第二項）。これは現に行われる宗教的行為そのものに対する犯罪であるから、神祠、仏堂などに対する犯罪よりも、刑が重くなっているのである。

墓については、単なる不敬の行為より進み、それをあばく行為となれば、**墳墓発掘罪**として、二年以下の懲役に処せられる（第一八九条）。ここまでくると、はなしがだいぶグロテスクになるが、ときどきは、迷信からこの種の犯罪が行われることもある。かつて、神奈川県の大磯に有名な坂田山心中というのがあったが、その仮埋葬の心中死体を土地の漁夫の一人が夜なかに掘り出して、女体を抱擁したという怪奇事件となったので、二重に有名になった。

考古学者などがよく古墳の発掘をやるが、あれも墳墓を発掘する行為かというと、いわゆる古墳は、たいてい、刑法上の「墳墓」にはあたらないものと解釈されている。刑法上「**墳墓**」というのは、遺体などを埋葬して、死者を祭り、またはこれを記念してある場所をいう。いわゆる古墳のうちには、ただ何々塚などと名づけられているだけで、祭も絶えて久しく、もはや人々の崇拝の対象にもなっていないようなものが多い。そういうものは、刑法にいうところの「墳墓」にはあたらない。

刑法上も立派な墳墓といえるものに対してでも、改葬の場合などに、発掘の許されるのは、法定の手続をふんでいて、「法令による行為」（第三五条）として、違法性がないからである。

墳墓を発掘して、さらに「死体、遺骨、遺髪又は棺に納めてある物を損壊し、遺棄し、又は領得した者」は、三月以上五年以下の懲役に処せられる（第一九一条）。墳墓発掘を手段としないで、これらの行為をすれば、刑はずっと軽く、三年以下の懲役ですむ（第一九〇条）。実際の例としては、この墳墓発掘を手段としないで、埋葬前に行うのが大部分である。これについては、後に少しくわしく述べる。

このほか、宗教的感情にはなんの関係もないが、死体に関係があるために、これらの罪と同じ章のもとに規定されている罪として、**変死体密葬罪**がある。「検視を経ないで変死者を葬る」ことによってこの犯罪を構成し、これに対する法定刑は、「十万円以下の罰金又は科料」である（第一九二条）。これは宗教感情またはそれに準ずべき人間感情とはなんの関係もないもので、もっぱら警察目的による規定である。

変死体すなわち法にいわゆる「変死者」とは何をいうか。抽象的に定義すれば、不自然死をした者もしくは不自然死の疑いある者で死因の明白でない者の死体または犯罪によることの明白な死体ということになる。つまり、犯罪で死んだことの明白な死体を検視をしないで葬ることは、犯罪捜査上に支障があるから、それを取りしまろうとするのであり、自然死でなくてしかも死因の不明な死体についても、同じ目的からいって、検視を必要とするから、これを受けさせようとするのである。

死因不明のものには、普通の病死だけれども死因がわからないというのもある。これは不自然死ではないから、検視を経ないで葬ってもかまわないが、不自然死であって、しかも死因のわからないものとか、不自然死ではないかと思われるような疑いのある死体で死因不明のものについては、検視をしないと、後でどんな問題がおこらないともいえないから、検視なしに葬らせないようにしているのである。

木から落ちて死んだ人なども、なるほど変死者には相違ないが、これは死因が明瞭だから、ここにいう「変死者」にはあたらない。木から落ちて死んだことは明白だが、木から他人の力により落されたのかもしれないと考える余地があるとすれば、それは犯罪による疑いがあるわけだから、やはり変死者として、検視を経る必要がある。また、ただ往来に一個の死体がころがっているが、死因が不明で、行き倒れだか、自殺者だか、あるいは他殺死体だかわからないというのなら、やはりここにいう変死体である。「変死者」の定義に諸説あるが、この規定の目的から見て、このように解釈するのが正当である。

第二節　死体損壊

死体にかぎらず、遺骨、遺髪または棺に納めてある物を損壊する行為が犯罪になるが、このうち特に死体損壊が問題を含んでいる。

「死体」は人体の全部でなくてもいい。人体の一部分でも死体の観念にはいる。変死体などだと、頭がなかったり、腕が一本欠けていたりすることがあるが、それでも死体であるから、それをさらに物質的に破壊すれば、死体を損壊したことになる。だが、逆に、頭だけ、腕一本だけしかなく、胴体がなくても、「死体」といえるだろうか。常識からは、ちょっとむずかしい感じがするが、死体損壊罪というものの設けられた趣旨から考えると、これでも死体だといいたいところである。胎児の死んだものを死胎というが、死胎もまた死体の一種だというのが判例である。死胎でも、ほぼ人間の形体をそなえている以上、これを死体として成人と同じように取り扱うのが人間一般の感情だから、その人間感情を保護しようとする本罪の趣旨から考えると、この判旨のように解するのが正しい。ただ判例がこれを妊娠四カ月以上の胎児ということに限定しているのは、埋葬規則上の取扱をもってただちに人間感情の問題に推し及ぼそうとするもので、正当とは思われない。

ついでながら、わたくしがこういう場合に関して、「人間感情」という表現をしていることにつき、一般に刑法学者が説くように「宗教感情」とすべきだという感想をもたらした人があるが、これには、わたくしにはわたくしなりの一つの主張がある。死体についての特別の感情は、宗教感情すなわち神に対する絶対帰依の感情とは別ものだから、わざと「宗教感情」という表現を避けたのである。

よくある死体損壊の例としては、隠亡《おんぼう》が死体の金歯を欠き取るというはなしがある。取るのは領得であるが、欠くのは損壊である。全体として一つの法条に該当する行為だから、損壊罪として罰してもよければ、領得罪として罰してもよいことになるが、後者のほうが行為として後の発展段階だから、これによるのが実際上の取扱のようだ。

隠亡に死体から金歯を欠き取られるのは不愉快だし、当節なかなかの財産的損害でもあるというので、遺族が死体から金歯を取りはずしたらどうだろうか。少しはなしが怪談めいてきたが、そこは、歯医者さんに頼んで、科学的に、近代的に明るく処置するとしたら、どんなものだろうか。ことに、死者が生前にそうしてくれと遺言でもしていたとしたら、遺族はこれを行うのに、そういやな感じもしないかもしれない。それをやってもいいか。わたくしは違法でないと考えるが、それは無神論で霊魂消滅説の好きなわたくし流の異説にすぎない。しかし、違法でないとわたくしが考えるのには、理由がある。けっしてただの感情論をいっているのではない。

そもそも死体損壊罪という犯罪の設けられたのは、死体にちょっとでも物質的破壊を施してはならぬという趣旨からではなく、死体に対する礼意を失うようなしかたでそれをやってはならぬという理由からだと思うからである。周囲の人々、なかでも遺族たる近親者の感情を害しないようなしかたでやるなら、死体損壊罪だなどといわなくてもよさそうなものだと思う。しかし、現今ではまだ死体というものを一種のタブー的な取扱をしているから、この論に大方の賛成を得ることはむずかしいだろう。

死体損壊罪に関して、先年おもしろい例を調査したことがある。それは新聞種にもなったことだが、福島県下会津地方のある農村で、妊婦が懐胎のまま死亡したときは、胎児を分離し、いわゆる「身二つ」にして葬らないと、成仏できないとの言い伝えがあるため、医師を頼んで妊婦の死体にメスをあて、死胎を取り出したうえで埋葬したという例である。調査してみると、明治、大正のころには全国各地にその例があることがわかったが、この種の行為は死体損壊罪にならないかということが実際上の問題になった。当時、数人の刑法学者の集会の席上でわたくしから話題に供してみたところ、こと迷信に発しているから、犯罪になるのが当然だとの強硬論もあったが、わたくしは罪にならないとの見解を採って、そのむね公式の回答をした。それで、その事件は不起訴処分になった。今でもそれが正しいと思っている。

婦人が死ぬと、よく死体に化粧をしてやる。それは人情のあらわれである。それを一歩すすめると、変死体などで腹中に石塊や木片が飛び込んでしまったものがあったとすれば、それらの異物を取り出して葬りたいというのも、遺族の人情として了解できる。そのために多少のメスをあてたからとて、死体損壊罪に問うべき違法性はないではないか。死体は一種の物にすぎないというところまで割りきって考えれば、これだって迷信による行為と同じことである。それが許されるべきだというなら、胎児の摘出も許されてよいわけである。「迷信だ。野蛮だ。」と反対論者はいうけれども、普通の人間感情とすれば、そういう風習のある社会環境のもとで、「死霊が迷って成仏できないぞ」といわれても、これを押し切ってしまうことは、なかなかできるものではない。夫子自身は霊魂消滅論者だから、この風習に従わないことをなんとも思わないが、それを世人一般に押しつけることには不賛成である。

死体損壊罪は霊魂の坐としての死体に対する礼意を欠く行為を違法視するところから設けられたものであるのに、この種の行為は、それとは逆に、礼意を厚うするために行われるものであるから、この点においても、刑法の保護しようとしている法益に対し、全然なんらの侵害となるものではない。もし、これが犯罪になるというなら、死体を一時保存するために、よくやるように、相当大きな傷をつけて、そこから血管に朱を注入するのなども、犯罪になることにならなければならない。死体に対する行為は医療行為ではないから、医師の業務行為だとはいえないので、これが犯罪にならないということを論証するには、やはり、行為自体が保存行為で、損壊行為ではなく、なんら死体損壊罪の法益を害するものでないということに、その理由を求めなければなるまい。

死体損壊では、ずいぶん有名な事件もあった。近くは、女教員が巡査をしている内縁の夫を殺して解体のうえ川に投じたという荒川のバラバラ事件もあったが、遠くは、A女が男を愛するのあまり、性的痴戯の極、これを殺害した後、その「下腹部」を切り取って持ち歩いたという事件があった。これが死体損壊になることはいうまでもない。また、日本の青ひげ小平某の事件では、死体を姦したという事件については、死姦は死体を損壊するわけではないから、なんの罪にもならないとの趣旨が判示されている（最判昭和二三年一一月一六日刑集二巻一二号一五三五頁）。これも至極もっとものことである。

第三節　死体の遺棄

人を殺しておいて、死体を運んで川に捨てるなどという犯罪がよくある。これが死体遺棄罪の典型的な例である。大正のなかごろ、農商務省高等官の技師山田某が東京大崎の自宅でわが国で有数の米穀商Sを野球用のバットで殴り殺し、死体の首と脚をのこぎりで切断してトランクに詰め、新潟県の長岡市に運び、これに重しをつけて信濃川に沈めたという事件があったが、そこには殺人行為のほかに、死体損壊と死体遺棄の行為がある。殺人罪が成立することは当然として、死体損壊罪と死体遺棄罪とは、同一の条文に規定されていることだから、どちらで罰しても同じことだが、普通は時間的発展としてあとの段階に属するほうを採って、死体遺棄罪で罰する。この事件でも、そう扱っている。

殺人犯人が死体を遺棄するということは、よくあることで、殺人と死体遺棄とは、たがいに手段・結果の関係（第五四条第一項後段）があると見るべきではないかと思うのだが、判例はそうは見ていない。両罪の関係を普通の併合罪関係（第四五条・第四七条）にあるものとして扱っている。わたくしの考えより判例のほうが刑が重くなるのである。

東京で殺した人の死体を信濃川まで運んで捨てたのなら、これは遺棄にちがいないが、殺したまま、その場所へ捨てて行ったらどうなるだろうか。これも俗には「捨てて」行ったわけだけれども、いつでも死体遺棄罪になるとはかぎらない。犯罪になることもあり、ならないこともある。

死体遺棄罪は、やはり死体に対して礼意をつくすという社会の風習に根拠を置くものであるから、けっきょく社会の風習上、葬儀を営むべき義務のある者が、それを営まずに放置してかえりみないということが犯罪視されることになるのである。そこで、行きあいの辻強盗が人を殺して、その死体をその場に捨て去ったとしても、強盗殺人犯人に葬式を出せというのは無理な注文だから、ただそのまま捨て去っただけでは、死体遺棄罪を構成することはない。これに反して、母親が嬰児を砂中に埋めて殺害したような場合には、死んだままにして置き去るだけでも、死体遺棄罪を構成する（大判大正六年一一月二四日刑録二三輯一三〇二頁）。それは母親にはその子の死体を葬るべき義務があるからである。

それなら、墓場に埋めさえすれば、よいのかというと、そうばかりはいかない。死体を共同墓地に持って行って、こっそり埋めても、死体遺棄罪になる。やはり、埋めるには埋めるようにして、ちゃんと葬らなければいけないのである。ある殺人事件で、自分の家の床下に死体を埋めておいて、合掌したから死体遺棄罪にはならないと、弁護人が弁論したことがあったが、そういうわけにはいかない。いくら拝んでも、床下に埋めるなどというのは、大いに礼意を失している。

礼意をつくすには、なにも坊さんにお経を読んでもらわなければならないわけではない。バーナード・ショウのように、遺言して、自分の遺骨を恋人の遺骨と混合して遺愛の樹下に投じてくれというなら、そうしてやったとて、埋葬規則違反になる場合のあるのは別として、遺骨遺棄罪にはならない。科学者の遺骨を、その遺志に従い、灰にして空中から撒くなどということも、同様である。さらに、いつも遺言がなければならないわけではない。客観的に見て、礼意を失わない行為であれば、遺棄ではないのである。この犯罪が風俗に関する罪だからといって、霊魂消滅論者までが宗教的習俗に従った儀式を強制されるのではない。わたくしの尊敬する某弁護士は、仏教の信仰のある人なのだが、母堂の死に際し、職業的僧侶の儀礼を好まないところから、ある著名な浪曲師を招き、郷里の人々に一席聞かせて読経に替えたという痛快なはなしがある。もちろん、それでもいいわけである。

第四節　死体等の領得と財産犯罪

死体等の領得罪も同様で、礼意ということが中心にある。「**領得**」とは所持を取得することである。取得の方法が買受であると窃取であると、また直接たると間接たるとを問わない。死体、遺骨、遺髪および棺に納めてある物がすべて領得を禁ぜられているのであるが、それはこれらの物は普通の物とは性質がちがい、みだりに人の所持を転々することを許すべきものではないからである。

こういうふうに解釈するのが正しいと、わたくしは思うのだが、これはすこし大胆な解釈かもしれない。この「領得」の意味を、もっと限定的に解しようとする説もあるだろうが、限定すべき理由を見いだすことができない。普通の物なら、売買、交換、贈与等の手段によるかぎりは、合法的なこととして、領得が許されるのであるが、死体等に関するときは、そういう手段によってでも、これを領得することは犯罪になる。この犯罪に関する規定のねらいは、まさにこういうところにあると思うのである。

しかし、領得は窃盗、横領、詐欺、恐喝等非合法の手段によっても行うことができる。その場合にも、公共の法益たる風俗を害することにおいて変わりがないから、死体領得罪等を構成することはいうまでもない。だが、それだけでよいだろうか、通説は、死体や遺骨などは所有権の対象にならないとの理由により、別に窃盗罪や横領罪の成立する余地はないものとしている。ただ棺に納めてある物についてだけは、同時にこれら財産犯罪の成立あるものとする学説もあるけれども、大多数の説では、それすら認めない。棺に納めてある物だけを特別扱にすることには、成法上の根拠がないから、賛成しかねるが、その主張の底にある気持はわかる。

棺内には相当金目のものも副葬されることがあるから、これを盗む行為がわずかに「三年以下の懲役」というのでは、普通の窃盗罪が「十年以下の懲役」になるのに比べて、バランスが取れないというわけである。これは一つの難問である。

普通の窃盗罪などに比べて、死体等の領得罪に対する刑がかように軽いのは、それを占有離脱物横領罪（第二五四条）に似た罪だと見れば、説明がつかないことはない。まず、その辺に理由を求めて、多くの場合、遺族等は死体、遺骨、遺髪についてはもとより、棺に納めてある相当の財産的価値のある物についても、それらの品は死者に対するはなむけとして、所有権を放棄した物と見れば、刑の軽いわけもわかるような気がする。はなむけをもらった死者のほうは、生きていないのだから、占有の主体ではない。さればとて、はなむけをしたほうの人の現実の占有に属するわけでもないとすれば、占有離脱物に類するといってよかろう。

もう一つ別の解決策も考えられぬではない。それは、ひとり棺に納めてある物にかぎらず、死体、遺骨、遺髪の類でも財産権の対象にすることができると見て、これを窃取したり、騙取したりすれば、それぞれ窃盗罪や詐欺罪になるとの考えである。この解釈をとると、死体等の領得罪だけが成立するのは、売買、交換、贈与などの普通なら合法手段とされるような方法によって領得する場合にかぎることになる。

死体、遺骨の類は財産的価値がないというが、そうばかりはいえない。仏像や聖画が祭祀・礼拝の対象であるとともに、美術品として財産権の対象となるのと同様に、死体や遺骨も絶対に財産権の対象となりえないものではない。ことに、特殊な人物の死体や遺骨などはそうである。まして、棺に納めてある物においてをやというのが、わたくしのこねるひと理屈なのである。

しかし、刑法は墳墓発掘を手段とするこれらの物の領得罪を別に規定している（第一九一条）ので、この規定との関係上、この解決には難点を生ずる。墳墓を発掘して領得する行為が売買、交換等の方法で行われようとは、あまり想像できることではないからである。

以上のように見てくると、やはり、窃取、詐取等の手段によることでも、単純にこの「領得」罪を構成するだけで、別に窃盗、詐欺等の罪を構成しないものと解すべきである。そうして、そのことは、死体たると棺に納めてある物たるとによって、なんら差異あるものではない。

私益犯罪の法理

刑は刑無きを期す。

刑期于無刑　　舜

第二部　私益犯罪の法理

第一章　殺　人
——殺人の罪——

第一節　殺人の要件

首を絞めても、刀で斬っても、人は殺せる。もとは、そういう方法が多かったのだが、戦後は殺人の方法も文化国家らしくなったのか、銃器による殺人や、青酸ソーダなどによる殺人が多くなった。どんな方法でやっても、刑法では、「人を殺した者は、死刑又は無期若しくは三年以上の懲役に処する。」（第一九九条）の一ヵ条で片づけられる。ずいぶん幅のひろい刑を認めているのは、こういうふうにいろいろの殺人罪を含んでいるからである。重ければ死刑だが、軽ければ三年の懲役ですむ。三年以下なら、執行猶予になる可能性もある（第二五条）ばかりか、自首でもあったとなれば、法律上の減軽で、この三年という下限を一年半まで減ずることができるし（第六八条）、それでも、なお同情すべき事情があって重すぎるとすれば、酌量減軽をして、そのまた半分の九ヵ月に減らすこともできる（第六六条・第六七条・第六八条・第七一条）。

人を一人殺して九ヵ月、そのうえ執行猶予にでもなって、その期間を無事にすごし、その言渡を取り消されずにすめば、無罪と同じ結果になる。そんなにまで軽くしなければならない場合もあるにはあろうが、一般に、日本の裁判の実際では、殺人罪に対して言い渡される刑が軽すぎる。大別して、謀殺は重く、一時の激情にかられてやる故殺は、それより軽くてよい。外国の立法例では、この謀殺と故殺とを分けて規定している例が多いが、日本の刑法では分けてない。裁判官の良識に訴えているのである。

殺す方法ばかりではなく、殺される相手の種類もいろいろある。老いさき短い老人は命の価値が低いから、これを殺しても刑は軽くてよい、というわけにもゆかない。生まれたての赤ん坊は、日本や中国の古い風習では、人間としての価値をあまり認めなかったらしく、**嬰児殺し**は割に軽く扱われてきた。ところが、イギリスでは、赤ん坊は無抵抗だから、これを殺すのは、いっそう事情が悪いと見られている。それはとにかく、現在のわが国の刑法では、殺される相手がだれであるかにより、適用される法律の条文に変わりはない。天皇でも、ルンペンのおじさんでも、同じことである。

「人」を殺すのが殺人である。人とは何か。三つ目小僧も人か、指が六本あっても人かというと、畸型でも人は人だということになる。だが、人であるためには、生存していることが必要である。そこで、出生と死亡ということの意味が問題になる。

出生の概念について、母体から完全に分離することが出生であるとする全部露出説、独立して呼吸することが必要だとする独立呼吸説などもあるが、刑法上の学説としては、一部露出説が通説になっている。それは、胎児が母体の一部としてでなく、独立の生命の主体として、殺害行為の対象となるからだとされている。もっともな理屈ではあるが、生きて出てくるということが、ぜひ必要なはずだから、一部露出したからとて、すでに死んでいれば、「人」であろうはずがない。胎児は独立の人ではないのだが、生命を保って一部を露出すれば、ここにいう意味で刑法上の人となるから、刑法の適用について、殺人の被害者としては、成年者と全く同じである。

ところが、**死**のほうは、これほどはっきりしていない。刑法学上何々説というような学説の対立としては、あまり論ぜられていない。呼吸がとまっても、生きていることは珍しくない。心臓が動かなくたって、生きていることもある。法医学者の説明によると、「心臓および肺臓の機能の永久停止」などとなっている。この「永久」ということに意味があるわけであろうが、永久停止なら、なにも心臓と肺臓の双方を考えなくても、一方だって永久に停止すれば、死であるといってよさそうだ。問題はなんによってその停止を永久のものと認めるべきかにあるわけだが、総合判定をするよりほかない。法律家がこれが「死」というものだときめても、はじまらないから、当代科学の認定に従うことにしよう。認定はむずかしくても、客観的に「死」というものは、はっきりしている。とにかく、その「死」にいたるまでは、りっぱな「人」なのだから、たとえ、命旦夕に迫っているからといって、殺してもよいということにはならない。それは九十何歳の老人だからとて、先が短いから、これを殺しても、罪が軽いといえないのと同じである。しかし、病気の苦悩にたえかねている死期の迫った者については、苦悩を軽減してやることが、かえって人道的な処置と考えられる場合もあろう。その場合には、殺してもよいのだとするのが、「安死術」とか「安楽死」とかいわれるものの是認論である。

〔補　遺〕最近では、従来の通説である三徴候説（総合説とも言われる）に対して、脳死説の主張も有力である。心臓移植のため心臓を摘出することは、三徴候説では殺人罪を構成するが、脳死をもって個体の死であると解すると、移植の手術行為は殺人罪の枠組からはずれることになる。植松先生は、早い時期から脳死説を主張されていた。なお、平成九年七月には「臓器の移植に関する法律」が制定された。

安死術が許されるべきかどうかということは、のちに論ずるとして、そういう事態においては、すくなくとも刑を軽くしてもよさそうである。それは原則として、死刑から三年の懲役までの幅のなかで、重かるべきに重く、軽かるべきに軽く、刑をきめるということで、まかなえばよい。適用される条文は同じでも、科刑は、被害者、加害者、両者の関係、殺害の動機・方法その他諸般の条件を考慮して、適切な刑を選べばよいのである。

〔補　遺〕尊属殺人罪の規定は、平成七年の刑法一部改正により削除された。したがって、以下の「第二節尊属殺罪」および「第三節憲法違反問題」の両節の叙述は、現行法の解釈論としては不要であるが、改正前にどのような議論がなされていたかを知っておくことも必要であろう。

〔第二節　尊属殺罪―旧規定下での説明〕

加害者と被害者との関係は、いつも量刑上考慮されなければならない一つの点であるが、それも、原則として裁判官の裁量範囲にまかせられている。ただ一つ例外として、尊属と卑属という関係にある者についてだけは、刑法が特別規定を設けている。すなわち、「自己又ハ配偶者ノ直系尊属ヲ殺シタル者ハ死刑又ハ無期懲役ニ処ス」（第二〇〇条）がこれである。尊属殺罪と呼ばれる。

「直系尊属」というのは、父母、祖父母、曾祖父母、玄祖父母などの系統をいい、伯叔父母や兄姉のような傍系親族は含まれない。直系尊属に対して、子孫のほうは直系卑属といわれる。この直系卑属が直系尊属を殺すのが尊属殺罪である。そのもっとも普通の例をいれれば、親殺しである。親殺しは普通の殺人よりも重く罰せられるというのが、この規定の趣旨である。普通の殺人罪なら、重いのは死刑まであるものの、軽ければ三年の懲役ですむのに対し、尊属殺罪に対する刑は、死刑と無期懲役刑しかないから、非常に重いことはあきらかである。

この特別規定で律せられる尊属殺罪は、自己の尊属に対してばかりでなく、配偶者の尊属に対しても成立する。したがって、「しうと」殺しなどもこの罪になるし、妻の実家の父母を殺すのも同罪とする。義父母も血族関係のある実父母と同様に扱われることは、民法の定めるところに従う。継父や継母はどうか。これは通俗には「お父さん」「お母さん」と呼んでいても、民法上親子関係があるものとはされていないから、これに対しては、尊属殺罪は成立しない。俗にいう私生子を父が認知すると、この父と子の間に尊属・卑属関係が明白になることは、いうまでもないが、その子と父の妻との間には、当然には、親子関係があるわけではないから、たとえば、妾の子が本妻を殺しても、尊属殺罪にはならない。

それでは、ほんとうの父母が戸籍上父母として届けられていない場合はどうなるのか。戸籍に従うべきだとの議論もあるが、刑法は事実に従うべきである。真実の親子関係は、戸籍によって定まるのではなく、戸籍以前のものだからである。刑法が事実に従って適用されるべきは、年齢の問題についてもっとも明白である。一四歳未満の者を罰しない（第四一条）とか、一三歳未満の者に対しては、その承諾のもとに行う姦淫もまた強姦罪となるなどという場合には、その年齢はすべて事実に従うべきであって、戸籍の記載によるべきではない。ただ戸籍の記載はいちおう強力な証明力を持っているから、これに反する事実の認定をするには、それ相応の証拠がなければならないことは、もちろんである。ここまでくると、俗にいう私生子がその事実上の父を殺す行為も、尊属殺になるものとしなければならなくなる。と同時に、戸籍上は父母となっていても、真実がそうでない場合には、これを殺しても尊属殺にはならない。

他面、人間社会の倫理としての尊属敬重の道義がこの犯罪の基礎となっていることを考えると、かように認知もしないで放っておくような父親に、尊属殺罪の客体として、一般の人よりも特に厚い保護を加えるべき理由は出てこない。尊属・卑属という関係を単に生物学的に考え、「血のつながり」として見れば、これでも父子の関係にあると見られるが、そこには、いわば社会学的な親子関係は存在しないという意味において、不当に親が保護される面も出てくることになる。

しかし、それは稀有のことでもあるし、社会学的な関係を強調し出すと、けっきょく戸籍上も血縁上も真実の親子である者の間においてさえ、不当に保護される親というもののあることを否定することはできないから、しょせんは、多少不都合な例の存することには目をつぶって、刑法の適用を考えなければならないことになる。

［第三節　憲法違反問題―旧規定下での説明］

尊属殺罪は普通の殺人罪に対して身分犯だといわれる。子たる身分のある者によってしか犯すことのできない罪だからである。共犯に関する規定のうちに、「身分ニ因リ特ニ刑ノ軽重アルトキハ其身分ナキ者ニハ通常ノ刑ヲ科ス」（第六五条第二項）という条項があるが、これはまさに被害者の直系卑属と他人とが共犯となって人を殺したような場合に、適用されるべき規定である。その適用の実際を示してみると、AB両名が共同してAの父を殺害したような場合に、それぞれAは第二〇〇条、Bは第一九九条の刑を科せられるということになる。

このことは、けっきょく、Aは被害者の子なるのゆえをもって、Bその他一般人よりも重い刑罰に処せられることを意味する。ABが平等に罰せられないのは、いわゆる身分関係の有無によるのであるから、憲法違反になりはしないかという問題になる。憲法第一四条第一項は国民平等の原則を宣言し、「すべて国民は、法の下に平等であって、人種、信条、性別、社会的身分又は門地により、政治的、経済的又は社会的関係において差別されない」と規定している。尊属・卑属関係をこの「社会的身分」にあたると見て、卑属なるのゆえをもって重い刑罰を科せられるということは、身分による差別をすることになるから、憲法違反であるとの議論が出てくる。

この違憲論に対しては、尊属・卑属関係は憲法にいわゆる社会的身分でないとの説が憲法学者の一部にあり、最高裁判所の有名な判例も尊属に対する罪を特に重く罰することの合憲性の根拠の一つをこれに帰している（尊属傷害致死事件に関する最大判昭和二五年一〇月一一日刑集四巻一〇号二〇三七頁）が、そう見てしまって、さしつかえないものならば、きわめて簡単で、これ以上、論議を重ねる必要もなくなる。しかし、刑法上の「身分犯」という用語例からいうと、やはり一種の社会生活上における身分には相違ないとみるべきであり、刑法学者はおおむねそう思っているようである。すくなくとも、憲法の精神論からいえば、家族関係上の身分も一種の社会的身分と見たほうがよさそうに思う。

かようにして、尊属・卑属関係というものを社会的身分の関係と見ると、違憲か否かの問題をさらに立ち入って論じなければならなくなる。尊属殺罪の規定が憲法違反でないことは、いろいろな角度から論ずることができるが、ここでは焦点二つだけを説明すればたるであろう。その一つは、ひとり尊属敬重の情は封建制に由来するものではなく、人類普遍の道徳原理であるということ、その二は、すべて国民各自は、卑属としては重い責任を負担するものであっても、同時に、尊属としては厚い保護を受けるのであるから、その間、すこしも不平等の取扱があるわけではないということである。第一の理由は、前記最高裁判所の判例をはじめとして、それより前に学説としても主張されたところであったが、第二の理由は、わたくしの一家言として主張してきていることである。

第一の人類普遍の情だという説に対しては、「孝行」という道徳は封建制度と密接不離の関係において発達したもので、今日の民主主義の憲法に符合しないとする強い反対論がある。だが、それは歴史の中間において存在した事実であるにすぎない。封建制を離れて考えても、親が子を慈愛し、子が親を敬重するという道徳はあってよい。この意味で、人類普遍の情だということがいえる。フランスその他の文明国にも、一方では、憲法で国民平等の原則を表明しながら、他方では刑法上尊属殺を重く罰する規定を置いている立法例がある。だが、これに対しては、それならば、親殺しのほうだけを重く罰しながら、子殺しを重く罰しないのは、片手落ではないかとの反駁がある。最高裁判所はこれに対し、「これは立法論だから話しは別だ」といっているが、それでは問題をじゅうぶん割りきったとはいえない。反駁論は、尊属殺重罰の封建性を証明するものとして、この片手落を非難しているのだから、判例の説示はこれに対する回答にはならない。

ここのところは次のように説明したらどうだろうか。親が子を愛するのは、人類以外の動物にもたくさん見られる本能的現象だから、あえて規定を待たないが、子が親を愛するほうは、人間に特に発達した道徳なので、法律がその強い裏づけをしているのだと。この論に対しても、両方とも裏づけしたほうがいいという議論は成り立つが、それこそ立法論上の問題である。現に一方だけ裏づけされていることの理由はこういうところに求めてもよさそうだ。こうなれば、この人類普遍の情というものが尊属・卑属の差別的な取扱の合理的根拠となる。

憲法上の平等の原則というものは、なんでもかんでも悪平等に平等にせよというものではない。ここに要求されるのは、いわゆる均分的正義としての平等ではなくて、配分的正義としての平等なのである。もし、均分的な意味での平等ということに固執すると、男女の平等ということなどでも、労働基準法が女にだけ生理休暇を認めたのは、憲法違反だといわなければならないことになってしまう。

最高裁判所の判例は、一方において、尊属という地位は社会的身分でないという理由を掲げるとともに、他方においては、尊属敬重を人類普遍の情であるということを理由としている。しかし、これは法理論上の理屈としては、形式論理できれいに割りきっているわけではないから、これでは納得できないという人も多い。

このような人類普遍の情ということよりも、法理論として形式的に明瞭なのは、第二の理由である。つまり、子はやがて親になるということである。国民の一人々々は、人の子としては、重い責任を負担しているが、それは一時のことで、その同じ人は、やがて人の親となれば、尊属として厚い保護を受ける立場になる。たまに、子を持たない人があっても、それは事実上の障害であるにすぎず、法的障害ではないから、法がこの点で一視同仁だということについてなんらの反論となるものではない。それはあたかも、国民各自が少年時代には少年法（第五一条など）の適用によって、刑事責任を軽減され、また老年になれば、受刑者としては、刑の執行停止を受けやすくなる（刑事訴訟法第四八二条第二号）というのと同じことである。かように刑法第二〇〇条により、国民の一人々々はみな平等に、尊属としての資格においては厚く保護され、卑属としての資格においては重い責任を負わされているのであるから、憲法違反でなどあり得ないのである。

尊属殺に関する刑法の規定は、憲法違反ではない。だが、刑が重すぎて酷に失しているという点は、認めなければならない（この点から、その後、最大判昭和四八年四月四日刑集二七巻三号二六五頁は、判例を変更して違憲の判断を下した。すなわち、二〇〇条の法定刑では刑を減軽するとしても執行猶予に付すことができず、刑が不当に重すぎるというのである。）。今までの実例について調べてみると、この種の事件では、被害者がひどく悪いので、思い余った卑属が殺害行為に出たという場合か、そうでなければ、卑属のほうの精神に欠陥があるためであることが多い。それならば、軽くても無期懲役という刑は、酷に失する。なかにはじゅうぶん死刑にも値するような兇悪な犯人があるとしても、普通の殺人罪に関する規定にも、死刑はあるのであるから、あえて、刑法二〇〇条を温存しなくても、目的を達することは容易である。その意味で、刑法第二〇〇条は廃止してもよい。廃止したほうが妥当な科刑が得られるだろうということはいえるのである。だが、それが憲法違反の規定かというならば、そうではないということになる。

第四節　心中・安死術

人の命はその個人のものであるから、殺人罪は個人の法益に関する罪とされている。それならば、本人が殺してくれといってる場合には、殺しても、「同意は違法性を失わしめる」の原則によって、犯罪にならないのかというと、殺人罪はそのきわめて明白な例外で、そういう場合でも犯罪になるということを、特にあきらかにした規定がある。「人を教唆し若しくは幇助して自殺させ、又は人をその嘱託を受け若しくはその承諾を得て殺した者は、六月以上七年以下の懲役又は禁錮に処する。」（第二〇二条）というのがそれである。人の生命は至高のものであるから、本人の意志だけで処分を許さないとする思想が背景にある。それは同意というものが違法性を失わしめるについて、その限界を画するものでもある。

自殺は罰せられない。自殺が既遂になれば、死者を罰することは、今日の思想では許されないこともちろんであるが、その未遂も罰する規定がない。これは、自分のいちばんたいせつな命まで絶とうとした者を罰するのは、過酷だというところからきている考えである。しかし、自殺の教唆や幇助が罪になることは、規定によってあきらかである。だから、自殺は正犯が罪にならないで、教唆犯や幇助犯だけが罪になる。この点ははなはだ特異なものであるといわなければならない。そこで、単身で自殺しようとした者は本人が犯罪に問われることはないのに対し、心中未遂では、その片われが犯罪になるのが通例である。幼児を殺して自分も死のうとした母親が生き残れば、幼児を殺したという点で殺人罪に問われる。幼児はたとえ共に死ぬことを納得していたとしても、承諾能力がないから、これは承諾にもとづく殺人ということにもならず、普通の殺人罪になる。

これに対して、情死の場合などだと、女のほうから、いっそ殺してくれといい出したので、殺したうえで自分も死のうと思ったが、死に切れなかったという男があれば、これは「嘱託を受け」て人を殺したという罪になる。男のほうからいい出して、女を死に誘って、これを絞めたという場合なら、その男は「その承諾を得て殺した者」にあたる。いうまでもないことながら、けっして男ばかりが罪になるのではない。女医などだと、男のほうから注射で殺してくれと頼まれることもあるから、この場合には、女が罰せられることになる。

いっしょに毒を飲んだというような場合でも、毒を手に入れて相手に渡したほうが、自殺の教唆か幇助かにはなる。死ぬ気になっていない相手に、一服わたして死ぬ決心をさせたのなら教唆だし、すでに死ぬ気になっていた相手に、その乞うままに毒物を渡したというのなら、幇助である。いっしょに手に手を取りあって身投げをしたとしても、自殺の教唆か幇助くらいにはなるものと覚悟しなければならない。まして、ほんとうは一緒に死ぬ気もないのに、「すぐ後から死ぬ」などと嘘をいって、相手が死んでしまったら、自分は死なずに逃げてしまうのなどは、むろん不都合なやつだ。あまりこれを憎いと思うと、自殺関与罪（こまかくわければ、自殺教唆、自殺幇助、嘱託殺人、承諾殺の四者となる。）に問うだけでは、気がすまなくなる。そういう気持からいうと、殺人罪の責任を負わせたくなる。偽装心中といっても、いろいろの場合があるから、殺人罪にしたいような例もたしかにある。しかし、法律論は感情でかたづけるわけにはいかない。ここで問題にしているような、追死を装って相手を自殺させる場合については、殺人罪になるという説と自殺関与罪にすぎないとする説とにわかれている。

こんな事件もある。A男はかねてねんごろな関係にあったB女から「一緒に死んでくれ」とせがまれたが、いっしょに死ぬ気はなく、むしろ別ればなしを持ちだしたけれども女は応じないので、情死するように装って、まず女に青酸ソーダを与え、その女だけを死亡させてしまった。この事件について最高裁判所は「被害者は被告人の欺罔の結果被告人の追死を予期して死を決意したものであり、その決意は真意に添わない重大な瑕疵ある意思であることが明らかである。……被告人の所為は通常の殺人罪に該当する」と判示している（最判昭和三三年一一月二一日刑集一二巻一五号三五一九頁）。この判旨は一見もっともなようだが、よく考えてみると、賛成できない。

なるほど、B女はA男があとから死んでくれると思えばこそ、死ぬ気になったのではあるから、重大な錯誤のあることはたしかだけれども、前に例にあげた幼児の承諾などとはちがい、死そのものについても十分認識しているし、与えられた物を飲めば、死の到来することについても理解しているのであるから、錯誤はただ間接的な事項について存在するだけである。法律論のほうでは、こういうのを動機または縁由に関する錯誤といっている。それは幼児や精神薄弱者をだまして毒薬を飲ませたのとは、わけがちがう。A男が青酸カリを感冒薬だなどといつわって飲ませたのなら、それはまちがいなく殺人罪になるが、この事件はそうではない。これも犯情はわるいが、殺人ではなく自殺関与と見るのが正当である。A男を憎らしいと思うからといって、殺人罪にしてしまうと、法理が混乱する。

この事件では、B女のほうから先に「死のう」と迫っているのだから、たとえA男の犯情をいかにわるいと考える人でも、どうしてもA男を殺人者に仕立てなくては感情が納まらないというほどのことはあるまいが、事情によっては、どうも殺人関与罪では甘すぎるような気のする事例もある。そんな場合にこそ、裁判官は法定刑に幅のあることを大いに思い出して、その上限に近い刑を科すればよいのである。自殺関与罪だって最高七年の懲役までの刑があるのだから、殺人に近い形態のものは、これで処理すれば、感情上の不満をきたすことはないはずである。なんとなく、法定刑の下限に近いところでばかり量刑するという裁判のマンネリズムを、こういう場合にこそ打ちやぶれば、法理もつらぬくことができるし、感情も満足させることができるのである。

もっと一般的に考えてみよう。自殺者に対して、その前に、どんなに熱心に自殺を勧めたという事実があったとしても、それだけでは殺人罪にならない。自殺教唆である。これは異論のないところだ。とすれば、追死するという嘘が一言これに加わったとしても、この本質は動かないと見るべきだろう。「これを飲んでも、死なない」とか「助けてやる」とか嘘をいったのとは質がちがう。このような場合には、相手方は死を予想していないのに死なすのだから、殺人罪になるが、追死の虚言は死そのものについて錯誤におとしいれる行為ではないから、自殺関与罪を構成するにすぎない。

頼まれて殺しても、承諾を得て殺しても、犯罪になるということになると、先般新聞でさわがれた**「安楽死」**というのは、やっぱり嘱託殺人か承諾殺人かの罪になるのではなかろうかという疑問が当然に起こってくる。戦後まもなく新聞種になった事件は、ほんとうの安楽死の事実と認められたわけではなかったが、いわゆる安楽死とは、生きていることの苦痛にたえない瀕死の病人を楽に死なすことをいうのである。この「安楽死」という言葉は、ちかごろポピュラーになったが、自然に死ぬことが問題なのではなく、安らかに死なすことが問題なのだから、前からいわれているように「安死術」といったほうがいい。

安死術を施すことは、嘱託殺人などをも含めて、広い意味での殺人罪にあたる行為であることは、多言を要しないことであるが、それが特に本人の死期がまぬかれ難く迫っている場合であるかぎり、違法性のないものと見るべきではないか。そういう意味において問題になるのである。以前からドイツの刑法学者の間に大いに論ぜられているところであるが、近くは、アメリカの一部にも熱心にその合法化を図ろうとする運動がある。

カトリック教の教義が妊娠中絶を承認しないように、安死術の許否については、生命に対する一種の俗世的信念がからんでいるのと、現代医学をそこまで信用してよいかという疑問も残っているのとで、絶対にこれを許すまいとする議論もある。しかし、実際的には、一定の条件のもとにこれを許すことが、むしろ一般の法感情に合致するものであるといわなければなるまい。その条件をどう付けるかについては、諸説があるが、

(一)　死をまぬかれえないこと
(二)　死期の切迫していること
(三)　生が死にまさる著しい苦痛であること
(四)　その苦痛は主として肉体的なものであること
(五)　本人の施術に対する明白な希望のあること
(六)　医師の手により施術されること

等の諸条件がみたされることが必要だとされている。おおむねそれでよいが、医師の手によらなければならないというのは、事実上、死期の切迫とか死の必至とかの認定が医師以外の者には確定困難なことが多いというだけのことで、医師たる資格ある人の手によらなければならないとすべき法理上の根拠は求め難い。

なお、施術の仕方についても、積極的に死期を速めることは許されないとの議論もあるが、生命を延長すべき手段を施さないという不作為が許されるとするならば、特に積極的に死を速める作為の方法によることも、法理的には等しく許されるべきである。積極的方法だけを否定するのは、根拠のない妥協論にすぎない。また、本人の承諾なども必須の条件ではない。本人は諾否の意志表示さえできないほどの病状にあることがいくらでもあるが、その場合でも、安死術が客観的に適法なことには、消長はきたさないはずである。いやしくも、客観的に見て、必至の死期が切迫しており、その生命を少しばかり延長することがただ本人の肉体的苦痛を増すにすぎない場合には、これを死なせる行為に違法性はないものとすべきである。

ただ、もっとも慎重を期すべきは、必至の死期切迫という事実の認定である。それは科学的に確実に認定しなければならないことである。これをおろそかにすると、非常な弊害があるが、これさえあきらかならば、安死術を禁止する理由はない。病者を無用の苦痛に耐えさせるようなことは、かえって人道的でないからである。事の法的可否を論ずる以前に、実生活においては、すくなくとも不作為による安死術は、黙認的に、いたるところで実施されているといってよい。

[補　遺]　安楽死が許容されるための要件として、名古屋高判昭和三七年一二月二二日（高刑集一五巻九号六七四頁）は、

①不治の病に冒され死期が切迫していること、②苦痛が甚しく何人も見るに忍びない程度のものであること、③死苦の緩和の目的でなされること、④本人の真摯《しんし》な嘱託または承諾があること、⑤医師の手によることを本則とすること、⑥方法が倫理的に妥当であること、という六つの要件を挙げている。名古屋高裁が示したこの六要件は、その後の判例に重要な判断基準を与えたものであるが、最近では、「方法が倫理的にも妥当である」という観点ではなくして、肉体的苦痛を除去・緩和する手段として具体的状況にあって相当なものかどうかという観点を問題にする下級審判例も出されている。すなわち、医師による末期患者に対する安楽死が問題となった事案について、横浜地判平成七年三月二八日（判時一五三〇号二八頁）は、安楽死として許容されるためには、①耐えがたい肉体的苦痛に苦しんでいること、②死期が迫っていること、③肉体的苦痛を除去・緩和するための方法を尽し他に代替手段がないこと、④生命短縮について患者の明示の意思表示があること、という四つの要件を満たすことが必要であると判示している。

第二章　暴行と傷害

——傷害の罪——

第一節　暴行と傷害との区別

人を殴る・蹴るの行為をすれば、暴行罪になる。その結果、人がけがをすれば、傷害罪になる。この二つの行為は、犯罪としては同じ類型に属するので、刑法法典でも、「傷害の罪」という章のなかに、一括して規定されている。暴行罪については、「暴行を加えた者が人を傷害するに至らなかったときは、二年以下の懲役若しくは三十万円以下の罰金又は拘留若しくは科料に処する。」（第二〇八条）と規定されている。ほんらいならば、傷害行為も暴行行為の一種であるはずなのだが、それは別に傷害罪を構成することになっているので、おのずから、暴行罪でいう「暴行」には傷害を含まないことになる。そこで、暴行罪の暴行を傷害などと区別する意味で、「単純暴行」と呼ばれることもある。また、他面からいえば、「暴行」という言葉は、刑法上いろいろの場合に用いられているけれども、暴行罪にいう「暴行」は、かならず人に対するものでなければならない。

物件に対する暴行罪にはならない。それは規定の文言から見ても、法典上における規定の位置から見てもわかる。

殴る・蹴るが暴行であることは、多言を要しないが、小突くとか、つねるとかするのも、むろん、暴行である。どんな軽い暴力でも、暴力の行使は暴行である。学者によっては、これを「一切の有形力の行使を含む」と説明しているが、「有形力」ではひろすぎてわからなくする。少し屁理屈をこねれば、「なでるのだって有形力の行使だろう」と反駁されそうである。それに、催眠術をかけることなどは、やっぱり暴行と解釈していいと思うが、「有形力」という言葉にあたらなくなる。もっと常識的に、要するに、暴力ということをひろく解して、暴力を用いるのが暴行だといえばいい。

問題は**暴行と傷害との区別**はなにかにある。ちょっと考えると、わかりきっているようでも、いろいろの場合を考えると、区別はむずかしい。「傷害」といったからとて、普通にいわゆる傷を負わすことは必要でない。血の出ない傷害がある。下痢をおこさせた、結核に感染させたなどというのも傷害であるし、気絶させるのも傷害の一種である。これらはいずれも生理的機能を害するという点で、血の出る傷をつけるのと、実質において同じことからである。

生理的機能を害するということなら、殴ってこぶを作ったら、どういうことになるだろうか。厳格にいうと、こぶを作ることでも、身体の生理的機能は、ある程度そこなわれる。いや、それどころか、もっと厳密にいえば、こぶのできるほどでなくたって、内部的には、生理的機能を害していることもあろう。痛いと感じさせる程度のことなら、なんらか生理的機能に悪影響を与えている場合もすくなくあるまい。だから、わたくしは、傷害といえるためには、この悪影響が相当継続的であることを要すると解するのがよかろうと思っている。ほどなく消失してしまうような悪影響を与えたからとて、それは暴行にも当然ともなうものと予想されていることであるから、その行為は暴行罪の範囲に属するものと見なければならない。そうしなければ、暴行罪というものの成立の余地がなくなってしまう。相当継続的というのは、こぶができる程度ならば、まず、傷害と見てよかろうという趣旨である。ところが、催涙ガスを使って涙を出さすことはどうかという問題がある。それは警察官職務執行法の解釈にからんで問題になることで、多数の者が集合して、不穏の形勢を示しているとき、これを解散させるために、催涙ガスを用いることが許されるか、という実際問題がある。定説があるわけではないし、具体的事情により、なかなかデリケートな問題であるが、たいていの場合には、傷害にはならないと考えてよかろう。催涙ガスに触れると、涙が出るし、眼の縁が発赤して、三〇分か一時間の間それがなおらない。あきらかに、そのくらいの時間は継続して、生理的機能は害せられるわけであるから、傷害だといえないこともない。まさに限界線上の現象だけれども、だいたいにおいて無害とされていることだし、この程度までは、暴行にともなうことの当然予想される程度の軽い悪影響にすぎないと見てもよさそうに思う。

要するに、暴行には多少の生理的悪影響は付きものだから、少しでも生理的機能を害すれば、すべて傷害になるというのは、いいすぎである。両者区別の標準は質的なところにあるのではなく、程度の差に帰せられる。悪影響が相当継続的な場合において、はじめて傷害罪となるものと解したい。

かような考えに対して、身体の外観を著しく変更すれば、なんら生理的機能を害するものでなくても、傷害罪になるとの見解がある。具体的にいえば、本人の意に反して、髪の毛やヒゲを刈り取ることも傷害になるというのがこの主張である。女が丸坊主にされてしまったり、長いどじょうひげが剃り落されたりしてしまっては、容易ならぬことであるにちがいないけれども、これを「傷害」というのは、およそ、「傷害」という言葉の用語例からもかけ離れているし、そうまでしてこれを傷害にしなければ困るという合理的根拠がない。

もと、この説の生じたのは、人の外貌を著しく変更するような行為は、少しばかりのけがをさせるよりも結果が重大だとの理由によるものと思われるが、現在の刑法では、暴行罪の刑も重いのは二年の懲役まであるのだから、この種の行為を罰するに、こと欠くものとはいえなくなっているので、この説に固執する理由はない。

傷害罪については「人の身体を傷害した者は、十年以下の懲役又は三十万円以下の罰金若しくは科料に処する。」と定められている（第二〇四条）。かなり法定刑の幅がひろいわけだが、それは、傷害にもピンからキリまであって、瀕死の重傷もあれば、ほんのカスリ傷程度のものもあるからである。こぶ一つ、ミミズばれ一本の類は、軽い罰金か科料でもいいはずだから、女の頭髪を切断した行為が単なる暴行罪にすぎないとしても、それは実際の被害として、こぶやミミズばれよりも重大なことはあきらかだから、これに対しては、この種の軽い傷害罪に対するよりも重い刑が科せられることにもなるのである。また、そうしさえすれば、少しも不合理な結果にはならないのである。

第二節　傷害の故意

暴行の結果、人を傷害すれば、傷害罪になるということをいったが、それは、暴行罪に関する規定（第二〇八条）が「人を傷害するに至らなかったとき」といっているのに対し、傷害罪に関する規定（第二〇四条）は、「人の身体を傷害した者」云々といっていることから、そういう理屈になってくる。

さて、暴行の結果として傷害の事実が生じさえすれば、犯人がしいて傷害の結果の発生を予期していたことを必要とせずして、傷害罪が成立するといわれている。それはいま述べたような両条の規定の文言にも由来している。傷害しようと思わないのに、暴行の結果、たまたま傷害の事実を生じたのでも、それは過失傷害罪ではなくて、傷害罪である。過失傷害罪というのは、暴行の前提なくして傷害の結果を生じた場合において、はじめていえることである。これに対し、いやしくも暴行の故意さえあれば、それ以上、傷害の故意を必要とせずして、傷害罪は成立する。たとえば、殴ったという事実がある以上、そのハズミでけがをさせても、それは傷害罪に問われるのである。だから、傷害罪は結果的責任だといわれる。

されぱといって、傷害罪はすべて結果的責任としてしか成立しないというものではない。傷害する気で傷害すれば、もちろん、傷害罪である。しかし、傷害する気で斬りつけたが、腕をつかまえられてしまって、目的を果さなかったという場合には、その実質からいえば、傷害未遂であるが、実定法上、傷害未遂罪という罪名は認められていない。それは、けっきょく、「暴行を加えた者が人を傷害するに至らなかったとき」にあたるから、暴行罪を構成するにとどまる。

暴行の故意さえあれば、それ以上進んで、人を傷害しようとする故意はなくても、傷害罪は成立する。その理由はすでに述べたが、通説はこのほかにも次の理由があるとする。すなわち、もし、傷害罪を結果的責任であると解しなければ、ただ単に暴行をしただけでも、暴行罪として「二年以下の懲役」になるような犯罪が成立するのに、その結果、けがをさせれば、かえって刑が軽くなり、過失傷害罪として罰金ぐらいですみ（第二〇九条）、けがをさせたほうが得だという不合理を生ずると主張する。

しかし、これには、反対説からさらに至極もっともな反論が出されている。傷害罪が結果的責任でないと解したからとて、なにも、傷害の結果の発生とともに、暴行が化して過失傷害となるというのではなく、その過失傷害罪の成立と同時に、暴行罪は依然として存続するのであって、ただ過失傷害罪がこれに加わってくるだけのことであると。そのとおりである。通説の刑罰権衡論はまずい。そうとすれば、傷害罪が結果的責任として成り立つとする議論の根拠は、前に述べたような第二〇四条と第二〇八条との両規定の文言の対比に求めるよりほかはない。しかも、傷害罪は暴行の結果的責任としてでなければ成立しないのではなく、はじめから傷害の故意をもってする行為としても成立しうるものであることを否定すべき理由はないから、あらゆる場合を結果的責任だとする見解は正当でない。

傷害罪が結果的責任として成立する場合については、基本たる暴行が存在することが要件であるから、その暴行が適法なものであれば、傷害罪成立の余地はない。たとえば、親が子を懲戒したとき、不幸にして、たまたまけがをさせたとしても、ほんらい、その行為が懲戒の方法として常識上不当なものでないならば、傷害罪にはならない。過失傷害罪になることがあるにすぎない。それは基本たる暴力の行使が懲戒の手段として適法視されるからである。

しかし、適法視されるには、常識上相当と認められる方法でなければならないから、虐待行為によってけがをさせたときは、もちろん、過失傷害罪ではすまない。傷害罪になる。わかりやすくいえば、叱るときに殴ったらこぶが出来たという程度なら、過失傷害ですむが、焼火箸をおしつけたのならば、あきらかに傷害罪になるというわけである。

同じような理屈は、スポーツの場合にもあてはまる。すもうで投げ飛ばしたら、相手がけがをしてしまったというのは、基本に暴行はあるのだが、その暴行は相手方の同意による暴行だから、適法である。適法な行為を基礎にして生じた傷害の結果は、傷害罪を構成するものではなく、単に過失傷害罪の成否が問題とされるにすぎない。

第三節　傷害罪の特殊形態

傷害の結果、相手が死ねば、さらに結果的責任が加わり、傷害致死罪として刑が二年以上の有期懲役にまで重くなる（第二〇五条。なお、尊属傷害致死罪の規定〔旧第二項〕は、削除された）。いうまでもなく、これは殺すまでの気はなく、ただ暴行または傷害の故意をもって、暴力を加えたところ、事のハズミで相手が死んでしまったという場合に成立する犯罪である。したがって、この種の犯罪には、因果関係について問題になることが多い。「事のハズミ」というが、はたして、暴行が原因になって死の結果を生じたものであるか、それとも、その暴行に無関係な原因によって死亡したものであるかが問題なのである。

拳固で殴ったら、たまたまその部分に永年の疾患があったため、重大な結果をきたし、それが原因で死んだというようなとき、普通なら死にそうもない程度の暴力を加えたにすぎないのに、傷害致死罪の責任を負わなくてはならないのでは、やりきれないと思う人もあろう。ちょっと小突いたつもりだったが、相手が老人だったために、よろけて川に落ちて死んだというような場合、また、与えた傷はごく軽微なものであったのに、被害者の衛生知識が乏しかったり、医師の手当に失策があったりしたため、そこからひどい黴菌がはいって死んだというような場合、最初の暴力を行使した者が致死の責任を負わされるべきであろうか。これについては、考えてみなければならない問題がある。

これは、刑法学上、**因果関係論**として、面倒な問題になる。学説上の争いとしては、いやしくも結果の発生に対し、なんらかの条件を与えた者には、すべて責任を負わすべきだとする見解が一方にある。これを条件説と呼ぶ。判例はだいたいそういう立場に立っているようだから、裁判の実際においては、少しでも暴行を加えた者は、死の結果に対しても責任を負わなければならなくなるものと思わなければならない。

因果関係というものは、実は無限の連鎖をなしているから、条件説のように解すると、キリがないというので、どこかに限界を設けようとする学説上の努力がある。結果発生に対して最後の条件をなしたものだけを法律上責任を帰せられるべき原因として見るべしとする説もある。この最終条件のかわりに、最大条件をもってする説、必然的条件をもってする説、決定的条件をもってする説などいろいろ考案されているが、けっきょく、現在では、相当因果関係説というのが有力である。結果の発生につき相当と認める因果関係ある条件を与えた者にだけ責任があるとする考えである。これは学問が説明を放棄して常識の世界に逃避したことになるが、これがいちばん穏当な結果となることは争われない。しかし、同時に、すこぶる曖昧であるとの非難をまぬかれないのも事実である。

傷害の罪については、なお二つの特殊な規定がある。第一は傷害現場助勢罪といわれるものであり、第二は同時傷害罪といわれるものである。

傷害現場助勢罪というのは、傷害または傷害致死の「犯罪が行われるに当たり、現場において勢いを助けた者は、自ら人を傷害しなくても、一年以下の懲役又は十万円以下の罰金若しくは科料に処する。」（第二〇六条）という規定にあたるもので、その実質からいえば、傷害罪または傷害致死罪の幇助にあたるようにも見えるのであるが、別に独立罪として規定してあるのは、助勢の相手方が幇助の場合ほどはっきりしていないことを意味しているのであろう。簡単にいえば、喧嘩を見て、ヤジンマが「ヤレヤレ。ヤッチマエ」などと、けしかけるのがこれにあたるわけである。ヤジンマを罰するだけのことだから、刑罰が傷害幇助罪（第六三条・第六八条・第二〇四条）などよりずっと軽減されているのである。

同時傷害罪とは、「二人以上で暴行を加えて人を傷害した場合において、それぞれの暴行による傷害の軽重を知ることができず、又はその傷害を生じさせた者を知ることができないとき」をいい、この場合には「共同して実行した者でなくても、共犯の例による。」（第二〇七条）ということになっている。これはあまり例の多いことではないが、共犯と異なり、なんら心理的連絡のない複数人がたまたま同一の相手に暴力を加えて、けがをさせた場合には、共犯なみに扱うことがあるという意味で、その複数人はいずれも発生した結果について責任を負わされることを定めているのである。

共犯なら仕方がない。甲が丙に短刀で立ちむかっているとき、まだ一刀も切りつけないうちに、乙がピストルで丙を撃ってこれを死亡するにいたらしめたというような場合でも、全体が甲乙の共同により行われたものならば、丙に対する傷害致死の責任は、ひとり乙ばかりでなく、甲もまた負わなければならない。これは共犯理論の当然の適用である。しかし、甲乙間に心理的連絡もなく、甲が短刀で丙に立ちむかっているとき、乙がそれを知ることなくして、遠くから丙を撃って死にいたしたとすれば、これは**同時犯**である。この場合には、同時犯であっても、傷を調べてみれば、弾創であることは当然判明するから、死の原因となるべき傷害を与えた者が乙であることがわかる。したがって、これには同時傷害に関する規定の適用はない。ところが、甲乙ともに同じような凶器を使った場合であったとすれば、乱闘のため、どちらの傷で丙が死んだかわからないことになるかも知れない。そういう場合には、この規定が活用されて、甲乙ともに傷害致死の責任を負わされることになる。この同時傷害の規定は、人を罰するには便利であるが、近代刑法の刑事責任個別化の原則には背くことになるので、立法論としては、非難をまぬかれない状態にある。

第四節　なぐり込み

昭和三三年の刑法の一部を改正する法律によって新設された条文に、第二〇八条の二というのがある。「やくざ」などの連中のなぐり込みを主たる取締目標にして作られた規定で、法文はつぎのようになっている。

「二人以上の者が他人の生命、身体又は財産に対し共同して害を加える目的で集合した場合において、凶器を準備して又はその準備があることを知って集合した者は、二年以下の懲役又は三十万円以下の罰金に処する。

2　前項の場合において、凶器を準備して又はその準備があることを知って人を集合させた者は、三年以下の懲役に処する。」

法務当局は第一項の罪を**凶器準備集合罪**、第二項の罪を**凶器準備結集罪**と名づけることにしたようだ。「結集」という言葉は、ほんらいは仏教用語で、その特別の意味にしか用いられないものであるばかりでなく、法文上の根拠も乏しいから、あまり感心したものではないけれども、実用化されれば、言葉は符牒だから、通用せざるをえまい。要するに、集合罪は集まる罪、結集罪は集める罪として、規定が出来てみれば、なにも「やくざ」に限って適用されるわけではないので、労働運動などの弾圧に悪用されはしないかと心配する方面もある。しかし、「凶器」というものの解釈を誤りさえしなければ、不都合はおこらないであろう。

まず、集合罪の規定を分析してみると、自由、名誉、貞操などは列挙されていないから、これらのものに害を加える目的があっても、この犯罪にはならない。この規定のねらいとしているところから見ると、貞操などはむろん列挙する必要のないものだし、名誉もまず挙げなくてもよいだろうが、自由は挙げたほうがよかったろうにと思う。これを挙げなかったのは、労働争議などの場合におこりがちなことを除くという考慮から来たのかもしれない。自由が除外されているから、逮捕・監禁や略取などを目的としても、この犯罪にはならないのである。それから、「財産に対し害を加える」というのは、少し曖昧な表現だが、窃盗や強盗のような「財物を奪う」種類の行為は含ませない趣旨と見てよいであろう。それが放火や毀棄のような財産に対する破壊的行為を指すことは、まちがいない。したがって、特許権や著作権のような無体財産権その他無形の財産上の利益は問題にならない。しかも、この加害目的たる行為は「共同して」行うものでなければならないことになっているから、共同正犯として行われることを要する。したがって、ただ付和随行しているような行為は、この目的があるとはいえないから、この犯罪にはならない。

集合罪は二人以上の者が集合すれば成立する。おたがいに共通の目的で集まるのだということを知っていなくては、「**集合**」とはいえない。だれかに呼び集められて集まることが多いだろうが、そうでなく、自発的に集まるのだってかまわない。集合すれば、以後その集合を解くまでは犯罪が継続的に成立していると見るべきである。なぜならば、集合する行為そのものだけが悪いのではなく、集合状態がすべて危険をはらむものだからである。つまり、この犯罪は講学上にいわゆる継続犯なのである。なお注意すべきは、ただ集合しただけで犯罪が成立するのではなく、みずから凶器を準備するか、またはそれがすでに準備されていることを知っているのでなくては、犯罪にならないということである。凶器を準備している者または準備の事実を知っている者とそうでない者とが集合した場合には、前者にだけ犯罪が成立し、後者には成立しない。

凶器の準備があることを、はじめは知らないで集合したが、集合状態を続けているうちに、途中で凶器の準備されていることを知った場合には、その知ってなお集合状態を脱しようとしない時から、その者にこの犯罪が成立する。それはこの犯罪が継続犯であるところから来る理論によるもので、この例は一般に継続犯というものの本質を説明するにも、まことに好個の材料である。継続犯なるものは、作為犯と不作為犯との結びついた犯罪であると説明することもできるくらいで、はじめはなんらかの作為によって成立するが、成立してからは常時その犯罪状態が継続しているわけであって、行為者はその状態を解消さすべき作為義務を負っているのに、その義務を尽さないという点で、不作為犯を犯しているということになる。そういうわけであるから、集合した者は凶器の準備のあることを知った時から、集合状態を脱すべき義務を負い、その義務を尽さないかぎりは、集合罪の罪責をまぬかれないことになるのである。

一番問題になるのは、「**凶器**」の意味である。ピストルや日本刀が凶器であることは疑いないが、それは、その性質からいって、人を殺傷するための道具だからである。ところが、この性質上の凶器に対して、用法上の凶器というものがあり、用法上の凶器の範囲はなかなか限定しにくい。**用法上の凶器**というのは、人を殺傷するために作られたものではないが、殺傷のために使えば使える器具のことである。たとえば、出刃庖丁や菜切庖丁がそれにあたる。ここまでは、すこしもおかしくないけれども、単に殺傷の用に使えば使えるというのなら、手ぬぐいでもステッキでも人を殺傷することができるから、こちらも凶器だというべきかということになる、すこし奇妙な感じがする。奇妙だと感ずるのは、通俗の用語ではそういうものを凶器とはいわないからである。この規定の解釈についても、通俗の用例からの制約は受けるのが当然だから、集合した人々のうちに、たまたま手ぬぐいやステッキを持っている者が紛れ込んでいたからとて、いつもこの犯罪が成立するとはいえない。

用法上の凶器というものは、それが現に殺傷の用に使われたとき、はっきりするものである。しかし、まだ使わない前にでも、行為の目的と結びつけば、やはり凶器であることが明瞭になる場合もあるに相違ない。手ぬぐいで頸をしめて人を殺せば、その手ぬぐいは凶器であるといえるが、使わないうちに手ぬぐいを持って集まったからといって、凶器を準備して集合したなどとはいえない。たとえ、その集合がなぐり込みの目的であったとしても、手ぬぐいを凶器だとはいえない。ステッキもこれとまったく同じかというと、手ぬぐいよりは少し凶器らしさが出てくる。加害目的であって、しかも集合した者が手に手にステッキを持っていたとなれば、凶器を準備して集合したといってよい。要するに、ある物体が用法上の凶器であるかどうかは、準備の目的その他の諸条件との関係において認定すべきものである。ただ、手ぬぐいのような物は、そのものの性質からいって、凶器の名にふさわしい危険性がないから、他にどんな条件が加わろうとも、そのままでは凶器とはいえない。古い衆議院議員選挙法についての判例に、凶器とは「社会の通念に照らし、人の視聴上直に危険の感を抱かしむるに足るもの」といっている（大判大正一四年五月二六日刑集四巻三二五頁）のがあるが、この場合にも参考に値することである。

爆発物や毒劇物は器物ではないから、名称の点でちょっと疑問がおこるかもしれないが、そんな字句の末にこだわって、これを否定するのは、三百代言的解釈というものだ。それにもっともらしい理由をつけるとすれば、「法文に『器』とあるのだから、器物以外のものに及ぼすのは、罪刑法定主義に反する」ということにでもするのだろうが、そんな文字の末にこだわるよりは、合目的的に意味を拡張して解釈すべきである。

凶器の準備は集合者各人になければならないわけではないから、極端な場合には、一人だけが準備していて、他の多数者のためにはまったく準備がなくても、この犯罪は成立する。準備した一人の者が有罪であることは、つねにかわりない。その準備をしていない他の者は、その一人に準備のあることを知っていれば、この犯罪の罪責をまぬかれえないが、それを知らない者には、この犯罪は成立しない。こういう理屈になるから、労働運動などの弾圧に使われる心配があるということになるのである。ことにステッキやプラカードの棒などでも、場合によっては凶器と見られるという解釈と結びつけると、悪用の心配が出てくるようでもある。それを制限する役目を果すのは、加害目的の存在が要件となっていることである。他人の生命、身体または財産に害を加える目的などというものは、常規の労働運動にあってはならないものだから、これをこの犯罪の成立要件としているかぎり、不当な弾圧になる危険は、あまりありそうでない。

凶器の準備があるというには、その凶器を目的とする加害行為に使えるような状態に置くことである。集合の場所や加害の場所に置いてある場合ばかりではない。この条文を設ける直接のキッカケになった有名な事件に**別府事件**というのがあったが、たとえば、ああいう事件の場合に、別府市でなぐり込みをするのに大分市に集合し、凶器は大分から別府へ行く途中のどこかに置いておいたとしても、この「準備」をしたことになる。また、準備する者は集合者以外の第三者でもいい。

こういうふうに、凶器準備集合罪に関する第二〇八条の二第一項の規定は解釈されるのであるが、これに対し、その第二項の凶器準備結集罪の規定は「集合させ」という一句が違うだけで、あとの要件はすべて第一項に同じである。刑が集合罪より重く、罰金ではすまないばかりか、上限が三年まで引きあげられている。親分とか幹部とかをこれで重く罰しようというのが主なねらいであることは、いうまでもないことであるが、法文は単に「集合させ」という文言になっているので、解釈上すこし問題が生ずる。それは、個々の人に対して集合を勧誘しただけでも、その勧誘された者が現に集合すれば、「集合させた」罪が成立するという問題である。

「集合させ」ることについて、その総大将が結集罪に問われることはいうまでもない。その下の部将はどうか。諸所に小部隊を作って、それがやがて合流して大部隊になる、というような集合の仕方をする場合には、小部隊の結成についても、集合させる役目をする者は、結集罪になる。これに反して、たった一人の人に対して「あの集合に参加するように」といって勧誘する行為が、集合の教唆であることも明白である。ここまでは明瞭なのだが、個々の教唆が数かさなって多くなった場合には、集合教唆罪ではなくて結集罪の正犯になるのではないか、という疑問を生ずる。どうも、多数の者に対して、「あれに参加せよ」と勧誘すれば、「集合させ」たことになると解したほうがよさそうに思う。「結集罪」という名からいうと、いくら多数の者に集合を勧誘しても、集合教唆が多数存在するだけで、結集罪ではないといいたくなるのだが、結集罪などという名は、あとからくっつけた名称にすぎないもので、なんの権威もないのだから、法文そのものについて考えると、一人々々説いたにせよ、けっきょく多数の者に「集まれ」といえば、「集合させ」たにほかならないと解したくなる。この考えをおし進めると、最小限の形態としては、「集合」も二人集合すればよいのだから、「集合させ」も二人の人に集合を勧誘して集合させればよいことになる。せんじつめれば、集合教唆はたった一人の人に対して説いて集合させた場合にかぎることになる。

このほか、こまかい点では、集合を煽動する行為も「集合させ」にあたるかどうかも問題であるが、わたくしはこれを肯定すべきものと思う。幇助に相当する行為も「集合させ」にあたるか。幇助行為は多数の者に対して行われた場合でも、刑の均衡上から考えて、これにはあたらないと解すべきである。

「集合させ」る行為に応じて集まった者のうちに、一人の凶器を準備している者もいないし、準備の事実を認識している者もいないとしても、「集合させ」る者がその準備をしているか、または準備の事実を知っているならば、その者の結集罪だけが一方的に成立する。

最後に、罪数論のことについてちょっと触れる。「集合させ」る行為をしておいて、自分も集合者の一員となる場合が多いだろうが、そういう場合には、包括的に重い結集罪だけで処断すべきである。また、集合行為は目的たる加害行為の予備たる実質を有するので、放火や殺人の目的で集合したとすれば、同時に放火や殺人の予備罪が成立し、これらの罪と集合罪または結集罪とは観念的競合（第五四条第一項前段）の関係になる。行為がさらに発展して現実に加害行為をするに至れば、本条の罪とそれらの加害行為とは牽連犯（第五四条第一項後段）になる。

第三章　過失傷害と過失致死
――過失傷害の罪――

第一節　故意と過失

過失傷害罪というのは、軽い罪である。法文によれば「過失により人を傷害した者は、三十万円以下の罰金又は科料に処する。」（第二〇九条第一項）とある。たとえ瀕死の重傷を負わせたとしても、罰金ですむ犯罪であるから、軽い犯罪である。ことに、科料ですむ場合さえあるのである。さらに、「前項の罪は、告訴がなければ公訴を提起することができない。」という規定（同条第二項）も付いているから、ますます寛大な取扱になっているわけである。さらに一歩前進して、被害者が死んでしまっても、「五十万円以下の罰金に処する。」にすぎない（第二一〇条）から、被害者の立場になってみれば、実にやり切れない感じがするに違いない。しかし、それは過失にもとづくことだから、刑法は犯人の責任を重く見ないのである。

ずっと昔は、結果のほうを重く見たから、過失によろうが、故意によろうが、結果が人の死亡というような重大な場合には、非常に重く罰したもので、原始時代には、故意と過失とを全然区別しないのがむしろあたりまえと考えられていたようだが、人智の進むにつれ、故意は重く、過失は軽く考えられるようになった。刑法の歴史を思想的に見ると、これは非常に重要な意味を持つことで、道徳史についても、これと同じような思想の発展が見られる。つまり、動機を重く見るか結果を重く見るかという問題である。今日でも、動機ばかりではきまらないけれども、すくなくとも、結果ばかり重く見る思想から動機をも相当に考慮する思想へむかって展開したものといってよい。

このような道徳と刑法との間に共通した思想の発展は、単に原始時代から文明時代へという発展にとどまらず、現在の未開人と文明人との間に存する思想の相違にも反映している。また、同じわれわれ文明人だけについても、幼児から成人への発達においてあきらかに観取することのできる現象である。だから、結果ばかりにこだわるのは、あまり文化的な考えだとはいえない。しかし、何事によらず、「過ぎたるは及ばざるが如し」で、結果無視というわけにもゆかない。過失だからとて放任すれば、軽率からどんな重大な結果を招来しないともいえない。そこで、刑法では、特に**業務上過失傷害罪**および**業務上過失致死罪**というものを設け、その刑罰を加重している。

すなわち、「業務上必要な注意を怠り、よって人を死傷させた者は、五年以下の懲役若しくは禁錮又は五十万円以下の罰金に処する。重大な過失により人を死傷させた者も、同様とする。」という規定（第二一一条）の前段がこれである。この場合には、重ければ五年の懲役ということにもなるわけだし、実際の裁判でも、そういう重刑に処せられる例もときどきはあるようだ。後段のいわゆる「重大な過失」があれば、業務上のことでなくとも、業務上のそれと同じように重く罰せられることは、いうまでもない。

国鉄の桜木町駅で百名以上もの死者を出したあの有名な大事故などは、事情によっては、別に業務上過失往来危険罪（第一二九条）も成立するが、同時に業務上過失致死罪と同傷害罪が成立することになる。この過失往来危険罪について刑法上定められた刑は、業務上過失致死傷罪より軽いから、両罪は観念的競合（第五四条第一項前段）の関係に立つとして、けっきょく、重い業務上過失致死傷の刑つまり五年の懲役より重くなることはない。

過失犯は故意犯よりもずっと軽くてよい。けれども、軽すぎるという批判の声も相当ある。身体・生命に関する行為は、あまり軽率をゆるすべきでない。メチール・アルコール販売等の行為が過失によって行われた場合でも、相当重く罰せられるように特別の法令が設けられたのは、このような思想を背景に持つものである。

第二節　過失と不注意

傷まで負わす気ではなく、ちょっと殴ったところが、その力あまって相手に傷を負わせたという場合、あるいは、なぐった時、外部からはわからなかったが、相手にたまたまできものが出来ていたため、それが破れて血が出たような場合は、その傷の出来たことは、いかにも意外のことだから、俗にも「過って怪我をさせた」というように、一見、過失のような感じがするかもしれないが、それは過失傷害罪になるのではなく、普通の傷害罪になる。それは行為の基本に暴行があるがためである。

過失傷害罪というのは、こういう暴行の前提なしに傷害の結果を発生させた場合に成立する。たとえば、道路に面した二階の窓で植木鉢をいじっていたら、手がすべって鉢を落し、通行人にあたってけがをさせたというようなのがこれである。植木鉢などというものは、とかく手からすべり落ちかねないものだから、道路に面した二階の窓のところなどで、それをいじっていること自体、こういう結果をひきおこす危険がある。普通の常識のある人なら、当然、このことに考え及んで十分の注意をし、そういう場所でそういう物を扱わないようにするはずである。それだけの心づかいをしなかったために、他人を傷つけるという結果を生じたのであるから、過失といわなければならない。

このごろは、ほとんど例を聞かなくなったが、終戦直後の酒不足のころには、メチール・アルコールを飲んで死んだとか目がつぶれたとかいう話しをよく聞いたものである。メチール・アルコールを販売する行為自体が危険のもとだから、たとえ過失によるものでも罰せられることは、前に述べたとおりであるが、それによって、現に人が死んだり目がつぶれたりすれば、さらに過失致死傷の責任を問われる。メチール・アルコールがこういう危険性のある物質であることは、事故続出の当時にあってはたいていの人が知っている。したがって、いやしくもメチール・アルコールと承知のうえで、他人に飲ませたり、他人が飲むことを予想しながら、交付したりすれば、その結果として生じた死傷についても、過失の責をまぬかれない。通常人を標準にしていえば、その程度の注意をすべきは当然だといえるからである。

自分で飲んでみたが何ともなかったというようなことも、普通の場合なら、いちおう注意義務をつくしたことになるはずだが、メチールの横行している状勢の時としては、その程度ではじゅうぶん注意したとはいえない。得体の知れないアルコールとなれば、有毒でないことを確認するだけの手だてはつくさなければならない。自分で飲んでみたというだけでは、その時のうすめかたにもよるし、全体の飲量や飲用者の身体の状態にもよることだからである。

過失による死傷の例としてよくあるのは、母親が授乳しながら眠ってしまって、乳房で嬰児を窒息死に致すというのがある。睡眠中の行為は、意識ある行為ではないから、責任を負わせるのは酷だ。かりに、それだけ切り離してみれば、「心神喪失」の行為として、無罪ということになる（第三九条第一項）。責任能力があるかないかというようなことは、行為の時を標準にしていうから、睡眠者は一時的に「心神喪失者」ということになり、かような取扱を受けることになるはずだ。しかし、授乳する母親は、睡眠の前に注意義務を負っている。「眠ったら、子を窒息させるかも知れない」ということは、あらかじめ通常人として注意していなければならないことである。したがって、睡眠により事故をひきおこすおそれのある状態において授乳するということが過失のもとなのである。

同じ理屈は、夜行列車の運転手が居眠りをして信号を見誤り、事故をおこして人を死傷に致した場合などにも、そのままあてはまる。むろん、これらは過失致死の責任をまぬかれるわけにはいかないのである。

その他、過失による致死傷の例はいくらでも考えることができる。通常人を標準として、この程度は注意しておるべきことだと考えられるようなことを注意しなかったために、死傷の結果を生じたとすれば、この犯罪になるのである。たとえば、危険のなんたるかを感得して身を守ることを知るだけの精神の発達していない三、四歳の幼児を街路に放任する両親や子守その他の保護義務者は、注意義務をつくしているとはいえない。池や川に落ち込むことのないようにとの注意も必要である。また、自転車に乗っている者がハンドルを採りそこない、他人に衝突させて傷を負わせたなどというのも、過失傷害罪の例である。小さな子供をひいたようなときは、理論としては、たいてい、保護者の側にも、自転車乗用車の側にも、ともに過失があるといえる。こういうのを**過失の競合**という。過失は犯人の意外とする事件として発生するものだから、意志の通謀を要件とする共犯が、過失によって成立することはあり得ないのである。こういう場合に、実際には、死傷の直接の原因を作った自転車乗りだけが罰せられ、他は放任されるのを例とする。

第三節　業務上の過失

業務上必要な注意を怠ったために引きおこした死傷については、一般の場合より刑罰が重い。なぜ、業務上の過失について刑が重く定められているのかという理由については、学説に争いがあるが、わたくしは（一）一定の業務に従事している者は、その業務に関して普通人より注意が行き届くはずだから、その意味では、特に重い注意義務を負担させるのが相当であるばかりでなく、（二）特別の業務に従事する者には、特に重い刑事責任を負担させて、一般人より多くの注意を喚起させる必要があると解せられるからだと思う。この種の過失を犯しやすい立場にある業務として、世間普通のものは、医師、薬剤師、看護婦および汽車、電車、自動車などの高速度交通機関の運転手・車掌の類である。そのほか、常時ピストルを扱っている警官だとか、高圧電線を取り扱う電気技術者、渡船の船頭などもこれに属する。

この例でもわかるように、この種の特別義務を負わされるには、その業務の性質がなんらか人の生命・身体に危険を生ぜしめやすいものであることが必要である。規定のうえには業務の性質を特に危険なものとする旨の限定がないのに、それをこう限定して解する理由は、業務上必要な注意義務に反したがためにおこった行為を、特に厳重に処罰するように規定されているところからくるのである。

そのかわり、「**業務**」ということの中心特徴がこの危険な性質ということに置かれるから、それだけ焦点がはっきりする。その業務に従事することが免許を必要とするわけでもなければ、報酬をともなうことを要するわけでもない。さらに、また、生計の主たる基礎であることが要件であるわけでもない。

判例によれば、「業務とは、人が社会生活上の地位に基づき、反復、継続して行う事務である」ということになっているが（最判昭和三三年四月一八日刑集一二巻六号一〇九〇頁など）、わたくしは、この「社会生活上の地位に基づき」という要件もいらないと思う。現に判例のみずから説明するところにより、判例自身の真に意味する内容をさぐってみても、特に、社会生活上の地位にもとづくことは必要でないとする趣旨であると考えられる。なぜならば、判例は、雑貨屋が自家用車運転中に人をひいた場合でも、それが社会上の地位にもとづくもので、いわゆる「業務上」というのにあたるとしているからである。「社会上の地位」というのをこんなにひろく解するくらいなら、むしろ、この条件を無くしてしまったほうが、常識にあう説明だと思う。

要は、反復継続するにある。そうして、反復継続する気でやれば、たった一回、はじめてやった時でも、業務に従事したことになると解するのは、むしろ常道である。

これから推して考えて、すぐわかるのは、無免許で自動車を運転したり、モグリの医者が手術をしたりして人を死傷に致せば、これも業務上の犯罪となる。無免許だから業務ではないというのも、ひと理屈には相違ないが、免許があってもやってはならないことを、無免許でやったのだから、そのほうが犯情が悪いことはあきらかであるのに、刑事責任がかえって軽くなるのは、不合理だというので、業務ということが自然こういうふうに解釈されてくるのである。だが、友達のできものをたまたま頼まれて処置してやったら、消毒不十分で、悪化させることになったというようなのは、反復継続の条件を欠くから、ただの過失傷害になることはあっても、業務上の犯罪にはならない。

汽車や電車の運転手だと、運転規則というのがかなり詳細にきめられているので、それに従って運転していれば、たいていの場合には過失なくてすむはずなのだが、時にはそれですまないこともある。規則にないような事態が発生した場合などには、なおさら臨機の措置が必要であるから、規則どおりやったから過失がなかったとはいえない。往来の自動車事故もそうで、自動車のほうは規則どおり進行しているのに、通行人のほうに信号無視その他の行為があって、これをひいてしまったというようなときは、むろん、被害者の過失も大いに責むべきであるが、それとは別に、そういう事態においても、なお運転手の側において、その危険を避止するに十分な注意義務をつくしたかどうかということが検討されなければならない。相手が不都合でも、ひき殺してもかまわないということにはならないのである。

こういう点で、実は、交通機関の従業員はなかなかつらい立場にある。裁判所もひところは、これらの人にずいぶん過重の義務を課していたきらいがあって、それが判例として今日でも残っているが、高速度交通機関の使命というものを考えると、義務の過重は是正されなければなるまい。ことに、軌道の上を走る汽車や電車は、自動車の類とはよほど違えて考えてよい。

最後に、業務上過失致死のおもしろい実例として、こんなのがある。医師が往診先で処方箋を書き、患家に置いて立ち去ったあとで、患家の者が医院に行き、その処方箋を呈示して、留守居の看護婦から受け取って帰ったネマトール球一二箇を、患者に服用させたところ、たちまち患者は死亡した。調べてみると、医師は処方箋に「1コ」と書いたのであったが、看護婦がそれを「12」と読み違えて投薬したため、致死量に達し、ついに患者を死亡するにいたらしめたのであった。看護婦に責任があるのか医師に責任があるのかということが問題だが、この事件では「コ」という字がお粗末で「2」と読み違えやすかったという点で、医師が処罰された。当然である。

看護婦のほうも、その当然有すべき薬剤に対する知識からいって、読み違えたのは不注意だということもいえるかも知れないけれども、医師の過失のほうがはるかに大きい。ほんらい、補助者を使う者は、補助者をして誤らせないようにするだけの注意義務を当然に負うものであるから、こんな場合、たとえ処方箋の文字が明確に書かれていて、この点では医師に過失がなかったとしても、毒劇薬の取扱をするのに、そういう軽率な補助者を使ったこと自体について、なんらかの責任をまぬかれないものといってよい。

一般に、医師の過失は世上にしばしば問題にされるが、なかなか犯罪としての立証がじゅうぶん行われないことが多い。患者側のひがみや素人考えによる誤解も多いことだろうが、その業務の高度の技術性にもよることである。過失の有無は、その具体的場合における医師の常識として当然なすべきことをしたかどうかによって決すべきことである。

第四章　堕　胎

──堕胎の罪──

第一節　堕胎罪の存廃問題

「堕胎罪などという罪は廃止したらどうか」という議論もある。ソビエット・ロシアにはなかったし、今の日本は「生めよ殖やせよ」の時代ではないから、「子おろし」を犯罪にする必要はないというのである。もっともなふしもある。

日華事変の始まった途端に、当時わたくしと机を並べていたA検事は、堕胎罪を犯した或る女性に対する求刑を急に重くした。わたくしがその重いのに目を丸くしたところ、A検事は戦争に人的資源のいかに重要であるかを力説した。それに思い及ばなかった後輩のわたくしは、一方ではいかにも検察官としての感覚のなさを思って恐縮しつつも、どうもそれをまことにもっともな考えだとも思えなかったのを覚えている。そんなことで、急に刑を重くするのは、経済的な理由や倫理的な理由でわが子を育てることのできない女性にとって、かわいそうである。

しかし、その逆に、今日、国家が人口過剰に悩んでいる時勢となったら、この種の行為を、それほど厳重に取りしまる必要がないと考えることは、はるかに合理性がある。人口政策さえ確立すれば、それでいいように思うのだが、まだ、どうも、当局ははっきりと人口縮少政策を示すところまでいっていない。人口を減らすべきだとの議論も大いにありながら、やはり依然として、たとえば、優生保護法（現在では母体保護法）のような法律を置いておく程度で、相かわらず、生めよ殖やせよの原理に立脚したような政策を採っている面もある。したがって、堕胎罪に関する規定なども旧態のままでいるのである。

わたくしは、人口政策が確立すれば、原則として廃止することに賛成してもいいと思っているが、こういう考え方に対しては、有力な反対がある。それは単なる人口問題ではなくて、風教問題であるというのである。堕胎が自由になると、性道徳が乱れて困るというのである。堕胎が自由に行えるということになれば、不倫なことをしたい放題して、出来た子供は闇に葬ればよいということになるだろうということが予想されるのは、きわめて当然のことであるけれども、こんな面に制裁を構えることによって、性道徳を保持しようとするのは、正道ではない。姦通罪を設けることならば、直接に性的不道徳を罰するのであるから、話はじゅうぶんわかるが、出来た子供をおろす行為を罰するというのは、性道徳の維持にとっては、あまりに間接的な方法である。しかも、そんなふうにして分娩を強制してみても、そこに生まれてきた子供に幸福な人生が約束されるとは思えない。立法にあたって、性道徳の維持ということも考慮にはのぼっていたであろうが、それは堕胎罪立法の本旨ではないといわなければならない。中心を性道徳の維持という点に置いて見ると、この犯罪は賭博罪などと並ぶ風俗に関する罪ということになる。

堕胎罪の規定はなにを保護しようとしているか。胎児の生命・身体なのか、母体のそれなのか、またはその双方なのか。この問題をめぐって学説は区々にわかれているが、双方だとする説が正しい。なぜならば、母体の保護だけを目的としているのなら、傷害罪の規定で間にあうはずだから、別に堕胎罪が設けられたのは、胎児を保護するためだと解しなければ、理屈にあわない。とはいえ、胎児というものは、独立の人格者ではなく、見ようによっては母体の一部である。かりにそうでないと見ても、堕胎手段によって母体が害せられるおそれのあることも否定できないことであるから、**堕胎罪の保護法益**は、胎児および母体であるといわなければならない。

胎児は母体の一部にすぎないとする考えは、実はかなりはっきり科学的に割り切った考えなので、かならずしもそう多くの人の賛成は得られないかもしれない。胎児が相続に関して特別に、「既に生まれたものとみなす」ことにされている（民法第八八六条）のは、そのほうの特別の必要から生じたもので、これに対して別に異議はさしはさまないが、刑法で胎児を独立の生活体として保護しようとする思想には、多分に生命に対する神秘観が潜在していると思われる。

この神秘観を蝉脱《せんだつ》してしまえば、堕胎罪を廃止することに反対すべき根拠はなくなるのではあるまいか。しかし、だから、生命の神秘観をぜひとも脱却しなければならないというのではない。それは人々の世界観の問題である。わたくし個人としては、脱却してしまったほうがいいように思うけれども、一般の人が人間の形をした胎児というものを特別に考えようというのならば、それで、堕胎罪の存在理由は出てくるといってよい。

それにしても、現在、合法的な堕胎は、母体保護法によって、母性保護のために認められた「人口妊娠中絶」に限られるわけで、その許される範囲があまりに窮屈すぎるとの声が高い。そのため、社会の実情は、人も知るように、闇の堕胎行為が横行することになっている。厚生省の公式発表では、日本全国での人工妊娠中絶は一年間に約六〇万だということだが、事実はその倍よりもっと多く行われているだろうといわれている。それでも、検挙のほうは、暗黙のうちに人口減少政策に歩調を合わせるようになっていると見えて、きわめて微々たるもののようだ。

第二節　堕胎罪の四形態

「**堕胎**」とはどういうことか。わかりきったことのようでも、いちおうハッキリさせるために定義しておくと、それは、自然の分娩期に先立って、人為的に胎児を母体外に排出することであるといってよい。方法は薬物を用いてもよければ、機械によってもよい。とにかく、自然の分娩期に先立って、胎児を人工的に母体外に出せばよいのである。生きていようと、死んで出ようとかまわないが、すでに胎内で死んでしまったものなら、法律上は胎児ではないから、それを人工的に排出しても、堕胎罪にはならない。まして、想像妊娠でおなかのふくらんでいる場合や、葡萄状鬼胎などの場合は、胎児というものが存在しないのだから、たとえ、堕胎手術を施しても、堕胎罪にはならない。それは不能犯の典型的なものだとされている。

世上、おうおう妊娠四ヵ月以内の胎児は、流してもかまわないなどといわれているが、そんなことはない。この点はお医者さん仲間にもずいぶん誤解があるようだが、法律上「胎児」たるは、妊娠の月数などは関係がない。たとえ、一ヵ月の胎児でも、適法の条件をそなえた場合でなければ、おろすことは許されない。かような誤解は、おそらく、妊娠四ヵ月未満の胎児は、死産届を要しないことになっている（昭和二一年厚生省令第四二号「死産の届出に関する規定」第二条・第三条。それ以前にも同趣旨の法令があった。）ために生じたものであろう。妊娠一ヵ月ぐらいの胎児についても、堕胎罪の成立を認めた判例もある（大判昭和七年二月一日刑集一一巻一五頁）が、正当である。

堕胎罪には四種のものが区別されている。

第一は妊婦みずから行う堕胎に関する規定で、「妊娠中の女子が薬物を用い、又はその他の方法により、堕胎したときは、一年以下の懲役に処する。」（第二一二条）というのがそれである。妊婦みずから行うものであるから、各種堕胎罪のうちでいちばん刑が軽い。

第二は妊婦の同意による堕胎で、「女子の嘱託を受け、又はその承諾を得て堕胎させた者は、二年以下の懲役に処する。よって女子を死傷させた者は、三月以上五年以下の懲役に処する。」（第二一三条）と規定されている。これは、たとえば、私通した男が妊婦の堕胎を手伝ったとか、妊婦の母親が素人の知識を活用して娘の子おろしをやったとかいう場合には、妊婦の同意のあるかぎり、この規定によって律せられる。

ところが、妊婦の同意を得て堕胎させたものが医師、助産婦、薬剤師または医薬品販売業者であるときには、第三の形態たる業務上の堕胎罪として、刑が一段と重くなる。堕胎させただけでも三月以上五年以下の懲役に処せられるし、もし、その結果、妊婦を死傷させれば、六月以上七年以下の懲役に処せられることになっている（第二一四条）。世上にやかましい堕胎医はこの規定の対象になっているわけである。

これら第一から第三までの三種の堕胎罪は、未遂ならば罰せられないが、一歩進んで、次の不同意堕胎罪となると、未遂罪も罰せられるうえに、刑もさらに一段と重くなってくる。「女子の嘱託を受けないで、又はその承諾を得ないで堕胎させた者は、六月以上七年以下の懲役に処する。」（第二一五条第一項）というのであるから、この場合には、ただ堕胎をしただけで、業務上の同意堕胎によって婦女を死傷にいたした場合と等しい刑に処せられることになっているばかりか、さらに「前項の罪の未遂は、罰する。」（同条第二項）ともなっている。まして、死傷の結果を生ずれば、「傷害の罪と比較して、重い刑により処断する。」（第二一六条）ことになるので、この場合には、堕胎に際して妊婦に傷を負わせれば、一〇年までの懲役に処せられることになるし（第二〇四条）、妊婦が死ねば二年以上の有期懲役ということにもなるわけである（第二〇五条）。

要するに、業務上堕胎罪よりも不同意堕胎罪のほうが刑が重いのだから、不同意堕胎は医師、助産婦等のいわゆる特殊業務者がやっても、一般の人がやっても、同罪になるものといわなければならない。いいかえれば、妊婦の同意のある場合には、一般人と特殊業務者とでは、法定刑が違うが、妊婦の同意のない場合には、両者の間に法定刑の差はないのである。

第三節　共犯問題

堕胎罪は、以上に述べてきたように、各種の形態により、それぞれ法定刑を異にしているが、それは、他面からみると、犯人の身分により刑に軽重があることになる。妊婦たる身分ある者にはもっとも軽く、その他の一般人に対するものはこれに次ぎ、特殊業務者たる身分ある者にはもっとも重い刑が規定されている。こういうふうに身分の相違する者が共犯関係に立つ場合には、「犯人の身分によって構成すべき犯罪行為に加功したときは、身分のない者であっても、共犯とする。」（第六五条第一項）、「身分によって特に刑の軽重があるときは、身分のない者には通常の刑を科する。」（同条第二項）という規定が適用されることになる。具体的な例について、共犯問題を考えてみよう。

第一の例――すでにみずから堕胎の決心をしている妊婦A女から「あなたのために子を宿して困っているのだから、どこかよいお医者を世話してください」と頼まれたB男がその知合の医師に依頼してA女の胎児をおろしたとする。A女はみずからの決心にもとづき堕胎を行うものであるから、妊婦堕胎罪（第二一二条）に問われる。妊婦堕胎罪は自分で自分の子宮に操作を加えることによっても成立するが、人に頼んでそれをやっても成立する。法文に「薬物を用い、又はその他の方法により」とあるので、「その他の方法」のなかには、他人に頼むという方法も含まれると解せられるからである。C医師は、もちろん、A女の嘱託を受けたか、そうでないにしても、すくなくとも承諾を得て、施術するに相違ないから、あきらかに業務上の同意堕胎を行うことになる。したがって、第二一四条の規定の適用を受ける。

B男はどうなるか。これはA女の頼みに応じ、A女の堕胎行為を行いやすくしてやったのだから、それを幇助したことになる（第六二条）。それは妊婦堕胎罪の従犯としての責任を問われなければならない面がある。と同時に、B男はC医師に堕胎を依頼している。C医師はその依頼を受けるまでは、A女に堕胎手術を施そうなどとは思っていなかったであろうから、それを施す決心をしたのは、主としてB男の依頼によることである。それならば、B男の依頼行為はC医師に対する業務上堕胎の教唆（第六一条）にほかならない。この点において、B男は第二一四条の教唆犯としての責任を負わなければならない面もある。ところが、B男は妊娠中の女子でもなければ、医師その他の特殊業務者でもないから、いずれの点についても、一般人の同意堕胎罪（第二一三条）の刑によるべきことになる（第六五条第一項・第二項）。

第二の例――ある助産婦が妊婦の嘱託を受けてこれに堕胎手段を施していたところ、うまく堕胎の結果を生じないばかりか、そのうちに妊婦の身体に異常を生じ、医術により胎児を排出しなければ、妊婦の生命に危険を及ぼすおそれのある状態を生ずるにいたったので、これさいわいと、医師に対して胎児の排出を求め、医師をして緊急避難（第三七条）の必要上、やむことを得ずして、胎児を排出させた場合、医師が罪に問われることのないのはいうまでもないが、妊婦や助産婦の刑事上の責任はどうなるか。

堕胎させようとして成功しなかったという点だけを切り離して考えると、堕胎は未遂におわっているが、同意堕胎だから、未遂罪は罰せられない。では、助産婦は無罪だろうか。そうではない。堕胎させる気で、けっきょく、堕胎の目的を遂げたのであるから、責任のない医師を利用して、堕胎罪を犯したことになる。いわゆる業務上堕胎罪の間接正犯なのである（大判大正一〇年五月七日刑録二七輯二五七頁）。妊婦が医師や助産婦に頼んで堕胎してもらうのは、見ようによっては、業務上堕胎罪の教唆犯のようにも見える。しかし、第一の例でもわかるように、妊婦は妊婦堕胎罪になるだけで、業務上堕胎罪にはならない。業務上堕胎罪の規定が医師や助産婦の刑事責任を規定しているだけで、これに協力する同意者たる妊婦の責任を規定していないのは、妊婦を罰する趣旨でないと解せられるからである。その関係は、ちょうど、わいせつ文書販売罪の規定（第一七五条）が販売者を罰することを規定しながら、当然予想されるその協力者たる買受人のことに及んでいないのが、買受人の責任を追求しない趣旨だと解せられるのと同様である。妊婦が罰せられるのは、別に妊婦堕胎罪の規定があるからである。

大審院の判例が、他人が妊婦の嘱託を受けてこれを堕胎させる場合、嘱託者たる妊婦に同意堕胎教唆罪が成立しないで妊婦堕胎罪の成立することを認めている（大判大正八年二月二七日刑録二五輯二六一頁）のは、これと同趣旨であるから正しいが、逆に、他人が妊婦を幇助して堕胎させた場合には、単に妊婦堕胎幇助罪の刑を科すべきものとしている（大判昭和一〇年二月七日刑集一四巻七六頁）のは不当である。正しくは、同意堕胎幇助罪の刑を科すべきもの（第六五条第二項）といわなければならない。判例の見解に賛成の人も多いと思うが、もしこの共犯者が医師であった場合を考えると、第二一二条の刑によるより第二一四条の刑によるほうが合理的だということが、いっそうよくわかるであろう。

第五章　老幼病者の遺棄
——遺棄の罪——

第一節　遺棄してはならない者

老人や幼児、身体障害者や病人のうちには、ひとりでは普通の起居振舞もできない者がある。いいかえれば、他人の助力に待たなければ、日常生活の自用を弁ずることのできない者がある。そういう者を刑法では「老年、幼年、身体障害又は疾病のために扶助を必要とする者」といっている。それを遺棄した者は一年以下の懲役に処せられる（第二一七条）。

酔っぱらいも、一時的には扶助を要すべき者となることがあろう。しかし、泥酔した友人を料理屋に置いて帰ってしまっても、遺棄罪にはならない。というのは、料理屋に置いて行くことは、生命・身体の危険があるわけではないからである。では、郊外の原っぱに置いて行ったらどうなるか。普通の状態なら、これもだいたい生命・身体に危険はあるまいから、相手が泥酔者などであるかぎり、遺棄罪にはならないといってよい。それは一時的に扶助を要すべき状態になっているだけで、ほどなく回復することが目に見えているからである。

そこで、もし、これが泥酔者でなくて、中風で動けない老人だったり、立って歩くことはできるが、知性、言語その他の能力が不十分なため、保護者のところへ帰ることのできないような幼児であったとすれば、郊外の原っぱへ置いて来ても、もとより遺棄罪になる。姥捨山の風習も許されないし、棄児も犯罪になるのである。棄てられる児のふところに、丁寧な依頼状を付けておこうと、金一封をいれておこうと、犯罪になることは否めない。

それでは、身体健康なくせにたびたび失職してその日の生活にも困っている夫の腑甲斐《ふがい》なさに愛想をつかして実家に帰った妻は、遺棄罪に問われるだろうか。その心配はない。経済的困窮ということは、ここにいう「扶助を必要とする者」という条件にあたらないと解せられる。法文に老年、幼年、身体障害、疾病等が挙げられていることから見ても、それは経済的困窮までは含まないで、もっぱら起居振舞ができかねるという状態をさしていると考えられるからである。つまり、さきほどからいっているように、直接に生命・身体に対する通常の危険をすら、みずから排除することのできないような状態にある者を意味していると解せられるからである。

したがって、身体障害者についても、法文にはただ「身体障害」とあるだけであるが、その身体障害の程度はおのずからあきらかであって、単に眼が一つないとか、腕が一本たりないかという程度のものは、これに含まれないのである。

この「扶助を必要とする者」というのは、一般の遺棄罪における成立要件であるが、同じく遺棄罪の一態様でも、特に保護責任を有する者の行為については、これが要件になっていない。法文には、「老年者、幼年者、身体障害者又は病者を保護する責任のある者がこれらの者を遺棄し、又はその生存に必要な保護をしなかったときは、三月以上五年以下の懲役に処する。」（第二一八条）と規定されていて、特に「扶助を必要とする者」という文言が省かれているところから見ると、保護責任ある者は、これらの者が扶助を要する程度すなわち普通の起居振舞を自分でやれない程度に不自由になっていなくても、これを遺棄することは、犯罪とされるように見える。

それならば、ともかくも、相手が老年、幼年、身体障害、疾病等の事情にある者ならば、その程度はいかに軽くても、保護責任者がこれを遺棄することが犯罪になるのかというと、その文字どおりにはいかない。それは遺棄罪というものの本質から当然の制限を受ける。やはり、この犯罪は人の生命・身体に対する危害を生ずるおそれがあるところに、その本質があることはあきらかであるから、わずかばかりの疾病や身体障害を理由として、近親その他の関係者に保護責任を負わせる必要はない。第一、幼年とか老年とかいっても、何歳からそれにあたるのか、そもそもそれさえ曖昧な観念なのだから、疾病や身体障害についても同様に、程度の観念のはいってくるのは当然だといわなければならない。そこで、けっきょく、「扶助を必要とする者」という文句がないだけ、幾分ゆるやかに解釈してよいが、その文句の付いている場合にくらべて、そう違う解釈をすべきではない。

こういうところにも、法律上の概念と医学上または通俗上の概念とのおもしろい相違がある。古来、四〇歳をもって「初老」といい、老人の仲間入りをする風習があるからといって、今日、四〇歳の壮者を老人あつかいにしたのでは、本人も憤慨するであろう。また、下痢をしたり、鼻水が出たりすれば、それも医学的には疾病にかかっているわけであろうし、少し程度が強ければ、素人もこれを病人として扱う。そうなったからといって、これが保護責任者遺棄罪の規定によって保護を要求されるべきものとなるのではない。

同じ理屈はいろいろな言葉の意味についても当てはまるわけなのであるが、それもときどき忘れられてしまう。そのもっともはなはだしいのは、「心神喪失」とか「心神耗弱」とかいう観念（第三九条）である。余談だけれども、ものの考え方として、これだけはいっておきたい気がする。精神に多少の異常でもあれば、すぐに「心神耗弱」にあたるものと思い込まれがちだし、夢中になっていたとか、憶えがないということになれば、たやすく「心神喪失」だということにしてしまう傾向があるが、それが法律上の観念と医学上の観念とを混同するものであることは、遺棄罪におけるこれらの概念の場合と同様のことである。保護責任者の遺棄罪の規定には、「扶助を必要とする者」としてはないから、それだけゆるやかに解すべきであり、したがって、その反面からいえば、それだけ保護義務者には重い刑事責任が負わされていることにはなるが、それは、健全な常識から見て、その生命・身体の危険を避けるために保護を必要とする程度の幼年、老年、疾病、身体障害の状態にある者をさすものと見なければならない。

第二節　遺棄の行為

「**遺棄**」とはどういうことを意味するのか。どこかへ連れて行って置いてくるのが遺棄であることは多言を要しないが、このほか、従来の場所へ置いたまま、保護者が立ち去ることも遺棄である。ちかごろは、人情軽薄になって、老いた母親を棄てて出奔する息子があったり、病夫を置き去りにして家出をする妻があったりする。これらも遺棄罪になるのである。

ここに例に引いたのは、息子が母を棄てる場合と、妻が夫を棄てる場合とであるが、むろん、保護責任は相互的なものであるから、この例とは逆に、夫も妻に対し、母も息子に対し、保護責任を負っているのである。そればかりではない。保護責任ある者は、まだいろいろあるが、保護責任があるかないかは、具体的事情に応じ、遺棄する者とされる者との間の関係がどうであるかによってきまる。ぜひとも親族関係のあることを必要とするわけでもない。保護責任の有無は、社会生活というものに当然ともなうところの相互扶助の精神から見て、条理により決せられる。

保護責任の主たる根拠としては、法令、契約、慣習、事務管理等が挙げられる。親が幼児を保護しなければならないということは、ほんらい、道徳的慣習によるものではあるが、法令にも根拠がある。看護婦が病人を保護すべきは、契約による保護義務である。また、つれだって登山した友人同士の間には、たがいに助けあう慣習上の義務があるといってよかろう。注意すべきは、親族間においても、民法上の扶養義務とこの保護責任とは同じでないということである。それは民法上の扶養義務の順位とは関係なく発生することがある。

民法上の事務管理によってさえ、保護責任を生ずるとされる場合がある。その適例として、こんな判例がある。ほんらい、引取義務のある者ではないが、いったん病人を引き取って自宅に同居させた以上、その後、病人が保護を要しないほどに容態がよくなるか、または、別にその保護をする者があるようになるまでは、継続して保護すべき義務のあることは、事務管理の法理にてらして明白である（大判大正一五年九月二八日刑集五巻三八七頁）と。見ようによっては、むやみに義務のないことに手出しをして、とんだ責任を負わされるという結果にもなるわけである。せっかく親切心を出しはじめたら、途中で放り出すようなことをすべきではないということを示している。

場所的移転にせよ、置き去りにせよ、遺棄された者の生命・身体に危険を生ぜしめることがいけないのである。その「危険」とは、現に危害の発生が具体的に切迫することを意味するものではない。そういう生存力の弱い者を、無保護の状態に置くこと自体が危害発生の危険性を持っているのである。こういう危険を講学上「抽象的危険」といっている。つまり、遺棄罪の成立には抽象的危険があれば足りるのであって、具体的危険の存在は必要でないといわれるのである。ところが、反対説として、具体的危険の発生を必要とすると説く学説もある。

両説適用上の差異を示す実際的な例としてよく挙げられるのは、他人の救助の確実に予期される場合とか、他人の救助がなければ、ただちに自分で救助する予定で近い場所で見まもっている場合とかである。これらの場合には、具体的危険説によれば、遺棄罪は成立しないとするのであるが、救助されることが真に確実であるなら、抽象的危険もないことになるし、また、他人の救助がないときは、みずからただちに救助するつもりで近くで見まもっているならば、まだ、いわゆる遺棄の行為も存在しないことになるであろう。

しかし、老人ホームの門前に老人を棄てて来たとか、通行人の多い街頭に棄児をするとかいうのでは、救助の確実を期するとはいえない。確実といえるには、奉天やハルピンに施設のあるので有名な棄児の収容所のようなものがあって、その窓口へ子供を置くと、ベルが鳴って、すぐに収容所の人が救済してくれるようにでもなっているのでなくてはなるまい。そういう施設になっていれば、そこへ置くことは、とうてい遺棄の観念にははいらない。

第三節　遺棄の二態様

遺棄の罪には二つの態様がある。普通の遺棄罪（第二一七条）、保護責任者遺棄罪（第二一八条第一項）がこれである（尊属遺棄罪（二一八条第二項）は、平成七年の刑法一部改正により削除された）。いずれも、すでに条文を示したものである。これらの遺棄行為のいずれについても、それによって被害者に死傷の結果を生ずれば、その気でやったのでなくとも、遺棄罪の刑を傷害罪または傷害致死罪の刑に比較して、「重い刑により処断す」ることになる（第二一九条）。殺意をもってすれば、殺人罪が成立することはもちろんである。

保護責任者遺棄罪は、本来の遺棄行為が犯罪となるだけでなく、さらに「生存に必要な保護をしなかったとき」にも、同罪となることは、前に引用した法文にてらして明白である。この種の行為の実例はなかなか多いらしい。文化の低い田舎などでは、身動きのできない中風の老人がうす暗い納屋に入れられたまま、ろくに食物も与えられず、糞便の始末もしてもらえないで、苦しみぬいて死んで行く例も、おうおう見聞するところである。

いつか、幼児を屋内に監禁したままで外出し、食も与えないという両親があると、新聞紙に報道されていたが、この種の例もよくある。大審院判例にも、幼者の食物として不適当かつ不十分のものを与えるにすぎず、夏季に蚊帳も使わず、屋外の土間に、犬のそばに寝かし、その結果、はなはだしく幼児の栄養に障害をきたさせたという事例につき、これを「生存に必要な保護をしなかった」ものであるとしたものがある（大判大正五年二月一二日刑録二二輯一三四頁）。

同居の雇人がひどい病気にかかったのを、突然解雇の申しいれをし、強制退去をさせて無保護の状態に置いたという事例も、保護責任者遺棄罪を構成するものと判示されている（大判大正八年八月三〇日刑録二五輯九六三頁）。

第六章　逮捕と監禁
――逮捕および監禁の罪――

第一節　その概念

逮捕罪と監禁罪とは同じ条文に規定されている。「不法に人を逮捕し、又は監禁した者は、三月以上五年以下の懲役に処する。」（第二二〇条）というふうに、同一の条文に規定されているくらいだから、罪質も同じだと考えてよい。いずれも人の身体の自由を拘束する罪であるが、「**逮捕**」というのは、直接に身体を拘束することであるに対し、「**監禁**」というのは、もっと間接的な方法によって身体を拘束することである。この区別は常識でだいたいわかっているとおりだといってよい。人に縄をかけて動けなくするのは逮捕であるし、人を一室に閉じ込めて、錠をおろすとか見張番をつけるとかするのが監禁にあたることは、常識上あきらかである。

むずかしくいい出すと、逮捕と監禁とは区別の困難になることもあるが、中心的な区別の標準は、前者が手足を縛する等の直接的拘束であるに対し、後者は場所的限定による間接的拘束であるということにあるといってよかろう。監禁は、「**継続犯**」の典型的なもので、自由拘束の状態の続くかぎりは、犯罪も継続する。なお、監禁はむろんのことであるが、逮捕もまた単なる暴行にくらべれば、いくらかの時間的継続は必要と見られる。逮捕は、その行為の性質上、監禁に移行することが多いが、どちらに転んでも、刑罰が等しいのであるから、大したことはない。罪質も刑罰も等しいから、まず逮捕して、ついで監禁した場合にも、包括して一罪となるにすぎない。

終戦直後の食糧窮乏のころには、各地に野菜泥棒が出没したが、その泥棒をつかまえて、庭の木にしばりつけ、そのかたわらに「この者は野菜泥棒である」などと書いた立札を立て、見せしめにしたという例がずいぶんあった。私刑《リンチ》だから、もちろん、いけない。そんな立札を立てたことが名誉毀損罪になることには、ここでは深く触れないとしても、木にしばりつけておいたことは、まちがいなく逮捕罪になる。なかには、自宅の土間に手足を縛した泥棒を長時間ほうり込んでおいて、さんざんいじめたのもあるが、それは監禁罪になる。

泥棒をつかまえたのが逮捕罪に問われては、やりきれないと思うかもしれないが、つかまえたら、つかまえたように、警察官に引き渡すなど、適当な処置をすればよいのである。私人が勝手にリンチを加えるようなやりかたをすれば、行為は違法性を帯びてくるから、犯罪になるのである。法文には、「不法に」そういうことをすることが逮捕罪や監禁罪になるということが表現されている。これは当然のことで、もし「不法に」という文句が法文上にあらわれていなかったとしても、理屈は同じである。

監禁罪では、ときどき変わった方法が話題にある。実際にあった例では、選挙にからんで、反対党の有権者を自動車に乗せ、疾走して下車することができないようにして、投票時刻を経過させたというのがあった。それは自動車内に監禁したということになるのである。

よく教科書に引かれる監禁の例としては、婦人の入浴中、その衣服をかくして浴室を出られなくする行為などというのがある。これもたしかに監禁である。ひろい屋敷内に置いても、邸外へ出られないようにしておけば、やはり監禁であるし、門を開けてあっても、長い鎖をつけて自由がきかないようにしてあれば、やはり監禁になる。

労働争議にからんで、ときおり見られるのは、多数の労働者が使用者側の者を取り囲み、有利な回答を得られなければ、深更に及んでも自宅へ帰ることを許さず、時には便所へ行くことさえもできないようにした例もあったが、これはあきらかに正当な争議権の範囲を逸脱しているから、監禁罪になる。昔は、これと反対に、使用者側で労働者を禁足し、低賃金で苦しい労働に従事させて監禁罪に問われるようなことが多かった。

第二節　特殊の状態

比較的あたらしく、判例になった事件におもしろい例がある。

ある看護婦学校の一八歳になる生徒が学校から自宅への帰り道で、山口県の笠戸島というところへ行くのに、その日の連絡船の最終便に乗り遅れてしまい、たまたま見かけた漁船の船長に便乗方を頼んだが、乗船後その船長から強姦されそうになったので、泳いで逃げようとしていったん水中に身を投じたが、すぐに引き上げられ、ついに強姦されてしまった。その後、船長は翌朝にいたるまで数時間にわたり、この船を沖合に碇泊させ、少女を脱出不能の状態に置いたというので、強姦罪のほかに監禁罪にも問われた。

ところが、弁護人の主張によると、船長は強姦後の数時間を船内で熟睡していたのだし、少女は船内を自由に歩くことができるようにしておかれたのだから、泳いで逃げようと思えば、いくらでも逃げられたはずであり、したがって監禁罪を構成すべきでないというのである。これに対して、最高裁判所は、少女が上陸しようとすれば、岸まで泳ぐよりほかに方法はないし、時刻は深夜でもあり、強姦による恐怖の念に襲われていたでもあろうから、その脱出は「著しく困難なことである」との理由により、監禁罪の成立を認めた（最判昭和二四年一二月二〇日刑集三巻一二号二〇三六頁）。

これは、いちおうこれでよいとして、察するに、この少女はいったん泳いで逃げようとしたくらいだから、おそらく水泳には相当の能力があるのであろう。もし、その能力が著しくすぐれていて、容易に泳いで脱出することができるくらいであったと仮定したら、この場合に、監禁罪は成立の余地がないことになるであろうか。極端な場合、相手がオリンピック競技で優勝した前畑秀子選手のような水泳の達人だったとしたら、監禁罪にはならないということになるだろうか。

ここまでくると、その場合には、犯罪にならないと主張する学者もある。その主張では、監禁の実害が発生していないからだという。しかし、わたくしはそうは考えない。とにかく、泳いで渡らなければならない状態というものは尋常一様のことではないから、やはり、一般人を標準にして、客観的に、監禁の事実がありとして、犯罪の成立を認めるべきものと思う。普通の手段では出られないということが監禁になるのである。

だから、ドイツの判例にあるように、普通人には飛びつけないような高いところに相当の大きさの窓がついている室に閉じ込めたとか、容易に人に見つけかねるような隠された場所に扉の押金のついている室に閉じ込めたとかの場合にも、監禁罪は成立すると見るべきである。

逮捕罪・監禁罪を逆の面から考えると、精神病者、泥酔者、熟睡者の類は自由の意識を欠いているから、これに対して犯罪は成立しないのではないかとの問題もある。もとより、その成立を否定する見解もあるけれども、これはおかしい。人間はだれだって完全な自由を持っているのではなく、それぞれの具体的事情に応じて、ある程度制約された自由を有するにすぎない。その意味では、酔っていようと、眠っていようと、病気にかかっていようと、ある程度の自由は持っている。それは、正常の覚醒状態に復すれば、いつでも行動をおこしうべき自由でもある。もし、反対説のようなことをいうと、逮捕罪・監禁罪に限らず、およそ人の自由に制限を加えることを本質とする罪は、すべて相手方が自由の制約を受けたとの意識をともなわなければ犯罪にならないことになってしまう。

逮捕または監禁により、死傷の結果を生ずれば、「傷害の罪と比較して、重い刑により処断する。」ということになる（第二二一条）。なお、平成七年の刑法一部改正により尊属逮捕・監禁罪（二二〇条第二項）は、削除された。

第七章　脅迫と強要

——脅迫の罪——

第一節　脅　迫

「脅迫」という言葉は、かくべつ説明の要もないくらい人によく知られている。人をこわがらせるような性質のことを告げるのが「脅迫」である。しかし、人をただおどかすということは、割合にすくない。人をおどかすのは、多くの場合、それによって、金品でも出させるとか、その他なにかをさせるように強制するのが普通だが、ただいやがらせのために、おどかすのもある。人をおどかして金品を出させるのは、普通は恐喝罪（第二四九条）になるし、その他の強要をするのは強要罪（第二二三条）になり、それら以外のただのおどかしにすぎない場合が脅迫罪（第二二二条）になるのである。

脅迫罪の規定は、「生命、身体、名誉又は財産に対し害を加える旨を告知して人を脅迫した者は、二年以下の懲役又は三十万円以下の罰金に処する。」（第二二二条第一項）、「親族の生命、身体、自由、名誉又は財産に対し害を加える旨を告知して脅迫した者も、前項と同様とする。」（同条第二項）というので、刑はあまり重いほうではない。ところが、強要罪ならば、刑が重くなって、三年以下の懲役となり、恐喝罪ならば、それよりもさらに重くなり、一〇年以下の懲役になる。

いうまでもなく、恐喝罪は財産罪の一種であるが、脅迫罪や強要罪は自由に対する罪の一種である。ただおどかされるだけなら、なにも財産的な損害はないけれども、自由は害せられる。火をつけるの、殺すのといわれたのでは、枕を高くして寝られなくなる。これはあきらかに自由の侵害である。

脅迫罪の実際例を少し拾ってみることにしよう。

姦通罪という犯罪はなくなったけれども、姦通が美風良俗だとされているわけではない。姦通は民法上離婚原因にもなりうるし、本夫は姦夫を相手に、慰藉料の請求もできるのを普通とする。そんな場合、訴訟をおこして争うのは、もちろん、大いに結構だが、裁判沙汰にするばかりが能ではないから、訴訟はおこさずに、人を間に立てて交渉するのもよし、相対《あいたい》で話しをしたとて、むろん、かまわない。しかし、相対というものは、とかく感情に走りやすいものだ。

実際の裁判にあらわれた例には、ずいぶん極端なのもある。自分の妻と姦通した男を自宅に呼び入れ、入口の障子を閉ざして、みずからそのかたわらに坐し、容易に出ることができないようにしたうえ、日本刀を抜き放って畳の上に突き立て、さらに猟銃に弾丸を込めて銃口をその男の胸元に擬し、「自分の顔に泥を塗ったうえ、覚えがないなどというなら、貴様を殺して俺も死ぬ」といっておどし、ついに同人をして姦通の事実を自白させ、謝罪するにいたらしめたというようなのがある（大判大正一三年一一月二九日法律新聞二三三七号二二頁）。昔は姦夫姦婦を重ねておいて四つに切ってもよかったくらいだから、このくらいのことはまだ生やさしいほうかも知れないが、時代は変わった。法治国民であるわれわれは、やはり法律上の正当な手続に訴えて権利を実行すべきで、こんなことをすれば、脅迫罪に問われる。

一般に、権利を実行するには、合法的手段にするべきで、それを越えれば、民法上は権利の濫用になるし、刑法上は犯罪になることもある。相手が悪いやつでも、私人が勝手にその悪事を公表すれば、公表した者のほうがかえって名誉毀損罪（第二三〇条）に問われるし、正当に告訴権を行使するのではなくて、ただいやがらせのために「告訴するぞ」などといっておどかせば、やはり脅迫罪になる。

隣の家の飼犬に鶏を噛まれた男が飼主に厳談に及ぶまではよいが、すでに相手が平身低頭しているのに、「こんど犬を外に出したら、たたっ切っちまうぞ」などといえば、飼犬という財産に害を加えるべきことを相手に告知したことになるからいけない。往来で水をまいていたら、通行人に水がかかった。「挨拶の仕ようによっては、考えがある。手下の者も多いから、身体に傷がつくようなことにならないともいえないぜ」などというのも、もちろん脅迫だが、こういうのは、たいてい一歩前進して金品の要求ということになるから、恐喝罪になる場合が多い。

第二節　告知内容

「脅迫」という以上、告知事実の内容が人のこわがるようなものでなければならない。こちらばかりは相手をこわがらせるつもりでいても、それがだれもこわがらないようなことなのでは、脅迫罪にはならない。しかし、反対に、人のこわがるようなことを告げれば、相手方がたまたま大胆な人物であったために、少しもこわがらなかったとしても、脅迫罪は成立する。この点、恐喝罪とは大いに違うから、注意しなければならない。脅迫罪は相手方が恐れるから成立するのではなく、恐れさせるような性質の行為をするから犯罪になるのである。

告知内容が人をこわがらせるに足る性質のものであるかどうかということは、健全な常識で判断すべきことであるが、具体的事態の個性を全然無視して判断せよというのではない。脅迫するときの場面全体の状態から見て、そういう状態でこういうことをいえば、相手がこわがるのがあたりまえかどうかという点から判断しなければならない。同じことをいっても、日の中と夜半とでは、人をこわがらせる力に大きな差異があるし、都会の人ごみのなかと人里離れた山のなかとでは事情が違う。いささかこわおもての部類の人間なら、ぬっと顔を出すだけで、なんにもいわなくても、脅迫になる場合もある。ニコニコ顔であったと弁解しても、犯罪の成立をまぬかれない。じっさい、恐喝などの手段としての脅迫は、大ものほどこわそうな口ぶりは見せないでやるものである。

脅迫にさいして告知される害は、脅迫者自身で加えることのできるものであろうと、第三者を通じて加えさせるものであろうとを問わない。しかし、第三者を通じて害を加えさせることを告知する場合には、脅迫者がこの第三者の加害行動に影響を与えることのできる立場にあるものと思わせるように告知されなければならない。たとえば、「手下をさし向けるぞ」などというのは、第三者による加害を告知するいちばん普通の例である。

県の職員の妻に対し、「県庁にも知人が沢山いる。おまえの亭主の首を切るくらいはわけはない」といっておどした実例もあるが、これなどもやはり第三者による加害の告知を手段とする脅迫罪になる。実際は、県庁にそんな勢力がなく、とても首にするわけにゆかないとしても、自分がなにかそういう影響力を持つボスであるかのように見せかければ、犯罪はりっぱに成立する。

第三者による危害の告知にちょっと似ているのは、天変地異そのほか個人の運命上の災厄を告げることである。これも聞く人によっては、なかなかの不安の種となる。わたくしの妻の実家では、わたくしと縁談がはじまったときに、人相見だとか占卜者だかに見てもらったところ、「この男は結婚後三年以内に死ぬ」といわれたそうで、その三年間はいささか不安であったらしい。やがて二年ほど経過したころになって、妻はわたくしにその話しをした。わたくしが健康なうえに、極端な迷信排撃論者で、およそそんなことには無頓着で、悪いといわれることは、わざとやってみようというほうなのを見て、愚妻も少しばかり安心してしゃべったらしいが、もし、わたくしが病身だったり、そういうことを気にするほうだったりしたら、そんなことを告げられると、脅迫されたも同然の結果になりそうである。しかし、売卜先生も心配なさるには及ばない。三年たっても死なかったからというので、相手が急に気が強くなったとしても、売卜者を脅迫罪で罰してくれともいえない。反対に、気が弱くてそれを気にして病気になり、予言どおり三年間に死んでしまったとて、脅迫罪にも殺人罪にもなりはしない。

なぜだろうか。人相見や占卜者の類は、ただ一流の技術に従って判断した結論を相手に告げるだけで、自分の影響力で相手に災厄をふりかからせると告げるわけではないからである。いわゆる吉凶禍福を説くだけで、一種の**警告**は与えるが、けっして害を加えるべきことを告知するのではないからである。吉凶禍福を説くだけでも、以前は、愚民をまどわす罪になったが、今は、ひどくまどわされる愚民もあまりあるまいとの見込からか、そういう罪もなくなった。だが、一歩進んで、「これを信じなければ、お祈りをして神罰をあてる」というようなことをいったとすれば、それは祈禱者の影響力により害の加わるべきことを告げるのだから、脅迫罪になる。これは怪しげな信仰団体などでは、やりかねないことのような気がする。

暴行もそうであるが、脅迫も多勢の威力を借りて行われることがすくなからずある。その場合には、暴力行為等処罰ニ関スル法律に触れ、刑の上限が三年の懲役までに引き上げられることもある。

第三節　強要または強制

強要罪はまた強制罪とも呼ばれるが、裁判所では「**強要罪**」という名称を慣用している。これには脅迫を手段とするものばかりでなく、暴行を手段とするものも含まれるが、それらの手段により、義務のないことを強要して実行させ、または権利の実行を妨害することによって成立する。条文の規定によると、まず、「生命、身体、自由、名誉若しくは財産に対し害を加える旨を告知して脅迫し、又は暴行を用いて、人に義務のないことを行わせ、又は権利の行使を妨害した者は、三年以下の懲役に処する。」（第二二三条第一項）となっており、さらに「親族の生命、身体、自由、名誉又は財産に対し害を加える旨を告知して脅迫し、人に義務のないことを行わせ、又は権利の行使を妨害した者も、前項と同様とする。」（同条第二項）と規定されている。これを前条の脅迫に関する規定と比較してみると、けっきょく、脅迫罪の内容になっているのと全く同一の脅迫手段により人を強制することがこの犯罪になるほかに、暴行を用いて強制することも同罪を構成することとなっている。また、脅迫の未遂は犯罪にならないが、強要の未遂は未遂罪として罰せられるように規定されている（同条第三項）。

強制手段によって、「人に義務のないことを行わせ」たり、「権利の行使を妨害し」たりする例はいくらもある。子守に雇い入れた一三歳の少女を叱責する手段として、水のはいったバケツや二斗醤油空樽あるいは木製の腰掛などを、数十分間から数時間もの間、胸の辺または頭の上に支持させておいたなどというのは、まさに「義務のないことを行わせ」たことにほかならない（大判大正八年六月三〇日刑録二五輯八二〇頁）。このほか、同じ類型に属する行為としては、辞職勧告を行って無理じいに辞職願を出させるとか、他人の解雇を強制するとか、つまらぬことに因縁をつけて、不当な謝罪広告を出させるとかいうことが世上往々おこなわれるところである。

これに対し、「権利の行使を妨害し」た例としては、新聞記者を告訴しようとしている料理店営業者に対して、もし、どうしても告訴をするならば、その経営する料理店に関して、不利益な事項を自分の新聞に掲載することになるから、告訴をやめたほうが得だろうとおどして、告訴を行うことを思い止まらせたというのがあった（大判昭和七年七月二〇日刑集一一巻一一〇四頁）。

これらの例のうち、最初の子守少女に対するものはおそらく暴行を手段とするものであろうが、他の例はすべて脅迫を手段としている。法文によると、脅迫をもってする強要罪では、脅迫内容たる害は、本人に対して加えられるものばかりでなく、親族に対して加えられるものでもよいことがあきらかであるが、暴行は本人に対して加えられるものに限るように見える。

第二二三条第一項には「暴行を用いて」という文句がはいっているのに、第二項にはそれがない。だから、規定の明文から見ると、暴行による強要は、本人に対して加えられる場合だけに成り立つことで、親族に対して加えられる場合には成り立たないようにも見える。

それでは、「これがいやだというなら、お前の親父は袋だたきだ」といって強要すれば、脅迫による強要罪になるが、もう一歩進んで、いきなりほんとうに袋だたきにしてしまってからいうことをきかすのは、強要罪にならないということになるのかというと、そうはならない。もし、そうなったのでは、いかにもつりあいがとれない。こんな場合は、殴ることによって、さらにそれよりも大きな害を加えるべきことを暗示しているのだと見れば、親族に害を加えるべきことをもって脅迫して強要したというふうに説明がつく。

しかし、それは一種の臆測による技巧的解釈である。その暴行によって暗示する害は、実は、親族に対するものなのか本人に対するものなのかもはっきりしていない。したがって、この説明だと、それが第一項の罪になるのか第二項の罪になるのかもわからないことになる。そんな技巧を弄するよりも、暴行が本人に対して加えられようと、親族に対して加えられようと、また他の物件に対して加えられようと、結局の目標が強要される本人にあるならば、やはり「暴行を用いて」というのにあたると見るほうがよい。それならば、父親を殴ることも、暴行を用いることに相違ないのであるから、第一項の規定により、強要罪になるものといわなければならない。

第八章　略取・誘拐・人身売買

――略取および誘拐の罪――

第一節　人さらい

われわれの幼年時代には、よく「人さらい」が来るといって、おどかされたものだったが、実際に自分の友達がさらわれたという事件は、わたくしの記憶にはない。そのころにそういう事件がそんなに多かったのかどうかわからないが、とにかく、戦後の日本では、住友家の令嬢が遠くへ連れて行かれたり、また、最高検察庁の検事の愛嬢が派出婦に連れて行かれたという事件もあった。もっと心を痛ましめるものには、吉展《よしのぶ》ちゃん事件もある。あまり安心して、子供を遊びに出してもいられない気がする。

「人さらい」から、まず第一に保護されるのは、**未成年者**である。「未成年者を略取し、又は誘拐した者は、三月以上五年以下の懲役に処する。」（第二二四条）という規定がこのことをあきらかにしている。「未成年者」とは、むろん、民法に従って、二〇歳未満の者をいう。未成年者というものは、両親その他の然るべき成年者の保護・監督のもとにあるから、不法手段によって未成年者をその保護・監督者の支配から脱せしめ、自己または第三者の実力支配のもとに置くことが犯罪になるのである。往来で遊んでいる幼児を無理に抱えて行ってしまえば、文字どおり、まさに「人さらい」の行為であって、これが法律上にいうところの「略取」にあたる。言葉の説明としては、いやがるのを無理に連れて行くのは「略取」であるが、お菓子でもやって、だまして連れて行くのは「誘拐」であるといってよい。

しかし、未成年者のうちでも、まだ学齢にも達しないような幼児は、ものの道理もよくわからず、いわゆる判断力があるとはいえないから、こういう幼児に対しては、たとえ、その承諾のもとに連れ出しても、誘拐罪になるのではなく、略取罪になると見たほうがいい。もう少し大きくなって、ものごころのついた少年に対してなら、誘拐ということもいえるのである。法律家は、そういう判断力の乏しいことを普通は「意思能力がない」という表現をもってあらわしている。

「**略取**」は暴行または脅迫を手段とし、「**誘拐**」は欺罔《ぎもう》または誘惑を手段とするといわれているが、暴行・脅迫または欺罔・誘惑のいずれにもあたらないような方法でも、先の例のように、お菓子で釣ったりするのは、暴行でも脅迫でもないが、略取行為のうちには、はいるのである。略取と誘拐とを合わせて「**拐取**」と総称することもある。これらの手段は、本人に対して加えられても、また、その保護・監督者に対して加えられても、この犯罪は成立する。

そこで、未成年者略取・誘拐罪は親告罪である（第二二九条）が、被害者として告訴をするのは、本人でもその保護・監督者でもよいということになる。親告罪だから、告訴しなければ、犯人は罰せられないわけだが、さらに、もし、犯人が略取・誘拐者と婚姻をしてしまうと、告訴をするにも障害がおこってくる。その場合には、まず、民事上の訴訟によって、裁判所に婚姻の無効確認または取消を請求して、それが裁判で認められたあとでなければ、告訴をしても、告訴としての効力を生じないのである。

第二節　営利誘拐その他

略取・誘拐の行為は、営利目的によるものが多いが、それをも含めて「営利、わいせつ又は結婚の目的で、人を略取し、又は誘拐した者は、一年以上十年以下の懲役に処する。」（第二二五条）と規定されている。

これは未成年者に対してでも、成年者に対してでも行うことができるが、田舎娘に「堅気のところへ女中奉公に世話してやる」などと称してこれを連れ出し、実は売春婦にしてしまうという類のものが多い。これは嘘をいって連れ出すのだから、欺罔による誘拐である。目的は周旋料かせぎだから、営利の目的もある。「都会に行き、わたしの世話するところに住み込めば、毎日絹の着物が着られて、お化粧してきれいになり、ほんの少しばかり客の相手をすればお金はいくらでもはいる」などと申し向けるのは、そのこと自体に嘘はないけれども、甘言をもって誘い、無思慮な田舎娘に著しく判断を誤らせることになるから、そうして連れ出すのは、誘拐である。その目的が営利にあることは、いうに及ばないことであるから、営利誘拐罪となるのである。誘惑の手段ということになると、欺罔手段と異なり、相手方の知慮の程度が特に微妙な意味を持ってくる。未成年者と成年者とでは、この点でも相当違ってくることに注意しなければならない。

「営利の目的」というのは、これらの例でもわかるように、それを営業にしていなくてもよいし、継続的な利得を目的としなくてもよいのである。自分の内縁の妻に対し、一時他に奉公して金を調達し、自分の窮境を救ってくれと頼み、愛情に訴えてこれを承諾させ、前借金を得て女中や女給などに住み込ませるということも、世上おうおう耳にするところであるが、これも、ほんとうにまともなはなしで、よく了解のうえでなら、もちろん、誘拐罪にはならないが、その前借金で別の女を囲ったり、女房から堅く戒められている競輪場に飛んで行くためだったとすると、けっきょく、甘言をもって欺いたことになるから、犯罪の成立をまぬかれない。いつか、トニー・谷の小さい男の子を連れ出しておいて、身代金《みのしろきん》を要求した男があったが、これは営利の目的があるようにも見えるが、その男の子から直接に利益を挙げるのではないから、この目的があると認めてよいかどうかは問題である。裁判所は肯定したが、学説上は反対がある。そういうことも考慮すると、身代金を目的とする略取・誘拐は別罪とするほうがよいことがわかる。

「わいせつの目的」というのは、わいせつに関する罪について説明したとおりだが、たとえば、幼女を独りではちょっと帰れないような遠い森のなかへ連れ込んで、いたずらをしようとするのなどが、これにあたる。姦淫もむろんここにいう「わいせつ」の一種である。「結婚の目的」ということを、法律上正規の婚姻をする目的と解する説によると、事実上の夫婦生活を営む目的であることは、この「わいせつ」目的の観念のなかに入れて説明することにならざるをえない。

しかし、「結婚の目的」というのは、通説のように法律上の婚姻をする目的と解するのは正しくない。なぜかというと、事実上の夫婦生活をする目的ならば、入籍する気があろうとなかろうと、みな結婚の目的あるものといっていい。法文上「婚姻」という言葉は、あきらかに法律上の婚姻を意味すると解せられるのに対し、この犯罪については、わざわざこれと異なる表現をもって、むしろ通俗の用語ともいうべき「結婚」という言葉が用いられていることからみても、この「結婚」には法律上は婚姻と認められないものも含まれると解したほうがよいからである。もっとも、反対説によっても、事実上の結婚を無理に「わいせつ」のうちに含めて解するならば、けっきょく、これが罰せられることには変わりないわけであるが、解釈の常道ではない。

これら三つの目的のうち、営利目的だけは特別扱いで、その目的による拐取は親告罪でないが、他の目的によるものは、みな親告罪である。犯人と被拐取者とが法律上の婚姻をしてしまった場合の特例は、未成年者略取・誘拐の場合と同様である(第二二九条)。いうまでもなく、営利の目的あるものが親告罪でないのは、それがいちばん悪性だからである。

結婚の目的で略取・誘拐することを犯罪としておきながら、その犯人が被拐取者と本式に婚姻をしてしまうと、もう簡単に告訴もできなくなり、しかも、告訴なくしては罰し得ない親告罪として規定されていることは、矛盾しているようにもみえるが、これは、法律が婚姻という確定的な事実状態をいちおう尊重しようとする立場に立っているのである。いったい、法というものは、容易に現状の変更をしたがらないものなのである。

なお、刑法は(一)日本国外へ移送の目的をもって、人を略取または誘拐する行為、(二)日本国外へ移送する目的で、人を売買する行為、または(三)被拐取者もしくは被売者を日本国外に現実に移送する行為を、いずれも二年以上一五年以下の懲役に処している(第二二六条)。

これは略取・誘拐罪の諸態様のうちでいちばん重い罪であるばかりでなく、営利の目的がなくても、親告罪ではない。したがって、被害者の側をいくらあきらめさせてみても、処罰されることになる場合もある。犯人が被拐取者と婚姻をしてしまっても、なんら処罰に制約を受けないという点で、他の場合とは格段の相違がある。

第三節　身代金目的の誘拐など

人を略取・誘拐し、これを人質にした上で、その近親者などに対して身代金《みのしろきん》を要求するというような犯罪がある。そういう犯罪はもとは日本にはなかったものらしいが、昭和三〇年前後から目立ってふえてきた。そのもっとも著名なのが「**吉展《よしのぶ》ちゃん事件**」である。この種の事件は誘拐(略取も全く同様であるが、話を簡単にするために、以下すべて「略取」の語を省略する。)された本人の生命・身体に危険があるばかりでなく、その者の安否を気づかう近親者などの愛情を食いものにし、それらの人の心情をさいなみつつ利得しようとする残酷な犯罪であるところから、この種の犯人に対する世人の憎しみも強い。裁判所は従来これを営利誘拐罪の規定によって罰する方針を採ってきているが、その解釈の当否に疑義がある上に、営利誘拐罪に対する刑が一年以上一〇年以下の懲役にすぎないので、これでは世間の感情を満足させるわけにいかない。そこで、昭和三九年に、刑法の一部改正という形で、この種の犯罪に対処する一連の規定が設けられた。

これは従来からある営利誘拐罪の特別の形態のものとして「**身代金誘拐罪**」というものが新設されたのである。「身代金誘拐罪」という名称では、まるで身代金が誘拐罪を犯すのか、そうでなければ、身代金を誘拐する犯罪であるかのような表現となり変なのだが、他に似た例もあるし、もともと略称なのだから、これで間に合わせてもいいのかもしれない。それが国会への法案提出当時の正式の名称にもなっていた。そういうわけで、名称には少しおかしいところがあるが、とにかく、この改正により、そういうひとまとまりの規定が出来たのである。

身代金要求の目的で人を誘拐すると、無期または三年以上の懲役に処せられる。他の目的で人を誘拐してから、後で身代金を交付させるとか要求するとかした場合にも、これに対する刑罰は同じである（第二二五条の二）。法文には「身代金」という言葉は使ってないが、わかりやすく簡単に表現すれば、これは身代金のことを規定しているのである。法文にこの言葉を使ってないのは、「身代金」という言葉の本来の意味から見て、これを使ってよいかどうかにも問題があると考えられたばかりでなく、金員にかぎるわけでもないから、「身代金」と言うより、「財物」と言ったほうがよいと考えられたのである。しかし、法文以外では、「身代金」という言葉を使うのが簡単でわかりよいので、使われている。

それはそれとしても、条文の表現が全体としてまわりくどく出来ている。たとえば、身代金目的の誘拐罪（同条第一項）の規定を見ると、「近親者その他略取され又は誘拐された者の安否を憂慮する者の憂慮に乗じてその財物を交付させる目的で、人を略取し、又は誘拐した者」という表現になっている。「近親者その他略取され又は誘拐された者の安否を憂慮する者」というのは、まず近親者がその代表として掲げられていることから考えると、ただの傍観者的な同情者を意味するものではなく、近親同様に親身になって安否を気づかうような人を指している。親子兄弟ばかりでなく、たとえば住込店員に対する雇主などのような立場の人もこれに当たることは明白である（相互銀行の代表取締役社長を略取し、同銀行の専務ら幹部に身代金を要求した事案について、最決昭和六二年三月二四日刑集四一巻二号一七三頁は、専務と社長との密接な人的関係をも考慮に入れたうえ、専務ら銀行幹部が「安否を憂慮する者」に当たるものと解している。）。有名な誘拐映画「天国と地獄」の事件のように、会社社長から身代金を取るつもりでいながら、社長の子とまちがえて自動車運転手の子を誘拐してしまったような場合でも、犯人の意志からいえば、立派にこの目的を持つ行為をしたわけであるから、この犯罪は成立する。現実に相手が憂慮しようがすまいが、これは問うところでない。「憂慮する者の憂慮に乗じて」というのは、憂慮するはずだと犯人が思った相手の憂慮の心理を利用することを意味するのである。現実に憂慮していることまでを要件とするものでない。

誘拐前には身代金を取る気はなく、他の目的で誘拐してから後に、身代金を取る気を起こし、それを要求したとか受け取ったとかの場合（同条第二項）にも、同様の重罪となることは前述のとおりであるが、それにしても、これら二種の場合を通じて、法定刑が無期または三年以上の懲役というのは、軽すぎるとの批評をする人もある。法律家の間には、そういう声はたぶんないと思うが、世間にはそういう強い意見もある。それほど、この犯罪は悪質なものなのである。そういうきびしい世間の声もあるものだから、誘拐した上で殺したような場合については、わが国の有名な死刑廃止論者でさえ、「もし死刑を残す必要があるとすれば、この種の犯人に対してだけである。」というような発言をしたと伝えられているほどである。それなのに、この犯罪に対する法定刑を無期懲役にとどめてあるのは、誘拐のうえ殺した場合には、殺人罪も成立することを理由として死刑に処することもできるので、無期では軽すぎて困るという心配もないからである。殺した場合と殺さない場合との間には、最高刑に死刑と無期懲役という開きがあり、この程度の差を置くことによって、できるだけ、殺害という最悪の結果の発生を避けさせようとしているのである。

それればかりではない。なるべく重大な結果の発生を未然に防ごうとして、犯人が誘拐された人を「安全な場所に解放したとき」には、かならず刑を軽くしてやることにしている（第二二八条の二）。また、身代金目的の誘拐の準備（予備罪）をしても、実行に着手しないうちに自首すれば、かならず刑を減軽または免除してやるという規定（第二二八条の三但書）も置いている。もっとも、解放したことによる減軽を受けるには、犯人が起訴されないうちに行なわなければならないし、安全な場所に解放することが要件なのだから、安易に保護者のもとに帰れないような山の中などに置いて来たのでは、いくら自由にしたといっても、この減軽の恩典に浴することはできない。

こういうわけで、刑法が誘拐犯人をなんでもかんでも死刑にするというような厳罰一点張になっていないところに、かえって一種の妙味があるのである。犯人を「毒食わば皿まで。」という気持にさせないで、早くやめれば、軽くしてもらえると思わせる余地を残そうと配慮しているのである。

それにしても、身代金誘拐罪（第二二五条の二を基本とする諸罪）、そのなかでも身代金目的の誘拐罪（同条第一項）は、特別に悪質な犯罪なのだから、親告罪なんかではないし（第二二九条）、つぎに述べるその幇助罪や収受罪（第二二七条第二項・第四項）でも誘拐罪の他の形態の幇助・収受よりは重く罰せられるようになっている。またその未遂を罰する（第二二八条）のはもちろんのこと、さらに前の段階たる予備さえも罰する（第二二八条の三）ようになっている。予備行為を罰する規定が設けられた直接の動機は、**島津貴子夫人誘拐事件**であったといってよかろう。あの事件では、犯人は貴子さんを誘拐した上で身代金を要求しようと思って、その身辺につきまとい、島津家の様子を内偵するなどの準備行為をいろいろやっていたが、まだ犯罪実行の着手があったと認めるわけにはいかない段階で逮捕されてしまったので、他の犯罪について有罪判決を言い渡されはしたものの、誘拐罪の点では無罪と認められた。それは予備を罰する規定がなかったからのことであるが、世間の感情はこのような結果になったことに強い不満を感じたらしく思われた。そこで、予備罪の規定を新設したのである。この改正規定の施行された昭和三九年七月二〇日以後の行為に対しては、予備の段階で発覚したものも、処罰されることになった。

第四節　被拐取者収受等の罪

これまで述べてきた未成年者略取・誘拐（第二二四条）、営利誘拐等（第二二五条）および国外移送拐取・人身売買（第二二六条）の三種の罪のいずれかを犯した者を幇助する行為を処罰するため、第二二七条第一項は「第二百二十四条、第二百二十五条又は前条の罪を犯した者を幇助する目的で、略取され、誘拐され、又は売買された者を収受し、蔵匿し、又は隠避させた者は、三月以上五年以下の懲役に処する。」と規定しているから、たとえば、誘拐された女と知れたら、うかつには預かれない。理屈としては、犯人を援助する気でなければ、この幇助罪になるわけではないが、実際問題として、犯人から「かくまって置いてくれ」と頼まれて預かれば、幇助の目的があることになるから、犯罪になることを免れない。反対に、誘拐された女を逃がしてやるためにかくまったという場合なら、これは犯人幇助の目的がないから、この犯罪にはならない。この種の幇助行為が身代金目的の誘拐犯人に対する援助として行なわれたときは、刑がさらに重くなって、「一年以上十年以下の懲役」ということになっている（第二二七条第二項）。

犯人幇助の目的がなくても、「営利又はわいせつの目的で、略取され、誘拐され、又は売買された者を収受した者は、六月以上七年以下の懲役に処する。」（同条第三項）ということになっているから、被拐取者を受け取る者自身が営利またはわいせつの目的をもっているときには、この犯罪を構成することになる。具体的な例をひけば、誘拐した女を芸妓にして稼がせ、その収益の頭をはねるために、これを自宅に置いたような場合で、これは自分自身の営利のために被拐取者を収受したことになる。

さて、これらの幇助罪は「……罪を犯した者」を幇助することを犯罪としているのであるから、それはすでに本来の拐取行為が既遂に達してからのちに、その結果を確保するための幇助である。事後の幇助だから、いわゆる「事後従犯」の一種である。したがって、普通の幇助という行為は、これとは別に考えられなければならない。たとえば、未成年者をさらって行こうとする者の手引をするなどの行為は、未成年者略取罪の従犯として、共犯例（第六二条）の適用を受ける。これは拐取後の幇助に関する第二二七条第一項や第二項の規定とは関係のないことである。

それから、営利・わいせつまたは身代金要求の目的をもってする収受罪については、前記のような規定があるが、同じ目的をもってする蔵匿・隠避の罪を規定していない。したがって、拐取の犯人を幇助する目的で行う蔵匿・隠避は犯罪にならない。ところが、収受だけは、拐取犯人を幇助する目的で行うよりも、営利・わいせつまたは身代金目的で行うもののほうが刑罰が重くなっている。どうも収受と蔵匿・隠避との間にはバランスが採れていないようだが、解釈論としては、どうにもならない。この収受等の罪は、国外移送の目的をもってする略取・誘拐または売買・移送の罪（第二二六条）を犯した者を幇助する目的で犯した場合には、親告罪ではない。また、営利または身代金目的によるものが親告罪でないことは、他の場合と同様である。わいせつ目的による収受は親告罪であるが、犯人と被拐取者とが結婚をしてしまったときには、それが告訴の障害になることも、みな、他の場合と同様である（第二二九条）。この種の収受行為につき、収受者自身に身代金を要求しようとの目的があるときには、刑は営利またはわいせつ目的の場合よりも重く、「二年以上の有期懲役」と定められている（同条第四項）。収受後になってから、収受者が身代金要求の行為をしたときにも、同様の重刑に処せられる（同項後段）。

第九章　住居侵入と不退去

——住居を侵す罪——

第一節　正当理由の不存在

夏になると、暑いので窓をあけたままで寝たりなどする。泥棒がはいりやすい。日本の住宅は、構造上特に開放的なのでいけない。田舎のほうには、おうおう「夜ばい」という悪習があって、若い女のいる家などへは、時ならぬ時刻に男がはいり込んで来たりする。実際におこる住居侵入は、たいてい、強盗や窃盗の目的によるとか、あまり品のよくないこの悪習によるとか、あるいは喧嘩でも仕かけるための乱入であるとかいうのが例である。住居侵入の目的は、だいたい、この三種に尽きるといってよいのが実情である。これらは、相手方が承諾していないのに、人の住居にはいって行くから、住居侵入罪になるのである。

法文によると、「正当な理由がないのに、人の住居若しくは人の看守する邸宅、建造物若しくは艦船に侵入し、又は要求を受けたにもかかわらずこれらの場所から退去しなかった者は、三年以下の懲役又は十万円以下の罰金に処する。」ということになっている（第一三〇条）。そうして、その未遂も罰せられる（第一三二条）。**「正当な理由がないのに」**というのは、修辞上くっついているだけの文句である。この句がなくても、刑法上の規定は、当然に「正当な理由がないのに」行われる場合だけを違法類型として考えているのである。たとえば、殺人罪に関する規定は「人を殺した者は」云々と規定しているだけで、「正当な理由がないのに」殺すことを要件としてはいないが、正当の理由があって殺すなら、犯罪にならないことは、いうまでもないことなのである。死刑の執行として人を殺すこと、正当防衛として人を殺すことなどは、みな正当な理由があるから、犯罪にはならない。

かように、「正当な理由がないのに」と書いてなくても、「正当な理由がないのに」やった場合にかぎり、犯罪となることにおいて変わりはないのである。住居侵入罪では、疑いを避けるため、この点がはっきり規定されているだけのことである。したがって、人を訪問するために、他人の家へはいって行くのは、決して「正当な理由がないのに」ではないから、特別の事情のないかぎり犯罪にはならない。

ところが、泥棒をするため、乱暴を働くため、あるいは娘にいたずらをするためなどであれば、それは正当な理由とはいえないから、犯罪になる。しかし、だからといって、その訪問が相手方の好まないものならば、すべていけないのかというと、そうとはかぎらない。たとえば、相手の好まない借金催促のために訪問するのであっても、「正当な理由がないのに」ということになるわけではないのは、いうまでもない。

借金取は借金を取る権利を持っている。その権利を行使するためには、債務者の住宅へ訪ねてゆくことも必要であろうから、これが住居侵入になってはかなわない。ところが、行ってみたら、どうも、相手が居留守を使っているらしいので、「それなら、お帰りまで、お宅で待たしてもらいます」という。こういわれて、家人が「では、お待ち下さい」といってくれれば、万事円満だが、「それは困るから帰ってくれ」といったとする。こうなると、どっちが正当かは、ちょっと考えてみないと、きまらない。

これは程度問題で、双方の言分に相応の理由があることだから、権利の濫用になるようなことを主張するほうが、不法ということになる。不在と称することがいかに怪しくても、借金取はどうでも頑張っているというわけにもいかない。その家の屋敷外で待つならかまわないが、屋内にはいり込んだりなどして、むやみに蕃山先生をきめこむことはできない。そうなれば、相手は、「帰ってくれ」というにきまっている。それでも帰らなければ、借金取は法文にいわゆる「要求を受けたにもかかわらずこれらの場所から退去しなかった者」として、犯罪になる。それは、ひろい意味では住居侵入罪の一種であるが、特に不退去罪という名もついている。

だが、不退去罪というものがあるのをよいことにして、来るなり、「帰れ帰れ」で対抗することは許されない。そうなれば、断るほうが権利の濫用であるから、借金取のほうがだんだん強腰になることも、しぜん「正当の理由あり」ということになってくる。こういう点は、法律の解釈に弾力性を持たせなければいけない。日常生活における不退去罪の活用は、もっと卑近なところにある。押売人を追っ払うには、この腹でいくのがよい。法律を知った人が、これを悪用することもあるし、悪用といえぬまでも、法律の要求する限度でしか行動しないことがある。

しかし、法律の命ずるところは、平凡な人間に最低限の道徳を守らせようとしているだけのことが多いから、その最低限の生活をしているのでは、決して「善き隣人」となることはできない。法律知識は、不正を排除するさいのバック・ボーンとしてこそ、大いに活用されるべきである。いくら押売でも、いきなり、「退去しなければ犯罪だぞ」とどなったのでは、人の世は住みにくくなるが、相手によっては、その腹で対抗することが望ましい。そうして、なにによらず、相手の出方いかんによって、最後まで徹底的に争っても、勝つだけの自信が欲しい。法律知識は、その自信を与えるものとしてこそ、大いに意味がある。

第二節　住居の要件

住居侵入罪と一口にいっても、さらにこまかく分ければ、侵入の目的物の種類によって、邸宅侵入、建造物侵入、艦船侵入等に区別される。これらの目的物のうち、住居とか建造物とか艦船とかの意味は、放火罪について説明したところと同じであるが、「邸宅」というのは、住居侵入罪ではじめて出てくる観念である。

「邸宅」というと、通俗には、なにかりっぱな「お屋敷」を意味するようにとれるが、刑法上の概念としては、りっぱな「お屋敷」であることを要しない。住居とそれを囲む一区画の土地を意味する。ただかこいばかりあっても、そのなかに住居を含むものでなければ、邸宅ではない。ひろい土地の隅っこに小さなバラック住宅があって、他はすべて菜園などであったとしても、かこいのなかの住居の付属地であるかぎりは、その全地域が邸宅である。したがって、かこいの垣を乗り越えてその畑にでも立ち入れば、そこで邸宅侵入罪になる。これに反して、西瓜畑や蜜柑山に鉄条網をめぐらして、番人小屋を建てておいても、その小屋が「住居」といえる程度のものになっておらず、畑や山も住居の付属地になっていないからには、邸宅ではありえない。

邸宅というには、かこいが必要なことは、いまいったとおりであるが、そのかこいというのも、りっぱなものである必要は毛頭ない。一般に、「通常の歩行をもって出入することの困難なもの」であることが必要だとされている。つまり、跨ぐとか跳ねるとかしなければ、出入できないということが、必要だというのである。

法文によれば、住居については、ほかになんの要件もいらないが、邸宅、建造物および艦船については、特に、それが「人の看守する」ものであることを要件としている。**「人の看守する」**というのは、文字どおり、眼で見守っていなければならないのではなく、他人の侵入をこばむ趣旨が表現されていればいい。たとえば、錠がかかっているとか、立入禁止の立札や貼紙が出ているとかすれば、やはり、「看守する」という条件はそなわっていることになる。空家など、錠がかかっていなくても、門戸を閉じてある状態なら、やはり立入を拒否する意志が表示されているから、「人の看守する」ものと見てよかろう。

だから、むやみにそういう空家にはいり込んだりすれば、建造物侵入罪に問われることになると考えなければならない。それでは、空家さがしに行って、管理人が付近に見つからないし、容易に立ち入れるようになっていたので、なかにはいって見たというような場合に、建造物侵入罪に問われやしないかというと、それは、「正当な理由がないのに」でないという点で、救われる可能性が多いから、あまり神経質にならなくてもよい。

それから、住居ということについて、雨戸の外側にある縁側にあがったのが、住居侵入になるかということが問題になったことがあるが、大審院は犯罪の成立を肯定し、そのついでに、「屋根ある塀若しくは門の外側雨垂内は、普通慣習上一般に他人の交通を許すべき場所にして、之に佇立するが如きは、不法とするを得ざるもの」と説明している（大判大正一二年一月二七日刑集二巻三五頁）。住居の内外をわかつ境界線を画するものとして、だいたい妥当な見解というべきであろう。

玄関まではいることを許された人、あるいは応接間まではいることを許された人が、ほかの室たとえば主人の居間に勝手にはいって行ったとすれば、それは住居侵入罪になる。まして、各室別々の人の使用する下宿屋の一室のような場所は、その各室ごとにそれぞれ独立の住居があるというべきである。

第三節　住居権者の承諾

住居侵入罪でいちばん問題になるのは、相手方の承諾の有無である。「同意は犯罪の成立を否定する」といわれる。住居侵入罪のように、個人の法益に関する罪においては、被害を受ける個人が同意すれば、犯罪は成立しない。そこで、具体的な当該事件の場合に、だれの同意があればよいのかということが問題になる。

よく問題になるのは、夫の不在中に妻が間男を引き入れた場合にも、その男は住居侵入罪になるかということである。ことがらを簡単にするために、夫は世帯主で、家族としては妻があるだけで、他にその家に同居している者がいないと仮定しよう。妻は、自分から引き入れたくらいだから、もちろん、間男の到来を喜んで迎えているに相違ないが、夫は、もとよりこれを快く思うはずはない。事情を知れば、「重ねておいて四つに切りたい」ところであろう。そうすれば夫婦共同の住居について、夫の同意はないが、妻の同意のある場合、その住居に立ち入ることが、住居侵入罪となるかということが問題になる。

戦争中、こういう事件がよくあったが、これに対して、司法の実際において採られた見解は、住居権は夫にあるとの前提に立ち、たとい妻の同意を得ていようとも、それが住居権者たる夫の意志に反する行為である以上、犯罪の成立をまぬかれないとするのであった。判例に曰く「住居権者たる夫の不在なる場合に於ては、妻に住居の管理権あることを認むべきものなれども、其の妻の承諾ありたるとき、刑法第一三〇条に規定する住居侵入罪の成立せざるものと為すは、通常住居権者たる夫に於て、他人が住居に入ることを認容するの意思ありと推測し得べき場合に限るものと解するを正当なりとすべく、本件の如く、被告人がＳの不在に乗じ、同人妻Ｍと姦通する目的を以て、其の住居に侵入したるが如き場合に於ては、予めＭの承諾を得たりとするも、当然本夫たる住居権者が被告人の住居に入ることを認容する意思を有すると推測し得べからざるを以て、被告人の所為は住居侵入罪を構成するものなること疑を容れず」（大判昭和一三年二月二八日刑集一七巻一二五頁）と。

この場合には、夫が出征しているという事情があるので、いっそう面倒な問題が含まれているが、そのことはしばらくおき、とにかく、すこし鋭い観察をする人ならだれでも、住居権が夫にだけあって妻にはないというのは、おかしいということに気づくであろう。そう気づくのは男女平等・夫婦対等の法理を前提とする日本国憲法のもとにおいてのことであって、その以前には、だれもなかなかそうは考えてくれなかった。わたくしは、こういう裁判所の論法に対し、当時、この大審院判例に対する批評を専門雑誌に発表して抗議したが、大審院は、さらにわたくしの見解を反駁するに、家族制度の美俗論をもってしたのであった。それは旧憲法時代のことで、いまは違うとおっしゃるかもしれないが、わたくしの当時の見解は、そんなものではなかった。

家族制度の美俗としての長所はいまも認めてよい。いわんや当時においてをやだが、この問題は家族制度にはかかわりないことである。住居の不可侵権は、旧憲法でも新憲法でも一貫して、すべての人に対して保障されている。その裏付をしているのが刑法の規定なのである。この憲法ならびに刑法の保障は、国民すべてに平等に与えられていることで、それに夫であるか妻であるかによって区別があろうはずはない。

判例は住居権者を夫であるときめているが、その理由がどこにあるのかわからない。べつだん世帯主だとも戸主だともいっていないのであるが、ただ夫であるとの理由だけで、夫にだけ住居権があって、妻にはそれがないというのでは、理屈が立たない。判例ははっきりいっていないが、もし、戸主だとか世帯主だとかいうことを考えに入れるのだとすれば、妻が戸主・世帯主である場合には、妻にだけ住居権があるということにならなければならないが、それでもいいかというのが、判例の夫権妄信論に対する当時のわたくしの論駁であった。

わたくしは、夫妻共同の住居ということを卒直に認めるべきだと思う。したがって、夫妻双方の同意がなければ、違法性を失わせるだけの同意があったとはいえないと解する。わたくしの一家言にすぎないことではあるが、この見解によれば夫だとて、妻の不在中に、その同意もなく、二号を引っぱり込んだりすることはできない。それなら、夜おそく酔っぱらって友達の家なんかへうかうか行くと、細君の逆鱗に触れ、たちまち住居侵入罪になるのかというのが、わたくしへの反論の一つであるが、それはそのとおりである、といってさしつかえない。

ただ、酔っぱらって行ったぐらいなら、そう頑固にあくまで入れまいとして、拒否されることはないだろうというだけのことで、ほんとうに、細君が拒否すれば、やっぱり無理に押し入るわけにはいかない、とわたくしは回答する。それは、二人共有の物を売却するには、二人ともこれに同意することが必要で、もし、共有者の一人が他の一人の不同意を無視して、それを売り飛ばせば、そのときの占有状態いかんにより、窃盗か横領かの罪が成立するのとまったく同様である。それでは、いちいち細君の御機嫌をうかがわないと、人の家も訪問できないのかと心配するにはあたらない。そこは、普通の訪問なら、特に拒否されないかぎり、暗黙の同意を予想できるからである。

こういうわたくしの考え方とは別に、古くドイツの学説に由来する説がある。それは、大いに現実の状態に忠実に、事を考えようとする立場である。それによると、夫の不在中は妻が当然に管理権を有するから、妻の同意がありさえすれば、たとえ、夫の意に反しても、住居侵入罪にはならないというのである。なかなかいい説だが、なお、わたくしは疑う。なるほど、夫の出征中などという場合は、この考えを容れる余地もあるが、夫がその夜は勤務先の当直であるとか、ちょっと散歩に出たとかいう程度の場合にも、夫の住居権が一時的にもせよ、もはや無くなってしまうというのは、受け取れない。住居するということは、現在するというのとは違う。住居の概念からいって、そういう解釈は正当でない。

それなら、どの程度の期間の不在は、なお、住居権を失わないといえるのか、ということが議論にならざるを得ないが、これは期間の長短ばかりではきめられない。一般に「住居」といえるようなものであるかどうかできめるよりほかはない。戦争中には、「再び生還を期せず」として、万里の波濤を隔てて遠く異郷の地にある者に、国内の住居権がまだあるということは、おかしいではないかといって、被告人を弁護した名（？）弁論があったが、これはなかなかおもしろいところを突いている。とはいえ、出征その他外国出張等の事実があっても、生活の本拠がなお出発前の場所に置かれていると認められる状態ならば、それが住居であるというべきである。

第一〇章　秘密の保護

——秘密を侵す罪——

第一節　秘密遵守義務者

われわれは、医師の診察を受けるときは、たいてい何でも正直にいう。正直にいわないで、診断を誤られてはたいへんだと思うからである。また、なにをいっても、医師はその秘密を守ってくれる。そこで、安心して医者にかかれるというものである。もし、医者が「あの人の兄はハンセン氏病で入院している」とか、「だれそれの叔母は精神分裂病患者だ」とか、やたらにいうとしたら、いわれる者の迷惑は、はなはだしい。こういう秘密をもらす行為を犯罪として処罰することは、それを秘密にしている本人の利益を保護するばかりでなく、ひいては医業をも保護することになり、一般人がそれだけ医術の恩恵に浴しやすくもなる。

同様のことは、薬剤師にも、医薬品販売業者にも、助産婦にも、弁護士、弁護人、公証人または宗教、祈禱《とう》の職にある者にもあてはまる。いや、現にそれらの職にある者ばかりでなく、過去においてそれらの職にあった者にもあてはまる。助産婦が「どこそこの家では指の六本ある子が生まれた」といったり、弁護士が「彼にはこういう前科がある」というようでも、大いに困る。法文上、弁護士のほかに**「弁護人」**というのが挙げられているのは、弁護士でなくて、特に裁判所の許可を受け、ある特定の事件のために被告人を弁護することを許される者がある（刑事訴訟法第三一条第二項）から、それも弁護士なみに扱うためである。僧侶、牧師、祈禱師なども人の懺悔を聞くことが多いので、同じように秘密を守るべき義務が課せられているのである。

ここに掲げたような職務関係にある人たちは、「正当な理由がないのに、その業務上取り扱ったことについて知りえた人の秘密を漏らしたとき」は**秘密漏示罪**に問われる。刑は「六月以下の懲役又は十万円以下の罰金」（第一三四条）だから、あまり重くはない。

これは「漏示」の言葉でもあきらかなように、秘密を「漏らす」ことが犯罪なのである。「漏らす」という以上、おおげさに宣伝して歩かなくても、犯罪は成立する。おおげさにやれば、公然やったことになるから、その内容が人の名誉を害するような事項であるならば、名誉毀損罪に問われることになる。

こういうわけだから、秘密を漏らす人が、たとえ、「これはごく内証の話しですよ」といって告げたとしても、この犯罪にはなる。しかし、医師が他人への伝染を恐れる衛生上の観点から、患者の秘密にしている疾病の状況を周囲の者に告げるような行為は、「正当な理由がないのに」漏示するのではないから、犯罪にはならない。結婚の調査などに対して事実を告知するのは、正当な理由があることになるといってよいだろうか。本人承諾のうえで、たがいに診断書とか証明書とか取りかわす場合は、むろん、この犯罪にはならないが、興信所の人が調べに来たような場合、正直に答えてやれば、相手方のためにはなるが、調べられている者には不利である。異論があるかもしれないが、これら特別の業務関係者が秘密を漏らすことは、やはり許されないものと思う。

というのは、この種の秘密の保護につき、法はなかなか手厚い態度を維持していると思われるからである。たとえば、裁判上、証人として尋問を受ける場合においてさえ、これらの特別の業務関係者は、他人の秘密事項に関しては、証言を拒絶することができるとされている（民事訴訟法第二八一条第一項第二号、刑事訴訟法第一四九条）くらいだからである。真相を調査したかったら、医師や弁護士など特別の業務関係者でない人について問うべしである。

だが、医師でも弁護士でも、「その業務上取り扱ったこと」に関係なく、一市井人として知り得た事項なら、その秘密を漏らすことも罪にはならない。ある医師の家の隣の息子さんが性病にかかっているが、近所であるためかえってこの医師に知られることを恐れて、遠方の医師に診療を受けたところ、医者仲間のつきあいから、その主治医になった医師が「君の隣の息子は性病でいま僕のところに来ているぜ」などというと、いったほうは業務上取り扱ったことにつき知り得た秘密を漏らしたことになるが、それを聞いた隣の医師がさらに人にしゃべるのは、業務上取り扱ったことについてではないから、この種の犯罪にはならない。ただ、性病については、罰せられる前者の場合にも、直接に刑法上の秘密漏示罪になるのではなく、別に性病予防法に同趣旨の規定があるから、その方（同法第二九条）で、もっと重く罰せられることになる。

念のため注意するが、一市井人としてでも、公然しゃべったりすれば、名誉毀損罪になる場合が多いから、罪にならないのは「漏らす」場合に限ると知るべきである。

第二節　主観的秘密と客観的秘密

さて、いったい、**「秘密」**とは何か。肺結核にかかっているということなどは、都会人のなかには、少しも秘密にしようと思っていない人もずいぶんいるが、他面には、ひどくそれを知られたがらない人々もある。田舎のほうでは、今日でも、肺病の血統だなどといって、その近親者までも忌みきらう傾向もある。こういうのは、「秘密」といえるだろうか。これは学説上の争いに関係のあることで、主観的秘密説では、本人が秘密にしていることでなければ、「秘密」ではないとするが、客観的秘密説では、本人の意志がどうであるかに関係なく、普通一般の人が秘密にしたがるような事項は「秘密」だという。また主観的にも客観的にも秘密とされるような事項でなければ、刑法上の「秘密」ではないとする説もある。

わたくしはむしろ主観的または客観的のいずれかの理由により秘密とされるような事項は、すべて「秘密」だとする説が正しいと思う。本人が知れば当然秘密にしたがるような事項は、つまり客観的秘密であるわけだが、そういう事項でも、もし、本人が知らなければ、それを秘密にするともいわないのだから、それは主観的秘密であるとはいえないことになる。しかし、それが客観的秘密であることはたしかなのだし、本人が知ればおそらく秘密にしたがるに違いないとすれば、「秘密」として保護すべきが当然である。また反対に、客観的秘密ばかりを保護しても、本人の秘密にしたがっている事項が保護されないのでは、個人の秘密を保護するにじゅうぶんでない。したがって、世間一般の人が秘密にしたがるような事項はもとよりであるが、そうでなくても、本人が秘密にしたがっていることは、刑法上「秘密」の一種として保護されるものと解しなければならない。

というと、世間一般の人からみると、なにも秘密にする必要もないようなつまらないことでも、たまたまそれが本人の内心で秘密にしたがっていることであれば、うっかりしゃべると、秘密漏示罪になるというのでは、安心して口もきけないことになる。だが、それは大丈夫だ。世間一般に秘密とも思われないようなことなら、これを口外する人も、それが本人にとって秘密ではあるまいと思っているのが普通だからである。つまり、行為者には、人の秘密を漏示するという事実の認識がない。したがって、それは過失になることはあるにしても、故意ではないから、特に規定のないかぎり、故意でなければ罰しないという刑法の原則（第三八条第一項）により、犯罪にはならないのである。

こうなると、単なる主観的秘密は、それも一種の「秘密」ではあっても、本人がこれは秘密だということを明示したものでなければ、それを口外することは、まず、秘密漏示罪を構成するものではないということになる。特に本人の明示がなくても、秘密たることを承知しつつ、これを口外すれば、やはり犯罪になる理屈だけれども、明示がないのに、秘密とわかっているということはあまりあるまい。しかし、特に「これは秘密だ」といわれたら、守らなければならないというのがこの説の立場である。

反対に、客観的秘密は、本人が特にこれを秘密にするということを明示しなくても、「秘密」であるわけだが、ある種の社会の者の場合のように「おれは身が重いんで……」などといって、自分に前科のあることを口外してはばからない場合などは、客観的には秘密であるべきことも、本人がその秘密を漏らすことを暗黙に同意していることがあきらかであるから、一般的には、秘密漏示罪の成立が否定されることになる。

前の例の結核などは、客観的秘密なのかどうか、ちょうど境目のところに近いもので、やはり客観的秘密だとは思うが、わたくし自身この病気にかかれば、けっして秘密にはしないで、周囲への感染をも防ぐということにしたいと思っているくらいだから、そういう考えの人も世にはすくなくないと思う。そういう場合には、これは客観的秘密であっても、それを他人が漏示する行為は、犯罪にならない。

しかし、そもそも結核であるということなどは、けっして客観的秘密ではないと主張する見解もあるであろう。いったい、ある事項が客観的秘密であるかどうかということは、「チャタレイ夫人の恋人」の邦訳書が猥褻であるかどうかということが問題になったのと同じように、社会通念の問題である。かりに、客観的には秘密事項でないとしても、これを秘密にしたがる人々もたしかにいる。そういう人々にとって、それは主観的秘密である。これなどがまさに主観的秘密の代表的な例にあたることになろう。

第三節　信書の秘密

秘密を侵す罪の一種として**信書開封罪**がある。これは、「正当な理由がないのに、封をしてある信書を開けた者は、一年以下の懲役又は二十万円以下の罰金に処する。」（第一三三条）とされる罪である。封をしてある手紙類は、かならずしもいわゆる秘密事項を記載してあるとはかぎらないけれども、一般に秘密事項を含むことが多いから、信書の内容を、いわば擬制的に、秘密として扱い、これを侵されないようにしようとの趣旨を示している。

刑が一般の秘密漏示罪よりも重く規定されているばかりでなく、信書開封罪のほうは医師とか弁護士とかいうような特殊業務者に限るわけではないから、この点でも罰せられる者の範囲がひろい。井戸端会議のおかみさんたちが他人の秘密をしゃべりあっても、秘密漏示罪にはならないが、その同じおかみさんたちでも、下宿人の若い男のところへ来た女文字の手紙を、好奇心からヘアーピンでコジ開けて見たりすれば、ただではすまなくなるのである。

それでは、娘のところへ来たラヴ・レターを母親が開いて見ることも、犯罪になるだろうか。おとなしい娘なら、親から「開けて見てもいいね」と念を押されれば、いやだとはいわないだろうから、問題はないが、少し理屈っぽくなった当世気質の娘が、「それはわたしの人権侵害よ」などといい出し、「ダンゼン、信書開封罪として告訴するわよ」とイキリ立ったとしたら、面倒なことになりはしないか。それでは、親は監督上はなはだ困るというだろう。

常識上はなはだ困ると考えられるところは、よく出来た法律なら、かならず打開してくれるはずである。この場合には、解決はチャンとついている。普通なら、親は未成年の子に対しては親権を行うことができる（民法第八一八条以下）から、その娘が未成年者なら、娘にあてた信書を、親が監督上の必要から開けても、信書開封罪にはならない。それは親権の行使として許される（第三五条）。手紙を出した男は、もちろん、この親権に服するわけではないが、開封行為そのものが法令による行為として違法性を持たなくなるから、この点では発信者も信書開封の被害者だとはいえない。親御さんたちは安心して監督権を行使していいわけである。

しかし、むやみに親風を吹かすことを許しているのではないから、監督上たしかに必要な場合でなければ、いくら子が未成年だからといって、信書の秘密を侵したりなどすれば、犯罪になることもある。まして、子が成年に達してからのちは、まったく独立の人格者として、これを相応に尊重しなければならない。たとえ、不良交友からの来信でも、親が勝手に開けて見るわけにはいかないのである。二〇歳を過ぎたからとて、親の監督の必要な場合はまだたくさん残っているだろうが、その監督は、道徳的、慣習的ないし社会的意味において行わるべきものである。

信書開封罪で保護される信書は、封をしてあることが要件だから、無封書状はこれにはいらない。他人にあてた葉書などを読むのは、不徳義なことだが、信書開封罪にはならないのである。封をしてあれば、図表、原稿、写真などでも同じようにしていいと思うが、これには反対説もある。判例は郵便法に関して、「信書」の意義を、意志の伝達を媒介する文書に限ると解している。「封」をするとは、開封させないような装置を信書自体に施すことであるから、封筒に入れて糊付すれば十分である。その上「〆」と書いたり、「緘」という印を押したりしなくたっていい。親展書にしてある必要もない。

「開封」することが犯罪になるわけだが、開封の仕方はいろいろ想像できる。封を切ることもあろうが、新派芝居に出てくる場面のように、鉄瓶の湯気で上手に糊を浮かして開けるのもある。いくら、あとで元通りにしたからといって、開封罪になることに変わりはない。それならば、電燈の下で透見をしたらどうだろう、実質的には開封と異ならないけれども、開けたわけではないから開封罪ではない。そう解するより仕方があるまい。透見されるような不用意なやりかたをしておくほうが粗漏だということになる。

これに似ているのは、糊付不十分で封が自然に開いてしまったというような場合に、ついでをもって中味を拝見に及ぶのは、よくないことだが、葉書を読むに類する。いや、それよりも透見に近い。本人はいちおう封をしているのだが、やはりやりかたが粗漏だったということになろう。罪にはならない。

開封罪は封を開きさえすれば、もう犯罪は既遂なので、中味を了解する必要のないことは、いうまでもあるまい。

一般の秘密漏示罪も、この信書開封罪も、被害者の感情が大事だから、被害者から犯人の処罰を求める意思表示がなされなければ、罰せられない（第一三五条）。秘密漏示罪の場合には、被害者はだれかということが明白であるが、信書開封罪の場合には、発信者が被害者なのか受信者が被害者なのかが問題になる。告訴するのは、被害者でなければならず、しかも告訴がなければ、処罰することはできないからである。

これらについては、いろいろの説があるが、差出人も名宛人もともに被害者と解するのが正しいと思う。それは差出人も、名宛人も、ともに信書の内容について保護を受けるべき利益を有するものというべきだからである。大審院の判例は名宛人が被害者となるのは、受信後に限るとの見解を採っていて、これに和する者もすくなくないし、さらに、発信後なら名宛人も被害者であるとする説、つねに発信者だけが被害者であるとする説、受信前は発信者だけで、受信後は受信者だけが被害者であるとする説、発信者、受信者共に被害者であるが、受信後は受信者だけが被害者であるとする説など、実にさまざまの説があるが、かような限定をなすべき十分の合理性があるとは思われない。むしろひろく、すべて差出人および名宛人を被害者であると解し、具体的事情に応じ、それらの者の告訴の有無によって問責すべきかどうかをきめるほうが、妥当な結果が得られると思う。

なお、わたくしの考えでは、受信前であるか発信後であるかにより、この点になんらの消長をきたすものと思われないが、受信人が開封してからのちは、すでに封は解かれてしまっているから、「封をしてある信書」ということができなくなることは、どの学説によっても同じである。したがって、いったん開封して放置してあるものを読むのは、信書開封罪にはならない。しかし、もういちど封をし直しておけば、やはりこの犯罪成立の余地があると解してよかろう。

第一一章　名誉毀損と侮辱

――名誉に対する罪（その一）――

第一節　名誉毀損と侮辱との区別

満員電車のなかなどで、足を踏まれたとか小突かれたとかいうようなことから、「バカヤロウ」だの「ボケナス」だのとどなっている人がある。ああいうのが侮辱罪になるのである。足を踏んだり小突いたりしたほうの人は、故意にやったのなら、暴行罪（第二〇八条）になるわけだが、過失でやったというのなら、過失暴行罪というものはないから、罪にはならない。これに反して、どなったほうには、確実に侮辱罪が成立することになる。ただ、このくらいのことでは、人が表沙汰にしないから、罰せられずにすんでいるというだけのことである（第二三一条）。

侮辱罪を規定した刑法第二三一条の条文には、「事実を摘示しなくても、公然と人を侮辱した者は、拘留又は科料に処する。」となっていて、規定の仕方としては、「事実を摘示しなくても」というのは、少し妙ないいまわしだが、これは、名誉毀損罪のほうが「事実を摘示し」ということを要件としている（第二三〇条）こととの対照上からきている文言である。

つまり、「バカヤロウ」だの「ボケナス」だのというのは、かくべつ、相手がこういう悪いことをしたなどといって、具体的な事実を特定していうのではないから、事実を摘示しないで、人の名誉を害する行為をしたことになり、侮辱罪を構成するのである。ある人が「バカヤロウ」といわれたからといって、それを聞いた人がみなほんとうにその人がバカヤロウだと思うわけでもないが、いわれた人にしてみれば、はなはだ不愉快である。そんな感情をおこさせたことについて刑事責任を問おうというのが侮辱罪の規定だという説もある、それももっともなことだが、これは少数説である。というのは、もし、侮辱罪に関する刑法の規定がそういう名誉感情だけを保護するものだとすれば、その言葉の意味のよくわからない外国人や精神病者などに対しては、侮辱罪は成立しないということになり、どうも不都合だと考えられるからである。名誉感情ということも考えてよいことには相違ないが、やはり中心は、客観的な人格蔑視の行為を犯罪としたのが侮辱罪の規定であるというべきであろう。

侮辱の行為では、特定の具体的事実が摘示されていないから、聞く者をしてそれを真実だと信ぜしめる危険もあまりないわけで、したがって、刑罰も刑法法典中いちばん軽い「拘留又は科料」にしかあたらないことになっているのであろう。かようなわけで、侮辱罪と名誉毀損罪との根本的な区別は事実摘示の有無にあると見るべきである。

満員電車のなかなどでどなることがいわゆる「公然」にあたるということは、多言するまでもなく、あきらかである。しかし、だれも同席しない室内に対座しているとき、腹立ちまぎれに、そうどなったとしても、それは公然という要件を欠くから、侮辱罪にはならない。

昭和二五年ごろのことだったかと思うが、ある有名な演出家Ａさんと放送劇の名女優Ｂさんとの間に艶聞が伝えられ、Ａさんの奥さんの実母がＢさんのところへ談判に行ったら、Ｂさんのところでは、不浄なものにでも対するように、塩をまいてこれを追っ払ったとかいう話しが新聞に報ぜられたことがある。新聞には、それで、塩をまかれたほうでは憤慨して、「暴行罪で告訴した」などと書いてあったが、どうも暴行罪に問う余地はなさそうなことである。これはまきかたにもよることで、塩を顔にでもぶちつけたというのなら、暴行罪にもなろうが、玄関先にまいて追っ払おうとしただけだったとすれば、むしろ侮辱の行為である。これは、言葉によらない侮辱として、なかなかおもしろい例だとは思うが、「公然」やったのかどうかがわからない、犯罪の成否は判定するわけにはいかない。

第二節　名誉毀損の行為

名誉毀損罪は「公然と事実を摘示し、人の名誉を毀損」することによって成立する。これに対する刑は侮辱罪よりずっと重く、「三年以下の懲役若しくは禁錮又は五十万円以下の罰金」となっている（第二三〇条第一項）。たいせつなことは、この犯罪が「事実の有無にかかわらず」成立するということである。「事実の有無にかかわらず」とあるから、「ほんとうのことだから公表したんだ」といっても、弁解にはならない。「詐欺をしたから詐欺をしたといったんだ」といってみても、犯罪の成立は否定できない。まして、ありもしない事実を捏造して、人の名誉を毀損するとなれば、名誉毀損罪になることはいうまでもない。

事実の摘示が必要である以上、ただ単に人格蔑視の抽象的判断を示すだけではなく、多少具体的に、たとえば、「彼は会社の金を使い込んで首になるところだったのを、僕が口をきいて助けてやったのだ」などというようなことをいうのでなければ、名誉毀損罪にはならない。ほんとうに使い込んだという事実があっても、そういうことを公表するのが犯罪になるのは、刑法の保護しようとしているのが、人の真価ではなくて、外形上の社会的な評価にすぎないからである。真価のない名声でも、ともかくも社会的にいちおうの評価を受けている以上、それはその本人にとっては、たいせつなものであるから、保護する必要がある。真価がどうかなどということは、なかなか人間わざではわかりはしないのだから、刑法はこの外形上の社会的評価を問題にしているのである。

事実を摘示するのに、その摘示される人の氏名をあかさなければかまわないか。どうも、世間には、匿名・変名ならかまわないと思っている人が存外多いようだけれども、そうはいかない。その事実がだれに関することがらであるかということが、告知される者にとってだいたい見当のつくような仕方ですれば、もちろん犯罪になる。事実を婉曲に表現しても、漫画・漫文に託してもいけない。

小説なんかで、モデルがだれとはっきり知れるようなのがある。たとえ知れても、名誉を害するようなことが書かれていなければ、むろん、さしつかえないが、それが女たらしであったり、収賄公務員であったりするように描き出されたのでは、モデルにされた者ははなはだ迷惑である。それが放置されてよいはずはない。ちかごろは、いわゆる実名小説なるものがあって、ずいぶんひどいことを書いているが、あれはいけない。わたくしなどは、現にいま書いているこういうものに、事実をそのまま引用するのでも、とてもこわくてあんなことを書けない。名誉毀損罪にはならないことでも、法の趣旨は尊重して、さっきも書いたように、Aさん・Bさんということで行くようにしているが、作家というものは、恐ろしくあぶないことを平気でやるものだと思う。実名小説類が無事に納まっているのは、名誉毀損罪も、侮辱罪と同様に、親告罪になっている（第二三二条）ので、被害者が告訴をしないと、罰せられないからである。

それでは、だれでも知っているような有名な事実を摘示するのならば、かまわないかということが問題になる。すでに「**公**

知の事実」となっていることなら、かまわなそうにも見えるが、判例には公知の事実についても犯罪の成立を認めているのがある（大判大正五年一二月一三日刑録二二輯一八二二頁）。しかし、ほんとうに公知ということになれば、よほど事情は違うから、犯罪の成立する場合は大いに限定されると見るべきである。たとえば、芦田元首相が収賄罪で起訴されたというようなことは、公知の事実だから、その後「無罪」になったという有利な事実を書くのを省いたとしても、それによって特に法益が害せられるということはないといわなければならない。

名誉を持っているのは、自然人であることが多いが、会社とか財団とかの法人であることもある。この犯罪は主観的ないわゆる名誉感情を保護するために設けられたものではないから、感情のない法人に対してでも成立する。この点は、殺人罪や傷害罪のように、自然人でなければ持つことのできない法益に対する罪とは、だいぶ事情を異にしている。

第三節　死者の名誉の毀損

名誉毀損罪には、ひとつ妙な規定がある。それは**死者の名誉**を毀損することが犯罪になるという規定である。それは「死者の名誉を毀損した者は、虚偽の事実を摘示することによってした場合でなければ、罰しない。」として、一般の名誉毀損に関する前記第二三〇条第一項の規定の次に、同条第二項として置かれている規定である。

この規定の仕方は、なにか、死者の名誉を毀損するということが、ほんらい、当然に一般の名誉毀損罪になるものであるとの前提に立ちながら、この場合には、特に「虚偽の事実を摘示する」ものだけを罰することとしたように見える。というのは、もし、死者の名誉に対する行為をまったく例外的に成立する別罪とする趣旨ならば、こういう表現をせずに、「虚偽の事実を摘示することにより死者の名誉を毀損した者も、前項と同様とする。」というような立言の形式をとりそうなものだと思うからである。こういう表現をしてあれば、死者の名誉を毀損する行為は、前項に含まれていないことが明白であるが、現行法のような規定の仕方をしていると、死者の名誉を毀損する行為も当然に一般の名誉毀損罪になるのだが、摘示事実が真実であるときは、罰しないことにするというふうに見える。表現としては、そんなふうになっている。

もし、そのとおりに見るべきだとすれば、死者の名誉を毀損する罪は、死者を被害者とするのではなくて、死者の子孫末裔を被害者とするものと見なければならない。なぜならば、死者は法律上の「人」ではなく、したがって、当然に保護されるべき権利の主体であるはずはないからである。すでに物故した先祖の名誉を毀損するような事実を公然摘示されれば、その子孫は迷惑する。たとえば、農聖二宮尊徳の子孫がいたとして、他人から尊徳にはこういう悪い行状があったなどという具体的事実を挙げて、その不徳を鳴らされたとすれば、子孫の名誉にさわることもある。

事実の如何により、また血縁の遠近により、子孫の名誉が毀損されたといえる場合といえない場合とのちがいはあるが、いちばんまちがいのないのは「あいつの親父は窃盗罪で監獄にはいったことがあるんだ」などといわれた場合、その親父はすでに死者になっていても、子たる者の名誉が毀損されるということである。それは「あいつは泥棒の子だ」といわれるのと同じことで、子たる者の名誉も毀損されている。こういうふうに、死者の名誉を毀損することがただちに現に生存している子孫の名誉をも毀損することになる場合のあることはあきらかである。

そういう場合には、その行為は、生存している人格者の法益を害することにほかならないから、それが名誉毀損罪になることとには、なんの不思議もない。そういう意味でならば、いわゆる「死者の名誉を毀損する行為」が当然に、現存の子孫に対する犯罪になるものとすることは、理解するに困難でない。しかし、そういう意味にこれを解するとすれば、その行為は、実は、明白に子孫たる者本人の名誉を直接に毀損することにほかならないから、しいて第二三〇条第二項の規定を設けるまでもないことになる。

わざわざこの規定の置かれているところを見ると、やはり、刑法は直接に死者の名誉そのものを特例として保護するつもりなのだと思われる。これは非常な例外である。なぜならば、「死者」なるものは、法律上「人」ではないからである。死者は権利義務の主体ではない。だから、死者の名誉を毀損するという行為は、それ自体として一般の名誉毀損罪となると考える余地がないばかりか、実は、例外的にだって、死者の名誉を毀損することが、その死者に対する関係において犯罪になるという理屈は立ちかねるのである。例外として認めるとしても、本質論としては、おかしい点の残ることは、どうにもならない。

死者の名誉を毀損する行為を犯罪とすることは、せいぜいのところ、どうしても、特殊の例外としてしか認められない。その例外が第二三〇条第二項の規定であって、これによってはじめてそれが犯罪とせられるものと見るべきである。立法上の議論としては、そんなにまでして、死者の名誉自体を保護するにはあたるまいと思うが、現行法上そういうものとして存在することは事実である。いわゆる死者の名誉を毀損することは、延いてそれが生存する子孫の名誉を毀損することとなる場合だけを、その生存者に対する犯罪として認めれば十分だと思われる。

現に、今の制度のままでも、名誉毀損罪が親告罪である以上は、だれかが、いわば死者に代わって、告訴しなければ、罰せられないわけであり、刑事訴訟法はその告訴権者を死者の親族、子孫または検察官の指定する者に限っている（同法第二三三条・第二三四条）くらいであるから、だいたいは生存者とのかかわりのあることを必要としている。

死者の名誉まで保護しようというのは、まことに手厚いことではあるけれども、法の保護すべき法益の保有者は、生きている人間だけであるのが当然であるのに、権利義務の主体たり得ない死者についてまで、それを考えようというところに、理論的に一貫しないものがある。

死者の名誉を毀損する罪は、それに対する刑罰も一般の名誉毀損罪におけるとまったく同じであり、犯罪の成立要件もこれにきわめて似ているが、ただ一点、死者の名誉を毀損する場合には、「虚偽の事実を摘示することによってした場合でなければ、罰しない。」（第二三〇条第二項）となっているから、摘示事実が虚偽である場合に限って犯罪となる点は、大きな相違である。

死者の名誉を毀損する罪については、一説があって、その説くところによると、第二三〇条第一項に「人の名誉を毀損した者」云々というときの「人」には死者も当然ふくまれているが、死者の名誉については、同条第二項で、特に虚偽事実を摘示した場合にかぎって、処罰することとしたのだという。もし、この説が正しいとすれば、法文はこれで、ちっともおかしくないことになるが、刑法上、「人」という言葉は、いつでも生きている人だけをさすにきまっていて、死者は絶対に「人」ではないのだから、この場合だけを違うふうに解釈するのは無理である。そうして、その説の主張によると、生存者を死者と誤認した結果、罪にならないつもりで真実を摘示した場合には、処罰をまぬかれえないことになるが、わたくしのように解釈すると、そういう場合には、いわゆる事実の錯誤があるから、生存者の名誉を毀損する故意を欠くものとして、罪責をまぬかれることになる。適用の結果からいっても、こう考えたほうが妥当である。

摘示事実が真実か虚偽かということは、微細な部分にいたるまで真相に合致するか否かということできめるべきではなく、社会的評価に必要とされる主要な点について真実に合致しているか否かという観点から決すべきである。人間の認識というものは、そんなに確実なものでもないし、この規定の設けられた趣旨から考えてもそう見るべきが当然だと考えられるからである。それに、「虚偽の事実を摘示する」という以上、行為者がみずからその事実の虚偽であることを承知しつつ、摘示するのでなければならない。行為者がほんとうだと思ってやったことが、意外にも真実でなかったというならば、「虚偽の事実を摘示する」意図で行ったものではないから、死者に対する名誉毀損にはならない。その反対に、行為者は嘘だと思っていったことが、意外にも真実であった場合にどうなるかは、虚偽告訴罪や偽証罪に関するのと同じ理屈で解決すべきである。

第四節　天皇に対する名誉毀損など

旧憲法時代の刑法には、天皇や皇族に対する不敬罪というものがあったが、昭和二二年憲法の改正とともに、刑法もこれに歩調を合わせて改正された結果、その不敬罪は廃止された。有名なプラカード事件というのが裁判されたのも、ちょうどこの過渡期のことであった。不敬の行為は範囲がずいぶんひろいから、かならずしもその実質が名誉毀損なり侮辱なりに相当するとはいえないけれども、これらに相当する行為は、もちろん、すべて含まれていたわけである。そこで、不敬罪が廃止されたとなれば、天皇や皇族に対する不敬の行為が行われたときは、場合により、すくなくとも名誉毀損なり侮辱なりの犯罪が成立することになるのは当然である。一般国民についてさえ、公然と「バカヤロウ」などといえば、犯罪になるというのに、国の象徴たる天皇に対しては、そういうことをいっても、犯罪にならないというのでは、バランスがとれない。

いったい、天皇や皇族に対する危害罪とか不敬罪とかの罪が戦後に廃止されたことについては、それは憲法の保障する国民平等の原則（憲法第一四条）に反するからだとの説があるが、そんなことはない。そういう点は日本国憲法の草案が発表された当時から考慮にのぼっていたことで、われわれも論議をしたことであったが、天皇は国法上「国の象徴」たる特別の地位を持っているのであるから、これを刑法の上で特別に保護することは、すこしもさしつかえないはずである。

もし、それがいけないなら、天皇が国費をもって宮殿に居住し、車馬の送迎を受けることも許されないはずである。それは許すべきでないといって、天皇制の廃止をとなえるということは、制度論としては傾聴すべき理由があるけれども、現行法の議論にはならない。現行法の議論としては、割り切れている。天皇や皇族に対する不敬罪等を存置したからとて、憲法違反になるのではない。それを廃止したのは、刑法改正の行われた昭和二二年当時のわが国が占領下に置かれていたということを反映しているにすぎないのである。

なにはともあれ、現在の刑法にはこの不敬罪は存在しない。したがって、天皇や皇族に対する名誉毀損または侮辱の行為も、一般人に対するそれと同様に、名誉毀損罪または侮辱罪として処理される。ところが、これらの罪は親告罪であるから、もし特別の規定が設けられていなければ、天皇が被害者であるときは、天皇みずから告訴しなければならないことになる。

天皇は神様ではないにしても、国の象徴という特別の地位にあるから、それが市井無頼の徒を相手取って告訴しなければならないというのでは、まことに具合がわるい。天皇みずから警察署長などに犯人の処罰を求めるというのも、かっこうがよくない。そこで、つぎのような特別の規定が設けられ、そういうことは、しなくてもよいようになっているのである。

「告訴をすることができる者が天皇、皇后、太皇太后、皇太后又は皇嗣であるときは内閣総理大臣が、外国の君主又は大統領であるときはその国の代表者がそれぞれに代わって告訴を行う。」（第二三二条第二項）

文意はおのずからあきらかなように、外国の君主や大統領についても、被害者本人でない者から告訴することとし、それらの者の威信を保持することができるようにしてある。と同時に、皇族のすべてについて、この特別の取扱が行われるのではなく、これは「陛下」の敬称の付せられる皇族と皇太子・皇太孫の範囲に限られることになっている。したがって、現在でいえば、義宮以下の各皇子・皇女や秩父、高松、三笠の三宮家に属する皇族は、この告訴の特例の適用を受けない。この点では一般国民なみである。

ここに「代わって」とあるのは、代理とは違う。天皇その他ここに列挙された者自身の告訴権はないのである。それはその立法の趣旨から見て当然である。天皇その他本人の意志には無関係に、内閣総理大臣その他の者が告訴を行うことができるのである。

天皇に対する名誉毀損といえば、東京で裁判問題になったおもしろい事件がある。共産党系の雑誌といわれる「真相」に、昭和天皇の御落胤と称する者の記事が掲げられたことがあるのである。その記事というのは、同誌第五号（通巻第四三号）に「天皇家の大秘密ヒロヒトを父に持つ男」と題し、昭和天皇の御落胤にまちがいのない男が現に佐世保市内に居住しているが、周囲の者の陰謀により、事実隠蔽のため梅毒を注射され、身体障害にされる等、生命・身体に種々の迫害をこうむっているという趣旨のものであった。

その雑誌は昭和二五年六月下旬ごろ東京都内その他に約一〇万部発売頒布されたという。これは驚くべき名誉毀損である。普通なら、名誉毀損罪は「事実の有無にかかわらず」成立するのだから、これが真実であろうと虚偽であろうと、犯罪になることだけは、まちがいのないところであるが、公益を図るためにやったとなれば、犯罪にならない場合もあるから、いちおう真偽が問題になる。

御落胤の存在はまだしものこと、その隠蔽策として、そんな非人道的なことが一国の君主の身辺に関して行われているというようなことは、たいへんなことである。昭和天皇の品行を信頼すると否とにかかわらず、そんな非道な計画が行われるということは、常識上、考えられない。万一、真に御落胤があるとしたなら、はるかに手厚く遇せられるであろうと思われる。だから、多分この記事は虚偽の事実を摘示したものだろうということはすぐ見当がつく。虚偽の事実ならば、内閣総理大臣の告訴がありそうなものだと思っていたが、それは行われなかった。黙殺するほうが処理上かえってよいと考えられたからだろう。名誉毀損罪などというものは、そういう取扱を受けやすい。荒立てると、かえって一般に知れわたり、ますます被害者の名誉が毀損されるということがある。その点は強姦罪などと同じである。だから、いずれも親告罪として、告訴権者の気持にまかせたわけである。

内閣総理大臣の告訴はなかったが、御落胤だと書かれた男の妻や、梅毒の注射をしたと書かれた医者が告訴をした。もちろん、それは御落胤の記事そのものについては告訴権はないが、その記事のなかにそれぞれ自分の名誉を害されるようなことが記されているというので、告訴をしたのである。

ついでながら、その告訴にもとづき検察官が捜査し、記者や編集長等を被告人として、裁判所に公訴を提起したところによると、「真相」の記者は当時佐世保市において、ある特殊喫茶店の営業者Yが大正一一年一月一七日同市内で出生し、その実父母も明白にわかっているのに、御落胤と称していることを聞知し、同市の新聞記者に託して調査したところ、その自称はまったく荒唐無稽であることが判明した。したがって、虚偽であることをじゅうぶん承知しながら、その記事をまことしやかに書いたということである。

さて、最後に、名誉に対する罪については、かように天皇その他の者が被害者たる場合の告訴の特例が設けられているが、他の親告罪にはこういう特別の規定がないので、それはどうなるのかという問題がある。特別の規定がない場合には、全然告訴ができないのだとする学説があるが、わたくしはみずから告訴することができると解すべきだと思う。

もし、告訴不能とすれば、これら特別の身分ある者に対しては、普通人に対するよりも保護が薄いことになるから、とうてい賛成できない。変な例だが、たとえば、これらの身分ある者が強姦や強制猥褻の被害者となった場合にも、刑法上の保護が加えられないこととなったのでは、普通人との対照上からいって、はなはだ不合理である。立法論としては、この種の特例をすべての親告罪について設けるべきであるが、それの設けられていない現状としては、普通人なみの告訴権を有するものと解するのが正当であると思うが、告訴権を否定する説もある。

第一二章　公益のための名誉毀損

――名誉に対する罪（その二）――

第一節　名誉毀損罪不成立の三条件

日々の新聞を見ていると、実におびただしい犯罪事件に関する記事がつぎつぎに出てくる。それには、たいてい、犯人の本名が記されている。これはまさに「公然と事実を摘示し、人の名誉を毀損し」ていることになるわけだが、それが平気でさかんに行われているのは、公益のためにする真実の報道であるということから許されているのである。かように許されるのは、なにも新聞に限ったことではない。雑誌でも同じだし、演説でも同じである。簡単にいえば、公益のための名誉毀損は犯罪にならないというわけであるが、それには条件がある。

まず、基本的な規定として、刑法第二三〇条の二第一項に「前条第一項の行為が公共の利害に関する事実に係り、かつ、その目的が専ら公益を図ることにあったと認める場合には、事実の真否を判断し、真実であることの証明があったときは、これを罰しない。」と定められている。これを分析すれば、公益のための名誉毀損として、犯罪の成立が否定されるには、つぎの三つの条件がすべてみたされることが必要である。

(一)　公表事実が公共の利害に関するものであること
(二)　その公表がもっぱら公益を図る目的で行われたものであると裁判所によって認められること
(三)　その事実の真実であることが証明されたこと

前にいったように、一般的にいって、刑法は、実質のともなわない外部的名声をも保護しようとしているものではあるが、時には悪徳を公表して悪いやつらを懲らしめたほうが、かえって社会のためになることがある。この規定は、そういう場合に、個人の名誉毀損の犠牲において、公益の保護を全うするための調節作用を営むものである。

この三つの条件のうち、第一の条件たる**「公共の利害に関する事実」**ということは、別に説明するまでもなく、あきらかである。犯罪事件などで、熱海市の助役が公金を拐帯したとか、海上保安庁の役人が収賄したとかいう話しは、大いに公共の利害に関係のあることだから、新聞記事などにして公表することが、この第一条件をみたすものであることは、あきらかである。この条件にあたる事実は、もちろん、犯罪事件に限らない。悪徳医師や不良教師を糾弾することも、これにあたる場合が多かろう。

ところで、この「公共の利害に関する事実」という辞句については、刑法には特別の解釈規定がある。同じ条文の第二項に、「前項の規定の適用については、公訴が提起されるに至っていない人の犯罪行為に関する事実は、公共の利害に関する事実とみなす。」とあるのがそれである。これを逆にいえば、検察官に起訴されて、裁判を受けるところまで事態が進んだら、もう「公共の利害に関する事実」とはみなされないが、その前なら「公共の利害に関する事実」とみなされるということになる。

犯罪事件がおこったとなると、すぐ犯人の目星はだれらしいなどと新聞に出る。あれは起訴前だから、この条項にちょうどあてはまるので、公共の利害に関する事実とみなされることになり、三つの条件の第一条件は完全にみたすことになる。これは「みなす」というのだから、万一ほんとうは公共の利害に関しない事実であったとしても、法律上は公共の利害に関するものと認められ、どんな証拠を出しても、これを覆すことはできない。さらに捜査が進んで、送検された・勾留されたとなっても、公訴提起のあるまで、同様の取扱を受ける。

ところが、いったん公訴が提起され、事件が裁判所の判断に委ねられるようになると、もう決して「公訴が提起されるに至っていない人」という条件にあたらなくなるから、かならずしも公共の利害に関する事実とはいわれなくなる。しかし、それだからといって、起訴後には、いっさいの犯罪事件が公共の利害に関しないものとなるとはかぎらない。個々の具体的な場合により、真に公共の利害に関するものであるならば、第一条件をみたすこととなるのは当然であるが、法律上当然にそうみなされるわけではないというだけのことである。実際問題として、起訴されるほどの犯罪事実なら、公共の利害に関するのが当然だといってよさそうである。公訴を提起されたら、もう全然筆誅《ちゅう》を加えることもできないというのではない。

第二の条件は**公益目的**の存在である。法文には「専ら」とあるので、他の目的が少しでも加わってはならないかというと、そうではない。「主として」というのと同じ意味だと解する説もあるが、それは少し放漫すぎるようだ。もし、「主として」と同じ意味だというなら、はじめから「専ら」などと規定せずに、「主として」と規定するほうがよい。「専ら」という条件がついている以上、ほとんどすべて公益のために行われる場合でなければならないものと解する。たとえば、公益目的にもかなう行為であっても、同時に私怨をはらすために行うものであることがあきらかならば、この条件はみたされない。多少不純な動機がかくれて加わるくらいはかまわないが、それがあからさまに見えるようでは、この第二条件をそなえていないということとなる。

この公益のためにする名誉毀損に関する規定は、昭和二二年の刑法改正によってあらたに加えられたものであるから、どうもあまり適切な実例もないし、解釈もまだ不完全であるが、こういうふうに解釈するとすれば、普通の一流新聞などの記事なら、まず全面的に公益目的によるものといってよい。悪徳記者などが前に金をゆすって得られなかったので、その腹いせにでも書いたとなれば、事はデリケートな問題になるが、だいたいにおいて、「専ら」公益目的によったとはいえなくなるものと思う。

第三の条件は**真実性の証明**があるということである。これは、刑法としては、かなり特異な規定である。

第二節　真実性の証明

一般に名誉毀損の行為は、生存者の名誉に関するかぎり、公表した事実が真実であっても犯罪になるものであるが、いわゆる公益のためにする名誉毀損は、その公表事実の真実なことが証明されれば、犯罪は成立しない。この「証明されれば」というところが、刑罰法令としては、すこぶる異例の条件である。

法文によれば、「事実の真否を判断し、真実であることの証明があったとき」となっている。もちろん、その判断をするのは裁判所であるが、「真実であることの証明があったとき」というのも、裁判所の認識にとって、真実なることが明白となったときという意味であることはあきらかである。しかし、真実なことが明白になるというには、だれがそれを明白にしなければならないかという問題がある。これは検察官が証明しようと、裁判所が証明しようとかまわないが、実際は被告人か弁護人かが大いに努力して証明しなければならない。

真実であることの証明は、もっぱら被告人の利益に帰する事項なのだから、被告人ならびにその弁護人としては、真実性の証明にむかって大いに努力するに相違ないが、かりに彼等がその努力を怠ったからといって、裁判所は知らん顔でいいというものではない。裁判所としても、真実性の証明があるか否かということについて、できるだけの手をつくさなければならないものではあるが、手をつくしても、その証明が得られなかった場合には、有罪の判決となる。それは「真実であることの証明があったとき」とはいえないからである。

真実性の証明が得られないからといって、ただちにそれが虚偽だともいえないから、そういう場合は、要するに、真偽不明なわけである。普通の犯罪事実に関することなら、真偽不明で、犯罪事実の証明不十分となれば、有罪にはならない。「疑わしきは被告人の利益に」認定するというのが大原則なのである。ところが、公益のための名誉毀損における真実性の証明については、この原則とは逆に、証明がなければ、被告人に不利益な認定が行われる。つまり、有罪の判決を受けなければならないということになるのである。

証明不十分なら、被告人の不利益に帰するということは、被告人のほうにそれを立証する責任があるということにほかならない。これは刑罰法令では異例のことである。しかし、ひるがえって見れば、それもそのはずで、ほんらい、公益のためにする名誉毀損が犯罪にならないとされることが例外なのだからである。もし、この特別規定がないとすれば、たとえ公表事実が真実であっても、犯罪になるのだから、公益のためにする例外の場合には、特に真実性の証明ができなければ、犯罪の成立を認められてもしかたがないことになる。

ところが、新聞の三面記事などは、事実のまちがっていることが非常に多い、拙速主義でニューズ・ヴァリュウをねらうからであろうが、われわれ自身で真実を熟知しているような事項となると、まちがいの多いのに驚くくらいである。東京の或る一流新聞は、女教員が自分の夫である巡査を殺した「荒川のバラバラ事件」の法廷記事のなかに、わたくしがそれを傍聴に行ったという報道をしていたが、その開廷中の時刻には、わたくしは自宅で来客と対談していた。行ったのは、わたくしではなくて、わたくしの妻であったのだ。それは、善意に見れば、「夫人」という字を脱落したにすぎなかったのかも知れないが、その肩書によると、わたくしが「一橋大学犯罪心理学教授」というものに任ぜられているという次第であった。別段、名誉にかかわることでもないが、いかにも物見高い人間にされたようでいささか閉口した。

新聞に変なことを書かれて迷惑したような場合に、新聞社に談じ込めば、社のほうではかならずそれを公益のためにするものであると抗弁をするにきまっているだろう。それに対抗しようというには、この第三の要件——真実性の証明——が欠けているといって争うのがいちばん見込がある。公共の利害との関連および公益を図る目的という二つの条件は、大新聞なら、たいてい、まちがいなくそなわっているが、この第三の要件にはおうおう弱点があるものである。

とはいえ、実際問題として、新聞社側では、それを真実だと確信して報道したのであって、故意に虚偽を掲載したのではないという場合がある。大新聞の場合だったら、おそらくは、虚偽を虚偽と知りつつ報道するということは、あまりあるまい。すくなくとも、虚偽とは思わなかったと弁解するにきまっている。その場合には、犯罪の成否はどうなるのであろうか。

この場合には責任がなくなるとするのが法文立案者の説であるけれども、わたくしはそれに賛成しない。この場合は、死者の名誉を毀損する場合の「虚偽の事実を摘示する」のとは違い、行為者が真実と思ったかどうかということが問題なのではなく、真実性の証明があったかどうかということが問題なのだから、いかに真実だと信じてやったことでも、真実性が証明されなければ、犯罪は成立するものと解すべきである。

この考えによれば、真実でないことを真実だと誤信していた場合には、それを量刑上において考慮し、刑を軽くするには値するけれども、犯罪の成立までも否定すべきではない。この解釈は単に法文の辞句に忠実であるばかりでなく、名誉毀損罪というものが、ほんらい、公表事実の真実な場合にも成立するという基本的性格にも符合するものである。

そうなると、新聞記事も、絶対に正確で、細部にいたるまで真相に合致していなければ、たちまち犯罪になるものと誤解されるかも知れないが、そう解釈しては酷である。「事実」の真実なることの証明とは、寸分たがわず真実であることを証明する趣旨ではなく、「事実」としての同一性を害しない程度において、真実を伝えていれば、さしつかえないものというべきである。「公金百万円横領」と報ぜられたが、真実は「八十二万円横領」の事実であったというようなことは、事実全体からみれば、細部の誤りを含むにすぎず、やはり同一の事実についての真実の報道と考えてよいであろう。

第三節　公僕の弾劾

公益のためにする名誉毀損に関する規定として、なお特殊のものが一つある。それは第二三〇条の二第三項として、「前条第一項の行為が公務員又は公選による公務員の候補者に関する事実に係る場合には、事実の真否を判断し、真実であることの証明があったときは、これを罰しない。」との規定の設けられていることである。公務員とか公選による公務員の候補者とかは、特別に強い公共的性格を持っているから、真価のある人物をもってこれにあてることが必要であるとの思想にもとづき、真実性の証明あるかぎりは、個人の名誉を害する事実を公表して弾劾しても、犯罪にはならないとするのである。

この特例は、公務員または公選の公務員候補者に関する場合に限って、その適用がある。いうまでもなく、それらの者の公僕的性格に即して、この種の行為は本質的に公益目的にかなうものとの考えを前提にしているのである。したがって、現に公務員たる者についてはもとより、衆議院・参議院の議員候補者や都道府県知事から市町村の議員などまで、その他各種の公務員の公選における候補者については、その候補者の非違を挙げて弾劾しても、真実性の証明あるかぎりは、犯罪にはならないのである。

昭和二六年のこと、新聞社や放送局の係員が社会探訪の一情景として、東京の官庁自動車たること明白な四万代の番号の自動車を追跡して、ある料亭のところでとらえ、その実況を報じたことがあったが、ああいうのは、もっと突っ込んで、乗っている公務員の名まで発表しても、名誉毀損罪にはならないわけである。わたくしもそれがだれであるかというところまで伝聞してはいるが、直接に見たわけではないので、ここに書くと、真実性の証明をすることができるかどうか、その点自信がないから、むやみに書けないというわけである。

これら公僕の弾劾に関しては、前記三つの要件のうち、公共の利害に関するという第一の要件も、公共目的によるという第二の要件も問題にならないで、もっぱら真実性の証明という第三の要件だけがみたされることが要求されているのであるから、その点では、名誉毀損行為をする者にとっては、まことに気が楽であるが、それだけに、毀損されるほうは容易のことではなく、公僕たること、またつらいかなである。公僕はこの点では犯罪者ほどにもその名誉は保護されていないことになる。もっとも、それはあくまで外観上の名誉すなわち虚偽の名声に関することで、真価にふさわしい名誉は、もちろん、りっぱに保護されているのである。

公僕の名誉を害する行為については、かようなわけで、これが公共の利害に関するかどうかということおよび公益を図る目的によるものかどうかということの二つの要件は、問題にしてないけれども、ほんとうは、その要件を無用視しているわけではない。それどころか、むしろ、公僕に関する事項であるかぎりは、当然にこの二つの要件はみたされているとの前提に立っているのである。つまり、少しむずかしくいえば、この二つの要件は存在を擬制されているといってよいのである。

さて、最後に、以上述べてきたところの犯罪を不成立ならしめる各種の要件のどれかがそなわらない場合にはすべて犯罪が成立するかというと、そうではない。一般の犯罪における場合と同様に、他にも犯罪の不成立をきたすべき種々の場合が考えられる。たとえば、検察官が法廷で被告人の犯罪事実を公表して論難するというような行為は、あとで、その事実の真実性が証明されず、そのため被告人が無罪になったとしても、法令による行為（第三五条）として、犯罪の成立は否定されるのである。だから、検察官は自己の所信によって起訴し、公開の法廷で被告人の名誉を害するような事実を公表したあとで、被告人が無罪になっても、名誉毀損罪に問われることはない。

しかし、この種の適法性を有するためには、むろん、適法視されるだけの行為でなければならない。公益のためにする名誉毀損行為の適法要件をいちおう三つともそなえているように見えても、その公益目的に必要な限度が守られなければ、犯罪にならざるをえない。たとえば、不必要な罵詈讒謗《ばりざんぼう》をすることは、その限度を逸脱するものとして許されない。そういう逸脱の場合にも、全然犯罪の成立を否定する判例（大判大正五年一一月一日刑録二二輯一六四四頁）もあるが、それは不当である。それより新しい判例では、この場合には侮辱罪だけの成立あるものとしている（大判昭和一〇年四月八日刑集一四巻四〇一頁）。かように分割した考えかたをしないで、もう一歩前進し、そういう言辞を弄するときは、全体として公益性がなくなると見、名誉毀損罪の成立を認めるべきではあるまいか。侮辱罪だけの成立を認める判旨にも、相当の根拠のあることは認められるが、本質的にはかようなモザイックな分割観には賛成したくない。

第一三章　信用毀損と業務妨害

――信用および業務に対する罪――

第一節　信用毀損

信用毀損と名誉毀損とは、ときどき素人に混同される。両者は刑法上は別ものであるが、たしかに似たところもある。信用毀損はひろい意味での名誉毀損の特別の場合だといってもよい。刑法上「信用」というのは、人の経済上の支払能力または支払意志に関する社会的信頼価値である。だから、それは、いわば経済的名声であるという点で、名誉と共通のものを持っている。そこで、名誉毀損罪が真価のともなわない外観上の名声を害することによっても成立するように、信用毀損罪も単なる外観上の信用についても成立する。

要するに、支払能力または支払意志に関する社会的信頼価値を害するのが**信用毀損**なのであるから、この「信用」というのは、俗にいう「信用」よりも、よほど意味が限定されている。勤人が「あいつは勤めを怠けて毎日パチンコばかりやって歩いている」などといわれたとすれば、普通には、大いに信用を害するものといわれる。だが、それは刑法でいうところの信用を害することにはならない。この場合には、やはり名誉毀損罪の成否が論ぜられることとなるのである。「あの銀行はつぶれそうだ」、「あの男は借金で首がまわらない」などといえば、それは刑法上の意味でも、まさに信用を害する行為だということになる。

これは信用を害することではあるが、それでは、それが信用毀損罪になるかというと、そうはいかない。それが犯罪になるためには、虚偽の風説を流布するか偽計を用いるかの手段によらなければならない。法律の規定は、業務妨害をも併せて一つの条文に規定しているが、「虚偽の風説を流布し、又は偽計を用いて、人の信用を毀損し、又はその業務を妨害した者は、三年以下の懲役又は五十万円以下の罰金に処する。」（第二三三条）として、この趣旨をあきらかにしている。

「虚偽の風説を流布し、又は偽計を用いて」とあり、「**偽計**」とは人を欺く計略のことであるから、これは虚偽を内容とするわけである。したがって、ほんとうのことを言ったのでは、信用毀損罪にはならない。また、たとえ嘘の風説を伝えたにしても、「**流布**」しなくては、この犯罪にはならないのだから、だれか一人の人にこっそりいったのでは、犯罪は成立しない。「流布」という以上、不特定または多数の人に知らせることである。直接に告げる相手は少数の特定の人であっても、それからそれへと伝わる可能性のあるような告げかたをすれば、やはり「流布」したことになる。

「いま、××銀行が取付にあっている」とか、「〇〇百貨店振出の手形を貰ったが、不渡になった」とかいうような嘘を電車のなかでしゃべったりすれば、まさに、虚偽の風説を流布して信用を毀損したことになる。毀損したというには、現実に、それを人が信じたかどうかは問わない。いいかえれば、それによって、現に信用が失われる必要はないのである。信用が失われる危険があれば、それで信用は毀損されたといってよい。この点も、名誉毀損罪の場合とまったく同様であるが、流布する事実が真実なら罪にならない点では、大いに違うのである。

「**風説**」という法文の表現自体に、根拠の薄弱なことが現れているが、たとえ基本たる事実があっても、あまり尾ひれをつければ、「虚偽の風説」ということになる。

信用毀損のもう一つの方法は、「偽計を用い」ることである。「偽計」とは、人を欺く計略を意味することは前述のとおりであるが、その具体的な例は業務妨害のほうに多い。

第二節　業務妨害

業務妨害の行為も、前に引用した条文の規定でもあきらかなように、虚偽の風説を流布するとか、偽計を用いるとかの方法によるときに、犯罪とされることは、信用毀損罪の場合とまったく同様であるが、業務妨害は、なおこのほかに、「威力」を手段とした場合にも犯罪になる。そのことは、別条において、「威力を用いて人の業務を妨害した者も、前条の例による。」

（第二三四条）と規定されている。

ありふれた例だが、おもしろい判例がある。それは、家主が借家人に家屋の明渡を求めたが、応じないので、一策を案じ、修繕すると称して、その家屋の表店舗全線にわたって板囲をし、商家のもっとも必要とする看板、店燈等を街路から見えないようにしてしまい、玄関の内部、帳場など家屋の重要な部分の光線を遮断して家内を暗黒にし、営業に関する事務を執ることもできないようにしたというのである。これはまさに威力による業務妨害罪である（大判大正九年二月二六日刑録二六輯八二頁）。

お客の充満している営業食堂で、人のいやがる蛇数十匹を配膳部にむかってまき散らしたなどという例（大判昭和七年一〇月一〇日刑集一一巻一五一九頁）もあるが、これも威力による業務の妨害である。

学生の同盟休校などで、登校しようとする教員に対し、スクラムを組んで、これを門内に入れないようにしたという話しを聞くことがあるが、こうなれば、それも威力による業務妨害である。だが、この学校が私立学校でなければ、その学校の教員は、当然に公務員であるから、これに対する行為は、業務妨害罪ではなくて、それより刑の重い公務執行妨害罪になることもある。

実は、公務も「業務」のうちに含まれるかどうかということは問題になっている。これは「業務」のうちに含まれないと解する説にも、旧刑法からの立法の沿革を考えると相当の理由があるが、どうも含まれると解するのが正しいようだ。なぜならば、公務執行妨害罪が成立するには「暴行又は脅迫を加え」ることが必要である（第九五条）から、もし、公務は「業務」の一種でないとの説によると、虚偽の風説を流布したり、偽計を用いたりして行う公務の妨害は、公務執行妨害罪にもならなければ、業務妨害罪にもならないことになってしまうから、公務のほうが他の業務よりも、かえって保護されない結果となり、はなはだ不合理である。

虚偽の風説流布の例はいろいろ考えられるが、偽計については、実際あった事件からおもしろい例を挙げてみよう。

神山旅館という旅館の労働争議にからみ、従業員側が「客は逃出す神山旅館、お客と争議団の総検束、泊るな神山、危険な旅館」とか、「愚息永らく肺病にて臥し居たる処、死亡に付、休業仕候。神山旅館」とか虚偽の文言を印刷した文書を電柱等に掲示したり、バラまいたりした（大判昭和八年四月一二日刑集一二巻四一三頁）。これには虚偽も含まれているであろうが、風説を流布したというよりは、偽計を用いたというべきである。

ある農産物種子の卸商は、同業の競争相手が高田町というところで営業しているので、それをおとしいれるために、取引先の農産物種子小売業者に対し、「高田町方面に農家の食残りの種子を集め、地方に販売する大和西瓜種取扱業者あり、此等の者の取扱う雑駁種と御比較の上、貴店の小売には是非当組合の種子を御用ひ被下度」云々と記載した広告文書を郵送したところ、これも業務妨害として罰せられた（大判昭和九年五月一二日刑集一三巻六〇三頁）。

こういう商売上の競争となると、真実のことを伝えるのなら、相手方の不利になることでも許されるのが当然であるが、それは社会の慣習によって認められた限度内において許されるにすぎない。

［補　遺］ 昭和六二年の刑法一部改正により、**電子計算機損壊等業務妨害罪**（第二三四条の二）が設けられた。本罪は、コンピュータ犯罪に対応するため、従来の業務妨害罪を補充する派生的構成要件として新設されたものである。その構成要件は、「人の業務に使用する電子計算機若しくはその用に供する電磁的記録を損壊し」、若しくは「人の業務に使用する電子計算機に虚偽の情報若しくは不正な指令を与え」、又は「その他の方法」をもって、電子計算機をして使用目的に沿うべき動作をなさしめず、または使用目的に反する動作をなさしめて、人の業務を妨害することである。法定刑は、「五年以下の懲役又は百万円以下の罰金」となっており、従来の業務妨害罪の法定刑と比べると二倍近くになっている。これは、コンピュータ加害の方法をとる場合には、個人の業務を妨害するだけでなく、広く社会にも重大な被害を及ぼすことになる点に着目したものと解される。

第三節　罷業と業務妨害

業務妨害の行為は、労働争議などの場合におこりがちなことである。

昭和二七年末三越のストライキというのが、なんでも世界的に例のない百貨店の罷業だとかいうことで有名になったが、罷業団の人たちが買物客を店に入れなかったというので、特に法律上の論議をかもし、当時、新聞にもやや大きく報道された。罷業の場合には、正当な罷業権の範囲ということが別の方面から問題になってくるので、むやみに犯罪視するわけにもいかないが、まず、あの程度の行為は正当な罷業権の範囲に属するものとはいえないであろう。そうとすれば、あれは威力をもって株式会社三越という法人の業務を妨害したことになる。

罷業には、業務妨害の問題がからみがちである。いわゆる「**生産管理**」などというのも、だいたい、経営者の業務を妨害する行為となるものと見られている。労働者は争議権を有する。経済上の弱者たる労働者は、団結することによって、はじめて使用者に対抗する力を持つことができるからである。しかし、権利の行使にはおのずから限度がある。権利も濫用にわたるときは、犯罪として処罰されることになる。罷業に事よせて、工場の物品を勝手に持ち出したり、破壊したりすれば、それぞれ窃盗罪や器物損壊罪になるのであるし、他人の業務を妨害すれば、業務妨害罪になることがある。

罷業団の或る行為が業務妨害罪になる場合とならない場合との限界は、具体的事情によることで、それをきめるのは、容易のことではない。実際問題として、罷業をすれば、かならずなんらか他人の業務の妨害になるにきまっているが、そこにはおのずから許される限度というものがある。罷業権に当然ともなうことの予想されるような妨害は、もとより犯罪にならないといってよい。

三越のストライキでも、罷業によって会社側が営業に支障をきたしたことはあきらかだから、もちろん、その業務が妨害されたには相違ないが、それは労働者に罷業権を認める以上、当然付随するものとして法律の予想していることであるから、犯罪にはならない。しかし、会社側が別に臨時雇を使って営業を始めたところ、かりに、その臨時雇に暴行を加えて就業を妨げたとなれば、それは犯罪にならざるを得ない。買物客を阻止する行為などもそうである。

だが、誤解してはならないのは、いわゆる争議団の裏切行為である。たとえ裏切者に対してでもリンチを加えることは許されないが、単にその者の就業を阻止する行為は、適法な争議権の範囲と認められることもある。

福岡県のある炭礦で、昭和二二年の夏、労働者が飢餓突破資金の支給その他を要求して、全員一斉に罷業にはいったところ、途中から一部組合員はこれに反対して就業した。これに対して罷業団側の三〇余名の者は、その就業を阻止しようとして、運炭車の進行前路上に立ちふさがり、「通るなら俺たちを轢き殺して通れ」と怒号して通さなかったという事件があった。

検察官は阻止した者を業務妨害罪として起訴したが、裁判所はこれを正当な罷業権行使の範囲に属するものと認めて犯罪の成立を否定した（第一審〔福岡地裁飯塚支部昭和二三年三月二二日判決〕が違法性阻却を認めたのに対して、第二審は、違法性を阻却しないが、期待可能性がないとして責任阻却を認めた。これに対して、最高裁〔最判昭和三一年一二月一一日刑集一〇巻一二号一六〇五頁〕は、期待可能性の理論の当否についての判断については言及を避け、違法性がないとして上告を棄却した。）。むずかしい問題だが、この事件では、

（一）いったん全員ごぞって罷業に突入したのに、途中から決議に反する行動をする者が出たので、それを阻止するために行った行為であること

（二）その行為が単に就業を阻止するという罷業の本質的行為の範囲のものであること

に注意しなければならない。これらの点からいうと、裁判所の見解を正しいと見てよいであろう。

第一四章　窃盗の法理

——窃盗の罪——

第一節　窃盗の種々相

日本ばかりではない。いつどこの国へ行っても、刑法上の犯罪のうちで、窃盗ほど多いものはない。そういいきっても、まず、まちがいはない。窃盗は数において犯罪の王者である。窃盗がそんなにポピュラーなのは、方法が単純だからであろう。「窃盗」とは「窃《ひそか》に盗む」と書くことからもあきらかなように、ほんらい、人に知れないように、こっそり盗むことをいう。盗みかたはいろいろある。店頭や玄関先に置いてある物を掻っ払って行くのや、百貨店内の万引などのような、きわめて初歩的なものから、車内の棚引き、人ごみのスリのような技術的なもの、あるいは、空巣ねらいとか忍込窃盗のような、人の住居に侵入して盗むものまで、種々の形態がある。なかには人の目の前で、いきなり持って逃げるような「ひそか」でないのもあるが、のちに述べる強盗や恐喝の要件にもあたらないから、これも「窃盗」である。

「他人の財物を窃取した者は、窃盗の罪とし、十年以下の懲役に処する。」（第二三五条）というのが窃盗についての刑法の規定である。人の住居に侵入して窃取する空巣ねらいや夜間の忍込を手段とする泥棒が窃盗罪になるのはいうまでもないが、

これらの場合には、このほかに住居侵入罪（第一三〇条）も成立することになる。つまり、そういうのは住居侵入窃盗罪という罪名になるのであるが、住居に侵入することと財物を窃取することとは、通常、たがいに手段・結果の関係になっているから、そこには牽《けん》連犯（第五四条第一項後段）関係が成立する。

それはさておき、窃盗の本来の姿はひそかに盗むにあるから、暴行や脅迫をして金品を巻き上げるのは、窃盗ではない。暴行・脅迫の程度が強くて、普通一般の場合としては、とても反抗できないほどならば、強盗罪（第二三六条）になる。この程度を専門語では「反抗抑圧」の程度という。たとえば、ピストルを突きつけて「金を出せ」といわれれば、普通は、これに反抗することは至難であるから、その脅迫はいわゆる反抗抑圧の程度に達しているといえる。したがって、それは強盗の行為になる。

同じく脅迫して金を出させるのでも、「来週の金曜日の夜六時に上野公園西郷さんの銅像前に金を持って来ておれ。来なければ、お前の家を焼き払うぞ」というのは、まことに恐ろしいことではあるが、ピストルを突きつける場合ほどには事態は切迫していない。だから、こういうのは、まだ反抗抑圧の程度に達しないものと解せられる。いいかえれば、被害者の心理には若干の余裕が残っているのであるから、この程度の脅迫によって財物を相手方に渡す行為は、ある程度は「任意の交付」といってもよいことになる。被害者にこの意味での任意性あるものは、強盗罪ではなくて恐喝罪（第二四九条）となる。

ところが、同じ暴力を用いても、やっぱり窃盗と見るべきものがある。ちかごろはあまり多く例を聞かないが、往来を威勢よく歩いて来て、ドスンとぶつかった拍子に財布をすったりするスリがある。スリとしては江戸前のほうで、明治・大正の新派芝居などには、そんな場面が好んで用いられたようだから、そのころはそういうスリが今よりもよほどたくさんあったのだろう。これは、暴力を用いてはいるが、反抗を抑圧する程度でないのは無論のこと、暴力によって相手方の意志になんらかの強制を加えているわけでもないので、強盗でも恐喝でもなく、やはり一種の窃取行為にほかならないことになるのである。この場合の暴力はただ注意を他に転じさせる手段にすぎないから、しいていえば、理屈としては暴行罪（第二〇八条）が別に成立することにはなるが、とにかく、こうして財布を取得する行為は、強盗や恐喝ではなく窃盗である。

第二節　財物の意義

窃盗罪は「他人の財物」を窃取することによって成立する。「他人の」というのは、がんらい、他人所有の物の意味であるが、自分所有の物でも、他人の占有している物や、役所の命令によって他人の看守している物は、やはり他人の物と同視される（第二四二条）。したがって、いくら自分の物だからといっても、質に入れてある品物を、正式に受け出す手続によらず、勝手に持ち出せば、窃盗罪になる。税金滞納のために差し押えられた品物なども同じことで、自分の物だからとて、いやしくも他人の保管に委ねられている物をむやみに持ち出せば、やはり窃盗罪になるのである。かような関係から見ると、窃盗罪は物に対する所有権を侵害することを本来的な性質とする罪ではあるが、そればかりではなく、物に対する現実的な支配を侵すことを犯罪としたものである。なお、この規定は詐欺罪や恐喝罪の場合にも準用されている（第二五一条）。

法というものは、現状を維持するについては、やかましいことをいわないが、それを変更するについては、なかなか厳重な条件を付けるものである。したがって、たとえ、占有が正当な権利にもとづくものでなくても、その占有はそれ自体として保護せられ、みだりに実力の行使により、その状態を変更することは許されない。自分の物を貸したところ、返済期が来ても、相手が返さない場合にも、やはり、相手方の占有にある以上、それは他人の物と同視されるから、これを盗めば、窃盗罪になるというわけである。もとは自分の貸した物でも、それを返させるには、民事上の手続をふまなければやれない。やっかいなようでも、そうしないと、社会の秩序が保てないからである。

貸した人は貸した物だから返してもらうのはあたりまえだと主張するだろうが、それはその人の主観的な確信にすぎないから、それがたしかにそうだということを裁判所に認めてもらわないかぎりは、実力行使はできない。貸したほうの人が勝手に実力を行使するとすれば、借りたほうは借りたほうで、「まだ返す時期が来ていない」とか、「いや買ったものだ」とか、あるいは、「借りるには借りたが、別に相手方は自分に支払うべき金があって、それを払わないから、払うまでは返せない」とか、何かしらもっともらしい主張を持っているかもしれない。おたがいに自分の主張を盾にとって、実力に訴えたのでは、世の中は混乱する。だから、法は現状の継続については、割にゆるやかだが、現状の変更には、なかなか厳格な条件をつけるということになるのである。

さて、窃盗罪を規定した前記の条文には、「他人の財物」とあるので、「財物」を窃取する行為でなければ、窃盗罪にならない。「**財物**」という言葉の意味は、もちろん、「財産的価値のある物」ということではあるが、その「財産的価値のある物」とは、市場の交換価値のあることを要するものではない。交換価値はなくても、その所有者・占有者にとって、なんらか所有・占有の価値があるものなら、財産的価値がある。たとえば、貸金証書や選挙の投票用紙などというものは、一片の紙きれにすぎないが、やはり「財物」であるといってよい。大審院の判例では大正元年当時の相場で価格二銭の石塊も財物として認められた例（大判大正元年一一月二五日刑集一八巻一四二一頁）がある。こうなると、「財物」というのは、単に「物」というのと、言葉の上では多少ニュアンスの差はあるが、結局は、どちらも同じようなものを指していると見てさしつかえない。

ところが、「物」とは、民法第八五条によれば「有体物ヲ謂フ」ということになっているので、窃盗罪の構成要件をなすべき「財物」も、有体物でなければならないかということがいちおうの問題となる。同じく法律上の用語である以上は、民法でも刑法でも、なるべく同じような意味に解するほうがいいには違いないが、さればといって、かならず同じに解しなければならないわけではない。現に、この民法第八五条の規定にも「本法ニ於テ物トハ……」というふうに、その意味はもっぱら民法上のものとして規定してあるのであるから、なおさら、刑法の解釈が民法どおりでなければならないわけはない。

これについては**電気窃盗事件**という有名な事件があった。今の刑法では「財物」となっている語句が、旧刑法においては、その第三六六条の窃盗罪の規定に、単に「所有物」となっていたが、とにかく「物」であったことは今と同じである。その当時のことで、電気は有体物でないから、民法上の「物」にあたらないというので、盗電行為は窃盗罪にならないとの議論があったのに対し、大審院は有体物でなくても、管理可能なものは、刑法上は、やはり「物」であるとの見解をとり、これに窃盗罪の成立を認めた（大判明治三六年五月二一日刑録九輯八七四頁）。ところが、ドイツの大審院は同種の事件につき逆の結論を導いている（RG, 29・111, 32・165）。わが国では、かような判例になったのではあるが、やはり規定の文言としては、疑問をおこさせる余地があるから、明治四〇年に公布された現行刑法では、この点に関し「電気は、財物とみなす。」という一カ条（第二四五条）を置いて、この点の疑惑を一掃し、これを窃盗ばかりでなく、強盗、詐欺、恐喝等の諸罪にも及ぼすこととしたのである（第二五一条）。

なお、法文に「財物」とあるところから、これは動産に限るとすることが通説であるが、動かせないようなものでも、たとえば、土地の境界線をひそかにずらすような方法により、土地に対する窃盗の成立する余地があるものといってよい。

第三節　占有の侵害

窃盗罪が成立するには、物に対する他人の占有を侵害することが必要である。この「**占有**」というのも、民法の場合とは違い、きわめて現実的な支配を意味するから、これを「所持」といいかえて、民法上の占有と区別することもある。しかし、「所持」といったからといって、手で現に握って持っていなければならない意味ではない。けっきょく、物に対する他人の事実上の支配を侵して、その物を自己の支配に移すことが必要なのである。この他人の事実上の支配を「占有」といい、あるいは「所持」と称するのである。とはいえ、この事実的支配がだれに属しているかということをきめるのは、具体的には、なかなかむずかしいことがある。

奈良の春日神社の鹿が盗まれたことがあったが、ああいうふうに一定地域外に出ないように馴らされている動物は、時にたまたま少し遠走りをしたとしても、「所有者の事実上支配に属する一定の棲息場所に復帰する慣習を失はざる限り」、それで飼育者の支配を脱したとはいえないとの理由で、これを盗んだ者は窃盗罪に問われたのであった（大判大正五年五月一日刑録二二輯六七二頁）。また、隣家のにわとりが暴風にあふられて自宅の庭にまぎれ込んだとしても、風が静まってから放してやれば、ちゃんと本来の小屋に帰るべきはずだから、これを奇貨としてその庭から出さないようなことをすれば、窃盗罪になる。これは大水でどこからともなく流れて来た材木を引き上げて、薪に使ってしまうような行為と同日には談ぜられないのである。

こんなこともあった。横浜在住のある西洋婦人が自宅の台所口で、溝のなかにダイヤ入りの指輪をおとした。おとした場所がよくわかっているから、さっそく人夫を頼んで捜させたが、捜しているのをはじめは傍で見守っていたその婦人が、途中で所用のため一時室内に入ったところ、ちょうどその時に人夫は指輪を見つけ出した。ところが、人夫がずるいやつで、その婦人に対しては遂に見つからなかったと称し、その指輪を持ち去ってしまった。これが発覚した時、検察官は窃盗罪として起訴したが、裁判官は遺失物横領罪（第二五四条）になるものと認めた。この事件は検察官と裁判官との間に意見の対立があったくらいだから、この裁判官の説に賛成の人もずいぶんあるかもしれないが、わたくしの考えでは、これは、裁判官の見込ちがいだと思う。これが遺失物横領だというのは、まちがっている。溝のなかへ落ち込んだとはいえ、自宅の台所付属の溝だし、そこへ落ちたことを所有者がちゃんと知っているからこそ、そこを捜させていたのだから、まだ「遺失物」にはなっていない。その指輪は所有者たるその婦人の事実上の支配を脱したとはいえないから、その占有を侵害することは、窃盗罪になるべきはずである。検察官はその裁判に不服で控訴したところ、控訴審の裁判所は検察官の言分を認め、これを窃盗罪として処断したのであった。

火事の時に荷物を往来や公園に運び出して置いて、そのまま看守者も付けずにその場を離れ、次の荷物の搬出に行っている留守に、その荷物を持ち去る行為なども、もちろん、窃盗である。同様に、養魚池に放養してある魚や、山間に放牧してある牛馬の類も、飼育者の占有内にあるものというべきである。

他人の占有を侵害する行為であるかどうかということは、一般に窃盗罪と横領罪とを区別する重要な標準となる。他人の占有の侵害がなければ、窃盗罪にはならない。横領罪のほうはその態様に三種の区別があって、一様ではないが、普通の横領罪（第二五二条）を例にとっていえば、他人の占有を侵害する場合には窃盗罪になるが、自分が占有している物については、横領罪になることはあっても、窃盗罪になることはない。そういう意味において、各場合につき、その取得しようとする物を行為者自身占有しているかどうかということが問題になることがすくなくない。

たとえば、菓子屋の小僧が店の菓子をつまみ食いをするのは、窃盗か横領かというようなことが問題になる。小僧が店番をしているときは、その店の物を占有していることになるのだとすれば、それをつまみ食いしたからといって、なにも他人の占有を侵害することになるわけではないから、それは窃盗にはならないで横領になるということになるわけだが、小僧には店の品物についての占有はなく、これは主人の占有にあると考えられるから、菓子のつまみ食いは窃盗になる。

なぜ、小僧には占有がないかというと、小僧は単に主人の補助者として店番をしているだけで、商品について自己の判断によって種々の処分をするだけの裁量権を有するものとは考えられないからである。占有すなわち事実的支配があるというには、ある程度の「裁量権」がなければならない。

これと同じような意味で、カバン持が主人のお伴をしてカバンを持って歩いていても、このカバンの占有は主人にあって、カバン持にあるのではない。カバン持というのは、いわば、主人の手足の延長にすぎない。カバン持君は怒るかもしれないが、主人の道具にすぎないというわけになる。だから、こういう場合に、カバン持が主人のカバンを持逃すれば、「自己の占有する他人の物」を横領したということにはならず、他人の占有を侵害したものとして、窃盗罪に問われなければならないのである。

第四節　封印切り

郵便集配人が為替抜取をやった事件において、裁判所は、為替について郵便集配人の占有はないとしている（大判明治四五年四月二六日刑録一八輯五三六頁）。郵便集配人は郵便物を占有してはいるが、封をしてある郵便物の内部にはいっている物は発信人の占有に属し、郵便集配人の占有に帰するのではないというのがその理由である。この理屈にはいちおうもっともな点もあるが、封の有無によって郵便集配人の占有の有無がわかれるのではなく、郵便集配人というものと郵便物との関係によるのであり、郵便の集配というような事務を担当するだけの者に、郵便物の占有があるのではなく、前の例のカバン持がカバンに対するのと同じような関係を持つにすぎないと見るべきだろう。そういうふうに考えないで、郵便集配人にも郵便物に対する占有はあって、ただ封入の内容物についてだけ占有がないというふうに考えるとすると、封筒に入れてある中味の為替を抜き取れば窃盗罪になるが、封筒ごと全部ポケットに入れてしまえば横領罪になるということになり、奇妙な結果になる。

ことに、郵便集配人の場合には、かりに郵便物に対する占有があるとの前提に立ち、封書ごと取る行為を横領と認めるべき場合があるという考えかたをするとしても、その場合には、業務上の占有があることになるのは当然だから、同じ横領でも、それは業務上横領罪（第二五三条）として、刑罰の点では、窃盗罪と等しく「十年以下の懲役」にあたり、刑に差異はないから、それほど奇異な感じは与えないかもしれないが、これが普通単純の横領と窃盗とのどちらになるかという場合だと、単純な横領罪は五年以下の懲役にしかあたらないから、封書ごと取れば、五年以下ですむのに、中味だけ取れば、それよりかえって重く一〇年以下の懲役ということになり、実に妙なことになる。こういう批評はいささか反対の立場にある者の曲解かもしれないが、封のあるなしだけで占有の有無をきめるとなると、このほかにもいろいろ不都合を生ずるから、封の有無にばかりこだわるのはいけない。

前に重油運送船の船長が、積荷である重油を取ったという事件があったが、その事件では、ある時には、重油の汲出口の蓋に荷主の封印が施されており、他の時には、それが施されていなかった。そこで、船長は封印のないときには、その汲出口からポンプで汲み出して重油を取ったが、封印のあるときには、封印を破ればすぐ見つかってしまうから、船の底に穴をあけて、そこからポンプで汲み出して取った。前の場合が業務上横領で後の場合が窃盗だというのが裁判所の判決で、大審院もそれを是認したのだったが（大判昭和一四年五月二五日刑集一八巻二九四頁）、船も同じ、荷主も同じ、その他の条件はみな等しく、ただ封印の有無が相違するだけで、こういうふうに罪名がかわってくるとする見方は、いかにも人為的な技巧にすぎる。

しかし、とにかく封というものは、錠などと同じく、いちおうは本来の占有者が内容物の占有を自己に留保していることを示すと解するのは、十分の理由のあることで、封や錠の施してある物の預かり人には、その内容物に対する占有がないと見るべき場合が多いことは疑いない。ただ、いつでもその定規で押し通せるかと思うと、不合理な結果になることもあるから、そうはいかない。

昔から、梅川忠兵衛をはじめとして、封印切りというのが芝居にずいぶん仕組まれているが、あれは中味が小判だから、普通なら「金銭は代替物」という理由、つまり金にしるしがあるではなし、かわりがいくらでもあるから、同種同額のものを提供することができさえすれば、中味に手をつけたとて、かまわないはずなのだが、封金となると、むやみに手はつけられないということになるわけである。しかし、封の有無はそう究極的な意味を持つわけではないから、たとえば、友人から「これを吉田君に届けてくれ給え」などといわれて預かった封金を持ち歩いているうち、外出先で自用の金が足りなくなったときに、封を切って一時流用したところで、家へ帰ればすぐ補いをつけて、友人の委託の趣旨に少しも背かないように確実に処置できる場合なら、封印切りで犯罪に問われることはない。だが、念のため断っておかなければならないのは、これは委託の趣旨に背かないように、確実に処置できる場合でなければいけないということである。これはいいことを聞いたとばかり、むやみに他人の金を使い込めば、犯罪になるのは知れたことである。

第五節　他人の物の無断使用

他人の物を無断で一時使用することは、講学上「**使用窃盗**」という形で、問題として論ぜられている。それは、たとえば、下宿人が同宿者の傘を無断でさして外出するとか、学生が級友のペンを無断使用するとかの行為をいうが、その同宿者なり級友なりと親密な間で、暗黙のうちに相手方の承諾があるものと見てよいような場合なら、これはいわゆる被害者の同意にもとづく行為として違法性を欠き、犯罪にならないことはいうまでもないが、あまり交際のない間柄の人の行為ならば、やっぱり黙過し難い行為であるに相違ない。ただ、それを犯罪になると見るべきかどうかということが問題なのである。普通は、使用窃盗は罪にならないというのがほとんど定説であるといってよいが、わたくしはそう考えない。

傘やペンぐらいちょっと使ったとて、売り飛ばすわけではなし、また、壊してしまうわけでもないのだから、窃盗罪にしなくたっていいじゃないかというのが無罪論の根拠だけれども、そうばかりはいえない。傘やペンなどと軽々しくいうが、戦争中物資不足の時などは、一本の傘だってなかなか得られなかったし、優秀な金ペンなどは、文筆のことにたずさわる者にとっては、命の次に大切だというほどの場合もある。無断で使われて、うっかり壊されでもしたら、たいへんである。過失器物損壊罪などというものはないのだし、過失紛失罪などはなおさら存在しない。とすれば、承諾のうえでやられてこそ、それもやむを得ないとしても、無断で勝手に使われたうえ、こわされたのでは困る。傘だって、外出先で断りなしに他人に使われてしまったために、自分の使いたい時にそれがなくて、濡れて帰らなければならず、それで大事の晴衣を台なしにしたり、風邪を引き込んだりすることもあろう。こういう大切な物を使われるのは、多少の物を本式に盗み取られるよりも、かえって大きな損害をこうむることになるということに注意していただきたい。通説はこれを看過している。

財産権というものは、財物をただ所有し、占有しているだけでは、あまり意味をなさないので、それを自由に利用できる権利こそ本質的なものである。近代的経済生活はまさにそういう様相をますます顕著にあらわして来つつある。傘やペンならかまわないと思うかも知れないが、何百万円もする自動車などの使用窃盗はどうだろう。その自動車を一日乗りまわすだけで、被害者には相当の失費をかけるわけで、行為者が賃料を払うとしたら、たいへんなものである。少しばかりの物の窃取よりも、事は重大であるといわなければならない。原形を形なしにしなければ窃盗にならないという考えは、近代的な経済価値に対する無智のいたすところだといいたい。

使用窃盗を犯罪と見てはならない場合がおうおうあるのは、その行為が前例のように、被害者の同意にもとづく行為であるとか、被害がきわめて軽微で、違法性がない（可罰的違法性がない）と見られるとかの理由によるのであって、一時の使用なるがゆえをもって、すべて犯罪性が否定されるのではない。使用窃盗が一般的に犯罪にならないのではなく、個々の場合につき、被害者の承諾があるとか、あまりに被害が零細であるとかの理由によって、犯罪にならない場合があるにすぎないのである。一般に零細な反法行為は違法性がないから犯罪にならないもので、法はそう根こそぎ重箱の隅までほじって、わずかな反法行為にまで目くじら立てるものではないのである。だから、たとえば、公務員がたまに役所の紙に私信を書いたり、会社員がときおり会社の電話を私用に使ったりするのは、いちおう反法の行為となる場合であっても、犯罪にはならないのである。つまり、形式上は刑罰規定に触れるような行為でも、社会生活の常識がこれを犯罪視することを許さない場合には、そのことを考慮に入れて、犯罪の成立を否定しなければならなくなるのである。それは、法があって社会が成立するのではなく、法は社会のために存在するものだからである。法の杓子定規は、社会感情の反映たる健全な常識によって、弾力性を持たせられなければならない。

使用窃盗は窃盗罪にならないとする説の多くが採るもっとも有力な理由は、行為者にいわゆる「**領得の意志**」がないということにある。「領得の意志」とは、大審院の判例によると、「権利者を排除して、他人の物を自己の所有物として、其の経済的用方に従ひ、之を利用若しくは処分する意思をいふ」（大判大正四年五月二一日刑録二一輯六六三頁）ということになっている。これを説明すると、長くなるから省くが、要するに、使用窃盗は他人の物を一時使用するだけで、終局的にそれを自分の物にしてしまうわけではないから、窃盗罪にはならないというのが、その無罪論の有力な論拠である。しかし、それに対してわたくしが反対であることは、前に述べたとおり、財産権というものについての思想の根本にその理由を置くのであるから、自己の所有物として使うという意味でなら、「領得の意志」の存否は問題にならない。

「領得の意志」の存在が窃盗や横領などに必要だとする見解は、通説・判例の支持するところではあるが、これについては使用窃盗の議論とは異なり、それを要しないとする見解も相当有力である。これは主として毀棄罪（第二六一条など）との区別を立てるために必要かどうかという問題をめぐって展開している。しかし、この点を考えてみると、窃盗と毀棄との区別は、なにもかならず領得の意志の有無にそれを求めなければならない理由はない。窃盗は物に対する他人の占有を侵害して、これを自己の占有に移すことであるに対し、毀棄は占有を自己に移す行為がなく、ただちに物質的破壊またはこれに準ずべき行為をすることを意味するとして、占有移転の有無にその区別の標準を求めれば足りる。もっとも、この場合に領得の意志の存否を問題にするか否かにより、窃盗罪と毀棄罪とのそれぞれの範囲に相違のあることはいうまでもない。

第六節　窃盗行為の発展段階

窃盗罪は「窃取」という行為によって完成する。それは物に対する他人の現実的支配を排除して、その物を自己の現実的支配に移すことである。もっと正確にいえば、実は、自己の支配に移さず、第三者の支配に移してもよいのだが、それはやや異例の場合のことで、普通なら自己の支配に移すことになる。自己の支配に移すというのは、はなはだ抽象的であるが、具体的には、どの程度のことをすれば、自己の支配に移したことになるかを考えてみよう。

学説のうちには、**触手説**というのもあって、目的物たる財物に手を触れただけで、すでに窃盗は既遂になると主張しているが、これだと領得の意志でも引合に出さないかぎり、毀棄のために手を触れた場合との区別がむずかしいから、領得の意志を必要と見ないわたくしのような立場からは、賛成できないばかりでなく、現在では一般にも賛成者があまりない。通説も現実的支配がもっと確実になったときに、はじめて既遂に達するものと解している。しかし、その支配がどこで確立するかについては、また説がわかれざるをえない。どこで区切るかは、どれが妥当かできめるよりほかないことで、かならずしも論理的に割り切るわけにはゆかない。

移転説は財物の場所的移転を要するとし、**隠匿説**は財物を隠匿してしまわなければいけないと主張する。移転は触手より確実だし、隠匿は移転よりさらに確実だといえるが、隠匿したとて、のちに見つけ出されて取り還されることもありうるわけで、支配ということをどこまでも確実にしようとすれば際限がない。そんなに無限に跡を追わないで、いちおう従来の支配の排除が行われた時をもって既遂と見るほうが妥当だろう。この見解を**取得説**といい、通説・判例の採るところである。

窃盗の目的物を屋外に運び出せば無論のこと、箪笥のひきだしから衣類を取り出して風呂敷に包んだというような行為があれば、まだ持ち出さずとも、もうりっぱな既遂である。しかし、まだひきだしをかきまわしている程度の行為や、わきに積み重ねているうちに見つかったのなどは、未遂の程度にとどまるものといわなければならない。とはいえ、同じく積み重ねでも、窃盗既遂と見るべき例もある。庭先の温室のガラスを取りはずして持って行こうとした盗人があったが、そういう場合には、ちゃんと取り付けてあるガラスをはずしてわきに積み重ねれば、それだけでガラスは従来の支配関係とは著しく違った状態に置かれることになり、もとの支配力は格段と弱められて、犯人の手に移ったと見られるから、窃盗は既遂になったといってよいと思う。

行為の発展段階からいうと、少し遡ることになるが、窃取行為の着手について、判例はいわゆる金品物色の行為があれば、すでに着手があるとしており、したがって、裁判運用の実際はそう解せられているから、人の家に忍び込んだ途端につかまれば、窃盗は未遂にすらならず、ただ住居侵入罪の責任を問われるだけである。ところが、もう一歩進んで、金庫はどこかと捜して歩いているうちにつかまれば、窃盗未遂になると見られる。だが、理論としては、ただ金品物色では足らず、せめて金庫にまさに手をかけようとするところまでいかなくては、まだ窃盗の着手にはならないと解したい。

実は、物色をもって窃盗の着手と認めたといわれる最初の判例（大判昭和九年一〇月一九日刑集一三巻一四七三頁）の事件では、犯人がただキョロキョロ見まわしたというだけのことではなく、箪笥に接近して、まさに手を掛けようとしたというところまで、行為は進んでいるのである。このような場合なら、むろん、わたくしも窃盗の着手があると認めるべきだと思う。それを、後の学説や司法の実際がおおざっぱに「物色は着手である」という定理みたいなものを作ってしまっているのは、はなはだ不都合である。

第七節　土地盗人

往来を歩いていると、空地に「何某所有地」などと大きな字を書いた棒ぐいなどの立ててあるのに出合うことがある。時には、「無用の者入るべからず」というような立札のあるのにもお目にかかる。あんなことは、書いてあっても、なくっても、土地の所有権は法律上は立派に保護されているはずなのだが、実際には、自己所有地の上に他人が家でも建ててしまったりすると、それを除去するには、なかなか手数なものである。

大阪に梅田事件という有名な事件があった。大阪駅前の目ぬきの場所に土地を持っていた人が、他人のため勝手に一夜にしてバラック建ての家を作られた。土地の所有者は憤慨してただちにそのバラックを取りこわしてしまったところ、その建築主から建造物損壊罪（第二六〇条）として訴えられた。この事件は、裁判の結果、正当防衛（わたくしは自救行為と認める方がよいと思う）と認められて無罪にはなったけれども、それはこの事件には無罪にしてもよいだけの特殊の理由があったからである。この事件はさいわい無罪にはなったものの、一般には、こういう実力行使をするのはあぶない。こんなことをすると、土地を勝手に使われた被害者の方がかえって刑務所入りという結果にもなりかねない。こういう被害者をもっと保護してやりたいと考え、昭和三五年に立法されたのが**不動産侵奪罪**の規定（第二三五条の二）である。

条文の文言は「他人の不動産を侵奪した者は、十年以下の懲役に処する。」となっているのであるから、目的物は土地にはかぎらない。他人所有の空家に無断で住んでしまったりすれば、ただ建造物侵入罪（第一三〇条）になるだけではすまない。不動産侵奪罪も成立する。ほんの一時立ち入るだけなら、建造物侵入罪だけですむが、住み込んでしまえば、「侵奪」したことにもなるのである。こういう風に家屋に侵奪をすると、それは家屋の侵奪ばかりでなく同時に敷地の侵奪にもなる。

「侵奪」などという親しみのない言葉をなぜ法文に使ったかというと、これにはわけがある。ただの不法占拠というのとは違う意味をあらわしているのである。たとえば、住宅を賃借したが、期限が切れて、もはやその家屋を使う正当な権利がなくなったのに、なお依然としてそこに住んでいるというような例は、世のなかにずいぶん多いが、これは無権利で占拠しているのだから、「不法占拠」とは言えるが、「侵奪」ではない。侵奪というのは、なにか積極的な作為によって占有が開始されるのでなくてはいけないのだ。従来は正当に占有していたのが、途中から期限が切れたり、契約解除になったりしても、それ以後の占有が侵奪罪になるというようなことはない。このところは、立法上も表現が十分できないのであるが、不穏無事の占有の継続は、たとえ途中から占有の権利がなくなっても犯罪にはならない趣旨で、「侵奪」と言ったのである。そこで、他人の田畑に無断で作付をしたり、境界標を動かして他人の土地を自分の方へ取り込んだりすれば、この犯罪になるけれども、土地や家屋の無断転貸を受けて占有を始めた者は、民事上この転借人に正当の権利はないわけだけれども、侵奪罪で罰せらることにはならない。

この犯罪は本質は窃盗なのであるが、ただ目的物が不動産であるために、持ち去るわけにいかないので、こういう別罪をきめたのである。そういう点から考えても、およそ、窃盗罪に関して述べたことは、性質のゆるすかぎり、この犯罪にもあてはまるので、他の関係条文（第二三六条第二項、第二四二条、第二四四条その他）も窃盗・強盗の場合と同様に適用されると解すべきである。

第八節　親族相盗例

一定の親族間の窃盗行為については、特に刑を免除されたり、被害者の告訴がなければ処罰されなかったりすることを定めた規定（第二四四条）がある。これを「**親族相盗例**」といい、窃盗以外の財産犯にも、ある程度まで準用されている（第二五一条、第二五五条）。親族相盗に関する刑法の規定は、

「第二百四十四条　配偶者、直系血族又は同居の親族との間で第二百三十五条の罪、第二百三十五条の二の罪又はこれらの罪の未遂罪を犯した者は、その刑を免除する。
２　前項に規定する親族以外の親族との間で犯した同項に規定する罪は、告訴がなければ公訴を提起することができない。
３　前二項の規定は、親族でない共犯については、適用しない。」
となっている。この「直系血族」とか「配偶者」とか「親族」とかいう言葉の意味は、むろん、民法の定めるところに従うが、この規定によると、親族は二種にわかたれ、刑の免除を受けられるものと、この行為についての告訴を訴追の要件とするものとに区別されている。そこで、この規定の適用結果は、つぎのようになる。

親が子の物を盗み、あるいは子が親の物を盗んでも、また、夫が妻の物を盗み、あるいは妻が夫の物を盗んでも、刑を科せられることはない。これは同居していることが要件になっているわけではないから、夫婦喧嘩のはてに、別居ということになってから行われた窃取行為についても、刑の免除がある。ときおり見かけるように、妻が夫の留守中に夫の物を持ち出したとか、夫が妻の物を売り飛ばしたとかいうことが起こったとすれば、実質的には、前者は窃盗罪、後者は横領罪なわけだが、

いずれも夫婦間のこととして刑は免除されるから、青筋立てて怒って告訴してみても、取り上げてはもらえない。もっとも、別居生活中に相手の住居に侵入してやったことなら、窃盗の刑は免除されても、住居侵入の刑は免除されないから、はなしは別である。

親子間の窃盗については、先般、新聞紙に「不良な息子に家財道具をあらいざらい持ち出されて弱り果てた親がその息子を警察に告訴した。親子間では処罰の仕様がないが、親のいうところによると、息子はすでに離籍してあるということなので、警察では目下その点の事実を捜査中である」という趣旨の記事が出たことがある。だが、この「離籍」というのは一体なにを意味しているのか。直系血族の関係がある間なら、離籍なんてことは考えられない。「勘当」という封建の遺物は、今日通用すべくもないからである。かように、血縁は法律上でも切っても切れないようになっている。だから、この新聞記事について考えられることは、その息子というのは養子であったのかもしれないということである。養子なら、離縁にならないかぎりは、養親に対しては血縁と同視される関係を有するが、離縁になれば、赤の他人になってしまい、離縁後の行為については、親族相盗例の適用はないから、これは一般の場合として刑を科せられることになる。この関係は、夫婦でも同じことで、正式に離婚すれば、赤の他人になるから、離婚後の行為については、親族相盗例の適用はない。

直系親族関係で注意を要するのは、刑の免除を受けられるのが血族間に限られているということである。婚姻によって生じた親族関係は、たとえ直系の間でも、刑の免除理由とはならず、一般の親族なみに扱われ、わずかにその行為が親告罪とされるだけである。したがって、たとえば、夫が妻の親の物を盗み、または妻が夫の親の物を盗んだような場合には、親告罪となるにすぎず、刑の免除を受けられないことになる。さらにはなはだしいのは、俗にいう継親子関係である。これは民法上は親子ではないから、刑法上親族相盗例を適用される余地はない。夫婦の一方のつれっ子と他方との間で、実生活では「お父さん」「お母さん」と呼んでいても、これと同様の理由により、親族相盗例の適用は、ただ同居の姻族たる立場において認められるにすぎない。

直系血族と配偶者とを除く、その他の親族は、同居者の間でたがいに加害者となり、また被害者となった場合に限り、刑の免除が行われ、別居者の間ならば、その犯罪行為について検察官が裁判所に訴えをおこして審判を求めるには、被害者から検察官その他の捜査機関に対して処罰を求める意志表示がなされなければならないことになっている。

かように、親族関係ある者の間の窃盗罪について、あるいは刑の免除を認め、あるいは告訴がなければ起訴できないように定めたのは、「法は家庭に入らず」という思想に由来する。窃盗ぐらいのことなら、家庭の自治にまかせ、強盗や殺傷のような行為になったときに、はじめて法が積極的に干渉するという方針が規定の上にあらわれているのである。

［補　遺］　親族相盗例が適用されるためには、行為者と所有者との間に親族関係が必要なのか、あるいは行為者と占有者の間に親族関係が必要なのか、それとも所有者と占有者との双方に親族関係が必要なのかについては、窃盗罪の保護法益の捉え方および親族相盗例の法的性格の理解のしかたによって結論を異にする。窃盗罪の保護法益についていわゆる中間説（平穏占有説）を採り、「法は家庭に入らず」という観点から親族相盗例の法的性格を一身的刑罰阻却事由説に依り理解する場合には、所有者と占有者との双方に親族関係を必要とするという結論に至ることになろう。なお、最決平成六年七月一九日（刑集四八巻五号一九〇頁）は、「刑法二四四条一項が適用されるためには、同条一項所定の親族関係は、窃盗犯人と財物の占有者との間のみならず、所有者との間にも存することを要するものと解するのが相当である」と判示している。

第一五章　強盗罪の種々相
——強盗の罪——

第一節　強盗罪の刑

強盗罪は「暴行又は脅迫を用いて他人の財物を強取」することによって成立する（第二三六条）。これに対する刑罰は、「五年以上の有期懲役」だから、窃盗に対する刑罰が「十年以下の懲役」となっているのと比べると、それだけ見ていたのでは、どちらのほうが重いのかわからない。一般に刑を表示した条文の書きかたが、「何年以上」となっているときは、下限だけが明記されていて、上限がわからないし、「何年以下」となっているときは、上限だけがはっきりしていて、下限はその条文自体には、あきらかにされていない。たとえば、窃盗罪については、ただ「十年以下の懲役」（第二三五条）とあるだけで、最低が何年なのか何カ月なのか書いていないし、強盗罪については「五年以上の有期懲役」（第二三六条）とあるだけで、最高何年までに処せられるのかは、あきらかにされていない。

上限および下限は、別の規定によって、それぞれ上限は一五年、下限は一カ月（第一二条第一項）が原則であるということがあきらかにされているから、そちらの知識を活用しさえすれば、よくわかることなのだが、とにかく、それぞれの犯罪と刑罰とを規定した各条文の字づらにはそれが出ていないから、条文を見るとき、まず、この字づらに出ている何年という文字から強い印象を受け、刑の上限なり下限なりにばかり気をとられやすい。理論上は上限も下限も非常にたいせつで、時には、実際上も上限の軽重が決定的な意味を持つこともあるけれども、もっとも普通の場合に、実際上たいせつなのは、むしろつねに刑の下限なのである。それは裁判の実情からくる。

日本の裁判所は、いつとはなしに出来た習慣から、刑を科するには、この下限に近いところの刑を選ぶ傾向ができている。もっとも、窃盗罪のように、最低一カ月から最高一〇年までの懲役となっているものでも、犯情の軽いものは、一カ月や二カ月の懲役に処することなく、起訴猶予（刑事訴訟法第二四八条）とか執行猶予（刑法第二五条）とかの方法で、本人の将来になるべく傷をつけないような処置をとるから、普通は一年内外の刑を科することが多い。

ところが、強盗のような重い犯罪になると、起訴猶予や執行猶予ということは、よほどの例外事情があり、特に刑を減軽すべき理由（第六六条・第六八条・第七一条）でもなければ、おこなわれないから、実際に言い渡される刑は、法定刑の下限である「五年」くらいのところに落ちつくことになる。窃盗の場合でも、「一〇年以下の懲役」という文言からは、「一〇年」という印象を強く受けやすいのに反し、実際に言い渡される刑はずっと軽く、どちらかといえば、むしろ下限に近いほうの「一年」くらいのところになるのだから、いずれにしても、字づらから受ける印象とは、だいぶ違うわけである。条文を見る場合には、いつでも、上限と下限の双方に注意し、ことに、実際問題としては、下限のほうに大いに注目する必要がある。

強盗罪と窃盗罪とを比較して、法定刑の上限が一五年と一〇年というだけの相違だということは、たいした違いでないような感じがするだろうが、下限を比較して、五年と一カ月とであるとなれば、その差はなかなか大きい。そのうえ、窃盗犯人の半数以上が起訴猶予や執行猶予で勘弁してもらっていることを思えば、その差はいよいよ大きい。かりに、ほんとうに懲役にやられるような者だけについて比較してみても、窃盗の一年と強盗の五年とではたいへんな相違である。「窃取する」のと「強《ごう》取する」のとでは、これほど違うのである。また、それだけ違うのがあたりまえだろう。それによって受ける被害者の心理的影響に大きな相違があるからである。

この強盗犯人が少しあばれすぎて、人に傷を負わせたとなれば、法定刑の下限が七年に昇り、この上限は無期懲役にもなる（第二四〇条前段）。さらに進んで、たとえ、事のはずみであったにせよ、人を死亡させるようなことが出来《しゅったい》すれば、法定刑はさらに引き上げられて、死刑または無期懲役というところまで行く（同条後段）。人の命まで取ってしまったというなら、たとえ事情がどうあろうと、これは重いのもあたりまえだが、傷を負わせたといっても、それはほんのカスリ傷程度のこともあるのだし、脅かしに刀を突き出したら、被害者のほうであわててこれに手を触れたので、けがをさせる結果となったというのでも、いわゆる強盗傷人罪として、最低七年の懲役にはあたるのである。

戦後、青少年の強盗事件が非常に多くなったことは、周知のとおりであるが、青少年はこういう点でも、実に思慮が足りなく、血気の勇に走りやすいから、窃盗ですむものを強盗をやる。なにも好んで重い刑罰にあたるような行為をしなくてもよいものを、ちょっと人を脅してみたいと見える。威勢のいいところを見せては、「暴行又は脅迫を用いて他人の財物を強取し」という条文にあたるものとされることになる。

日本大学の運転手が教授の娘を仲間にひきいれて、大学の会計係から大金を強取したというので、一時有名になった例の日大ギャング事件などというのも、なにも相手を突き刺さなくても、じゅうぶん目的を達することのできる状態なのに、小刀にもせよ、とにかく人を刺したればこそ、強盗傷人罪として、軽くても七年の懲役ということにならざるを得なかったわけである。もっとも、あれは犯人が二〇歳未満だから、少年法第五二条の適用によって、不定期刑を言い渡されることになり、主犯のYに対しては、「被告人を短期四年長期七年の懲役に処する」という判決が宣告されたのである。これは四年から七年までの間で適当な時期に刑期を終了させるという趣旨である。

第二節　強盗罪の基本形態

ひろい意味での強盗罪には、その基本になる狭義の強盗罪（第二三六条）と、これに準ずるものとされている**「準強盗」**の罪（第二三八条および第二三九条）と、それから、強盗に加重事情の付加したものとしての強盗致死傷の罪（第二四〇条）、強盗強姦・同致死の罪（第二四一条）とがある。準強盗も結局は一種の強盗なのである。

まず、この基本形態から説明をはじめる。これは、暴行または脅迫を用いて財物を強取する罪であるが、この暴行とか脅迫とかは、相当強いもので、健全な常識から見て、相手がこれに反抗することが著しく困難だと見られる程度のものであることを要する。すなわち「反抗抑圧」の程度に達していなくてはならない。その程度の強い暴行・脅迫を加えて、財物を取るのが「強取」なのである。

この「財物」というのには、窃盗罪の場合と同様に、管理可能なものなら、みな含まれるので、例の「電気は、財物とみなす」という条文（第二四五条）の適用のあることも、窃盗罪の場合とまったく同様である。だから、少し奇妙な例を考えてみれば、何かの事情で配電会社から送電停止を受けた者が、送電施設のある場所へ出かけて行って、係員を短刀で脅迫してスイッチを入れさせたというようなことがあったとすれば、電気強盗ということになるわけだ。

もう一つ、窃盗と同じようなのは、「自己の財物であっても、他人が占有し、又は公務所の命令により他人が看守するものであるとき」は、「他人の財物とみなす。」ということになっていることである（第二四二条）。強制執行で差し押えられてしまった自分の財産を奪い返そうとして、執行官にこういう暴行・脅迫を加えたとすると、公務執行妨害罪（第九五条）のほかに、強盗罪にもなるという筋合である。

窃盗罪と同じようだといっても、これは「財物」の解釈についてだけのことで、親族相盗例（第二四四条）の適用は強盗罪には及ばないから、いくら自分の父親の物でも、これを強取すれば、近親間の行為だからとて、窃盗なみに刑の免除を受けるわけにはいかないことを注意しなければならない。強盗が未遂におわった場合でも同様である。

強盗罪の一種には、財物強取の形態をとるもののほかに、暴行または強迫を用いて「財産上不法の利益を得、又は他人にこれを得させた者」というのがある（第二三六条第二項）。これは財物強取ほどやたらにはない強盗だけれども、とにかく、これも強盗であるには相違ない。それはどんな強盗かというと、たとえば、借金取りが来たが、なかなか言訳を聴こうとしないので、それをギュウという目にあわせたあげく、腕の一本もヘシ折りかねない態度を見せたので、借金取りはほうほうの態で逃げ帰ったとしたら、まず、この種の強盗をやったことになる。これは借金取りに対するいじめかたの程度によっては、軽ければ恐喝ですむけれども、それがいわゆる「反抗抑圧」といえる程度の強さで行われれば、恐喝ではなくて強盗である。この行為は、法律的に表現すると、一時支払を免脱するという行為である。その時だけ一時支払をまぬかれるので、永久に借金の請求をできなくしたわけではないが、一時でもその場をのがれて支払が延期されることになれば、不法の利益を得たことになるからである。

この場合、もし少し進んで、「もうこんりんざい、借金の請求は致しません」などといわせたら、永久にまぬかれて、もっと悪いことになりはしないかという気がする。もっと悪い犯情であるに相違ないが、永久にまぬかれることにはなりっこない。その債務免除の意志表示は、民法上取り消されれば、それっきりだからである（民法第九六条）。

この不法の利益を得る罪の成立について、学説上あらそわれている一つの難問がある。それは、不法利得が被害者のなんらかの**処分行為**にもとづくことを要するかどうかという問題である。これについては、学説がわかれているだけでなく、大審院判例にも肯定・否定の両説がある。前に挙げた借金取りの例についていえば、「もう請求に来ませんから、腕をねじあげるだけは勘弁して下さい」とでもいわせたというなら、被害者の処分行為によってまぬかれたことになるから、この場合に強盗罪の成立することについては争いがない。ところが、これと異なり、借金取りにピストルでも突きつけ、「今度来やがったら撃ち殺すぞ」などといって逐い返したため、貸主が二度とふたたび請求できないほど恐怖してしまい、そのために支払をまぬかれたというような場合には、貸した方になんの意志表示もさせたわけではないから、前の例とは事情が違う。この場合にも強盗罪が成立するかということが論争の種になっているのである。

もう一つ違う例を引いてみる。このごろまた、タクシーの乗客をよそおう賊がさんざん遠方まで車を走らせたすえ、淋しい地点へ行った時に、運転手にピストルなどを突きつけて、有金を巻き上げるという手がはやってきた。有金を巻き上げるのが強盗罪になるのは論議の余地がないが、こんな場合に車を走らせた代金を賊が払おうはずはない。おどかしついでに、それも払わずに立ち去るにきまっているが、この運賃の支払をまぬかれる行為も強盗罪になるかという問題がある。

この問題は突きつめると、デリケートなところがあるが、ここで例に挙げてあるような場合については、わたくしは強盗罪の成立を認めるべきだと思う。なぜかというと、恐喝罪や詐欺罪の場合と違って、強盗罪では、相手方の反抗を抑圧し、その意志にもとづかずに奪取しさえすれば、財物強取の強盗罪になるのだから、不法利得についても、相手方の意志にもとづく処分行為を待つことなく、それが成立するものと見るのが正しいとしなければならない。

こういうと、それなら、痴情沙汰から人を殺しても、たまたまその被害者に所持金があったとしたら、被害者の死亡と同時に、その所持金の占有は犯人に移るから、みな強盗の一種と認められ、この場合は強盗殺人ということになるのか、という反問がおこりそうである。しかし、これは強盗罪にはならない。占有が成立するには、いわゆる占有の意志のあることが必要だからである。

かように見てくると、よく論争される問題として、相続人となるべき者が、相続財産が自己の手中に帰することを予定して、被相続人を殺すのは、被害者においてなんらの処分行為を行うものではないが、強盗の一種であると見なければならないことになる。しかし、ただ怨恨から相手を殺したら、結果としていちおう遺産が犯人の手中にころげ込んできたとしても、殺すとき、犯人に遺産に対する占有意志が欠けていたという点で、これはただの殺人罪になるだけで、強盗殺人罪にはならない。

この問題はさておき、財物強取も不法利得の一種だから、単に論理的にいえば、みな不法利得罪になるわけだが、別に財物強取罪が設けられているところから、財物強取の行為は、その実質はやはり不法利得であるにかかわらず、不法利得罪にはならないで、財物強取罪を構成するのである。この点、詐欺罪や恐喝罪についても、各条文に第一項の財物を取得する罪のほかに第二項の不法の利益を得る罪が設けられているので、その両者の関係は強盗罪の場合と同様になるのである。

強盗罪は未遂も罰せられる（第二四三条）し、予備も二年以下の懲役に処せられる（第二三七条）。

第三節　準　強　盗

強盗の基本形態とは少し違うが、結局は一種の強盗で、「強盗として論ずる」とされるものがある。これを**準強盗**という。六法全書によっては、条文の見出しとして、「準強盗」というのを第二三八条にだけ付けているのが世に流布しているが、これは正確でない。準強盗とは、ほんらい、いわゆる「強盗として論ずる」二つの場合を指しているもので、その二つの場合の一つが第二三八条の場合であり、もう一つが第二三九条の場合である。前者を「事後強盗」といい、後者を「昏酔強盗」と呼び、両者を含めて「準強盗」と総称しているのである。だから、第二三八条の場合を「準強盗」と呼ぶことはかまわないが、これを次の「昏酔強盗」と対立すべき概念として用いるなら、決して当を得たものではない。

事後強盗を規定した第二三八条には、「窃盗が、財物を得てこれを取り返されることを防ぎ、逮捕を免れ、又は罪跡を隠滅するために、暴行又は脅迫をしたときは、強盗として論ずる。」とある。ここに「窃盗」というのは、窃盗犯人のことであるから、窃盗犯人なるものがまず存在していることを前提とした規定である。したがって、窃盗犯人と名づけることのできる者がこういう行為をやったときに、はじめて事後強盗罪になるのである。窃盗犯人という名がつけられるには、すくなくとも窃盗の行為に着手していなくてはならない。窃盗行為の着手以前には窃盗犯人というものはありえないし、着手以後ならば、たとえ財物をまだ取得しなくとも、窃盗犯人といってよいのである。そこで、とにかく、窃盗行為着手後でなければ、この条文に規定してあるような犯罪は成立の余地がないから、これを「事後強盗」と名づけるのである。

［平成七年改正前の条文の文言についての説明――現在の条文では、句読点が付されているので、以下での説明は文章上容易に理解できるようになった］　さて、「窃盗財物ヲ得テ」というのは、「窃盗犯人の窃取行為が既遂に達してから後に」という意味になるが、この一句は、文章として「其取還ヲ拒キ」にだけかかるのか、それとも、「逮捕ヲ免レ」や「罪跡ヲ湮滅スル」にも、それぞれかかるのかということが曖昧である（旧規定では、「窃盗財物ヲ得テ其取還ヲ拒《ふせ》キ又ハ逮捕ヲ免レ若クハ罪跡ヲ湮滅スル為メ」となっていた）。しかし、普通は、「其取還ヲ拒キ」にだけしかかからないものと解釈されている。また、それでさしつかえない。ここに理由を詳細に書く紙幅を持たないが、他のいろいろの場合の適用関係を考えると、理論上そう解すべきことがわかる。けっして文章だけの問題ではない。

だから、法文の形としては、書きかたの順序を逆にして、「窃盗逮捕ヲ免レ若クハ罪跡ヲ湮滅シ又ハ財物ヲ得テ其取還ヲ拒ク為メ」とでもやってくれれば、真意に添うわけで、学習者にいらぬ苦労をかけずにすんだはずである。そうでなければ、「窃盗財物ヲ得テ其取還ヲ拒キ」というところを、「拒ク為メ」と、もう一言息をのばしてくれさえすれば、「為メ」が両方に付いていて、「又ハ」でつないであることになるから、「財物ヲ得テ」が「又ハ」以下にはかからないことがはっきりする。法文はそうありたいものである。

とにかく、窃盗犯人が財物をいちおう取得してから、取り還されそうになって、その取得した状態を維持するための暴行・脅迫をすれば、結局において財物を取り還されてしまおうと、しまうまいと、強盗罪の責任を負わされる。取り還されてしまった場合には、けっきょく財物を得なかったのだから、窃盗罪としてはいったん既遂に達したものであっても、強盗罪としては未遂なわけだ。これを強盗の既遂と見る説もあるが、普通の強盗との釣合からいって、不合理でもあり、かわいそうでもある。

　強盗のなかで、もっとかわいそうなのは、逮捕を免れるために行った強盗で、これは財物を得ている場合はもちろん、これを得ていなくとも、たとえば、コソ泥君が玄関先の靴の一足に手でもかけたのを家人に見つけられ、逃げようとしてマゴマゴしているところをつかまえられそうになったので、相手を突きころばして一目散に逃げたとすれば、これで強盗である。逮捕をまぬかれるために暴行をしたからである。同じく、そのつぎの罪跡隠滅のためにするほうは、かくべつ同情に値しないが、この逮捕をまぬかれるために暴行・脅迫をするのは、強盗のなかではいちばん気の弱い部である。捕えられそうになった窃盗犯人が逃げたい一心で乱暴をするということは、人情やむをえないところもある。したがって、実際の裁判においても、この種の強盗がいちばん酌量減軽を受けやすい実情にある。

　罪跡隠滅のために窃盗犯人が暴行・脅迫をするというのは、たとえば、窃盗犯人がこと発覚にいたって匕首《あいくち》を抜き、「警察に届けると為にならねえぞ」なんて捨てぜりふを残して立ち去るようなのがそれである。もっとひどいのは、空巣ねらいが盗んだ物を持ち出そうとする時、その家の子供が外から帰って来て顔を見られたというので、その子を殺してしまったというようなたぐいである。こういうのも、窃盗罪プラス殺人罪ではなくて、強盗殺人罪という一つの結合犯になるのである。

　よく**「居直り強盗」**というのがあるが、それとこの事後強盗とを混同してはならない。「居直り」というのは、窃盗犯人が途中から強盗に転ずることにおいては、事後強盗と共通の特徴を持っているが、これは事後強盗と異なり、事後の暴行・脅迫をするのではなくて、暴行・脅迫を手段とし財物強取または不法利得をしようとすることなのである。したがって、これはいったん窃盗に着手したにしても、その行為は普通の強盗にほかならないのである。

　事後強盗はこのくらいにして、準強盗のもう一つの形態である**昏酔強盗**に移る。昏酔強盗罪とは、第二三九条の規定によれば、「人を昏酔させてその財物を盗取した」ものをいう。昏酔させるというのは、催眠術や麻酔薬を使うなど、普通には暴行とも脅迫ともいわないような方法を用いて、相手方が反抗することができないようにすることである。ところが、ほんらい、「暴行」の法律上の概念のうちには、催眠術や麻酔薬を使うことも含まれるものと解せられているので、特に昏酔強盗に関し、「強盗として論ずる」としたのは、だいたいにおいて、注意的な意味しかないということになる。

事後強盗にせよ、昏酔強盗にせよ、いわゆる準強盗罪は、けっきょく、強盗罪の一種なのであるから、すべての関係において強盗罪とまったく同一である。電気の財物性に関する規定の適用があることや、親族相盗例の適用のないことなど、すべて強盗罪の基本形態におけると同様である。

ただ、注意しなければならないのは、**「強盗として論ずる」**とあるからとて、強盗既遂をもって論ずる趣旨ではないということである。事後強盗でも、犯人がけっきょく財物を得なければ、強盗未遂をもって論ずべきである。反対趣旨の大審院判例（大判昭和七年一二月一二日刑集一一巻一八三九頁）もあるけれども、財物を得なくても強盗の既遂をもって論ぜられるというのでは、普通の強盗が財物を得ずにおわった場合に未遂となることと比べて、権衡がとれない。事後強盗は一般に普通の強盗より犯情が軽いと見てよいから、この軽いほうの強盗が犯情のわるい強盗の場合よりも、刑が重くなるような解釈は、不都合である。

第四節　強盗犯人の殺傷の行為

（一）強盗犯人が人に傷を負わせれば、無期または七年以上の懲役（第二四〇条前段）、（二）死亡させれば、死刑または無期懲役（同条後段）、（三）婦女を強姦すれば、無期または七年以上の懲役（第二四一条前段）、（四）婦女を強姦して死亡させれば、死刑または無期懲役（同条後段）に処せられる。この四つの類型はいずれも強盗罪の加重情状を示すものである。したがって、その基本に、まず、すくなくとも強盗罪の着手がなければならない。そのうえに、傷害、致死、強姦、同致死等の行為が加わらなければ、このような重い罪にはならない。基本たる強盗行為と加重事情たる行為とがきわめて接着した時と所とにおいて行われることが必要なことは、単純な強姦致死等の場合におけると同様である。だから、いくら前夜の強盗犯人であっても、翌日の日中になって、巡査につかまりそうになったから、これを傷つけたというのでは、強盗傷人罪にはならない。それは強盗罪と傷害罪との併合罪になる。そのうえに、公務執行妨害罪が成立することはもちろんである。この時と所との接着性は、窃盗が事後強盗になる場合にも、同様に要求される。

（一）強盗傷人罪

強盗傷人罪は、強盗犯人が人を傷つける気で傷をつければ成立するのはいうまでもないが、傷をつける気はなくても、暴行・脅迫をしている以上は、結果において人が傷つけば、やはり成立する。たとえば、窃盗犯人が家人につかまえられそうになったので、逮捕をまぬかれるために、その人を突き飛ばして逃げたが、突き飛ばされた人がそのために手をすりむいたとなれば、事後強盗の傷人罪ということになる。例のかわいそうな強盗の刑が、これでまた一段と重くなるわけで、ますますかわいそうの上塗になる。しかし、傷害はピンからキリまであるから、すりむいたぐらいですんだ場合は、重い刑をきせられる犯人がかわいそうに思えても、肋骨の二、三本も折った場合のことを考えれば、犯人に同情してばかりはいられない。かわいそうなのは被害者のほうだ。

なにが気の毒といって、強盗傷人の被害者などは、その代表的なものである。そのもっともはなはだしいのは、被害者が命を失った場合である。普通の殺人事件だと、殺されるほうにも怨まれるような事情が多少あるものだから、被害者にも少しは責任がありそうだが、強盗の被害者は、たいてい、なんの責めるべき理由もなく殺されてしまうのだから、いちばん気の毒である。強盗殺人罪の犯人が、他のいかなる罪の犯人よりも、死刑に処せられることが多いのは、このためだといってよい。

（二）　強盗殺人罪と強盗致死罪

「強盗が、人を……死亡させたときは死刑又は無期懲役に処する。」というのは、強盗犯人が殺意をもって人を殺した場合と、殺す気はなかったが、事のはずみで死亡させてしまった場合とある。前のほうは殺意があるから、**強盗殺人罪**といい、あとのほうは殺意がないから、**強盗致死罪**という。殺意がなくても、基本たる暴行はあるのだから、死の結果を生ぜしめたことは、過失致死ではなく、いわば傷害致死にあたるわけである。

このうち、強盗殺人罪という犯罪は、単に第二四〇条だけの問題か、それとも、同時に一般の殺人罪を規定した第一九九条も適用されるべき問題かということについては、いろいろに学説がわかれている。わたくしは、これを第二四〇条だけしか適用のないこととして上に説明してきたのであるが、これは現在裁判所の採っている見解と同じ結論によったのであり、これを支持する学者もすくなくない。

この論争はくわしく書くときりがないが、わたくしの支持する学説以外に、（一）第二四〇条のほかに第一九九条を適用すべきだとの説、（二）第二三六条（準強盗についてはそれぞれその条文）と第一九九条を適用すべきだとの説、などがある。もし、これらの説によると、殺意がなくて、しかも人の死を招かなければ、その行為はせいぜい強盗傷人罪になるにすぎないから、第二四〇条の行為の未遂というものは考えられないはずなのに、第二四三条にその未遂処罰の規定があるのが意味をなさなくなるばかりか、殺意のない致死の行為が第二四〇条でかならず「死刑又は無期懲役」という重い罪になるのに、殺意ある致死の行為が第一九九条でこれよりずっと軽く「三年以上の有期懲役」ですむ場合もあることになるから、すこぶる不合理である。

もっとも、これらの説のうちには、強盗行為そのものが未遂におわった場合には、第二四〇条の未遂罪成立の余地があると説明するものもあるが、そうなると、強姦致死罪（第一八一条）、堕胎致死罪（第二一六条）その他同種の場合には、すべて基本たる強姦なり堕胎なりの行為が成功しないときは、全体として未遂減軽を受けられるものと解しなければならなくなる。そうすると、刑法上この種の用語に一貫する解釈を崩さなければならない場合がたくさん出てきて、首尾一貫しないディレンマにおちいらざるをえないから、この説によることもできない。

これに反して、第二四〇条には殺意の有無を問わず、強盗犯人が人を死傷にいたしたすべての場合を包含するものと解すれば、そういう不都合は生じないし、法文に「よって」という文句もないことだから、しいて殺意にもとづかない死の結果を招いた場合とばかり解するにはあたらないのである。強盗殺人罪の場合には、殺人罪に関する第一九九条を適用しなくても、第二四〇条に規定する刑が第一九九条所定の刑をじゅうぶんカバーして余りあることである。

この説に対する批評としては、強盗殺人の中止未遂（第四三条但書）の場合に、刑がかならず減軽または免除されるから、はじめから殺意なくして傷つけたにすぎない場合すなわち強盗傷人の場合よりも責任が軽くなることになり、不都合だとの見解もあるが、これは比較すべからざるものを比較している。中止犯になれば、どんな犯罪でも刑の免除の余地を生ずるのであるから、なにもこの場合に特有な現象ではない。

第五節　殺人後に被害者の財物を取得する行為

財物強取の目的で人を殺してから、その所持の金品を取得する行為は、何罪かという問題がある。

今まで、これも強盗殺人罪だとして説明してきたわけだが、実は、そう見てよいかどうかが一つの問題なのである。というのは、殺された人は、もう法律上「人」ではなくて、死体であるから、死体から、その占有物を奪うというようなことを考えてよいものだろうか、という疑問がおこってくる。この疑問に対する答えかたにはいろいろある。

第一説は、その人が生前占有していた財物は、その者の死亡とともに、占有離脱物となるから、それを取得する行為は、占有離脱物横領罪（第二五四条）となるにすぎないとする。つまり、拾い物を着服するのと同じことだというのである。もちろん、この場合に、人を殺した行為が殺人罪（第一九九条）として罰せられることは当然である。しかし、これは不当に犯人が得をするようで、人々を納得させない。なぜ納得させないかというと、殺人罪の刑は、重いのは死刑もあるが、軽ければ三年の懲役でもすむということになるから、強盗殺人罪の刑が、死刑または無期懲役という重刑であるのと比べると、まるでバランスがとれないからである。

そこで、きわめて技巧的な第二説が考えられた。人が殺されてからあとは、相続人が財物を占有していることになるから、その相続人の占有を侵すことになるという考えである。これは、相続人が欠けていたら仕様がない。よし、相続人がある場合だとしても、たいてい、その相続人はその場に居あわせるわけではないから、占有を引きつぐというのは、まったくの形式上のことで、現実的には、とても占有をすることにはならない。刑法では、占有の意味を解するにも、民法におけるよりも現実に即して解すべきだから、この場合、犯人が相続人の占有を侵すとする考えかたは具合がわるい。かりに相続人の占有を侵すものと考えるとしても、その侵しかたは、強盗になるのか、窃盗になるのかがまた問題になってくる。人を殺してまでも取ろうというのだから、やっぱり強盗にしたくなる。そうすると、殺人罪プラス強盗罪というわけだが、相続人に対する関係では暴行も脅迫もしてはいないのだから、これが強盗罪になるというのは大いにおかしいふしもある。

ここまで考えてくると、殺人という行為が暴行の最大のものであることに気づかなければならない。殺して取るというのが、まさに、「暴行を用いて他人の財物を強取し」というのにあたることは、議論の余地がない。殴って取るのが強盗なら、殺して取るのも強盗であることにまちがいないし、殺したという点で、さらに致死の責任が加重されることになるべきである。殺人と財物取得との両行為が別々に考えられるべきではなく、一つの強盗殺人罪とされるべきである。殺人行為着手の時に、被害者は生存しているのであるから、その者から強取しようとする行為が強盗の着手になることは疑う余地がない。ただ、いよいよ奪う時すなわち行為が既遂に達する時には、相手は死んでしまっているところを、なんとか説明しなければならない。

では、被害者の占有はどうして侵害されたと説明するのだろうか。ある説では死者にもなお占有があると説く。だが、これに強く反対する者は、「幽霊に占有があるのか」と反駁する。死者の占有ということがいえれば、解決は簡単だが、ほかの場合に、そんな考えかたをしないで、生死を明確に区別する刑法のたてまえからは、とうてい支持できない。そんなふうに面倒な考えかたをしないでも、殺した時に死の瞬間から、占有は加害者に移ると考えれば、それで十分である。

強盗殺人罪は、殺人という最大の暴行により、かようにして占有を奪うことにほかならないのである。

第六節　強盗犯人の強姦行為

「強盗が女子を強姦したときは、無期又は七年以上の懲役に処する。」とある（第二四一条前段）ことについては、従来の説明から推して、その意味おのずから明瞭であるが、そのさい傷害を加えたらどうなるかは、条文上かならずしも明瞭でない。普通は、やはり**強盗強姦罪**として、この同じ規定によって罰せられるにすぎないものと解している。刑の重さからいうと、強盗強姦罪の刑はちょうど強盗傷人罪の刑と等しいから、この場合に、しいて別に強盗傷人罪を認める実益はないように見えるけれども、強姦行為が未遂におわった場合を考えると、そういう普通の見方の正しくないことがわかる。すなわち、強姦行為が未遂のときは、強盗強姦行為全体としても未遂ということになるから、それに致傷の事実をともなう場合でも、単に強盗強姦未遂罪になるにすぎないとすれば、一方において、強盗が人を傷するの事実があるにかかわらず、その責任が問われないのは、不合理である。

強盗犯人が単に人を傷した場合よりも、強盗犯人が強姦をしそこねて、人を傷するにいたった場合のほうが、むしろ犯情がわるいことが多いであろうと思うのに、もし、普通の解釈に従うとすれば、この後者の場合だけが未遂減軽を受ける可能性を持つことになり、あきらかに不合理な結果となる。したがって、強盗犯人が強姦致傷の行為をしたときは、強盗強姦罪のほかに強盗傷人罪を成立すると見るべきである。そうして、これら両罪が観念的競合（第五四条第一項前段）の関係に立つことは、いうまでもない。

ところが、もう一歩進んで、強盗犯人が強姦行為に及び、その結果、婦女を死亡させた場合については、強盗犯人が単純に人を死にいたした場合におけると同様に、殺意あるものを含むかどうかということが問題になる。この方は「よって」という字句がはいっているから、純粋の結果的責任だけを意味するもので、殺害の予見あるものは含まれないとの説にも相応の理由はあるわけで、大審院判例はこの立場を採っている（大判昭和一〇年五月一三日刑集一四巻五一四頁）。しかし、「よって」という字句にこだわらずに解すれば、この場合にも殺意あるものを含むと解する説を生ずる。学説としては、両説ともに賛成者があるが、強盗が人を死にいたす罪に殺意ある場合を含むと解することと歩調をあわせて理解しようとすれば、後説の方に分があるといいたい。

第一六章　誇大広告・無銭飲食・債務不履行

——詐欺の罪（その一）——

第一節　誇大広告

東京の街を歩いていたら、「日本一そばどころ」という看板に出あった。実をいうと、一、二カ月前にその店の前を通った時、なんとなくその店の様子がいかにもそばがうまそうに思えたので、飛び込んで食べてみたのだったが、「日本一」とも思わなかった。その時は「日本一」の看板にも気づかなかったが、あとになって、よくよく見れば、看板にそう書いてある。そう書いてあっても、ほんとに「日本一」と思わせるほど豪勢な構えでもないし、そばの本場はやはり信州ということがわたしたちの頭にこびりついているので、東京の繁華街に日本一があるということは、むしろ受け取れない感じがする。まこと「日本一」なのであるかないかは、わたしにはわからないが、そう簡単に「日本一」の証明もつけられないだろうから、なにほどかは、一種のハッタリであろう。

もっと小さな田舎の小都市を歩いていたとき、「世界一」と書いた靴屋の看板にお目にかかったこともある。その店は見るからに小さな、ろくに靴も並んでいないで、いたずらに看板ばかり大きな店だった。ああなれば、だれだってあの看板を真に受ける者はあるまい。まず、その「世界一」はおもしろずくでつけたもので、人の注意をひいて大いに広告効果を挙げようとの目的によるものであろう。

しかし、日本一でもないものが日本一だと誇称し、世界一でもないものが世界一だと誇大広告するのは、人をだますもので、詐欺罪になるのではなかろうか。もしそうだとすると、誇大広告などはザラにあるのだから、これがみんな詐欺罪になることになり、ずいぶん犯罪人が出ることになるわけだが、そうはならない。なぜそうならないかというと、主な理由が二つあるようにいわれている。

一つは広告しただけでは、相手が特定していないということである。一般人を相手にして広告し、だれか引っかかってくるのを待つという状態が誇大広告である。被害者は特定していない。たしかに、広告しただけでは、まだ相手は特定してはいないが、故意はあるし、行為の着手もある。ちょうど、群衆にむかって発砲して、そのうちのだれかを殺傷しようとする場合のように、結果の発生するまでには相手が特定するのである。そこで、着手の時には、まだ相手が特定していないとの理由で、全然詐欺罪にならないという議論は、正当ではないようだ。普通に誇大広告が詐欺罪にならないとされているのは、それがやはり一種の嘘であるには相違なくとも、詐欺罪になるほどの欺瞞行為ではないと見られているからであろう。これは商業道徳の低さを示すことにもなるのではあるが、実際問題として、普通の常識に訴えて、薬が能書ほどにきくものとは思われていないのと同じように、看板に書かれた「日本一」・「世界一」も、額面どおりには受け取られていない。だから、それは嘘には嘘でも、その嘘であることを自他ともに許しているので、相手がそれによってだまされるということは、ないのがあたりまえだと思われているのである。

これをたとえてみれば、漫才や落語家の話しみたいなもので、嘘と承知しながらみんな聴いているということである。漫画などにもそういう誇張性におもしろみを宿しているものがすくなくない。とうとう「日本一」や「世界一」が漫談化してしまって、はなはだ申訳ないが、おおげさな広告をしても、たいてい、詐欺罪にならないということは、このように理屈づけるよりほかはあるまい。したがって、誇大広告も罪にならないためには、おのずから程度・方法に限度があることはもちろんである。

ついでながら、誇大広告については、軽犯罪法に「公衆に対して物を販売し、若しくは頒布し、又は役務を提供するにあたり人を欺き、又は誤解させるような事実を挙げて広告をした者」を拘留または科料に処する旨の規定（同法第一条第三四号）があり、「くすり九層倍」の薬事法でも、医薬品等に関する誇大広告の行為を三年以下の懲役または三万円以下の罰金に処する旨（同法第五六条・第三四号）を規定しているから、事案によっては、これらの犯罪を構成することがあるということを忘れてはならない。

誇大広告の場合とよく似ているのは、骨董品の売買である。谷文晁筆「牡丹之図」などがいまどき金一万円で骨董屋の店先に出ていたとしても、それをほんものだときめてかかるほうが非常識である。だから、それを一万円で買う者は、「万一ほんものだったら、いい掘出物だ」くらいの野心はあるにしても、同時に、「にせものでも仕方がない」と覚悟しているのが常識である。いわば、売るほうも買うほうもそういう気でいるのが通例である。こういうのを目利《めき》き取引という。こういう場合には、詐欺罪をまかせ、真偽不明の物を、いちおう、谷文晁筆という名目をつけて売るというやりかたである。こういう場合には、買手の目利きにもって論ずる余地がない。これに反して、真蹟保証ということで、それ相当の価格で売買された場合ならば、事情によっては、詐欺罪に問われることにもなるのである。

第二節　欺く行為と利得・無銭飲食

詐欺罪に関する刑法の規定（第二四六条）は二つの項から成っている。第一項には「人を欺いて財物を交付させた者は、十年以下の懲役に処する。」とあり、第二項は「前項の方法により、財産上不法の利益を得、又は他人にこれを得させた者も、同項と同様とする。」と規定している。「欺いて財物を交付させ」る行為（旧規定では騙取《へんしゅ》）も「財産上不法の利益を得」る行為の一種にほかならないから、第二項の規定が詐欺罪の全般にわたるものであるはずなのだが、実際の犯罪は、財物騙取の形をとるものが大多数であるから、たいてい、第一項が適用されることになる。第一項にあたるなら、第二項適用の余地のないことはいうまでもない。詐欺罪の説明としては、第一項の騙取罪を念頭に置いてすれば、不法利得罪のほうはこれに準じて考えられる。

詐欺とは、いわゆる騙取罪に関する規定について見ればわかるように、他人を欺いて、それによって金品を受け取る行為である。**「欺いて」**（旧規定では「欺罔《ぎもう》」という文言が用いられていた）とは、いうまでもなく、「だます」の行為であるが、これをさらに分析すると、他人にむかって嘘をつくこととその嘘によって相手を錯誤におちいらせることとに分割できる。そこで、詐欺罪が既遂に達するには**二段の因果関係**が必要だといわれる。すなわち、犯人が他人に嘘をつくと、相手がそれをほんとうだと思い込むというのが第一段階で、それから、そう思い込むことによって、相手が財物を犯人等に交付するとか、財産上の利益を得させるとかするのが第二段階である。この二つの段階の因果関係のどちらかが切れていれば、詐欺罪はけっして既遂には達しない。

誇大広告などは、あまり賞めたことではないが、とにかく「広告はおおげさなものだ」とする常識の範囲で、たいてい許されるのは、それが「欺く行為」とは考えられていないからである。いわば「大して害のない嘘」として許されるとでもいうところである。

ついでながら、「欺」の字の発音は「キ」だから、この字が下に付いて「詐欺」となった場合に「サギ」と濁るのはかまわないが、上に付いて「欺罔」となっている熟語を「ギモウ」と読むのは、ほんとうはまちがいである。しかし、世の法律家どもはほとんどみなそう読んでいるのだから、もとはまちがいでも、「読みぐせ」ということにして承認するよりほかはない。

「欺いて」とは、嘘をついて、相手がそれに乗るということであるから、嘘をついたが、相手がそれに乗って来なければ、詐欺としては未遂の段階にとどまることになる。したがって、たとえば、「国もとの母が急病で帰省の旅費がないから、貸してください」と申し込まれ、どうも母の病気は作話らしいと思ったが、とにかく金がなくて困っているのは気の毒だと思い、これに金を渡してやったとすれば、その借金を申し込んだ者は、人をだましにかかった点で、たしかに詐欺に着手したことにはなるのだが、既遂にはならない。現に相手方から金を受け取りながらも、詐欺罪としては、未遂にすぎない。相手はだまされて金銭を交付したのではないからである。この金銭の交付は、欺く行為とは切り離されて、単なる贈与とか貸借とかの関係になるだけである。「欺いて」とは、嘘をついて相手を錯誤におとしいれることだといったが、この「嘘をつく」というのは、ごく普通の場合のことについていったので、しいて言葉で嘘をつく場合でなくてもよい。言葉を使わなくたって、嘘はつける。無銭飲食、無銭遊興、無銭宿泊などというのがその典型的な例である。

料理屋に黙ってはいって行けば、店のほうではお客が来たと思って、「いらっしゃい」という。こちらは料理を注文する。金を持っていなくても、注文をする以上、店のほうでは、もちろん、代金を支払ってくれると思って、料理を持ってくる。これも社会常識で、こういう行為があれば、当然に、「金を払うから、料理を持って来い」という意味になる。かくべつ「金を持っている」といわなくたって、そういったのと同じ意味になる。だから、金を持っていなければ、店の者をだましたこととなる。ひろい意味では、やはり嘘をついたのである。

この場合には、黙っているという**不作為**がいけない。黙っていることによって、相手方を錯誤におちいらせるのである。しかし、不作為が犯罪になるのは、なにかをなすべき義務のあることを前提とする。そのなすべき義務すなわち作為義務とはなにか。「金を持っていないが、料理を出してくれるか」ということを告げる義務である。ところが、そんなことを告げれば、出してくれないことがわかっているから、犯人はそれを告げない。告げないということは、消極面から嘘をついたことになるのである。行きつけの料理屋だったら、金を持っていなくたって、喜んで料理をしてくれる。それは暗黙のうちに、客のほうでは、「きょうは金を持っていないが、あとで払うからいいだろう」ということをたずね、店のほうでも、「御得意様のことですから、それで結構でございます」という返事をしているようなものだ。だから、詐欺罪にならないのである。

そこで、こういう事件では、暗黙の承諾があると見られる間柄であるかどうかということが問題の中心になる。どこの店だって、はじめて来た見ず知らずの客に、代金後払でよいといって料理を出しはしない。だから、そういう関係で、無銭のまま料理を出させれば、詐欺罪になる。料理にまだ箸をつけなくても、詐欺は既遂である。

もうすこし理論的に突きつめていえば、「無銭」ということは、かならずしも必須の犯罪成立要件ではなく、金を持っていたって、支払う意志がなければ、同罪であるし、無銭であっても、支払う意志があり、相手方がそれを期待して、金銭を持ちあわせていないことをなんとも思っていない事情にあれば、詐欺罪にはならないのである。

第三節　債務不履行と詐欺

すこし事情が変わって、はじめは支払うつもりで注文したのだったが、いよいよ払おうと思ったら財布を忘れてきてしまって払えなかったとなれば、それは単なる債務不履行として、民事上の責任を負うだけで、刑事上、詐欺罪などの問題にはならない。支払うつもりでやったのだが、その後、意外の事情で支払うだけの収入がなかったため、期日までに払えなくなったというのでも、理屈は同じことである。債務不履行として民事上問題になるだけで、詐欺罪にはならない。

このような場合において単なる**債務不履行と詐欺罪との区別**は、当初から代金支払の意志があったかどうかということにかかっている。そこで、ある事実が単なる債務不履行にとどまるか詐欺罪になるかということが問題になるとき、実際上、注文者の意志いかんがキイ・ポイントなのである。それは、いうまでもなく、人の内心の事実であるから、事実認定の上では、なかなかデリケートなことになる。一般の人が「詐欺だ。詐欺だ。」といってみても、容易に捜査官が取り上げてくれないのもこのためであり、悪いやつがそれをいいことにして、つけこむのもこのためである。

貸家を借りたが、家賃を払わない。商品を取り寄せながら、代金を払わない。そういうのが世の中にはいっぱいある。はじめから払わない気で家を借りたり、商品を取り寄せたりしたのか、それとも、はじめは払う気であったのがついに払えなくて、のびのびになっているにすぎないのか。これを認定するのは捜査・裁判の技術問題である。ただ「払うつもりでした」といったからとて、ただちに刑事責任をまぬかれられるわけでもなし、また、その反対に、支払えないからといって、むやみに支払意志がないと不利の認定を受けるともきまっていない。そういう訴訟上の認定の問題には、ここでは深入しない。ここでは、ただそういう意志があったとすれば、詐欺罪にならないが、それがなければ、詐欺罪になるということをいっておけば足りる。その認定がどちらに傾くかは、取引の形態、当事者間の従来の関係、その他諸般の事情を考えあわせることになって、きまることである。

なぜ、この意志の有無によって、詐欺罪の成否がわかれるかというと、支払の意志がないのに、その意志があるような顔をして、借家の申入をしたとか、商品買取の申入をしたとなれば、その行為はあきらかに「欺く」のための行為だからである。これに対して、申入の時には、支払うつもりであったのなら、そこに嘘はないのだから、欺く行為も存しない。あとになって、約束どおり支払うことができなくなったということは、事後に生じた不測の事情であるにすぎない。

いささか中間的な行為として、支払う気ではあるのだが、支払えるかどうかはなはだ不確実なのに、支払期日を確約して金品の交付を受けるというのもすくなくない。こういうあやふやな目あてを確実気に見せかけるとなれば、それが一種の欺く行為であることは、争えない事実である。そういうのは、ほんとうの意味での支払意志があるとはいえないからである。

理屈はこうでも、このあやふやな意志の中間形態は、かならずしも詐欺罪として実際問題にはされない。借金などでは、実にしばしば弁済の約束が履行できるかどうかあやふやなことを、借主みずから承知しつつやっている。金に困っていればこそ、借金をするのだから、そんなことにもずいぶんなりがちなものである。それでも、借金の場合などでは、この支払意志のないことを認定することは容易でない。ある程度の不確実さは、商取引のつねとして、容認されているというべきだろう。

それが売買の周旋などになると、人をだます気であるかどうかを見きわめるのは、比較的らくである。「御手持の家宝をわたくしの知合の新興成金が買いたがっていますから、売ってさしあげましょう」などといって、斜陽階級から「預った」ことにしておきながら、いつまでたっても、その家宝を自宅で使っていて、品物も返さなければ、代金もよこそうとしないというようなのがある。こういうやりかたは、詐欺であることもあり、横領であることもあるが、はじめから、そんな知合の新興成金などはないとか、知合の新興成金があるにはあっても、売買の話しなんか全然ないような場合ならば、詐欺である。

詐欺と単なる債務不履行との間には、こんな事実関係にもとづき、欺く意志のあるなしで、一線が引かれることになるのである。

第一七章　詐欺の定型

――詐欺の罪（その二）――

第一節　欺く行為と損害

詐欺罪は人をだまし、それによって、財物を交付させるとか、不法の利益を得るとかすることによって成立する（第二四六条）。したがって、たとえば、銀行員をだまして、他人の預金を勝手に引き出すような場合にも、詐欺罪になる。この場合、だまされるのは銀行員で、損をするのは預金者であることもある。銀行のほうで、たとえば、印影の対照が粗漏なため、犯人が預金者の印章と違う印章で引き出そうとするのを発見しなかったのだとすれば、銀行側に失錯があるから、預金者に損失を帰することができなくなるけれども、銀行側に故意も過失もないような場合だと、けっきょく、損をするのは預金者である。つまり、この場合には、だまされる人と損をする人が別人であるが、それでも、詐欺罪は成立する。もうすこし分析して見ると、これを扱う銀行員も一人ではなく、だまされる係員と金を渡す係員とが違う人であることが多い。そういうふうに、欺かれた者（被欺罔者）と財物交付者とが別人であっても、やはり詐欺罪は成立する。

同じように、実際は存在しない貸金を、あたかも存在するもののように、嘘の申立をして裁判所をだまし、それにもとづいて勝訴の判決を得、相手方から貸金返還の形で金円を受け取ったとすれば、だまされる人と損をする人とが別人であるが、これもやはり詐欺罪になる。

それでは、**損害の発生**は詐欺罪に必須の要件であろうか。一説によれば、このほかに財産上の損害を生ずることも必要だと説かれているが、それはドイツ刑法の条文（二六三条一項）にそのことが明記されていることから来た説で、日本ではそう解しなければならないような十分の理由はない。具体的に問題になるのは、相応の対価を支払った場合にも、なお詐欺罪が成立するかという問題である。

「この品物は先祖伝来の物だから、やたらな新興成金などには売らない。相当の名門の人になら売ってもよい」といっている人に、名門の出でもない者がいかにも由緒あり気な人間のようなことをいって、相手をそう信じさせてその品物を買い取ったとすれば、たとえ、それ相応の価格により代価を支払ったとしても、詐欺罪は成立する。この場合には、財産的には損害がないともいえるから、損害がなければ詐欺罪は成立しないとの議論からいえば、これは詐欺罪に問われるべき行為ではない。

しかし、これはまた見ようによっては、やはり損害があるのだともいえる。渡したくない物をだまされて渡させられたという意味では、一種の財産的損害だともいえるわけだが、たとえ、これを財産的損害ということはできないにしても、さきに述べたような論拠からして、詐欺罪の成立は否定できないのである。戦争末期頃によくあったように、野菜畑に金を置いて、その作物を代価相当くらいの分量を持って行ってしまうというのなども、市場価格的意味においては、いくら財産的損害がないからといって、窃盗にならないとはいえないのと同じ理である。幽霊人口により主食の配給を受ける行為なども、公定価格で対価を支払っていながら、詐欺罪に問われるのも同理である。

俳優をだまして劇場に出演させ、その出演料を払わないなどというのにも、損害はある。いわゆる役務の提供もまた提供者にとっては損害であるというべきである。ところが、学者によっては、講演料を払う約束で講演をさせて、それを払わない場合を例に引いて、そういう場合には、財産上の損害がないから、詐欺罪にならないと説く人もある。これは、もちろん、正当ではない。芝居をやったり、講演をしたりすることも、りっぱに財産的価値のあることだから、それにより、出演者の側に財産的損害を生ずるとともに、それらの役務の提供をさせた者のほうは、「財産上不法の利益を得た」ことになる。

第二節　不法利得

詐欺罪における不法利得とは、財産騙取を除き、欺く行為によるいっさいの利得行為を指すものである。法文には「不法の利益」としてあるが、利益そのものが不法なのではなく、欺く行為によって得ることが不法なのである。取得の手段が不法なために、利得行為が全体として不法とされるのにほかならない。資産の増加も利益であるし、負債の減少も利益であるから、そのいずれでも、詐欺による不法利得罪を構成する。

詐欺罪においては、被害者側のなんらかの行為が必要である。騙取罪の場合には、被害者の側から交付するという行為の存することが必要であると同様に、不法利得罪の場合にも、この交付にかわるべきなんらかの処分行為のあることが必要である。被害者側にこういう処分行為の存することを必要とする点が詐欺や恐喝の行為の特色である。窃盗や強盗の場合には、被害者側にこのような行為のあることは必要でない。

なんらかの処分行為とは、たとえてみれば、権利の放棄とか、債務を負担する約束とかである。人をだまして貸金返済の時期を延期させたとすれば、たとえ、利息を免除させずとも、詐欺利得罪になる（大判大正一二年六月一四日刑集二巻五三七頁）。貨物の託送を受けていないのに、託送を受けたように虚偽の記入をした貨物引換証をすこしも虚偽ではないかのように装って、これを担保として銀行員に交付し、銀行員をだまして荷為替を取り組み、その割引金名義のもとに、同銀行における自分の当座預金に振り替えさせる行為などは、財物の交付はないが、利得はあるから、詐欺利得罪が成立する（大判昭和九年一二月三日刑集一三巻一六三九頁）。

訴訟事件において、裁判所に対して、すでに無効に帰した領収書を証拠として提出し、相手方の請求する売掛代金債務の一部は、すでに弁済したと抗弁し、債務をまぬかれようとして果さなかった行為は、詐欺利得罪の未遂である（大判大正元年一二月一六日刑録一八輯一五五八頁）。もし、この訴訟事件で、裁判所がだまされたとすれば、債務の一部弁済が認められることになるから、その裁判所の行為によって、犯人は不法に利得することになるわけである。

これに反して、偽造の質権放棄承諾書を登記官に提出して、質権消滅の登記をした場合には、登記官は質権に関して処分の権限または地位を有するものではないから、詐欺利得罪も構成しない（大判大正六年一一月五日刑録二三輯一一三六頁）。また、執行官が仮差押をしようとするとき、これに対して、自分所有の商品を他人の預かりものだと詐称して、仮差押をまぬかれても、執行官に処分行為をさせたわけではないから、詐欺利得罪の着手があったとはいえない（大判大正一二年二月一三日刑集二巻五二頁）。

利益を得るのは、欺く者本人でなくてもよい。これはちょうど、だまされる人と財物交付者または利益付与の処分行為者が別人でもよいのと同様である。不法利得に関する規定には、この点明白に、「他人にこれを得させた」云々と規定しているから、はっきりしている。騙取罪のほうには、第三者をして得せしめるということについての規定がないが、理屈は同じはずだから、当然に、第三者に交付させた場合にも、騙取罪の成立あるものとしなければならない。たとえば、合名会社の社員が会社のために、その所有の建物や商品などを火災保険に付し、その後、自分でこれに放火し、保険会社の係員をだまして保険金を受領したような場合には、保険金は会社が受け取るのであるが、騙取罪の成立することは否定できない（大判大正一四年三月一四日刑集四巻一六五頁）。

第三節　民法上の効果との関係

詐欺罪の成立は、かならず財物の**交付**その他相手方の**処分行為**の存在を要件とする。ところが、この相手方の行為は、だまされた結果として生じたものであるから、十全なものだとはいえない。こういうのを法律家はよく「瑕疵《かし》ある意思表示」という。つまり、意志にキズが付いているという意味である。これは、民法上からいうと、法律行為としては、取り消しうべきものであるのを通例とし（民法第九六条）、錯誤が重大な点について存するときは、無効になることもある（民法第九五条）。

こういうふうに、取り消しうべきものであったり、無効であったりする以上、権利の変動がそれによって確定的に生じていないといえる。したがって、民事上の効果にこだわれば、詐欺罪は成立しないようにも見えるが、そこは、そう解すべきでない。刑法は、現実の行為に注目するから、そういう場合でも、詐欺罪は成立するものとしなければならない。

民法上の効果に関連して、もう一つ、ぜひ論ずべき問題は、**権利実行のためにする詐欺行為**のことである。金が貸してあるが、まともな手段では相手が返さない。そこで、相手をだましてそれを取り立てるというようなのがこれである。ただ「だます」といっても、いろいろの方法が考えられるであろうが、もちろん、ここで問題にしているのは、普通なら、詐欺罪を構成するような行為のことである。

たとえば、貸金を返さなくて困っているとき、その借主の旅行不在に乗じて、家人に打電し、旅行先で入用ができたから金を送るようにと、虚偽の事実を申し送って、貸主方へ送金させ、けっきょく、その金を借主には渡さずに、貸金債務の弁済にあてたとすれば、詐欺手段によって金を取ったのにまちがいないが、ほんらい、取るだけの権利はあるわけだから、詐欺罪にはならないといわれている。ほんらい取得する権利ある金額より多くの額をだまし取った場合には、その権利超過額についてだけ詐欺罪が成立すると見るのである。

こういう場合について、判例ははじめに詐欺罪の成立を認めていたのであるが、のちにそれを改めて、犯罪の成立を否定するようになり（大連判大正二年一二月二三日刑録一九輯一五〇二頁）、学説もおおむね否定説に同調している。しかし、わたくしはどうも古い判例の考えのほうが正当だと思っている。すなわち、いやしくも欺く手段によった以上は、つねにその取得した金額について詐欺罪が成立すると考えるのである。

貸金を返さないのはけしからんには相違ない。だから、だまして取っていいという理論も、人の感情を満足させるものがあるが、貸主は貸金を合法的手段によって返させる権利があるだけで、それはどんな手段に訴えてもかまわないというわけではない。だますという手段だから、それほど大したこととも思えないかも知れないが、同じ理屈を押し通すとなると、脅迫してもいいことになってくる。現に人を脅迫して金品を交付させるところの犯罪たる恐喝の手段による場合についても、この種の判例・学説は、詐欺手段による場合と同様に、財物取得の点を適法視し、ただ脅迫の事実についてだけ脅迫罪が成立するものとしている。これだけを見れば、いちおう、人の感情を満足させるに足る解決と見えるが、他の場合について考えると、はなはだおかしな結果となる。

一つの行為を脅迫の部分と財物取得の部分とに分割するところも気に入らないが、それはさておき、もしその論理をつらぬくと、取得すべき権利があるときは、強盗の手段に訴えて取っても強盗罪にはならないで、その手段たる暴行または脅迫の点についてだけ、暴行罪とか脅迫罪とかが成立するだけということになるわけである。

それはまだよい。取得すべき権利のある財物を窃盗の手段に訴えて取得した場合には、窃取の手段だけを切り離して犯罪にすべき術もないから、行為全体を無罪としなければならないことになる。つまり、貸金を返さぬやつからは、貸金相当額の金品を盗んできてもかまわないことになってしまう。それは詐欺の場合に、だます行為だけを切り離せば、罪にならないから、だまして金品を騙取しても、全然無罪になると説かれるのと同じ筋合になる。これでは秩序が保てない。なんのための法治国かわからなくなる。

取るべき権利のある金品でも、適法な手段によるのでなければ取れない。不法な手段でやれば行為全体を違法化するから、金品取得の点をも含めて、犯罪になるものとすべきである。一つの構成要件に属する犯罪行為を寄木細工のように分割して考察し、これに刑法的評価を加えるということは、思考の方法としてまちがっている。手段と結果とが結びついて一つの行為をなし、それが全体として評価の対象になるべきものである。

ここまでは、わたくしの年来の主張として、この本にも書き、他の著書にも書いてきたのであるが、昭和三二年になって、最高裁判所はどうやらわたくしの考えに近い判例を出した。それはスクラップ売買というものにからみ、数量をいつわって多量に相当する代金を受け取った場合に、詐欺罪はその受領代金全額について成立するもので、実際の数量を越した部分だけについて成立するのではない、というのである（最決昭和三二年一一月二九日最高裁判所裁判集刑事一二二号四四三頁）。この考えでゆけば、すべて上述のような論理を今後展開すべきものと思うが、とにかく一歩その方向へふみ出したことだけはたしかである。

第四節　準詐欺罪

本来の詐欺と違って、欺く手段によったものと同様の取扱を受ける場合がある。**準詐欺罪**と称せられるものがこれである。その規定は次の如くである。

「未成年者の知慮浅薄又は人の心神耗弱に乗じて、その財物を交付させ、又は財産上不法の利益を得、若しくは他人にこれを得させた者は、十年以下の懲役に処する。」（第二四八条）。

刑罰も「十年以下の懲役」というのだから、本来の詐欺罪の場合と同じである。違うのは、人をだますのではなくて、未成年者の知慮浅薄または人の心神耗弱に乗ずるという点である。つまり手段が違うのである。すこし低能の人だとか年少者だとかは、ものの判断が十分できない。ことに、財物の評価を誤りやすい。そこで、これらの者に対しては、わざわざだましたのでなくても、その判断力の乏しい点を悪用すれば、だましたのと同じ結果になる。したがって、この悪用の行為を欺く行為と同視しようとするのがこの規定である。心神耗弱者や未成年者に対してでも、欺く手段を用いれば、普通の詐欺罪を構成するのであって、準詐欺罪になるのではない。

未開地の旅行者がよくやるように、葉巻タバコ一本を無知な土人に提供して高価な宝石と交換するようなことを、心神耗弱者や未成年者の知慮浅薄に乗じて行えば、まさにこの犯罪になるのである。こんなわけで、たとえば、安物の写真機を高級写真機と交換したり、おだてて物をもらったりするのは、べつだん相手をだましているわけでなく、正真正銘に、正直に事実を告げたうえでやっても、相手が未成年者や心神耗弱者であると、この種の犯罪になるのである。

われわれの学生時代には、だれでもかならず御厄介になっているといってもよい或る有名なドイツ語の辞書の著者は、また、お酒がすきなのでも有名な先生だが、あんなに売れた本を書きながら、あまりお金持にもならなかったので、不思議に思い、息子さんにきいてみたら、出版屋に飲まされていい気持になっているところへ、「金千円也——原稿料」という受取書に署名させられて、千円頂戴しただけでおしまいになり、その後いくら版を重ねようとも、出版屋には印税支払の義務なしということになってしまったということで、大笑になった。このとき、老先生がどの程度に酔っていらっしゃったかは、知るすべもないが、場合によるとその程度は「心神耗弱」であったかもしれない。そうなると、さしずめ、その出版屋は準詐欺罪になるというわけである。もっとも、もうそれから数十年もたっているから、どちらに転んでも、時効（刑事訴訟法第二五〇条第三号）にかかってしまっている。

この刑法第二四八条という規定を見て、いかにもおかしいと思うのは、心神耗弱についての規定があって、心神喪失に関する規定のないことである。つまり、相手がちょっとばかり低能であるなら、それに乗ずる行為が準詐欺罪になるということが規定されているのに、はなはだしい低能――つまり白痴などの知慮の足らないのに乗ずる行為について、準詐欺罪になるという規定のないことは、どういうわけかという疑問を生ずる。

精神錯乱者や白痴の知慮の足りないのに乗じて財物を交付させるとか、または財産上不法の利益を得るとかする行為は、何罪になるのか、これを窃盗罪になると説く人もあり、詐欺罪になると説く人もあるが、どちらも正しくない。

精神錯乱者や白痴には、外形上は交付行為があるように見えても、真の意味での交付行為はないのだから、これらの者に交付させるのは、まるで窃取するようなものだと見るのが窃盗説である。これに対して、ともかくその意志にもとづく交付行為があるのだから、詐欺罪になるとするのが詐欺説である。

しかし、だまさないのに詐欺になるというのは、どうも根拠がないから、詐欺説はあきらかにいけない。かといって、ともかく事実上、「交付」行為があるのに、それを交付と認めないで、窃取と認めるということになると、それはこれらの者に交付能力がないとの前提に立つわけで、それはけっきょく、心神喪失者の心理的自由を否定するにほかならないから、それなら、そういう者に対しては、恐喝罪や強盗罪も成立しないことになり、いつでも窃盗罪が成立するものとしなければならないという結果になりそうである。これは困る。

わたくしの考えからすれば、極度の脅迫を加えて財物を提供させれば、それはやはり強盗罪であり、その脅迫の度が軽ければ恐喝罪である。と同様に、だまして交付させるのは詐欺罪でなければならない。さらに一歩転ずれば、だまさなくても、その知慮浅薄に乗じて交付させ、あたかも欺く行為をしたのと同様の効果を挙げたとすれば、それは準詐欺罪とすべきが当然である。これは、むろん、いちおうの議論として、条文を離れて考えた当然の理路である。

それなら、条文には「心神喪失」ということは書いてないけれども、これも掲げられているのと同様に解して、現行刑法の解釈論としても、心神喪失に乗ずる行為を準詐欺罪になるものとすべきである。これはわたくしの一家言で、はたして大方の賛成を得られるかどうかわからない。予想される反論としては、とにかく条文に「心神耗弱」としか書いてないのに、それを「心神喪失」にも類推適用するのはいけないとする見解である。

なるほどこれは明文に反するけれども、従来からある窃盗説、詐欺説いずれによるにしても、これと同様に、明文規定からの遊離は避けられないのである。というのは、未成年者については、規定のうえに年齢の制限がないから、二、三歳の幼児もこれに含まれることになるはずであるのに、これが含まれるとすることは、詐欺罪にとっても、窃盗説にとっても、都合がわるいことだからである。

もし、心神喪失に乗ずる行為を詐欺とし、あるいは窃盗とするならば、未成年者のうちでも、心神喪失者に照応する程度の幼年者については、準詐欺罪の成立を否定しなければならなくなる。この成立を否定するとすれば、条文の文言上は単に「未成年者」とあるにすぎないものを二分して、幼年者はこのうちに含まれないものと解しなければならないことになる。こうなると、あきらかに明文に反する。

窃盗説でも、詐欺説でも、かように明文に反することになるとすれば、わたくしの考えた準詐欺説が明文に反するからといって、それが特別の欠点になるわけではない。他に大きな長所がある以上は、これに従うのをもって最良の解釈とすべきである。

ちなみに、改正刑法仮案第四三六条は、この「心神耗弱」という文句をやめて、これを「心神障礙」と改めている（改正刑法草案第三三七条では、「人の精神に障害があること」という文言が用いられている。）。これはあきらかに心神喪失をも含ましめる趣旨であるに相違ない。このことから見ても、準詐欺説によるのがもっとも合理的であるということが裏書されているというべきである。

第一八章　恐　喝

――恐喝の罪――

第一節　恐喝と詐欺および強盗

恐喝罪は、ある意味では、たいそう詐欺罪に似ている。その間の唯一の相違は、詐欺罪において「人を欺く」ことが要件になっている部分が、恐喝罪では「人を畏怖せしめる」ことが要件になっているという点である。したがって、この相違点を除けば、他はすべて詐欺罪の理論をそのまま恐喝罪の場合にもってくることができるのである。

条文の文句も詐欺罪のそれと同工異曲で、つぎのようになっている。

「第二百四十九条　人を恐喝して財物を交付させた者は、十年以下の懲役に処する。

２　前項の方法により、財産上不法の利益を得、又は他人にこれを得させた者も、同項と同様とする。」

第一項が**財物喝取罪**、第二項が**恐喝による不法利得罪**という形を成していることも、詐欺罪の場合とまったく同様である。条文に「恐喝して」とあるので、恐喝罪の罪名に対する定義としては、いかにも循環論法のようで奇妙であるが、この「恐喝して」というのが、けっきょく「人を畏怖せしめて」ということにほかならないのである。

「人を畏怖せしめる」という言いかたは、専門家の間では、きわめて定型化した表現になっているが、要するに、人をこわがらせるということである。したがって、それはすでに述べた脅迫罪にいうところの脅迫行為にほかならない。刑法の規定の上には「脅迫」という文言は出ていないが、理論上当然にそういう意味になってくる。

恐喝罪は詐欺罪と同じように、相手方のいわゆる「瑕疵ある意志」にもとづく**交付その他の処分行為**が必要である。便宜上、不法利得罪を除外していうと、これを「任意の交付」と称するのが通例であるが、畏怖せしめられた心理状態において、交付するのであるから、厳格にいえば、けっして任意ではないわけなのだが、ともかく、強盗のように、相手の反抗を制圧してまで、奪って行くのではなく、相手から交付させるという意味では、相手方に一種の任意性が残されているわけである。

強盗罪では、相手方の反抗を抑圧する程度ということが要件になっているのに対し、恐喝罪では、相手方の反抗を抑圧するにいたらず、多少の任意性を残している。そこに両者の相違がある。ピストルや短刀を突きつけて、「金を出せ。出さなければ殺すぞ」などといえば、これは恐喝ではなくて、強盗である。こういうことをいって脅迫して、金を出させたとすれば、そこにもいちおう「交付」と見られる外形上の行為はあるけれども、法的には交付ではない。抗すべからざる状況のもとに交付することは、法律上は、交付することではなく、奪取されることにほかならない。法律上「交付」といえるためには、すくなくとも、前述の意味での任意性が残されていなければならない。

街の与太者などのよくやる行為に、「タカリ」というのがある。あれはだいたい恐喝罪になると見てよい。何かいいがかりをつけて金品を要求するというのは、恐喝行為である。ビンタの一つも食らわしておいて、金品を要求するのも恐喝罪になる。直接的にいえば、ビンタは脅迫ではなくて暴行であるが、それは同時に、次いでおこるべき暴行を暗示する行為でもあり、とにかく「畏怖せしめる」に十分な行為というべきであるから、やはり恐喝罪を構成する。いうまでもなく、その暴行の程度が大きければ、強盗罪になることもあるが、ビンタ程度なら、恐喝罪となるにすぎない。

しかし、いったい、恐喝罪というものは、沿革的にいうと、暴力をふるったり、直接に難癖をつけたりして行う行為が中心なのではなく、人の悪事醜行を「あばくぞ」と持ちかけて、その口止料などとして金品を交付させるような行為を意味しているのである。典型的・本来的な恐喝罪は、そういうものである。したがって、悪徳新聞記者などが人の名誉や信用を害するような私事をつかんで、その記事の原稿の買収を要求したりするのは、まさにこの典型的な例にあたるのである。会社荒しなどというのにも、同類項に属するものが多い。

第二節　畏怖にもとづく交付

この種の犯人は人の悪事醜行の秘密を握っているところに非常な強味を持っている。被害者にはそれにちょうど相応するような弱点がある。事件が問題になったとき、被害者は自分に弱点があるから、後難を恐れて、犯人に不利なことをかえって隠す傾向がある。犯人のほうでは、そこがつけ目で、あとで犯行の当時に畏怖させるだけの行為があったのかなかったのかが問題になったとき、ごまかしがきくように、きわめて微妙な態度をとっておくということになる。

なぜ、こういうことが恐喝罪において特別の問題になるのかというと、詐欺罪の場合に、犯人の詐言によって相手方が錯誤におちいり、その錯誤におちいったために金品を交付するという行為が生ずることが必須の要件とされるのと同じように、恐喝罪の場合には、犯人の脅迫行為によって相手方が畏怖の念をいだき、その畏怖の念にもとづいて金品を交付するという行為が生ずることを必須の要件とする。

したがって、脅迫はしたけれども、相手が恐れなかったということになれば、恐喝罪としては既遂にならない。金品を交付させるつもりで脅迫したのだから、その点で恐喝罪の未遂である。おどかされた相手がこわいと思わなかったが、金でもつかませておくと、いつかこっちで利用する機会もあるだろうと思って、若干くれてやったという場合なら、そのくれてやる行為は、適法な贈与であるにすぎないから、金を受け取ったほうは、脅迫してしかも金を受け取っていながら、恐喝罪の既遂にはならないで、その未遂になる。それはおどして取ろうとしたという点で恐喝罪の着手はあるが、金を交付されたのは、相手が恐れて出したためではなく、したがって、喝取したことにはならないからである。

そこで、恐喝事件でいつも問題になるのは、はたして相手を脅迫したといえるかどうかという点が一つと、もう一つは相手が恐れたために金品を交付したのかどうかという点である。そういう点が、事件としていざ捜査・裁判の対象になった場合に、ぼけてしまうこともすくなくない。犯人のほうは、ちょっと脅迫したようには見えない手口を使うし、被害者のほうは、後難を恐れてはっきりものをいわない、というようなことで、うやむやになってしまいがちである。

恐喝罪の犯人は、脅迫といっても、それほど凄文句を並べるというのは、あまり多くなくて、たいていは、ジワジワといやがらせをいうのが手であるから、おどしたか恐れたかという点が、デリケートな関係を持ってくるのである。

判例にあらわれた事実で、すこし変わった例は、ある地方で、新聞が医師の人気投票の募集をして、その投票数を新聞に掲載しようとしたことが問題になったことがある。医師会はこの記事の掲載を中止するための条件として現金を交付したのであるが、判例は、これを「医師としての品位を傷け、投票数少き医師の名誉信用を毀損するに至るべき虞あるものなれば、其の地方在住の医師が、斯かる投票に付危惧若は畏怖の念を抱き、又は困惑の状態に陥ることは、蓋し世間普通の人情として免れざる所である。」との理由によって、恐喝罪を構成するものとした（大判昭和八年一〇月一六日刑集一二巻一八〇七頁）。人気投票に限らず、こういうふうに、非常に困らせるということも、ひろい意味では、畏怖の念を生ぜしめることの一種と解釈してよい。いやがらせというのは、たいてい、この部類に属する。

恐喝もしばしば権利の実行と結びつくことがある。たとえば、妻と姦通した男に対し、要求に応じなければ、姦通の事実を公表するぞといって、不当に高額の金品を要求する（大判大正一三年三月五日刑集三巻一七八頁）とか、家主と借家人との間の紛争に介入して、その家屋を占拠し、頑として立ち退かない勢いを示したうえ、立退料を要求する（大判昭和九年三月五日刑集一三巻一九七頁）とか、未登記の商号を使用して盛業中の他人に対し、みずから真に営業する意志がないにかかわらず、類似商号を登記して競業し、相手の未登記商号の使用差止をほのめかし、名を商号権の実行に仮託して、人を畏怖させ、過額の金品を交付させようとする（大判大正一三年九月二六日刑集三巻七三五頁）などの行為は、いずれも恐喝罪になる。これらの行為が犯罪視されるのは、権利の実行に名を借りて、実は犯罪を行うことにほかならないからである。

これに対し、判例・通説の見解では、権利の実行そのものを、すこし荒っぽい方法で行ったにすぎない場合なら、脅迫罪にはなっても、恐喝罪にはならないとするのであるが、わたくし一個の見解では、そのような行為も手段が不法である以上、金品を交付させる点だけを切り離して、適法行為だとすることはできないと考えている。この点も、まったく詐欺罪の場合と同じである。

要するに、相手が悪いやつでも、これを脅迫して金品を交付させるというようなことは、やってはならないのである。「君はこんなことをして、けしからん。告訴するぞ。」などとおどしても、それは正当な権利の実行をほのめかすことなのだから、違法であろうはずはないが、それをもって不当の金品を交付させるための手段にすれば、犯罪になる。

司法の実務では、真に告訴する意志があって、そういうことを告知するなら、犯罪にはならないとしながら、真に告訴の意志なくして、単におどしの意味で、そういうことをいうのは恐喝になるのだと解釈しているようだが、わたくしは、いやしくも告訴権がある場合なら、告訴しない気でいながら、要求を容れなければ告訴するぞくらいのことをいったって、かまわないはずだと思っている。問題は、むしろ要求そのものが不当のものかどうかできまると考える。告訴権のあることをほのめかして、不当の金品を要求するとなれば、いけないが、要求が不当でないならば、正当の権利の行使を予告して、相手を恐れさせても、それは恐喝ではないといいたい。

反対に、いくら正当な請求権があるからといって、告訴権もないのに、告訴するぞといっておどしたり、その他なんらかの方法で、相手を恐れさせるような脅迫的な言動を示すことは、犯罪になる。判例は、この場合にも詐欺の場合と同様に、請求権があるということを理由として、手段だけについて犯罪の成否を論じ、恐喝罪にはならないで、脅迫罪になるものとするが、わたくしは手段が不法なら、金品を交付させることも当然に不法化するものと考えるから、やはり恐喝罪になるものと解している。

第三節　欺きと脅迫の併用・恐喝と贈収賄

犯罪にもならないことなのに、「告訴するぞ」とおどして金品を交付させるのは、ただおどすだけではなくて、欺くという要素もはいっている。しかし、この行為の中心は、おどして金品を取るにあることはあきらかだから、こういう場合には、多少欺くという要素がはいっていても、全体としては恐喝罪を構成するものと見るべきであろう。

これに反して、「あなたの息子さんは勾留された。早く保釈金を積まないと大変なことになりますよ」などと、嘘のことを申し向けて金品を交付させるのは、相手をおどす面もないことはないが、行為の本質は人を欺くにあるといってよい。したがって、こういう場合には、詐欺罪になるというべきである。

判例は、「害悪の告知が虚偽にして相手方は其の虚偽の事実に欺かれ、畏怖の念を生じたりするのも、其の財物を交付するに至りたる相手方の決意が畏怖に基づくに於ては、恐喝罪を以て論ずべく、詐欺罪を以て論ずべきにあらず」としている（大判昭和五年七月一〇日刑集九巻四九七頁）。この考えは、ここに例示したような二つの場合などには、そのままあてはめても、結果において、まちがいはおこるまいけれども、この判旨は、単に財物交付の前提たる相手方の心理状態が錯誤にあるか畏怖にあるかということだけで、詐欺と恐喝との両罪がわかれるとする趣旨のようにも読み取れる。もし、そうだとすれば、賛成できない理論である。相手方次第できまるとなると、行為そのものの性質が無視され、それが未遂におわったときは、詐欺になるのか恐喝になるのか、わからないことになるからである。

やはり、行為そのものの性質が本質的に欺く行為であるか脅迫行為であるかによって、両罪は区別されるべきものである。ここに挙げた二つの例などは、行為そのものの性質上、いずれか一方に属することが明瞭であるからよいけれども、そのいずれに属するかが不明瞭なほど、両罪の性質を併有しているときには、もちろん、両罪が同時に、観念的競合の関係において成立するものと見るべきである。判例のうちにも、欺き、脅迫の両手段をこもごも用いた場合については、その虚偽の告知事実が、一般に人をこわがらせるに足るものである場合には、詐欺、恐喝の両罪の観念的競合になるとしているものもある（大判昭和五年五月一七日刑集九巻三〇三頁）。

もう一つ、特に問題として考えてみなければならないのは、**贈収賄との関係**である。ちかごろの役人はだいぶたちが悪くなって、役人のほうから賄賂を要求する例もずいぶん多いらしいが、そのもっともはなはだしいものは、恐喝的手段で賄賂を要求するということになる。これは恐喝罪になるとともに、賄賂要求罪にもなる。この場合に、判例は恐喝罪だけの成立を認めて、賄賂罪の成立を否定している（大判昭和二年一二月八日刑集六巻五一二頁）が、これはまちがっている。

恐喝罪の法益は個人の財産権であるが、賄賂要求罪の法益は公務員の職務の廉潔性にあるから、両者は、その保護すべき利益を異にしている。一方が成立すれば、他方の成立がただちに否定されるとするいわれはない。

それればかりではない。もし、恐喝だけしか成立しないとすると、現実に贈賄をした者でも、単なる恐喝の被害者にすぎないことになる。しかし、いやしくも賄賂の任意交付をしている以上、その者に贈賄罪の成立を認めることはさしつかえなさそうにも見える。現に、被害者については、贈賄罪の成立を認めている判例（大判昭和一〇年一二月二一日刑集一四巻一四三四頁）もあるくらいである。

つまり、二つの判例を総合すると、判例は恐喝的収賄者については、収賄罪の成立を否定しながら、恐喝による贈賄者については、贈賄罪の成立を認めるという矛盾を冒していることになるのである。むしろ判例とは逆に、贈賄罪の成立を否定するというのならわかる。なぜならば、贈賄者は恐れおののいて交付している気の毒な被害者なのだ、とも見ることができるからである。しかし、贈賄者は恐れたとはいうものの、まだ任意性を保持しているのであるし、ただの被害者ではなくて、金品交付によって、贈賄による利益を得ようとする者なのだから、それほど同情するにはあたらない。具体的事情がどうであるかにより、恐喝の被害者の畏怖の程度によって、贈賄罪の成立する場合と成立しない場合とがあると見るべきではないかと思う。

さらに、純法理上の問題としても、これを欺かれて贈賄する場合と調和させるように、法理を展開しようとすれば、どうしても贈賄罪の責任を問わなければ、首尾一貫しない。なぜかというに、欺かれて贈賄する者も詐欺の被害者には相違ないが、この場合には、恐れおののく哀れな立場というものは全然なく、欲張ったがため欺かれただけのことで、贈賄による利得の誘惑にひっかかったまでのことだからである。欺かれた贈賄者に贈賄罪の成立を認めるとすれば、畏怖して贈賄した者にも、原則として贈賄罪の責任を追究すべきだということになる。ただ例外的に、恐喝された者の畏怖の程度の著しいときは、贈賄罪の成立が否定されるにすぎない。

第一九章　浮貸と横領

――横領の罪――

第一節　横領の意義

友達に借りたオーバーや本を質に入れることなどを手はじめに、集金した主家の売上金を競輪に注ぎ込んだり、預かりものの株券を売り飛ばしたり、大きくは鉱工品公団の浮貸事件や熱海市の公金拐帯事件などに発展するこれらの行為は、「横領」という犯罪類型に一括される。

通俗には、すぐ「詐欺横領で告訴しました」などというが、詐欺と横領とはまるで違う。詐欺は、人をだまして金品を交付させるとか、交付させせなくても、債務免除の意志表示をさせるとかの方法により、財産上不法の利益を得ることであるのに対し、横領は、人をだますことではない。それは「自己の占有する他人の物」を不法に処分することである。この「不法」というのが問題だけれども、とにかく、だまして取るのではなく、すでに自己の手中にある他人の物を不法に処分することが横領なのだから、詐欺とはまるで違う。

それなのに、とかく、通俗に「詐欺横領」と結びつけていわれるのはなぜか。これには理由がないわけでもないようだ。それは、わきから見ていると、詐欺だか横領だかわからないような被害事実があるからである。「ラシャ生地を安く買って来てあげましょう」といわれて金を託したところ、相手はいつまでたっても、生地も持って来なければ、金も返さない。こういう場合に、相手がはじめから生地を買ってくる気もなく、ただ金を取る手段にそんなことをいったのなら、だましたのだから、詐欺であるが、はじめは買う気で預かった金を勝手に他に流用しているうちに返せなくなったというのなら、詐欺ではなくて横領である。相手の意志がどちらであったかにより、詐欺か横領かがわかるわけだから、被害者の立場になれば、どちらかわからないままに、相手を「詐欺横領」で告訴するというようなことにもなるのである。

横領の罪には、**普通の横領罪**（第二五二条）と**業務上横領罪**（第二五三条）と**占有離脱物横領罪**（第二五四条）との三種があるが、その基本となる普通の「横領罪」の規定によると、つぎのようになっている。

「第二百五十二条　自己の占有する他人の物を横領した者は、五年以下の懲役に処する。

２　自己の物であっても、公務所から保管を命ぜられた場合において、これを横領した者も、前項と同様とする。」

前に挙げた例についていえば、借りたオーバーや本は、まさに「自己の占有する他人の物」である。貸借をする以上は、オーバーや本をそれぞれの用途に従って使うことは、当然許されているが、質に入れることは貸借の趣旨を越えている。こういうふうに、他人の物の占有が適法に開始されながら、それによって与えられた権限を越えて、勝手に処分することが「横領」なのである。したがって、仲のいい学生仲間でときおりやるように、小遣銭に困って一時の急場しのぎのため、質に入れることを当然のこととして貸借する場合であるなら、借りたオーバーや本を質に入れても、与えられた権限を越えているわけではないから、もちろん横領罪にはならない。

この権限を越えるということが**横領の本質**である。横領罪はそもそもの出発点が他人の物について適法に開始された占有が存在することにあり、その占有に関して与えられている権限を越えて処分行為をすることが犯罪になるのである。権限を越えて処分行為をするということは、他人の物を勝手に処分することであるから、この「勝手に」ということをさらにいいかえれば、他人の物をまるで自分の物でもあるかのように処分するということにほかならない。普通なら、借りた物を売り飛ばしたり、質に入れることはできないはずだから、それをあえてするというのは、他人の物をあたかも自己の物のように処分することである。ここで使っている「処分」という言葉は、日常普通に使うのとは少し違っているようだが、こういう意味になるのである。

この権限を越えた処分行為として、きわめて普通のものを挙げると、入質、売却のほかに、着服、拐帯、費消、交換、贈与などの諸行為がある。転貸などは、暗黙のうちに権限内の行為と見られることが多いから、あまり問題になることがないが、厳格にいえば、やりようによっては、形式上は横領罪の構成要件にあたることもあるといえよう。主家の売上金を集金した店員がそれを競輪に注ぎ込んだりするのは、費消の形式をふむ横領であるし、情婦と駈落するのに持逃すれば拐帯横領、貯金にでもしておけば着服横領ということになる。

入質とか売却とかの法律行為は、処分の時期がはっきりしているが、拐帯とか着服のような事実行為は、処分の時期がそれほどはっきりわからない傾向がある。しかし、それは証拠論の問題だから、具体的な事件についての判断にまかせるよりしようがない。いささか明確でないにしても、これは各種財産罪中横領罪に特有のものである。

横領罪では、前もってすでにその物に対する占有を取得している者が、途中でこれを自己の物として処分するのであるから、その途中における心理的変化が犯罪の成否を決するのであるが、一般に、単なる心理的事実は、処罰の対象にはならないから、それがなんらか外部にあらわれなければ、犯罪にはならない。その外部的表現が売却や入質であることもあり、拐帯や着服であることもある。この点、窃盗罪などだと、財物の占有を侵す行為が必要とされるから、きわめて明瞭であるが、横領罪では、その時期のとらえにくい場合もある。

そのかわり、横領罪では、この心理的変化が明白にあらわれたとき、ただちに既遂に達するから、未遂を考える余地がなく、したがって、財産罪の他の種類のものと異なり、横領罪には未遂に関する規定が全然いらないのである。

第二節　浮貸の法理

横領行為の戦後派ともいうべきものに「**浮貸**」がある。この浮貸なるものは公金横領の一変形である。費消横領、入質横領などと並べて名をつければ、これは貸付横領とでもいうことになろう。実をいうと、浮貸なるものは横領行為の戦後派であるだけに、わたくしにも馴染が薄く、浮貸のやりかたにも種々あることとは想像するものの、正確なことは知らない。ただ典型的なタイプと思われるものだけを、ここに浮彫にして説明することにするよりほかはない。

会社の会計課長なんかという地位にある人が、会社の金を勝手に人に貸せば、まさに貸付横領である。この場合、会社の名で貸せば、横領罪ではなくて背任罪（第二四七条）になるとの説が有力だが、そのことは背任罪の話しをするさいに説明することとし、かりに会計課長個人の名で貸したとすれば、横領になることはまちがいない。もっとも、会計課長という立場にあれば、金を占有することがその業務の一つであるから、普通の横領罪ではなくて、**業務上横領罪**となり、刑罰の最高も倍化される。規定に曰く「業務上自己の占有する他人の物を横領した者は、十年以下の懲役に処する。」（第二五三条）と。

浮貸は、もちろん会計課長でなくてもやれることだが、たいていは、集金その他による公金の占有が、その業務に関係ある者によって行われるから、業務上横領の問題となるであろう。たとえば、会社に入金すべき金を集めておきながら入金を遅らし、一時これを他人に貸して利鞘《りざや》をかせぐということが行われる。利鞘をかせぐだけだから、会社に損はかけないというたてまえであろうが、それがときどき「焦げついて」、ついに会社への入金が不能になり、大穴があくという結果になると、どうしても公金横領がおもてざたになる。そうなれば、元金についても、りっぱな業務上横領罪として罰せられることになるのである。

しかし、おもてざたになろうとなるまいと、すでに貸したときから業務上横領罪は成立しているのであって、うまく入金ができれば、発覚しないですむというだけのことである。また、場合によっては、会社の上役に知れても、大目に見てもらえるような例もあるらしい。そういうのが監督不行届というものである。

浮貸をしたって、正規の入金日に入金しさえすれば、かまわないではないかとの議論も出るだろうが、そうはいかない。会社員が取引先から会社へ入金すべき金を受け取ったとき、その金がそのまますぐ会社のものにはならないで、いったん会社員の所有に帰するものであるならば、それを貸そうと捨てようと、まったくその社員の自由であるわけだが、まずもってそんな性質の金であるはずはない。社員は独立の営業者ではないから、取引先から受け取った金は、社員の所有に帰するのではなく、特別の例外事情のないかぎりは、会社の所有に帰する。したがって、受け取った時から、社員はまさに会社という他人の物を占有することになる。勝手に他に貸すことなどは許されない。それを貸せば横領である。

他に貸すということは、それだけ会社の利用を妨げることであり、これを利子に換算すれば、浮貸犯人がもうけるだけの利子に相応する損害を会社に加えていることになるのである。そればかりか、会社は浮貸の元金さえも返済を受けられないかもしれないという危険を負担させられることになるから、そういう点からいっても、その金の所有者たる会社の意志に反する行為であり、その意味において、占有者たる社員に与えられた権限を、あきらかに越える処分行為である。

このように、権限を越えて処分するところに犯罪性があるのだから、会計課長が会社の処務規程にもとづいて社員に貸した金が取れなくなったとて、それが横領になるのではない。同様に金融業の従業員が正規の権限にもとづいて取引先に貸した金が貸しだおれになっても、横領になろうはずはない。いわゆる**不良貸**をやって、経営者に損をさせたとなれば、背任罪に問われることはあるが、いくら私情にからんで不良貸をしたからとしても、貸すことがその者の職責であり、権限に属することである以上は、横領罪にはならない。まして、不良貸などではなく、あたりまえの貸付をしたのに、取れなくなったというだけなら、もちろん、刑事上なんらの責任をも問われるべき筋合ではない。

浮貸で横領されるのは金銭であるが、この金銭なるものは、オーバーや本とは違って、高度の代替性を有する。つまり、預かった金銭そのものでなくても、同種同量のものを引き渡せば、相手方は満足するものである。だれだって、預けた金と同じ番号のついた紙幣を引き渡さなければ承知しないなどという人はあるまい。千円札を五円硬貨に両替されたりすれば、重くて迷惑することもあろうが、だからといって、特別の事情のないかぎり、自分の預けた千円札そのものを返さなければ、相手を横領罪で訴えるぞという人もあるまい。かりに訴えてみても、横領とは認められない。金銭とはそういう性質のものである。

そのいわゆる特別の事情にあたるのは**封金**である。封金が特別に問題になるのは、それは、金銭でありながら、特定しているからである。だから、封金には、むやみに手はつけられない。とはいえ、封金なら絶対に手を触れられないともいえない。「東京へおいでのおついでに、どうか息子に学資を届けて下さい」というようなわけで、人から封筒に封じ込んで渡された金でも、旅行中不時の必要から手をつけることがあろう。それがただちに横領罪になるのではない。封筒にいれるということにそう重大な意味もなく、ただ持ちよいために、他と混同させないようにしただけの趣旨と思われるような事情なら、封を切って手をつけても、横領ではない。要は委託の趣旨がどういうものかにかかっているのであるが、封金とあれば、いちおうは、委託者が手をつけられては困るという意味を示しているものと推定できるというまでのことである。

第三節　横領と債務不履行

金銭にかぎらず、かように代替性の強い物については、預かった物それ自体でなくても、同種同量の物を委託の本旨に従って引き渡すことができさえすれば、横領罪を構成することはない。この委託の本旨ということが決定的な標準になるから、他人の委託金に少々は手をつけても、委託の本旨に従い、所定の時期に、所定の方法で、引き渡すことができるとの非常に確実な目安があれば、犯罪にはならないが、その目安がないのに使い込めば、ただちに横領罪を構成することになる。

この目安は非常な確実性をもっているものでなければならない。ほとんど「絶対に」といえる程度の確実性がなければならないといっても過言ではあるまい。なまはんかなことで、人からの預かり金を使い込み、必要な時に引渡ができなくなったならば、これを単なる民事上の債務の不履行にすぎないとして、刑事責任をまぬかれることはできない。ここが借りた場合と預かった場合との相違である。借りた金なら、返せなくなったからといって、監獄に入れられる心配は絶対にないが、預かった金ならば、預け主の委託の本旨に従って引き渡すことができなくなれば、刑事上の責任を負わされることになるのである。

金を借りるときにも、確実に期限までに返すつもりで借りる。それは返せるあてがあるはずである。返す能力もあれば、またその意志もあるはずである。それさえないなら、人をだましたことになるから、詐欺罪になってしまう。しかし、ほぼ大丈夫との当てがあって期限をきめるのであれば、いよいよその時が来てみて、返せなくても、それは債務不履行にすぎないから、詐欺でも横領でもないが、預かり金の場合には、そうはいかない。もともと、預かりものの処分をすることは、できないのがたてまえなのであるが、金銭には特別の代替性あるがために、一時の流用が例外的に許されるだけのことであるから、その流用金は、ほとんど絶対の確実性をもって、いつでも補充できる程度のものでなければならない。

役所の内部の懇親会などで、月給日までは会費を出せない連中が、月給の前借みたいな形式で、さしあたりは公金でそれを立て替えてもらっておき、俸給から差し引くことにするなどというのは、会計法上正式に認められていなくても、そのために会計係に横領罪が成立するものとはいえない。その立替金の補完は、まずもって絶対確実といえるからである。

債務の履行ということにからんで、これとはまるで性質は違うが、**不法原因給付物の横領**ということが問題になる。不法原因給付というのは、民法第七〇八条に規定のあることで、「不法ノ原因ノ為メ給付ヲ為シタル者ハ其給付シタルモノノ返還ヲ請求スルコトヲ得ス但不法ノ原因カ受益者ニ付テノミ存シタルトキハ此限ニ在ラス」という規定にあたる場合である。たとえば、妻と息子とが共謀で、それぞれ夫であり父である人を殺したといわれる鎌倉の社長射殺事件の犯罪事実のように、「うちの親父を殺すのに使ってくれ」といって、不良青年たちに猟銃を貸したとすれば、そんな場合、不良青年たちにとってその猟銃は「自己の占有する他人の物」であるが、同時に、それは不法の原因のために給付されたものである。それで、もし、その青年たちが猟銃を返さなかったらどうなるか。それを他に売却してしまったような場合には、横領罪になるものだろうか、ならないものだろうかということが学説上あらそわれていることなのである。

不法の原因のために渡した物については、渡したほうで返してくれということは、法律上いえない。殺人依頼者が殺人用に貸した猟銃のごときは、「返せ」と頑張るわけにはいかないのである。それならば、借りたほうの借り得で、勝手に処分してもよいはずである。なるほど、貸主の所有権までもなくなるということを、民法は規定しているのではないから、その物は依然として、「他人の物」であるともいえるが、だからといって、この物を処分する行為を横領罪に問擬するのが正当であろうか。

もとより、この場合に横領罪が成立するという説としないという説とがあることだから、双方にそれぞれ理屈もあることである。判例は、まだ所有権は失われていないとの理由で、横領罪の成立を是認しているのであるが、どうもこの説は法理論として不徹底である。猟銃を返さないと称するやつも悪いには相違ないから、悪性を憎む感情からいえば、その横領罪の成立を否定して、そんな不正な人間に利得させることは不都合なようにも思える。

しかし、民法上は返さなくともよいということになっている物でも、横領肯定論からいうと、それを「返さない」といえば、はっきりした着服の意志を表明したことになるから、その時に横領は既遂に達することになる。これではなんのために、返さなくてもよいということを規定しているのか、わけがわからなくなる。一方では、民法でもとの給付者の返還請求権を否定しておきながら、他方では、刑法で占有者の返還拒否の意志表示をもってただちに横領罪を構成する行為とするというのでは、あきらかに矛盾である。この説によると、元の給付者は、「返してくれ」ということはできないが、「返さなければ横領罪で監獄にぶち込んでやるぞ」ということはできるという結果になり、奇妙なことになる。

民法の保護しない利益を刑法が保護する必要はないから、給付者が返還請求できないような物は、たとえ「他人の物」でも、これを処分する行為は犯罪にならないと解すべきである。法は勝手な処分を奨励はしないが、これを罰してまで、給付者を保護しようとはしないと見るべきであろう。

第四節　占有離脱物横領・占有者たる身分

横領には、もう一つ特殊の形態がある。それは占有離脱物の横領である。これについて、刑法は「遺失物、漂流物その他占有を離れた他人の物を横領した者は、一年以下の懲役又は十万円以下の罰金若しくは科料に処する。」（第二五四条）と規定している。この条文で「占有離脱物」という耳慣れない言葉の意味もわかったと思うが、いわゆる**占有離脱物**とは、遺失物や漂流物などのように、本来の占有者の意志にもとづかないで、その占有を離れた物のことである。横領の罪の他の形態に比べて、これに対する刑罰のいちじるしく軽いことも大きな特徴である。

普通の横領罪や業務上横領罪においては、自己の占有の開始が正当な権利関係にもとづいている。たいてい、いわゆる委託関係において占有がおこなわれるから、普通の横領罪のことを「**委託物横領罪**」などともいうくらいである。したがって、前の占有者から後の占有者への占有の移転は、信頼関係によって適法に行われる。これに対して、占有離脱物というのは、本来の占有者の意志にもとづかずに、その占有を離れた物なのである。

公園のベンチに置き忘れた物や往来にうっかり落した物はもとよりのこと、暴風で吹き飛ばされた看板、大水で流された材木や金魚も占有離脱物である。すこし変わったものでは、逸走の家畜などもそうである。だから、かわいい犬がまぎれ込んで来たからといって、飼主のありそうなものを、知らん顔をして、むやみに囲まっておくわけにはいかない。庭さきに飛んで来たニワトリを、これさいわいと料理して食べてしまったりすれば、占有離脱物横領である。飼主のないニワトリなどというものは、まず考えられないからである。

それでは、家畜などが迷い込んで来ても、うっかりこれに餌を与えると、この犯罪になりはしないかということを心配する人があるかもしれないが、その心配は無用である。まるで自分のものでもあるかのように、食べてしまうとか売ってしまうとか、あるいは本来の占有者の発見を妨げるとか、適当な時期になっても警察署に届けないとかの行為がなければ、横領にはならない。それどころか、餌をやって動物を生かしておいてやったことについては、費用の償還を請求することもできるくらいである（民法第七〇二条）。

まちがって配達された小包郵便物なども占有離脱物だから、誤配をいいことにして中味を失敬するわけにはいかない。このように誤配を奇貨とする行為は、その時の状況によっては、占有離脱物横領でなく、詐欺になることのあることを注意しなければならない。郵便配達人が手渡そうとする時に、受け取るほうで誤配であることを承知しつつ、知らん顔して受け取れば、相手の錯誤を利用するのだから、詐欺になるが、受け取るほうが気づかないうちに配達人が置いていってしまった物を、あとで自己の用途に使ったのなら、それは占有離脱物の横領ということになるのである。

さて、横領の罪には、前にいったように、普通の横領罪と業務上横領罪と占有離脱物横領罪との三つの形態がある。普通の横領罪でも、それは他人の物の占有者でなければ、犯すことができない犯罪だという意味で、一種の**身分犯**である。刑法では、こんな場合にも「身分」という言葉を使う慣例があるのだ。業務上横領罪にいたっては、さらに業務上の占有者たることを要するという意味で、これはいわば**二重の身分犯**である。これに反して、占有離脱物横領罪を犯すには、なんらの身分をも必要とするものではない。

こういう関係から、他人の物につき業務上占有者または単なる占有者たる身分を有する者とこれらの身分を有しない者とが共犯関係に立つときは、どういう刑罰を適用すべきかということが問題になる。刑法第六五条によると、「犯人の身分によって構成すべき犯罪行為に加功したときは、身分のない者であっても、共犯とする。」（第一項）、「身分によって特に刑の軽重があるときは、身分のない者には通常の刑を科する。」（第二項）とあるので、この規定の適用について、どうなるかが一つの問題なのである。

他人の物の占有者でない者が占有者の横領行為に協力したとき、判例は横領罪をもって「犯人の身分によって構成すべき犯罪」であるとして、第六五条第一項を適用し、両名とも普通の横領罪とした（大判明治四四年三月一六日刑録一七輯四〇五頁）のに対し、学説のうちには、これは「身分によって特に刑の軽重があるとき」にあたるものとして、同条第二項を適用し、非占有者には占有離脱物横領罪の刑を科すべきだとするものがあるが、賛成できない。

占有離脱物横領罪は、他の二つの形態の横領罪とは著しく性質を異にするもので、この設例の場合のように、甲が占有する丙の物を横領しようとするのに、乙が協力したというなら、りっぱに甲の占有があるのであるから、乙にとっても、その物は占有離脱物ではあり得ない。だから、乙に占有離脱物横領罪の刑を科するという議論は成り立たない。やはり、判例のいうように、甲にも乙にも普通の横領罪の刑をもって臨むべきである。いいかえれば、この場合には、第六五条の第一項の適用はあるが、第二項の適用はない。第二項の適用を必要とするのは、たとえば、他人の物について、それを業務上占有する者と業務にもとづかないで臨時的に占有する者とが協力して横領するような場合においてである。

第二〇章　背　任　罪

——背 任 の 罪——

第一節　背任と横領との共通性

背任罪の規定は妙な場所にある。刑法第三七章「詐欺及び恐喝の罪」の章下にあり、詐欺罪に関する第二四六条と準詐欺罪に関する第二四八条との間にはさまって、第二四七条として規定されている。しかし、背任罪の実質は、けっして詐欺と準詐欺との中間にはさまるべき性質のものではない。その実質は横領と境を接している。横領罪は背任罪の特別罪なのである。いいかえれば、横領という行為は、背任行為の一種なのだが、それが背任罪と区別されて、特別の罪として規定されているがために、それは背任罪一般のなかに組み入れられることなく、横領罪という別の犯罪類型を成しているのである。

背任罪に関して、刑法第二四七条は、「他人のためにその事務を処理する者が、自己若しくは第三者の利益を図り又は本人に損害を加える目的で、その任務に背く行為をし、本人に財産上の損害を加えたときは、五年以下の懲役又は五十万円以下の罰金に処する。」と規定している。刑罰は普通の横領罪よりも少し軽い。

横領という行為を、かりにこの背任罪の規定にあてはめて考えてみると、「自己の占有する他人の物を横領」する（第二五二条）ということは、つぎのように分析される。
（一）行為者が他人の物を占有していることは、他人のためにその人の物を占有するという事務を処理していることにほかならない。ことに、その物が委託物である場合には、いっそうその関係は明白である。
（二）他人の物を横領するという行為は、当然に、自己または第三者の利益を図る目的ある行為である。横領にそういう目的のないということは、あまりあるまいが、そうでないにしても、すくなくとも、本人に損害を加える目的ぐらいはあるにきまっている。だから、背任罪の構成要件の一つである行為目的の点は、横領罪においてもみたされている。
（三）横領行為が他人の物の保管者としての任務に背くものであることは、いうまでもない。たとえば、他人から一時保管を託せられた品物を勝手に売却してしまうというような行為は、横領の典型的なものであるが、それが同時に、保管者として誠実に保管すべき義務に反するものであることも明白である。この任務違背は、背任罪の要件をなしているが、同時に横領罪にも、当然にそなわる要件なのである。
（四）横領された人がそれによって財産上の損害をこうむることも自明のことであるから、背任罪の構成要件の一つである財産上の損害は、横領罪の場合にも、当然みたされている。
こういうわけで、横領行為は当然に背任行為であるが、法は特に背任罪と区別し、原則としてそれよりも刑罰を重く規定しているのである。そこで、横領罪は**背任罪の特別罪**であり、横領罪が成立するときは、背任罪は成立しないことになる。共通性を持っていながら、違うものとなっている横領と背任とは、どこで区別すべきか。これが問題の焦点になってくるのであるが、このことはしばらくのちに述べることとし、いちおう、背任罪の四つの要件について概略の説明をすることにしよう。

第二節　背任罪の四要件

背任罪の四要件は、（一）他人のために事務を処理する者が、（二）自己又は第三者の利益を図り、または本人に損害を加える目的で、（三）その任務にそむく行為をして、（四）その結果、本人に財産上の損害を加えるということである。この犯罪の本質は、「背任」という言葉がよく表現しているように、他人の信任に背くことである。信頼を裏切ることである。この「背任」という言葉は、フランス刑法の "abus de confiance" に由来するものと思われるが、この原語が他人の信頼を悪用する意味を持っていることを思いあわせれば、その意味はいっそう明白である。

他人の事務の処理は、法令にもとづくことあり、契約によることあり、また慣習によることありで、さまざまである。もっとも極端な場合には、他人から頼まれたわけでもないのに、義務なくして他人のためにその事務を処理する場合でも、やはり他人の事務を処理しているには相違ないことであるから、そういう立場にある者が任務違背の行為をすれば、背任罪の成立することもある。こういうふうに義務なくして他人の事務を処理することを民法では「事務管理」といっている（民法第六九七条以下）。

官庁の営繕課長が庁舎建築の請負人と交渉するのは、法令にもとづいて、国という一種の他人の事務を処理するわけであるし、会社の用度係事務員が事務用品を業者に注文するのは、雇傭契約によるものである。本来は自分の仕事でないが、臨時的に代理して処理する慣習があって、そうしているならば、それは慣習による事務処理にあたる。もし、そんな慣習もあるわけではなく、ただ、たまたま正規の係員がいないときに、代わって処理してやったというなら、それは事務管理の形式による他人の事務の処理である。

背任罪が財産罪の一種であるところから、その処置する事務なるものは、財産上の事務でなければならないと主張する学説があるが、そういう制限は無用である。背任罪が財産罪の一種であることは、財産上の損害を構成要件としていることにより、十分はっきりしているのだから、そのうえに処理する事務まで財産的なものでなければならないとする必要はない。

同じ理屈で、背任罪の目的たる「自己若しくは第三者の利益」または「本人の損害」についても、財産的な利益または損害たることを要しないものと解すべきである。たとえば、株式会社たる銀行の取締役が、利益配当があまりすくないと、株主に自分の取締役としての才腕力量に対する疑いを懐かせる結果となると困ると思い、自分の信用・面目を保持する目的で、不当な配当をしたというような場合には、取締役としての任務にそむいて、銀行に財産上の損害をこうむらしたことに相違なく、しかも、その目的は財産上の利益を図ったものでもなく、また財産上の損害を加えるにあったわけでもないが、背任罪を構成する（大判大正三年一〇月一六日刑録二〇輯一八六七頁）。

結果としての**損害の発生**については、二つの種類を区別して考えることができる。従前から持っていた財産を失うことも損失であるし、将来得ることになっていた財産が得られなくなるのも損失である。ここに掲げた銀行取締役の例などは、現に有する他人の財産の減少を意味するが、取り立てるべき利子を安くまけてやるような場合は、将来増加すべき財産の増加をはばむことになる。いずれも背任罪における損害発生の要件をみたすに足るものである。

役人には収賄罪があるが、普通の会社員には収賄罪はない。したがって、たとえば、普通の銀行の支店長だの貸付係だのが取引先から中元、歳暮その他の名義で金品をもらっても、収賄罪にはならない。銀行内部でそれを禁ずることは勝手だが、その禁を犯しても、犯罪にはならない。もらいたければもらい放題である。しかし、もらえば、人情のつねとして、なにか多少は相手の無理も聴いてやることになりかねない。無理を聴いてやったとなると、ことがらによっては、背任罪になることがあるから、こういう点で、そうデタラメなことを許しているわけではないのである。

担保物件がなければ、貸付をしてはならない場合に、こうした腐れ縁などから、無担保貸付をしたとなれば、背任罪になる。無担保で貸しても、やがてチャンと返済してくれるかもしれないから、それまでは損害の発生がないという見方もあろうが、そうではない。無担保で貸したということは、それだけ、貸したほうは大きな危険を負担しているわけで、その危険負担自体が一つの財産的損害なのである（大判昭和八年一二月四日刑集一二巻二一九六頁）。

保険会社の代理店の仕事をしている者が、会社の定めた制限額以上の保険金額の保険契約をしたような場合も、会社は支払の危険を負担させられるわけであるから、まだ保険金を支払うところまでいかなくとも、損害をこうむったことになり、代理店の事務担当者は背任罪の責任をまぬかれない（大判大正一四年八月三日刑集四巻五〇六頁）。

第三節　背任と横領との区別点

横領行為は背任罪の構成要件をすべてみたしているのに、それが別罪を構成するのは、他人の物の占有者がその物自体について越権の処分行為をしたという点に、特殊性があるからである。これが両罪区別の中心点である。抽象的にはこうなるのだが、具体的事件について、ある行為が背任罪になるか横領罪になるかという段になると、議論は粉糾する。わたくしはこれをつぎのように分けて考えている。いろいろの説があるから、これはわたくしの考えとして説明するにすぎないことを断っておくが、両罪の区別をするには、つぎの三つの点に注目することが必要である。
（一）　他人の物の占有者の行為であるかどうか
（二）　その占有物自体を処分する行為であるかどうか
（三）　その処分行為自体が**一般的権限を越える行為**の発現としてなされているものであるかどうか

これら三つの問いがすべて肯定される場合が横領で、そのうち一つでも否定される場合は、背任罪の一般類型に組み入れられるのである。この三つの要件のうち、いちばん問題になるのは第三の要件であり、この第三の要件を掲げるところがわたくしの考えの特色でもある。第一、第二の両要件がそなわっているかどうかは、あえて問題にするまでもなく、おおむね明瞭であるが、この二つの要件をそなえている場合に、その行為が背任罪になるのか横領罪になるのかということがしばしば争点になることなのである。その場合のキイ・ポイントは、この第三の要件にあるといってよい。

自己の占有する他人の物を処分しても、その処分行為が占有者の一般的権限内の行為であるならば、横領罪にはならない。横領罪は本来の権限を越えるところに重点があるのである。預かってくれといわれて預かった物を勝手に売却したというようなのは、あきらかに権限を越えた処分行為をしたので、横領罪になることが明白である。

これに反し、処分権限の範囲内で処分するならば、ほんらい、犯罪にはならないはずであるが、いかに処分権限内のことでも、本人に不利なことを承知のうえで行い、その結果、本人に損害を加えたとすれば、横領でなくて背任である。たとえば、この品物を売ってくれと頼まれて売る場合には、不当な価格で売りさえしなければ、権限内の正当な行為であって、犯罪にはならないが、不当に安く売ったとなると、場合によっては、背任罪になる。

たとえば、家屋の売却を頼まれたとして、普通なら、頼んだ者はなるべく高い値で売ってもらいたいにきまっているのだから、頼まれた者は、なるべく高い値で売ってやらなければならない。買手Aは一〇〇〇万円で買うといい、買手Bは七〇〇万円で買うと申し出ている場合に、他の条件においてほぼ同一であると仮定すれば、当然、一〇〇〇万円の買手であるAに売るべきである。その場合、たまたまBが売却依頼を受けた者の友人であったところから、Bに利益を与えようとして、これに七〇〇万円で売ってしまったとすれば、家屋の所有者はそのため三〇〇万円の損害を受けたことになる。この売却行為は、いちおう、売却の依頼を受けた者の権限内の行為でありながら、他人の利益を図って、本人に財産上の損害を加えたことになるから、背任罪の成立をきたす。

念のためにいうが、この場合に、Aに一〇〇〇万円で売ったとすれば、それは背任でも横領でもないが、一〇〇〇万円で売っておきながら、七〇〇万円でしか売れなかったと称して、三〇〇万円を自分のポケットに入れたとすれば、三〇〇万円の横領になる。こういう場合に、正当な方法で三〇〇万円だけもうけたいと思うなら、七〇〇万円以上に売れたら、いくら高く売れても、その超過分をもらえるように、あらかじめ特約しておかなければいけない。

要するに自己の占有する他人の物を処分する行為でも、一般的権限を越えて処分すれば横領であるが、その権限内で処分するならば、横領ではない。その処分が一般的権限内のことであっても、自己もしくは第三者の利益を図り、または本人に損害を加える目的で、任務に背いて行われ、その結果、本人に財産上の損害を加えたとすれば、背任罪になるのである。

これはわたくし流の考えであるが、判例は違う見方をしている。すなわち、判例は、自己の占有する他人の物を越権処分する行為について、それが自己の利益のために行ったときは、だいたい横領罪の成立を認める態度を示しながら（大判昭和八年九月二八日刑集一二巻一七三七頁）、他人の利益のために行ったときは、横領罪の成立を認めた判例と、背任罪の成立を認めた判例とがある。

いいかえれば、判例の論理では、自己の占有する他人の物を処分するのに、自己名義ですれば、自己のためにすることが明瞭だから、横領罪になるが、本人の名をもって行えば、本人のためにするものであると認められるから、背任罪になるというのである。これで正しいならば、区別の標準が非常に明確になって都合がよいが、この標準では不都合な結果となることがある。

第四節　処分行為の名義の問題

判例にあらわれた事実について検討すると、判例は、一方においては、村長が村会の議を経ず、ほしいままに私設会社の利益をはかり、その職務上保管する村有金を村の名義で同会社に貸与した行為を背任罪とし（大判昭和九年七月一九日刑集一三巻九八三頁）ながら、他方においては、村の収入役がその職務上保管する村有金を、村長の命令なく、かつ村の名をもってせずして、ほしいままに共犯者たる村の書記に融通した行為については、これを横領罪になるものとし（大判昭和一〇年七月三日刑集一四巻七四五頁）、しかも、これにつぎのような説明を与えている。

曰く「町村の収入役が自己若は第三者の利益を図り、又は本人に損害を加うる目的を以て、町村長の命令なくして町村の名を以て其の金員を擅に支出し、町村に損害を加へたるが如き場合に於ては背任罪を構成すべきも、本件の如く……村の名を以てせずして、（共犯者たる）被告人の利益に其の保管する公金を貸与し、該村に損害を加へたるが如き場合は、背任罪を構成せずして横領罪を構成す」と。

この説明では、きわめてはっきりと、本人の名をもって処分する場合は背任で、本人以外の者の名をもって処分する場合は横領であるとの標準を示している。そうして、いちおうは、そういう標準で区別しても、不当な結果にならない場合が多いようである。けれども、両罪区別の中心がそんなところにあろうとは思えない。そういう標準では法理の貫徹を期し難い面があるからである。

ここに引合に出した二つの判例を比べてみると、どちらの場合にも、他人の物（ここでは村の公金）の占有者（ここでは村長または収入役）が本人（ここでは村）の金銭をほしいままに他の者に貸し付けたのである。両例の相違点は二つある。前例では本人の名で貸し付けたに対し、後例では本人以外の者（ここでは占有者）の名で貸し付けた点が一つ。それから、もう一つの相違点は、貸付先が前例ではまったくの第三者であるのに、後例では犯人自身であるということである。

さきに引用した判例の説示する文言からいうと、判例は貸付名義が本人であるかないかによって、背任と横領とを区別する趣旨であることは、あきらかであるから、もう一つの相違点たる借主が純然たる第三者であるか犯人自身であるかということは、すくなくとも説示の表面では、問題にしていない。判例はほんとうにそれを無視してよいと考えているのかどうかは、よくわからないが、理論上は、借主が純然たる第三者であるか犯人自身であるかということは、問題にするにあたらないのである。

他人の物の占有者が権限なくしてその物をほしいままに処分することは横領である。預かった金銭を勝手に自分で使ってしまえば、まちがいなく横領であるし、一歩転じて他人にやってしまっても横領である。再転して、他人に貸し付けても、その貸付自体が権限外の行為であるならば、立派な横領行為となる。とすれば、借主が犯人自身であろうと他の者であろうと、横領罪の成否を左右すべき問題ではないのである。要は、一般的権限を越えているかどうかにあるのみである。

そうなると、前の例と後の例とで、判例上、一方が背任、他方が横領というふうに区別されなければならないとする理由は、借主が純然たる第三者であるか犯人自身であるかということにあるのではない。それは他の一つの相違点に根拠があるべきだということになる。しかし、単に貸主の名義を本人名にしておくか別人名にしておくかという形式的なことで、両罪が区別されてもよいものだろうか。ことに、背任行為か横領行為かという区別が問題になるような場合には、横領はただの横領罪ではなくて、業務上横領によるような場合が多いことを思えば、ほんの貸主の名義がどうなっているかということだけで、刑罰にたいへん軽重の差を生ずることにもなり、現実遊離の奇異な結果となってくる。

貸主の名義を本人名にしておけば背任だというなら、貸付でなくて贈与でも理屈は同じだから、本人名義でさえやっておけば、勝手に人にくれてやっても、横領にはならずに背任になるということになるし、さらに極端な例を考えれば、本人名義でさえやっておけば、犯人自身に贈与したことにしても、横領行為にはならなくて背任行為とされるにすぎないのかと問いたくなる。これは妥当な結果ではない。通常の場合には、名義がどうかということで区別しておいても、不当な結果にならないですむからといって、それが理論的に正しい標準だとはいえない。

むしろ、それが通常、不当な結果とならないですむのは、本人名義をもってする行為がたまたま占有者の権限内の行為であることが多いということによるのであろう。これに反し、本人以外の者の名義をもってする行為などは、占有者の権限外の行為であることはあきらかであるから、このほうはつねにかならず横領罪になるということになる。要するに、前述のように、わたくしの意見によれば、他人の物の占有者の処分行為がその一般的権限内にある行為であるかどうかということが背任と横領との分岐点なのである。

したがって、この見解によるときは、前記第一の判例の場合も、第二の判例の場合と同様に、横領罪に問擬すべきこととなるのである。

第二一章　盗品買など

――盗品等に関する罪――

第一節　盗品等に関する罪の諸態様

昭和二六年の築地八宝亭四人殺し事件で、女中のＳ子は強盗殺人の共犯の疑いもいちおう受けたが、その点は嫌疑十分でなく、けっきょく、主犯Ｙが強取した永栄信用組合の通帳を持って、金を引き出しに行ったという点はまちがいないと見られ、その点で盗品等運搬罪に問われた。もしそのとおりなら、やっぱり、主犯の手助けをしたには間違いないわけだが、こういうのは、ふつう刑法でいうところの共犯ではない。主たる犯罪――この場合なら強盗殺人罪――がいちおう行われてしまった後になってから、その後始末の手伝をするという意味で、盗品等運搬罪のようなのは、**「事後従犯」**といわれる。つまり、実質上は一種の共犯と見られて、こういう名称が講学上において用いられているのであるが、正確な意味での共犯ではなく、独立の罪だから、共犯に関する規定（第六〇条以下）の適用はない。

事後従犯に属するものとしては、盗品等に関する罪のほかに、犯人蔵匿や証拠隠滅があるが、これらに対して、基本たる犯罪を**「本犯」**と呼ぶ。

盗品等に関する罪は、さらに細分すると、**無償譲受け**、**運搬**、**保管**、**有償譲受け**および**あっせん**の五種になる。これは行為の態様による区別であるが、そのいずれによっても、本犯と密接な関係があって、窃盗や横領のような犯罪は、盗んだり着服したりした物を盗品等に関する罪の犯人が各種の手段でさばいてくれるから、ますます盗みなどをすることにもなるわけで、盗品等に関する罪のほうが本犯よりも悪い面もある。犯人によっては、営業的にこれをやっているので、刑罰も重くする必要があると見られている。

盗品等に関する罪の五つの態様のうち、無償譲受けだけは「三年以下の懲役」（第二五六条第一項）で、だいぶ軽いが、他の四態様は「十年以下の懲役及び五十万円以下の罰金」に処せられることになっている（同上第二項）。「及び」となっていて、懲役のほかに罰金も併せて科するという犯罪は、刑法上この犯罪だけしかなく、他にその例のないことにも注意しなければならない。これはこの種の犯罪の営業化しやすいことを目標に置いた規定である。「無償譲受け」（旧規定では「収受」）だけに罰金併料規定のないのは、それが、つまり、ただ取得するというだけのことだから、営業化的色彩が乏しいと見られたためであろう。これに対し、「運搬」とは盗品等の場所的移転を意味し、「保管」（旧規定では「寄蔵」）とは委託を受けてしまって置くこと、「有償譲受け」（旧規定では「故買」）は有償で所有権を得ること、いいかえれば、売買とか交換とかの手段によって、盗品等の所有権を取得することが有償譲受けである。また、「あっせん」（旧規定では「牙保」）とは売買、質入等の処分行為の周旋をすることである。

第二節　事情を知ること

盗んで来た金の指輪を、女の歓心を買うために、たいしてゆかりもない酒場の女給などに、ただでくれてやったりする犯人があるが、ほんのゆきずりの遊び客が簡単にそういう高価な品物をくれるのは、少し気前がよすぎると思い、「ことによったら盗んで来た品物じゃあるまいか」と察しつつ、たとえ盗んで来たものだったにしても、「もらえばもらいどく」といったような気持もあって、それをもらったとすれば、盗品等無償譲受け罪になる。盗んだ物かなにか不正な品だと察することが「盗品等たるの情を知る」ということになるので、それを知っていれば、故意があるということにほかならない。

一般に、盗品等に関する罪では、犯人に**盗品等であることの認識**があるということが欠くことのできない要件である。法文には、特にこのことを断ってあるわけではないが、この種の犯罪のつねとして、行為者が盗品等たることを知っていたかどうかということが問題になりがちである。判決文によく「情を知って」という文句が挿入してあるのは、その行為者にこういうことの認識があり、したがって、故意犯たる盗品等に関する罪がりっぱに成立するものであることを示すためなのである。

このいわゆる「情を知ること」は、盗品等に関する罪のすべての態様に共通のことだから、例の八宝亭事件の場合でも、Ｓ子はただ金を引き出しに行くのに使われただけで、その通帳がどういう性質のものかを全然知らなかったと仮定すれば、盗品等運搬罪にはならない。似た例として、大森の上田未亡人殺しの場合に、犯人に頼まれて盗んだカバンを駅まで運んだという少年があったが、あれなどは、たまたま往来で出会った機会に、重そうな荷物だから、頼まれるままに運んでやったということなので、盗品たるの情を知るよしもないと思われる場合だから、かりに大人があれをやったとしても、犯罪にはならない。

有償譲受けでも同じことで、値がバカに安いとか、その他、売りかたがいかにも不正品らしいというような事情があれば、「情を知る」こともできるというものである。これに反し、りっぱな表店で買う場合などだったら、たとえ、これが盗品等であろうとも、情を知らないのがむしろあたりまえだろうから、まず、盗品等有償譲受け罪に問われる心配はない。しかし、営業的な犯人などは、本犯を教唆して盗ませたうえで、それを買い取るというようなことをやっている。これならば、窃盗教唆と盗品等有償譲受けとの両罪が成立する。

売買ということについて、「売りましょう」「買いましょう」という意志の合致があれば、民法上は売買が成立するわけだけれども、刑法上は、盗品等に関する罪の本質から見て、それだけでは有償譲受けにならず、現実に物の授受がなければならないという判例がある（大判大正一二年一月二五日刑集二巻一九頁）が、この場合、そういうふうに民法と違えて解釈しなくたってよさそうに思う。判例のような考えは、盗品等に関する罪というものが、本来、盗品等の取還を困難にするということを本質としているとの理由によるわけであろうが、これは程度問題で、まだ物の授受はなくても、売買の意志表示をすれば、すでにそれだけ取還困難に一歩進み出しているということもいえるからである。反対に、物の授受があれば、代金の支払未済でも、もちろん、有償譲受け罪は成立する。

第三節　盗品等の意義

「盗品等」（旧規定では「贓物《ぞうぶつ》」）とは何か。こんな基本的なことがまだはっきりしていない。立法例も学説も区々である。今までの説明では、盗んだ物、着服した物というのを挙げてきたが、これらが盗品等であることには争いがない。刑法上の罪名でいえば、窃盗、強盗、詐欺、恐喝、背任、横領（業務上横領でも占有離脱物横領でも含まれる。）、などのいわゆる財産犯によって取得された物はみな盗品等である。

そのほかに賄賂として受け取った物や賭博でもうけた物なども盗品等の一種かどうかということが争いの種になっている。前の説明では「不正品」などといっておいたが、くわしくいうと、どういう不正品なら盗品等かということが問題なのである。闇物資なども不正品には相違ないが、盗品等だとは思われていない。旧規定で用いられていた贓物の「贓」という字の意味からいうと、かなりひろい意味に使われた例も古典にはあるようだが、立法の沿革から見ても、刑法法典内における盗品等に関する罪の位置が財産犯に関する諸規定のうちに組み入れられていることから見ても、そうひろくは解せられない。やはり、上記のような財産犯に属する行為により取得された金品にかぎって、これを盗品等と称しうべきものと解するのが相当であろう。だが大審院判例では、もっと広く、いっさいの不正取得物をさすものと見ているらしい口吻を示している。

これらの財産犯たるべき行為によって取得された物は、盗品等である。さらに、くわしくいうと、いわゆる本犯が犯罪として罰せられるものでなくとも、それによって取得された物は、盗品等である。たとえば、幼児は盗みをしても、犯罪として罰せられることはないが、その盗んだ物は盗品である。また、いわゆる親族相盗例の適用によって、刑の免除を受ける近親間の窃盗行為によって得た物でも、それはやはり盗品である。いわんや、本犯が逮捕されずに逃げているとか、逮捕されても、起訴猶予になったとかいうことは、その取得した物の盗品としての性質を否定すべき理由にはならない。

かように、一方では、いやしくも財産犯によって取得された物なら、すべて盗品等ということになるが、他方では「取得」されたものであることが要件になっているから、強盗に使ったピストルをいらなくなったから買ってくれといわれ、値切り倒して買ったとしても、ピストルの所持自体が犯罪となる点は別とし、盗品等有償譲受け罪になることはない。同様に、禁漁期間内に釣った鮎をそれと承知で買ったとしても、盗品等有償譲受け罪にはならない。といっても、もちろん、これは学説上あらそいのある盗品等の意味を、上記のように解する限りにおいてのことであるから、これと違う見解で裁判所が裁判するとなれば、実際生活における事情は違ってくるわけだが、まずまず、そういう見解を裁判所は採らないだろうと思う。

盗品等に関する罪というものは、もとの所有者・占有者に取り返すことを困難にする犯罪である。したがって、はじめに取られた物が姿を変えてしまえば、盗品等に関する罪というものの成立を認める必要はなくなる。そこで、盗品等とは、そのもとの物と同一性を保持しているものに限るということになる。もとのままの姿といっても、詐取した現金のお札の番号まで同一であることを要する趣旨ではない。金銭のように、同一物でなくとも、そのものの持つ価値にかわりのないもの、同種同量のものなら別物であっても、その本質において異なるところがないと考えられるもの――いわゆる代替物――については、別物でもかまわないのは、当然のことである。

判例にあらわれた実例によると、小切手を現金に両替した場合でも、金製品を鋳つぶして金塊にした場合でも、盗伐した木を製材してしまっても、盗品等としての性質性は失われない。これらは、いずれも盗品等が多少原形を変えただけで、依然としてその物としての同一性を保有しているからである。これに反して、盗品等たる貴金属を売って得た代金だとか、それと交換して得た米だとかいうものは、もはや盗品等ではない。あきらかに別物だからである。

かように、盗品等に関する罪というものが、財産犯にあたるべき行為によって取得された物そのものの取還を困難ならしめる罪であるとの理由から、盗品等が別物にかわってしまったときは、その別物はもはや盗品等ではないことになる。このことから当然に考えられるのは、同じ理由から、はじめに盗品等であったものでも、民法上の権利関係に関する規定により、第三者の所有に帰したものは、盗品等でないことになる。

この場合には物質的変化は全然加えられなくても、法律上の権利の帰属関係からそうなる。たとえば、他人が盗まれた洋服でも、古衣屋の店頭で堂々と売っていたもので、かくべつ疑うべき事情もなく、まともな品と思って買い取ったのだとすれば、盗難後二カ年の経過により、被害者から返還請求を受ける心配がなくなる（民法第一九三条）から、この二カ年の経過後は、盗品等でないことになる。したがって、それから以後には、たとえ、他人がその事情を知ってそれを転買しようとしても、もう盗品等有償譲受けにはならない。

それから、もう一つ、おもしろいのは、民法によると、「他人ノ動産ニ工作ヲ加ヘタル者アルトキハ其加工物ノ所有権者ハ材料ノ所有者ニ属ス但工作ニ因リテ生シタル価格カ著シク材料ノ価格ニ超ユルトキハ加工者其物ノ所有権ヲ取得ス」（民法第二四六条第一項）云々という規定のあることである。これは加工の法理といわれるが、さしあたり、この但書にあたるような物だと、やっぱり材料の所有者だった人は、そこに加工によって出来あがった物の所有権を有しないことになるから、この出来あがった物は盗品等ではないという理屈になる。たとえば、詐取した大理石材でりっぱな彫像を作り上げたとすると、その石材は盗品等だったのだが、彫像は盗品等ではないのである。これに似た法理は、附合だとか混和だとかその他のことにもある。盗品等でなくなれば、その物について盗品等に関する罪成立の余地のなくなることはいうまでもない。

要するに、盗品等というのは、(一) 財産犯にあたるべき行為によって取得した物で、(二) 原形を多少は変じようとも、なお実質的に同一性を保有しており、(三) かつ権利者からの返還請求に応じなければならない性質のものであることを要件とする。そうして、盗品等に関する罪が成立するには、行為者において、その物が盗品等たることを知っている必要があるが、ただ盗品等たることを知っていさえすればよいので、さらに進んで、何罪によって取得されたものであるとか、何人により、いつ、どこで取得されたものであるか、また被害者がだれであるかというようなことは、知る必要のないことである。

盗品等に関する罪についても、一見、親族相盗例みたいな規定がある。

「第二百五十七条　配偶者との間又は直系血族、同居の親族若しくはこれらの者の配偶者との間で前条の罪を犯した者は、その刑を免除する。

２　前項の規定は、親族でない共犯については、適用しない。」

この規定は、普通には本犯の犯人と盗品等に関する罪の犯人との間の親族関係を規定したものだと解せられているが、異説として、この親族関係が本犯の被害者と盗品等に関する罪の犯人との間に存する場合に関するものだとする説もある。条文の文句は「…との間で」というだけなので、この両見解を生じたわけなのだが、保護法益のことを考えると、後説のほうが理屈に合っているし、盗品等に関する罪が、本犯の犯人をその近親者が保護するために犯した罪であるという特徴からいって、犯人庇護罪的意味を持つことを考えると、前説のほうがよくその性質に合っているといえる。両説一長一短だが、わたくしの現在の考え方では、後説のほうが本質的なものに触れているように思っている。

第二二章　毀棄と隠匿

——毀棄の罪——

第一節　器物損壊

ある年の春、懇意の弁護士Oさんたちと山陽地方を旅行して、宮島の著名な旅館に泊った。O弁護士は馬きちがいで有名な人物。奥さんが午歳、二人の息子さんがみな馬の医者、持物が湯呑もネクタイも馬尽し、馬の蒐集品は自宅の三室を領している。料亭でうっかり馬の絵のついた食器でも出せば、もらわれてしまう。わたくしなども、馬のついたものは彼に見せたら取り上げられると思うから、用心これ努めている。その知識は馬の解剖から生理、伝説から歴史、個々の馬の血統・伝統にいたるまで、実に馬のオーソリティであるが、この人はまったく酒を飲まないのに、宴席となれば、馬の声帯模写から発情の実況にいたるまで実演してみせる。なかんずく、いささか御上品なところとしては、馬の墨絵を描く。芸者の帯に描くのを無上の楽しみとするもののようである。

宮島に同宿した夜は、特に興いたった様子で、宿で出した客用の羽織の裏に馬の絵を描いた。画家の絵とは違って、素人らしい堅さが難ではあるが、なかなかの腕前だから、芸者などは描かれて怒るようなことはないようだ。だが、これに描いたのは、馬の交尾の図だから、その羽織はもうまじめな席には出せなくなった。

こういうのは器物損壊罪になる。しかし、さすがは弁護士。描く前に、不在の内儀さんの代理として出て来た年輩の女中から、やや無理じいながら、承諾を得てあるから、被害者の同意があるということになり、犯罪にならないような恰好にしてある。もっとも、その同意にお内儀の代理としての効力があるかどうかは怪しいが、その効力がないとしても、器物損壊罪は私文書毀棄罪および信書隠匿罪とともに、親告罪である（第二六四条）から、あとで被害者が告訴しなければ、罪せられる心配はないわけである。

宿屋の羽織の裏に変な絵を描いたくらいのことは、まだよいほうで、酔漢が料理屋の食器に小便をしたという事件が判例（大判明治四二年四月一六日刑録一五輯四五二頁）になったことがある。被告人の言分では、「洗えば使える」というのである。なるほど、陶器だから洗えばもとどおりとはいえ、それは物質上のはなしで、食器には感情がともなう。一般人の感情上、食器と便器とはいっしょにならない。こういうふうに、法律上の議論には、一般人の感情というものがたいせつなのである。ただ高級ぶった独善の議論をしてみても、現実から遊離してしまう。

それはとにかく、**器物損壊罪**に関する刑法の規定は、「前三条に規定するもののほか、他人の物を損壊し、又は傷害した者は、三年以下の懲役又は三十万円以下の罰金若しくは科料に処する。」（第二六一条）となっている。「前三条に規定するもののほか」とあるので、前三条に記載した物を見ると、それらは、「公務所の用に供する文書又は電磁的記録」（第二五八条）、「権利又は義務に関する他人の文書又は電磁的記録」（第二五九条）、「他人の建造物又は艦船」（第二六〇条）であるから、これら以外の物を損壊するのが器物損壊といわれる行為だとわかる。

したがって、お寺のふすまに落書をしたり、神社の樹木に自分の名をほったりするのも、この犯罪になる。夫婦喧嘩のすえ、女房の晴衣を破ったり、亭主の腕時計を溝に捨てたりするのも同罪であるわけだが、そこは親告罪のありがたさに、告訴しないままに、処罰にまでもって行かれることがないのを例とし、裁判官等は犬も食わない話しの仲間入りをしないですむのである。

それより、犬が隣家の垣根を破ってはいるのを、飼主が知らん顔をしているとか、窓ガラスを破ることがわかりきっているのにキャッチボールをやって、ガラスを割ったとかいうことになると、被害者のほうも黙ってはいなくなる。さらに深刻な例をとるならば、枚挙にいとまがない。

耕作地の明渡要求にからんで、地主と小作人との間におこる紛争では、せっかく、小作人が植え付けた稲苗を地主が抜き取ってしまったり、いがみ合っている政敵の選挙運動員の間では、相手方の立看板を破いたりするようなことが往々おこなわれる。それらが器物損壊罪になることはいうまでもない。ちょっとした喧嘩で、相手の眼鏡をこわしたり、帽子を破いたりするのも器物損壊である。

いずれにしても、この器物は他人の物でなければならない。自分の物をこわしても、器物損壊罪にならないのは、あたりまえといえば、あたりまえなのだが、たとえば、放火罪などだと、自分の物についてでも、犯罪になることがあるから、ただ簡単にあたりまえだといってすますわけにはいかないのである。

第二六一条の旧規定では「前三条ニ記載シタル物」となっていたので、形式論理的には、自己所有の物も含まれることになることから、論理的には不完全な条文であった。しかし、解釈上、自己所有の物は、それに含まれないものと理解されていた。規定の上でそのことを裏書するのは、別に「自己の物であっても、差押えを受け、物権を負担し、又は賃貸したものを損壊し、又は傷害したときは、前三条の例による。」(第二六二条) という規定のあることである。前三条の例によるとなれば、これらの物は他人所有の物に対すると同様に扱う趣旨であることはあきらかである。この規定は第二六二条の器物損壊罪が純然たる自己所有の物について成立しないということを当然の前提としてこそ、意味があることだから、どうしても、そう解せざるをえないのである。この点、平成七年の刑法一部改正により、第二六一条の文言は、「前三条に規定するもののほか、他人の物」と書き改められたので、自己所有の物が器物損壊罪の客体とならないことはあきらかである。

第二節　動物傷害

器物損壊罪に関する刑法の条文には、「損壊」の語は使われているが、「毀棄」の語は使われていない。しかし、講学上は、これを器物毀棄罪ということもある。器物毀棄といっても、器物損壊といっても同じことである。この規定を含む刑法第四〇章の表題には「毀棄及び隠匿の罪」とあり、公用文書(第二五八条)や私用文書(第二五九条)については、法文上も講学上も損壊の語を使わずに、かならず毀棄の語を用いている。これは、むろん、語感の相違からきた用例であるが、毀棄でも損壊でも、意味においてはかわりはない。

「損壊」とか「毀棄」とかいうと、物質的に破壊しなくては、それにあたらないようにも見えるが、そうではなく、前にいったように、食器に放尿した場合なども、含まれるのである。要するに、たとえ一時的にでも、物の効用を滅却すれば、損壊または毀棄なのである。

第二六一条の規定を一口に器物損壊罪だというけれども、この条文のなかには、「傷害」という言葉が出ている。「……物を損壊し、又は傷害し」といっているので、傷害の対象は人間でないことがわかる。人間でもないのに傷害という言葉を使うとすれば、それは動物を考えるよりほかはない。田舎の農家などでは、仲たがいが昂じてくると、他家のカイコに食べさせる桑の葉にこっそり塩水をふりかけておいて、カイコを殺したり、豚にショウガを食べさせて病気にしたりすることがある。これはみな**動物傷害罪**として、器物損壊罪と同じ条文で律せられる。

豚を病気にすることが、「傷害」にあたるのは、人間に対する傷害罪の場合と同様で、それほどおかしくないが、カイコを「殺し」てもなお「傷害」というのは、だいぶおかしい。おかしいけれども、法文にいうところの「傷害」には、実は動物の殺害をも含むのである。それはちょうど、器物を壊して修繕もできないほどにしてしまうのと同じことである。器物の損壊が修繕のきく程度であろうと、きかない程度になろうと、損壊は損壊に相違ないものとして、同じ「損壊」の規定によって律せられるから、動物に害を加えるにしても、傷を負わすにとどまろうと死亡するにいたらしめようと、同じ「傷害」の規定によって律せられるのが当然である。それに、もし、動物を殺すのは、動物傷害罪にならないとすれば、どこにもそれを罰する規定はないのだから、傷害は有罪だが殺害は無罪という奇妙なことになっておかしい。どうしても、そう解せざるを得ないわけである。

このカイコ用の桑の葉に塩水を撒けば、カイコに食べさせるにいたらなくても、それだけで、すでに器物損壊罪になっている。この場合には、桑の葉が「器物」の概念のなかにはいってくるわけで、これも通常の用語例からいえば、妙な感じがするが、法律論としてはそうなる。このおかしさを避けようとする人は、「器物」という言葉をわざといわないで、「毀棄罪になる」などという。いわゆる器物損壊罪は、条文の文句に従った罪名のつけかたであるが、章の名称に従えば、その罪名は器物毀棄罪でもよし、単に毀棄罪でもよしということになる。

動物を殺害する行為が動物傷害罪になるのはまだよい。ぜんぜん殺しも傷つけもしなくても、動物傷害罪になる場合がある。養魚池の鯉を流出させたという事件について、判例も「所謂物の傷害なること論を俟たざれば……」といって（大判明治四四年二月二七日刑録一七輯一九七頁）おり、これも動物傷害罪になる。柵内に飼ってある鶏を柵外に追っ払ったりするのも、まったく同罪である。これらの行為は、動物を文字どおり傷害するのではないが、所有者の利用を妨げて、効用を一時的または永久的に滅却するという点では、傷つけたり殺したりするのと同じことだから、同じように扱うべきである。

「傷害」という言葉には少し不釣合であっても、こう解しなければ、立法の本旨にも添わないし、またこれと対等な器物損壊の概念解釈とも符合しないことになる。しかし、鯉や鶏を逃がすのを「傷害」というのが気になるなら、これも単に「毀棄罪」といっておけば、かえって実情に即した感じが出る。とにかく、こんなわけだから、隣の猫がお惣菜の魚を盗みに来て憎らしいからとて、猫イラズを食べさせたり、近所の牡犬が自宅の牝犬の跡を追っかけて困るからとて、それを撲殺するなどということは許されない。

人の家の鯉や鶏をただ逃がしてしまうくらいなら、自分の家へ持ち帰って食べてしまったらどうだろうか。食べるにはまだ早いと思うなら、飼っておくという方法もある。いずれにしても、それは動物傷害罪にはならない。飼っているなら、動物には傷もつかないのだから、傷害にはならないというのだろうか。そうではない。それなら、食べてしまうほうは、むろん、傷害になりそうなものである。それが動物傷害罪にならないのは、それらの行為は、もはや毀棄行為ではなくて、盗取行為だからである。だから、たいていは窃盗罪になる。

動物傷害罪にならないで、窃盗罪になるとする理由は、通説・判例によれば、この場合には行為者に領得の意志があるからだと説明される。しかし、わたくしは窃取と毀棄との区別を領得の意志の有無に求めようとは思わない。窃取は物に対する他人の占有を侵害して自己の占有に移すことであるのに対し、毀棄には、占有を自己に移す行為がなく、ただちに物質的破壊またはこれに準ずべき行為をするものであると解すれば、その間に区別を立てることができるからである。

第三節　その他の毀棄

ひろい意味での毀棄罪としては、なお三つのものが規定されている。

（一）　公用文書毀棄罪

これは「公務所の用に供する文書又は電磁的記録を毀棄した者は、三月以上七年以下の懲役に処する。」という規定（第二五八条）によって定められているものである。これは親告罪ではない（第二六四条）。これを「公文書毀棄罪」と呼ぶ人もある。昭和二五年に最高裁判所の事務当局で定めた罪名表にもそうなっているから、むしろこれが慣用されることになるだろうが、まちがいをおこしやすい。

公文書偽造罪などでいう「公文書」とは、その作成名義が公務所または公務員である文書をさしているのであるが、ここで毀棄罪の対象になっているのは、作成名義が公務所または公務員であるということによるのではない。作成名義がだれであろうと、とにかく**公務所の用に供する文書**でありさえすれば、それを毀棄する行為は、公用文書毀棄罪になる（昭和六二年の刑法一部改正により、本罪の客体に「公務所の用に供する電磁的記録」が追加された）。したがって、たとえば、私人が作成して町役場に提出した婚姻届などでも、本来は私文書であるけれども、町役場に保存されている以上、**公用文書**であるから、これを破り棄てたりすれば、この犯罪になるのである。

公務所の用に供するものであるかぎりは、その文書が作成の方式に欠点があろうと、偽造のものであろうと、すでに廃棄すべき時期に達したものであろうとを問わない。

これと反対に、公務所または公務員を作成名義人とする文書であっても、正当に私人の手中に帰しているものは、私用文書であるから、それを破ることは、つぎに挙げる私用文書毀棄罪になることはあっても、公用文書毀棄罪にはならない。官庁からもらった辞令書などは、あきらかに公文書ではあるが、破り棄てようと、たいせつに保存しようと、もらった本人の勝手である。

（二）　私用文書毀棄罪

これは「権利又は義務に関する他人の文書又は電磁的記録を毀棄した者は、五年以下の懲役に処する。」（第二五九条）というふうに規定されている。これも最高裁判所の事務当局で定めた罪名表では、「私文書毀棄罪」となっているが、前同様に、名は体をあらわしていない。

公文書でも、私人の有に帰しているものは、**私用文書**だということになるが、それと同じ理屈で、自分の作成名義の文書でも、他人の有に帰しているものは、「他人の文書」であるから、これを勝手に破れば、私用文書毀棄罪になる。それは当然の話しで、いったん差し入れた借金の証文を「ちょっと見せてくれ」というようなことをいって、手に取るやいなや火にくべてしまうなどするのを放任しておいてよいはずはないからである。証文全体を破らなくとも、一部分に墨を塗ったりするのも、たいていは毀棄である。「たいてい」などと曖昧なことをいうようだが、それは、墨の塗りかたにより、毀棄になったり、変造になったりするからである。

たとえば、借用証書に連帯保証人かなにかとして名を連ねておいたが、あとになって心配になり出したので、債権者から一時証書を借り受けて自分の名を抹消してしまったとすれば、これは文書の変造ではなくて、毀棄である。一部削除も証明力の変更をきたす場合は変造になるが、このように効用の滅却をきたす場合は、毀棄である（大判大正一一年一月二七日刑集一巻一六頁）。

私用文書を毀棄する行為がすべてこの犯罪になるのではない。その文書が「権利又は義務に関する」ものであることがぜひ必要な条件である（なお、昭和六二年の刑法一部改正により「権利又は義務に関する他人の電磁的記録」も本罪の客体として追加された）。だから、たとえば、わたくしのいま書いているこの原稿などは、だれかに棄てられても、私用文書毀棄罪の責任を問うわけにはいかない。それは器物毀棄罪として、これより軽い刑罰の対象になるだけである。ところが、わたくしが昨日書店から受け取った外国注文予約金領収証などなら、まさにここにいう「権利又は義務に関する……文書」である。

（三）　建造物等損壊罪

これは「他人の建造物又は艦船を損壊した者は、五年以下の懲役に処する。よって人を死傷させた者は、傷害の罪と比較して、重い刑により処断する。」と規定されている（第二六〇条）。建造物や艦船の観念は、放火罪の場合と同様である。文書の場合と異なり、公用でも私用でも区別はない。親告罪でない点も注意を要する（第二六四条）。

破壊活動防止法の出る少し前ごろには、法務府特別審査局長や検事正の家に牛乳びんや丸太棒を投げ込んだという事件があったそうだ。あれは脅迫的な意味がはっきりしていれば脅迫罪にもなろうが、そこまではっきりしていないようだから、窓ガラスを割ったということが毀棄罪になるかというくらいのところであろう。たしかに毀棄罪の一種ではあるが、建造物損壊にはならない。窓ガラスは建造物の一部を構成するものではなく、建造物たる家屋からの取り外し自在な付属物にすぎないから、これを破壊するのは、器物損壊罪として、ずっと軽い刑事責任を問われるにすぎない。

普通に「畳建具」と称せられる類のものは、建造物そのものとは区別されるが、天井や敷居、鴨居の類は建造物の一部をなすことあきらかであるから、そういうものを毀せば、建造物損壊罪になる。前に、土台石を取りはずして、家屋を地上から三尺も持ち上げ、十数間移動させたという変わった事件があったが、こんなのは疑いなく建造物損壊罪になる（大判昭和五年一一月二七日刑集九巻八一〇頁)。

(四)　境界毀損罪

これは土地盗人に対する対策の一つとして昭和三五年の刑法の一部改正に際して新設された規定によって登場した罪である。条文によると「境界標を損壊し、移動し、若しくは除去し、又はその他の方法により、土地の境界を認識することができないようにした者は、五年以下の懲役又は五十万円以下の罰金に処する。」(第二六二条の二)となっている。この規定の出来る前なら、このような行為は器物損壊罪になるわけだったのだから、これが出来た結果としては、一般の器物損壊よりも刑が少し重くなったということになる。

こういう行為をするのは、多くは不動産侵奪(第二三五条の二)のためであろうが、その場合には、境界毀損罪と不動産侵奪罪とが観念的競合の関係で成立する。しかし、境界を一時移動させて自分の土地のように見せかけ、詐欺をしようなどという場合なら、不動産の侵奪はないから、境界毀損罪だけしか成立しないことになる。

第四節　隠匿と毀棄

隠匿という行為を規定の表面に掲げて、これを犯罪にしてあるのは、信書隠匿罪だけである。曰く「他人の信書を隠匿した者は、六月以下の懲役若しくは禁錮又は十万円以下の罰金若しくは科料に処する。」(第二六三条)と。「他人の信書」とは他人所有の信書であることは、毀棄罪の他の諸形態におけると同様である。これは信書開封罪(第一三三条)の場合と異なり、封のしてあることが要件になっているのではないから、葉書でも、それを隠匿すれば、信書隠匿罪になる。

ところが、非常に困ったことには、前にいったように、隠匿という行為が毀棄の一種であるとなれば、他人の信書を隠匿することは、それを毀棄することにほかならないから、けっきょく、公用文書または私用文書の毀棄罪になりそうなものである。すくなくとも、信書隠匿罪に関するこのような特別の規定がなければ、そういう解釈になってくるに相違ない。

一般に、隠匿行為が毀棄行為のうちに含まれるという解釈は、毀棄とか損壊とか、あるいは動物傷害とかいわれる行為が、物の効用を一時的または永久的に滅却せしめる行為と解せられるところから、当然出てくるのである。その具体的適用の場合として、こんな例がある。

東京の某弁護士が依頼を受けて担当中であった事件で、依頼者の財産が競売されることになり、弁護士はその期日を延期するにつき百方奔走したのであったが、意のごとくならず、いよいよ競売される運命となった。ところが、この弁護士のところにかねてから出入して、その恩顧を受けていた男があって、この事態に臨み、弁護士の苦衷を見るに見かね、競売期日に競売場に出かけて行き、執行記録閲覧に事寄せて、ひそかに関係記録を場外に持ち出し、それを自分の下宿の一室の棚の上にあげておいた。そのため競売はその日に実施不能となった。これは公務所の用に供する文書を毀棄したことになるというのが判例の見解である（大判昭和九年一二月二二日刑集一三巻一七八九頁）。

この事件では隠匿したとはいっても、自分の下宿の一室に持ち込んで、棚の上に載せて置いたというのだから、窃盗と見たほうがいいと思うが、領得の意志の有無ということを純心理的なものと解すると、この犯人の領得の意志がなかったという弁護を容認して、窃盗罪の成立を否定し、このように公文書毀棄罪の成立を認めることにもなるであろう。その点を除外すれば、それが一時隠匿するという行為であり、しかも、別にこの種の文書について、隠匿罪というものが存在しない以上は、これを毀棄の一種と認めざるを得ない。

隠匿が毀棄に含まれるとすれば、信書隠匿罪という規定は、どういう意味を持ってくるだろうか。もし、この規定がなかったとすれば、その信書が権利・義務に関する私用文書であったなら、私用文書毀棄罪として、信書隠匿罪よりもずっと重い刑罰の対象となるが、もし、そういう私用文書でなくて、たとえばラヴ・レターなどであったとすれば、これは私用文書毀棄罪の埒外に属する。

もし、信書隠匿罪について、このような特別の規定がなかったとすれば、その行為は器物損壊罪になるはずだが、この特別規定がある以上、信書隠匿罪のほうが成立する。ところが、後者の刑は前者の刑よりもずっと軽い。だから信書の隠匿は他の一般の器物の隠匿よりも、その刑罰が軽減されていることになる。いや、もっと焦点をはっきり浮かび出させて見ると、この刑罰比較論からは、すこし奇異な結果も出てくる。

公用の信書はもちろんのこと、私用の信書でも、権利・義務に関するものを隠匿すれば、これは、それぞれ公用文書または私用文書の毀棄として、はなはだ重い罪になる。これは当然であるが、わたくしの原稿のような、信書でないものを隠匿した者は、器物損壊罪として信書隠匿罪より重く罰せられ、わたくしのところへ来たランデヴー打ち合わせの手紙を隠匿した者は、信書隠匿罪としてそれよりずっと軽く罰せられるにすぎないということになる。被害者としては、自分の書いた一枚の原稿よりも恋人の手紙のほうがどんなにたいせつなことか知れない。これとは逆に、心血を注いだ長文の論文原稿などだったら、恋人の手紙にも増して重要なこともあろう。とにかく、信書と信書でない器物とを比較してみて、信書隠匿だけは特に刑を軽くしてやるべきだという根拠が十分でない。

この根拠不十分の点は、隠匿を毀損のうちに含まれるとする解釈にとって、あきらかに一つの難点ではあるが、これと反対に解釈して、一般に隠匿を毀棄に含まれないとすると、どんな重要な公用文書の隠匿行為でも、公用文書隠匿罪という特別のものがない以上、全然罰することができないようになり、かえって不都合な結果となるから、やむをえないのである。

あとがき

書籍の末尾には、よく著者の略歴を記したものがある。あれも未知の読者にとっては有意義なものであろう。この本では、それをもうすこし親しみやすくする意味で、ここに自画像風に書いて置くことにしよう。

わたくしは明治三九年（一九〇六年）千葉県の農家に生まれた。父は「三九郎」という名をつけようとしたそうだが、周囲の者が「変だ」といって反対したので、今の名になったのだそうだが、「三九郎」の方がかわっていてよかったと思う。もっとも、そうなると、精神医学者の植松七九郎氏の弟かなんぞのように勘違いされて、先様に迷惑をおかけしたかも知れない。

幼年時代に父を失い、貧乏のなかに育ち、小学校卒業後はたいてい夜学で勉強したが、母の家庭教育はかなりわたくしに気位の高い士族趣味を植えつけた。画が好きで画家になろうかと思い、文学に凝って小説家のまねをしたりしたが、所詮、あまり作家的才能はなかったと思う。けっきょく、芸術心理学を研究して専門雑誌に論文を書いたりしていた。心理学は、その頃わが国で大学令による唯一の夜間の大学であった日本大学で松本亦太郎、渡辺徹、田中寛一、小保内虎夫等の諸権威の指導を受けた。大学そのものは悪評も甘受しなければならない面があるとしても、当時のあの心理学研究室は世に誇るに足るものであったし、夜学生たちはみんなよく勉強した。その前後にドイツ語専修学校の課程を終えたり、東京外国語学校のフランス語専修科を修了したりした。昭和四年大学卒業と同時にそこの講師になった。心理学が縁で少年犯罪人に接する機会を持ち、それが今日自分が刑法学と犯罪心理学とを専攻する両棲動物となる機縁となったのである。

法律学は、その後、東北帝国大学で学んだことになっているが、これは、無名の人間に「帝国大学」というもののレッテルの必要を感じさせるような世の中だったから、在籍して卒業証書を貰っただけのことである。学生としては決して模範になることではないが、生活上の理由から自分の住所を東京に置いていなければならなかったので、そういうレッテルを貰うには、ほかに方法を考えつかなかったのである。東京に帝国大学はあっても、高等学校卒業学力検定試験の合格者などというものには、門戸を閉して入れてくれないのだった。

そういうわけで、美学を専攻する気で東北帝国大学に入ったのだったが、不在学生にとっては、なるべくその不在を目立たせないために、学生数の多い法律学科にいるのが便利だったので、法律学科の単位を多く取ってそこを卒業した。それは昭和一〇年のことだった。同大学の刑法学の担任は、初は久礼田益喜教授、後には牧野英一教授であった。

法律学が好きでやったのではなく、こんないきさつでやったのだったが、将来のパンのために、卒業と同時に司法官試補に採用してもらった。この動機だけがドイツ刑法学の父フォイエルバッハ（Feuerbach）のそれに似ているのは、気羞かしい思いのする話である。それからのわたくしは、刑法学と犯罪心理学とを自分の専門として研究を続けて来ている。刑法学の方では、島田武夫、草野豹一郎、小野清一郎等の諸先生が順次わたくしを鞭撻し激励してくれた。はじめから、法律のなかでは刑法が一番すきだったから、任官の時には検事の職を選び、水戸、横浜に在任してから東京に来た。

そのころ東京では博徒の検挙が盛で、三日に一度は夜半を過ぎて帰宅するような生活が続き、わたくしの体力ではなかなか骨が折れたし、調室で博徒と押問答をして時をすごすのも馬鹿らしくなった。疲労した頭では、講談本ぐらいしか読む元気がなくなった。これではいかんと思って、判事に身を転じ、東京の裁判所に居ること一年で、昭和一六年台北帝国大学の求めに応じて赴任した。刑法・刑事訴訟法を担任する助教授を勤め、教授になり、その間多少の論策をものしつつ、将来の研究の準備を整えていたが、終戦前後に一切の資料と文献とは烏有に帰した。

最後、判事に復して東京控訴院で刑事裁判をやっていたが、検事局の人事の都合で、昭和二一年春東京控訴院検事になり、兼ねて東京大学法学部で刑事学を講じた。後に法制意見参事官（今の内閣の法制局参事官にあたる）も兼務したが、一橋大学に法学部が新設されるとともに、昭和二五年夏、同大学の刑事法学担任の教授となり、現在に及んでいる。

ふり返ってみると、検事にしては弱気だし、判事にしては強気だというところだったと思う。刑事法を中心として各種の仕事にたずさわって来たわけだが、弁護士をやってみなかったのは遺憾である。弁護という仕事の経験は、司法官試補の時、練習問題みたいにして少しやっただけである。その一つに「暁の美人強盗」という題で新聞を賑わした事件があって、それをあまり熱心に弁論してやったので、担任の裁判官から大分ひやかされたものだったが、惜しむらくは「滝の白糸」昭和版というわけではなかった。

世に博士という学位がある。わたくしも大学を出て数年のころに恩師から論文の提出方を勧められたが、早すぎると思ったりしているうちに、やがては人から「なぜ学位を取らないのか。」と質問されるようになり、その時期を過ぎると、あまり人もそんなことは言わなくなった。一方には軽蔑すべき輩が学位だけを唯一の売物にしているかと思うと、他方には尊敬すべき先輩たちのうちに学位などもらわない学者も少なくない。わたくしも自分の怠慢をいいことにして、この高踏派をまねるような気分で過ごしてきた。ところが、旧制の学位令による学位制度のなくなる直前になって、東北大学名誉教授千葉胤成先生から勧められると、心のなかの俗物性にいささかの茶目気も手伝って、刑法の専門家が心理学の学位を持つのも、変わっていておもしろかろうと考えた。そこで、千葉先生のお墨附の威を借りて、東北大学に「証言の信頼度に関する性的・年齢的差異の研究」という論文を提出して文学博士の学位を受けた。内容はまったく心理学的実験の成果であって法理論ではない。こうして心理学の裏看板の古びたペンキを少々塗り替えた。

スポーツは、三〇歳代に少し乗馬を楽しんだくらいのもので、なんにもできない。旅行がすきだから、歩くだけなら自信があったが、これも四〇歳を過ぎてスキーをやって第一日に足をくじいてしまい、以来あやしくなった。むかし年季を入れた短歌は今でも時たま詠む。昭和三五年から絵をかく楽しみが再燃しているが、「今からやってもたかが知れてるから、よした方が賢明だ。」とは家人の忠告である。もっともな言葉のようにも思うが、そう言われると、かえってものにして見せたいという無益な闘志をかき立てられてしまう。師匠の名を恥ずかしめるといけないから、これは伏せて思案しながら描いている。

人は職業をその性格に従って選ぶ傾向があると共に、職業が人の性格を作っても行く。それは、実は、職業ばかりではないのである。この本はこういう経歴の著者によって書かれたものとしての長所も短所も持っているであろう。

一九五三年新春（一九六二年補訂）

著者

植松正先生の人と学問

日高義博

一　植松正先生は、平成一一年二月三日、九三歳で逝去された。日課であった散歩を終え、昼食をとられている時に倒れられ、そのまま永久の眠りにつかれた。いかにも先生らしい潔い最期であった。

先生は、明治三九年（一九〇六年）一月二一日に千葉県の東金町に生まれられた。逆境の中にありながら苦学され、持ち前の明るさで勉学に励まれたが、関東大震災は、先生に一層の試練を与えた。先生は、地震で柱の下敷きになり万事休すという時に、通りかかった大工さんが偶然にも近くに落ちていた鋸で柱を切り救出してくれたことで命拾いをされた。一家を支えるために、昼間働かざるを得ない状況に置かれた。しかし、先生の向学心は衰えることなく、夜学生として日本大学で心理学を学ばれた。在学中、渡辺徹教授や松本亦太郎教授の薫陶を受けて抜群の成績を上げ、昭和四年には、心理学科を卒業と同時に日本大学の本科助手兼予科講師となられた。先生は、まずは心理学の研究者としての出発をされたのである。心理学の研究で身につけられた実証的なものの見方は、その後の刑法学の研究にも生かされ、植松刑法学を特徴づける要因の一つにもなっている。

二　その後、植松先生は、心理学からパンのための学問である法律学へと方向転換された。昭和七年には、東北帝国大学法文学部に入学され、在学中に高等試験司法科試験に合格されて、昭和一〇年に大学を卒業すると同時に実務家としての道を歩まれた。

先生は、実務に就きながらも、学問に対する情熱を燃やされ、優れた論稿を次々に世に出して行かれた。とりわけ、多くの判例研究を通じて刑法理論を発展させていかれた。なかでも、「恐怖心に基く犯罪実行の中止」（日本法学三巻七号）、「不作為の可罰性と反倫理性」（日本法学四巻八号）、「経済事犯における違法性の意識」（日本法学六巻八号）などは、刑法理論に新たな展開をもたらした論稿として注目を浴びた。さらに、実証的な方法を駆使して斬新な研究にも取り組まれ、「瘖啞者の刑事責任能力」（法曹会雑誌一五巻一号）、「戦争の犯罪に及ぼす影響」（犯罪学雑誌一二巻三号）、「証言信憑力の性的竝年齢的変異」（司法研究二八輯七号）などの優れた論文も手がけられた。

このような研究業績が評価され、昭和一六年には台北帝国大学助教授（昭和一九年には教授）に任じられ、実務家から刑事法の研究者へと転身された（この時期の論文としては、「刑法的価値概念としての『心神喪失』と「心神耗弱」」、「刑事責任年齢の検覈」、「刑法における道義性の要求」などがある）。この過程において、実務的感覚に裏づけられたシャープな刑法理論が築かれたと言っても過言ではない。

三

研究者としての道を歩き始められてからも、先生の道程は、決して平穏なものではなかった。戦局が危うくなるに及んで、先生は、妻子を一足先に本土に帰そうとされたが、その輸送船が撃沈されて妻子を亡くされた。書きためた学位論文も戦火に消失した。焼け野が原の東京に一人戻って来られた。戦後は、一時期実務に就かれたが、昭和二五年には、一橋大学教授に転任され、以来昭和四四年の定年退官まで、一橋大学を学問的な活動の場とされた。退官後は、弁護士登録をされるとともに、明治学院大学つづいて大東文化大学においてそれぞれ六年間教鞭を執られた。

植松先生の業績は、言うまでもなく質量ともに高い評価を得ている。戦後間もなくして、『民族と犯罪』（有斐閣）、『軽犯罪法講義』（立花書房）、『裁判心理学の諸相』（世界社）、『刑事法学研究第一巻』（有斐閣）、『犯行の心理』

（立花書房）などを次々に出された。昭和三〇年代に入ると、今日も読み継がれている『刑法教室』（大蔵省印刷局。平成一一年に『新刑法教室Ⅰ』（信山社）として復刻）、『刑法概論Ⅰ、Ⅱ』（勁草書房。昭和五〇年に『再訂刑法概論Ⅰ、Ⅱ』となる）、『証言の信頼度』（有斐閣）、『供述の心理』（日本評論社。昭和五〇年に『新版供述の心理』（成文堂）となる）などを公刊された。昭和四〇年代には、『刑法エッセイ』（勁草書房）、『去日来日』（勁草書房）などの名作を残され、最近では、『刑事訴訟法教室上、下』（第一法規、昭和五五年）や『刑法の話題』（信山社、平成七年）なども出された。

植松先生は、昭和三七年には、「証言の信頼度における性的・年齢的差異の研究」により東北大学から文学博士の学位を受けられている。これは、「刑法学を表看板とし、心理学を裏看板とする」と言われていた先生からすれば、自然な研究成果であろうが、方法論の相違を駆使した斬新な研究であった。さらに、日本刑法学会理事、日本犯罪学会理事、法制審議会委員、矯正保護審査会委員、司法試験考査委員、日本尊厳死協会会長なども歴任され、社会的にも大きく貢献された（なお、植松先生の略歴・業績等については、植松博士還暦祝賀『刑法と科学―心理学医学編』（有斐閣、昭和四九年）六四五頁、村井敏邦「心理学と刑法学との交錯―植松先生の人と学問」一橋論叢六二巻四号一頁参照）。

四　植松先生の研究領域は、刑事法学の全般に及んだ。とくに責任能力論、安楽死・尊厳死や脳死の問題、死刑存置論などについては、多くの論稿を残された。刑法理論として特筆すべき点は、①自然科学的に見るならば人間の意志は不自由であるが、規範的公準として意志の自由を設定することができるとされたこと、②合目的性と論理必然性とを基準として法解釈の限界を判断すべきであるとして、許される類推解釈があるとされたこと、③違法判断の客観性を追求し、対物防衛や偶然防衛に対しても正当防衛を肯定されたこと、④錯誤論の機能は故意論とは異なるとして、徹底した故意の抽象化を認められたこと、⑤共同意志主体説を犯罪共同説の立場から肯定されたことなどを挙げることができよう。

五

植松先生は、理論のシャープさと明快さを求められたが、その適用結果を正義感に照らして常に検証されていた。法的感性を研ぎ澄ましておくことの大切さも説かれた。先生の趣味であった墨彩画は、感性を磨く場であったように思える。絵の個展は、デパートの画廊で三回ほど開かれた。九〇歳で個展を開くというのが先生の望みであった。残念ながら実現しなかったが、瞼を閉じると、理論的に厳しく人間的に優しかった先生の笑顔とともに、自然に溶け込んで絵筆を執られていた先生の姿が浮かんでくる。

（ジュリスト一一五六号一三〇頁）

事項索引

〔ゴチックは比較的重要なもの〕

あ 行

さ 行

た　行

な　行

は　行

ま　行

や　行

ら　行

わ　行

著者・補訂者 紹介

植 松 正（うえまつ　ただし）

1906年（明治39年）千葉県に生まれる。
元一橋大学名誉教授
昭和28年 — 昭和46年　司法試験考査委員
平成11年　逝去
主要著書『刑法の話題』（信山社，1995）
『再訂刑法概論Ｉ・II』（勁草書房，1974，1975）
『証言の信頼度』（有斐閣，1959）
『新版供述の心理』（成文堂，1975）ほか

日高義博（ひだか　よしひろ）

1948年（昭和23年）宮崎県に生まれる。
現　職　専修大学法学部教授
平成９年 — 現在　司法試験考査委員
主要著書『不真正作為犯の理論〔第２版〕』（慶応通信，1983）
『刑法における錯誤論の新展開』（成文堂，1991）
『トピックドイツ刑法』（ギュンター著・共監訳，成文堂，1995）
『刑法総論講義ノート〔第２版〕』（勁草書房，1996）ほか

新刑法教室II　各論

2001年３月10日　　初版発行

著　者　　植　松　　正
補訂者　　日　髙　義　博
発行者　　袖山貴＝村岡侖衛
発行所　　信山社出版株式会社
〒113-0033　東京都文京区本郷6-2-9-102
TEL 03-3818-1019　FAX 03-3818-0344

印刷・製本　松澤印刷株式会社
ISBN4-7972-5087-9　C3032